GUERRA SECRETA

MARK MAZZETTI

GUERRA SECRETA

★ ★ ★ ★ ★ ★ ★ ★ ★ ★ ★ ★ ★ ★ ★ ★

A CIA, UM EXÉRCITO INVISÍVEL
E O COMBATE NAS SOMBRAS

Tradução de
FLÁVIO GORDON

1ª edição

EDITORA RECORD
RIO DE JANEIRO • SÃO PAULO
2016

CIP-BRASIL. CATALOGAÇÃO NA PUBLICAÇÃO
SINDICATO NACIONAL DOS EDITORES DE LIVROS, RJ

M429g
Mazzetti, Mark
 Guerra secreta: a CIA, um exército invisível e o combate nas sombras / Mark Mazzetti; tradução de Flávio Gordon. – 1ª ed. – Rio de Janeiro: Record, 2016.

Tradução de: The way of the knife
Inclui bibliografia e índice
ISBN 978-85-01-10647-6

1. Atentado terrorista de 11 de setembro de 2001. 2. Estados Unidos. Central Intelligence Agency (CIA). 3. Política internacional. 4. Geopolítica. I. Título.

16-29633

CDD: 973.931
CDU: 94(73)'2001/...'

Copyright © Mark Mazzetti, 2013

Título original em inglês: The way of the knife

Todos os direitos reservados. Proibida a reprodução, armazenamento ou transmissão de partes deste livro, através de quaisquer meios, sem prévia autorização por escrito.

Texto revisado segundo o novo Acordo Ortográfico da Língua Portuguesa.

Direitos exclusivos de publicação em língua portuguesa para o Brasil adquiridos pela
EDITORA RECORD LTDA.
Rua Argentina, 171 – Rio de Janeiro, RJ – 20921-380 – Tel.: (21) 2585-2000, que se reserva a propriedade literária desta tradução.

Impresso no Brasil

ISBN 978-85-01-10647-6

Seja um leitor preferencial Record.
Cadastre-se e receba informações sobre nossos lançamentos e nossas promoções.

EDITORA AFILIADA

Atendimento e venda direta ao leitor:
mdireto@record.com.br ou (21) 2585-2002.

Para Lindsay e Max.

SUMÁRIO

Personagens principais	9
Prólogo: A guerra além	13
1. Permissão para matar	21
2. Um casamento entre espiões	37
3. Os homens de capa e punhal	55
4. Os espiões de Rumsfeld	75
5. O pássaro bravo	95
6. Um verdadeiro pachtun	113
7. Convergência	125
8. Uma guerra por procuração	147
9. A base	163
10. Jogos sem fronteiras	185
11. O retorno do velho	201
12. O fio do bisturi	223
13. A disputa pela África	247
14. O desenlace	267
15. O médico e o xeique	289
16. Fogo do céu	307
Epílogo: Um espião no retiro dos aposentados	331
Agradecimentos	337
Nota sobre as fontes	341
Notas	343
Bibliografia	371
Índice	375

PERSONAGENS PRINCIPAIS

A AGÊNCIA CENTRAL DE INTELIGÊNCIA (CIA)

Charles Allen, diretor assistente, Coleta de Dados, 1998-2005

J. Cofer Black, diretor, Centro Contraterrorista (CTC), 1999-2002

Dennis Blair, diretor associado, Suporte Militar, 1995-1996; Diretor de Inteligência Nacional, 2009-2010

Richard Blee, chefe, Estação Alec (unidade de caça a Bin Laden do Centro Contraterrorista), 1999-2001

William Casey, diretor, 1981-1987

Duane "Dewey" Clarridge, oficial de operações e fundador do Centro Contraterrorista

Raymond Davis, contratado da CIA, preso em Lahore, Paquistão, em 2011

Porter Goss, diretor, 2004-2006

Robert Grenier, chefe da Estação, Islamabad, 1999-2002; diretor, Centro de Contraterrorismo, 2004-2006*

Michael Hayden, diretor, 2006-2009

Stephen Kappes, vice-diretor, 2006-2010

Art Keller, oficial de operações no Paquistão, 2006

Mike, diretor, Centro de Contraterrorismo, 2006-

Ross Newland, oficial de operações na América Latina e Leste Europeu; mais tarde, alto funcionário no quartel-general da CIA

---

* O nome do CTC mudou de Centro Contraterrorista para Centro de Contraterrorismo em 2005.

Leon Panetta, diretor, 2009-2011

James Pavitt, vice-diretor, Operações, 1999-2004

David Petraeus, diretor, 2011-2012; comandante, Comando Central Norte-Americano, 2008-2010

Enrique Prado, oficial de operações trabalhando para o Centro de Contraterrorismo e, posteriormente, funcionário da Blackwater

Jose Rodriguez, diretor, Centro Contraterrorista, 2002-2004; vice-diretor, Operações, 2004-2007

George Tenet, diretor, 1997-2004

O DEPARTAMENTO DE DEFESA

Robert Andrews, secretário assistente de Defesa para Operações Especiais e Conflitos de Baixa Intensidade, 2001-2002

Stephen Cambone, subsecretário de Defesa para a Inteligência, 2003--2007

Michael Furlong, oficial do Departamento de Defesa envolvido em operações de informação e que, posteriormente, supervisionou a operação de espionagem privada

Robert Gates, secretário de Defesa, 2006-2011

General Stanley McChrystal, comandante, Comando de Operações Especiais Conjuntas (JSOC), 2003-2008

Almirante William McRaven, comandante, Comando de Operações Especiais Conjuntas, 2008-2011

Almirante Michael Mullen, presidente, Estado-Maior Conjunto, 2007--2011

Thomas O'Connell, secretário assistente de Defesa para Operações Especiais e Conflitos de Baixa Intensidade, 2003-2006

Leon Panetta, secretário de Defesa, 2011-2013

Donald Rumsfeld, secretário de Defesa, 2001-2006

A CASA BRANCA

John Brennan, assistente do presidente para Segurança Nacional e Contraterrorismo, 2009-2013
Richard Clarke, coordenador de Contraterrorismo, 1998-2001

PAQUISTÃO

Shakil Afridi, médico paquistanês contratado como espião da CIA
Tenente-general Mahmud Ahmed, diretor-geral, Interserviços de Inteligência (ISI), 1999-2001
Tenente-general Ali Jan Aurakzai, comandante militar paquistanês responsável por operações em Áreas Tribais Administradas Federalmente (FATA)
Tenente-general Ehsan ul-Haq, diretor-geral, Interserviços de Inteligência, 2001-2004
Jalaluddin Haqqani, líder da rede criminosa baseada em áreas tribais paquistanesas que comandou ataques contra tropas americanas no Afeganistão
General Ashfaq Parvez Kayani, diretor-geral, Interserviços de Inteligência, 2004-2007; chefe do Estado-Maior, 2007-
Baitullah Mehsud, líder do Talibá paquistanês após a morte de Nek Muhammad Wazir
General de brigada Asad Munir, chefe da estação do ISI em Peshawar, 2001-2003
Cameron Munter, embaixador dos Estados Unidos em Islamabad, 2010--2012
Tenente-general Ahmad Shuja Pasha, diretor-geral, Interserviços de Inteligência, 2008-2012
Hafiz Muhammad Saeed, chefe do Lashkar-e-Taiba ("Exército dos Puros")
Nek Muhammad Wazir, líder paquistanês do Talibá nas áreas tribais

IÊMEN

Ibrahim al-Asiri, especialista em fabricação de bombas para a Al-Qaeda na Península Arábica (AQAP)
Abdulrahman al-Awlaki, filho de Anwar al-Awlaki
Anwar al-Awlaki, radical pregador, membro da AQAP, e cidadão americano
Ali Abdullah Saleh, presidente, 1990-2012

SOMÁLIA

Aden Hashi Farah Ayro, ex-líder da Al-Shabaab
Xeique Hassan Dahir Aweys, líder do Conselho Supremo das Cortes Islâmicas
Michele "Amira" Ballarin, executiva norte-americana e contratada pelo governo somaliano
Saleh Ali Saleh Nabhan, membro queniano da célula leste-africana da Al-Qaeda, morto em 2009
Aliança para a Restauração da Paz e Contraterrorismo (ARPCT), reunião de chefes militares somalianos financiados pela CIA
Al-Shabaab ("A Juventude"), braço armado do Conselho Supremo das Cortes Islâmicas

PRÓLOGO
A GUERRA ALÉM

"O bom trabalho de inteligência, pregou sempre o Controle, era gradual e baseava-se numa espécie de gentileza. Os caçadores de escalpos foram a exceção à sua própria regra. Não eram graduais, nem tampouco gentis..."

— *John le Carré*, O espião que sabia demais

Escoltado por policiais paquistaneses, o corpulento espião americano foi colocado numa sala de interrogatório lotada. Em meio a um tropel de telefones celulares tocando e de conversas paralelas de policiais que falavam uma mistura confusa de urdu, punjabi e inglês, o investigador tentava decifrar os fatos do caso.

— América, você da América?

— Sim.

— Você é da América e pertence à embaixada americana?

— Sim — a ansiosa voz americana elevou-se acima do falatório. — O meu passaporte, no local que mostrei para o oficial de polícia... Está em algum lugar. Está perdido.

Na irregular filmagem do interrogatório, ele aparecia tateando por baixo de sua camisa de flanela quadriculada e retirando uma barafunda de crachás enrolados no pescoço por um cordão. Foi uma das poucas coisas que ele conseguiu manter após a cena caótica na rotatória.

— Este é um crachá velho. Isto é Islamabad.

Ele mostrou o crachá para o homem do outro lado da mesa, e então buscou um mais recente, que comprovasse o seu emprego no consulado americano em Lahore.

Um telefone tocou, e um dos oficiais na sala lotada livrou-se da ligação rapidamente:

— Prendemos um homem da embaixada. Depois eu ligo para você.

O interrogatório recomeçou.

— Você trabalha no consulado-geral em Lahore?

— Sim.

— Fazendo...?

— Eu, eu trabalho lá apenas como consultor.

— Consultor?

O homem atrás da mesa estava cético. Parou por um momento e em seguida disparou uma questão em urdu para outro policial:

— E qual é o nome?

— Raymond Davis — respondeu o oficial.

— Raymond Davis — confirmou o americano. — Posso me sentar?

— Por favor. Deram-lhe água? — o oficial perguntou.

— Você tem uma garrafa? Uma garrafa d'água? — pediu Davis.

Um outro oficial na sala riu.

— Você quer água? — perguntou. — Sem dinheiro, sem água.

Atrás da cadeira em que Davis se sentara, outro policial andava pela sala, pedindo uma atualização.

— Ele está entendendo tudo? Que ele acabou de matar dois homens?[1]

Raymond Allen Davis — um ex-astro do futebol e da luta livre no ensino médio do oeste da Virgínia, Boina-Verde aposentado, soldado particular exclusivo da Blackwater dos EUA, e agora um agente clandestino da CIA no Paquistão — enfrentara, horas antes, um intenso tráfego em Lahore, com sua estrutura corpulenta espremida no banco do motorista de um Honda Civic branco. Outrora governada pelos mughals, sikhs e ingleses, a cidade de Lahore é a capital cultural e intelectual do Paquistão, e, por quase uma década, tem estado nos limites da guerra secreta da América no país.

PRÓLOGO

Mas, em 2011, o mapa da militância islâmica dentro do Paquistão foi redesenhado, e facções que antes mantinham pouco contato umas com as outras firmaram novas alianças para sobreviver à campanha de drones da CIA nas montanhas da região oeste. Grupos que concentravam a maior parte de suas energias sonhando com ataques sangrentos contra a Índia começaram a se aproximar da Al-Qaeda e de outras organizações com uma sede do jihad global. Alguns desses grupos têm raízes profundas em Lahore, sendo essa a principal razão pela qual Raymond Davis e uma equipe da CIA organizaram operações a partir de um refúgio na cidade.

Mas agora Davis estava sentado numa estação de polícia em Lahore, tendo atirado em dois jovens que se aproximaram do seu carro com armas em punho, guiando uma motocicleta preta, numa rotatória congestionada de carros, bicicletas e riquixás. Davis sacou a pistola Glock semiautomática e disparou uma saraivada de balas através do para-brisa, estilhaçando o vidro e atingindo um dos homens na barriga, no braço e em outras partes do corpo. Enquanto o outro homem fugia, Davis saiu do Honda e acertou vários tiros nas suas costas.

Ele passou um rádio para o consulado americano em busca de ajuda, e, dentro de alguns minutos, um Toyota Land Cruiser surgiu no horizonte, acelerando na contramão de uma via de mão única. Mas o carro bateu, matando um jovem motociclista paquistanês, e então foi embora, deixando Davis em pé no meio da rua. Uma coleção de parafernália bizarra espalhou-se no local do acidente, incluindo uma máscara negra, cerca de uma centena de projéteis e um pedaço de pano com uma bandeira americana.[2] O celular dentro do carro de Davis continha fotos de instalações militares paquistanesas, tiradas sub-repticiamente.

Dias após o desastre da rotatória, o diretor da CIA mentiria para o chefe de espionagem paquistanês durante um telefonema, e também num encontro privado, negando que Davis trabalhasse para a agência. Em uma conferência de imprensa, o presidente Barack Obama mostrou-se vago a respeito do papel de Davis no país, pedindo pela libertação "do nosso diplomata no Paquistão".[3] O chefe da estação da CIA em Islamabad, que chegara ao país apenas poucos dias antes do tiroteio, travou um embate aberto com o embaixador dali, insistindo para que os Estados Unidos não cedessem terreno ou fizessem acordo de modo a garantir a liberação de Davis. O jogo havia mudado no Paquistão, disse ele, e o tempo das relações amigáveis entre a CIA e o serviço de espionagem paquistanês chegara ao fim.

De agora em diante, as coisas seriam conduzidas segundo as Regras de Moscou[4] — as normas não escritas e implacáveis da espionagem entre inimigos durante a Guerra Fria.

Num instante, o sangrento caso pareceu confirmar todas as conspirações fomentadas, dentro dos bazares lotados e corredores do poder no Paquistão: que os Estados Unidos tinham enviado um vasto exército secreto para lá, homens que semeavam o caos e a violência como parte de uma guerra americana oculta no país. A mulher de uma das vítimas de Davis, convencida de que o assassino do seu marido jamais seria levado à justiça, ingeriu uma dose letal de veneno de rato.

Mas o caso Davis também contava uma história maior. O ex-Boina-Verde contratado pela CIA para uma caçada humana no Paquistão era a face de uma agência americana de espionagem que se transformara depois de uma década de conflitos distantes das zonas de guerra declaradas. Já não mais um serviço tradicional de espionagem dedicado a roubar segredos de governos estrangeiros, a Agência Central de Inteligência converteu-se numa máquina de matar, uma organização obcecada por caçadas humanas.

E, assim como a CIA passou a assumir tarefas tradicionalmente associadas às Forças Armadas, com os espiões convertidos em soldados, o contrário também ocorreu. As Forças Armadas foram dispersadas pelos vãos escuros da política externa norte-americana, com equipes de comando conduzindo missões de espionagem que Washington jamais sonharia em aprovar nos anos anteriores ao 11 de Setembro. Antes dos ataques, o Pentágono realizava pouquíssima espionagem humana, e a CIA não tinha permissão oficial para matar. Nos anos subsequentes, cada qual fez muito de ambos os trabalhos, e um complexo exército-inteligência surgiu para conduzir o novo estilo americano de guerra.

PRÓLOGO

Os contornos históricos das guerras do Afeganistão e do Iraque são hoje bem conhecidos. Mas, ao longo de mais de uma década, uma guerra separada e paralela tem sido travada, um reflexo sombrio das "grandes guerras" iniciadas pela América após os ataques de 11 de setembro. Numa guerra obscura conduzida ao redor do globo, a América tem perseguido os seus inimigos por meio de robôs assassinos e tropas de operações especiais. Tem contratado sicários para estabelecer redes clandestinas de espionagem e confiado em ditadores temperamentais, serviços estrangeiros de inteligência suspeitos e exércitos maltrapilhos agindo por procuração.

Em locais para onde os Estados Unidos não podiam mandar tropas em solo, personagens marginais materializavam-se para desempenhar papéis de destaque, incluindo um oficial do Pentágono, fumante inveterado, que juntou forças com uma figura da CIA egressa do escândalo Irã-Contras para conduzir uma operação clandestina de espionagem no Paquistão, e uma herdeira do clube de equitação de Virgínia, que ficou obcecada pela Somália e convenceu o Pentágono a contratá-la para caçar membros da Al-Qaeda naquele país.

A guerra estendeu-se para múltiplos continentes, das montanhas do Paquistão até os desertos do Iêmen e do norte da África, das latentes guerras de clãs na Somália às densas florestas das Filipinas. As bases da guerra secreta foram lançadas por um presidente conservador do Partido Republicano e abraçadas por um esquerdista* do Partido Democrata que se enamorou daquilo que herdou. O presidente Barack Obama passou a enxergar aí uma alternativa às guerras sujas e custosas que derrubam governos e requerem anos de ocupação americana. Nas palavras de John Brennan, um dos conselheiros mais próximos do presidente Obama, posteriormente cogitado por este para dirigir a CIA, no lugar do "martelo", a América confia agora no "bisturi".

---

* No original: *liberal*. A opção por "esquerdista" em vez de "liberal" justifica-se para evitar confusões com o sentido que este último termo tem no Brasil, associado que está à ideia de liberalismo econômico, neoliberalismo etc. Nos EUA, a distinção entre *liberal* e *conservative* corresponde à nossa divisão entre esquerda e direita. [*N. do T.*]

A analogia sugere que essa nova modalidade de guerra não acarreta custos ou erros estúpidos — uma cirurgia sem complicações. Esse não é o caso. A guerra secreta tem criado, tanto quanto destruído, inimigos. Fomentou o ressentimento de ex-aliados e, por vezes, contribuiu para a instabilidade mesmo quando tentava levar ordem ao caos. Provocou um curto-circuito nos mecanismos normais pelos quais os Estados Unidos, enquanto nação, vão à guerra, e fez do presidente americano o árbitro final a decidir sobre a vida ou a morte de pessoas específicas em terras distantes. Esse estilo de guerra tem obtido muitos sucessos, incluindo a morte de Osama bin Laden e de seus seguidores mais confiáveis. Mas tem também rebaixado o critério para se iniciarem guerras, e agora, mais do que em qualquer época da história, é mais fácil para os Estados Unidos realizarem operações de extermínio nos confins do planeta. O que se segue é a história de um experimento que já dura mais de uma década, e daquilo que emergiu do laboratório.

O SR. RICHARD Dearlove vislumbrou o futuro apenas algumas semanas após os atentados de 11 de setembro. Chefe do Serviço Secreto de Inteligência Britânico, M16, Dearlove veio para os Estados Unidos com outros altos oficiais de inteligência britânicos para prestar solidariedade ao aliado mais próximo do Reino Unido. Dearlove chegou ao quartel-general da CIA, em Langley, Virgínia, para entregar pessoalmente a mensagem de que os espiões britânicos estavam abrindo os seus livros, propiciando à agência um raro acesso a todos os arquivos do M16 sobre membros da Al-Qaeda.

Os britânicos haviam instruído os americanos nas artes obscuras durante a Segunda Guerra Mundial, mas desde longa data manejavam o jogo da espionagem de maneira diferente. Em 1943, um membro da Executiva de Operações Especiais de Winston Churchill reclamara que "o temperamento americano demanda resultados rápidos e espetaculares, ao passo que a política britânica é, em termos gerais, lenta e de longo prazo". Ele apontou os perigos da estratégia levada adiante pelo Escritório de Serviços

Estratégicos (OSS), precursor da CIA, que se dedicava a explodir depósitos de armas, cortar linhas telefônicas e pôr minas terrestres em linhas inimigas de reabastecimento. Os americanos tinham mais dinheiro do que cérebro, argumentava ele, e o "anseio do OSS em brincar de caubóis contra peles-vermelhas" só poderia trazer problemas para a aliança.[5]

Dearlove se criara na tradição clássica da espionagem britânica. Graduou-se no Queens' College da Universidade de Cambridge, um celeiro tradicional de recrutamento para o serviço secreto britânico, e serviu em postos estrangeiros na África, Europa e Washington. Tal como os seus predecessores, na qualidade de chefe do M16, ele assinava todos os memorandos internos com o seu codinome, C — por tradição, sempre em tinta verde.

Logo depois que o seu avião, que levava a identificação ASCOT-1, pousou em Washington, Dearlove viu-se dentro do Centro Contraterrorista, no quartel-general da agência. Numa tela imensa, oficiais da CIA assistiam a um vídeo de um caminhão Mitsubishi branco andando numa estrada no Afeganistão. Dearlove tivera notícias de que os Estados Unidos haviam desenvolvido a habilidade de fazer guerra por controle remoto, mas nunca antes ele vira o drone Predador em ação.

Passaram-se alguns minutos enquanto o Mitsubishi era enquadrado pela mira no centro do monitor, até que a explosão de um míssil cobriu a tela inteira de branco. Segundos depois, a imagem clareou, revelando os destroços do caminhão, retorcidos e em chamas.[6]

Dearlove virou-se para um grupo de oficiais da CIA, que incluía Ross Newland, um veterano da agência que, meses antes, trabalhara como parte do grupo de supervisão do programa Predador. Ele abriu um sorriso irônico.

— É quase um esporte, não?

1. PERMISSÃO PARA MATAR

"Você está lá para matar terroristas, não para fazer inimigos."[1]
— *Presidente paquistanês Pervez Musharraf para a embaixadora
norte-americana Wendy Chamberlin, 14 de setembro de 2001*

As luzes no Gabinete de Crise da Casa Branca baixaram, e os homens da CIA deram início à apresentação de *slides*.

As fotos haviam sido tiradas na pressa e estavam granuladas e fora de foco. Algumas eram de homens entrando num carro, ou andando pela rua. A cena na sala escurecida lembrava um filme de máfia, onde oficiais do FBI tomam café e debruçam-se sobre fotografias de chefes de quadrilha. Neste caso, no entanto, as imagens eram de homens que a Agência Central de Inteligência propunha eliminar.

Reunidos em torno da mesa estavam todos os homens do vice-presidente, incluindo o consultor jurídico David Addington e o chefe do Estado-Maior I. Lewis Libby, um veterano de Washington conhecido como "Lambreta". Na cabeceira, o vice-presidente Dick Cheney observava com grande interesse a galeria de *slides* de delinquentes. Era um dia frio de fins de outono de 2001, poucas semanas depois de o presidente George W. Bush ter assinado uma ordem secreta dando à CIA o poder que ela havia perdido nos anos 1970 depois que uma série de terríveis, e por vezes cômicas, revelações sobre tentativas de assassinato planejadas pela agência levara a Casa Branca a bani-la das operações de extermínio de inimigos da América. Naquele dia no Gabinete de Crise, a

CIA reportava-se à Casa Branca sobre como pretendia usar a sua recém-adquirida permissão para matar.[2]

Os dois oficiais à frente da apresentação, Jose Rodriguez e Enrique Prado, disseram ao grupo que o Centro Contraterrorista estava recrutando oficiais da agência para um novo programa altamente sigiloso: um projeto para inserir pequenas equipes de assassinos em outros países, para caçar e matar pessoas que a administração Bush marcara para morrer. Dentre as fotografias havia uma de Mamoun Darkazanli, um sírio que a CIA acreditava ter ajudado a organizar os ataques de 11 de setembro e que vivia livremente na Alemanha. Havia também uma foto do dr. Abdul Qadeer Khan, um herói no Paquistão por seu trabalho no desenvolvimento da bomba atômica para o país, mas um vilão no Ocidente, por transferir secretamente tecnologia nuclear para o Irã, Líbia e outros Estados párias. Ao tirar cada fotografia em close, a CIA dava um claro e sinistro recado: podemos nos aproximar o bastante para tirar os seus retratos e, portanto, também para matá-los.

Mas, por trás da bravata, havia questões não respondidas. Como os esquadrões da morte da CIA ingressariam despercebidos na Alemanha, Paquistão e outros países? Poderia um grupo de assassinos americanos realmente estabelecer uma rede de vigilância e então, no momento certo, ser capaz de enfiar uma bala na cabeça do seu alvo? A agência não pensara em qualquer logística, mas Rodriguez e Prado não haviam vindo à Casa Branca preparados para dar respostas detalhadas sobre as operações. Estavam apenas em busca de permissão.

Cheney disse-lhes que pusessem mãos à obra.

O ENTÃO PRESIDENTE GEORGE W. Bush, filho de um ex-diretor da inteligência central* que deu o novo nome ao quartel-general da agência, em Langley, herdou um reduzido e debilitado serviço de espionagem, um

---

* Antes de 2005, o diretor da CIA ostentava o título oficial de diretor da inteligência central, ou DCI.

PERMISSÃO PARA MATAR

pálido reflexo do que fora nos tempos da Guerra Fria. Mas, nos meses finais de 2001, Bush colocou a CIA à frente de uma caçada humana global, e a sua performance poliu a autoimagem da agência como perspicaz e receptiva às demandas do comandante em chefe — a antítese do rígido e burocrático Pentágono.

A CIA estava agora lançando uma guerra secreta na direção da Casa Branca, e o outrora ignorado Centro Contraterrorista da agência tornara-se o frenético posto de comando da guerra. O centro fora antes um setor isolado dentro da CIA, visto por muitos em Langley como uma coleção de excêntricos fanáticos, que acabaram caindo ali graças a fracassos em ocupar posições de maior prestígio. Mas, depois dos atentados de 11 de setembro, o Centro Contraterrorista iniciou a mais dramática expansão de sua história e, no decorrer de uma década, converteu-se no coração pulsante da CIA.

Centenas de oficiais e analistas clandestinos foram retirados de suas escrivaninhas na Ásia e na Rússia e realocados no labirinto de cubículos improvisados que se espremiam dentro do núcleo de operações do CTC. O *layout* tornou-se tão complexo que as pessoas tinham dificuldade para achar os colegas. Sinais de trânsito feitos em papelão foram erguidos para ajudar a localizar os cubículos ao longo de logradouros, tais como "Travessa Osama bin Laden"*³ e "Caminho Zawahiri". Um sinal foi colocado acima da porta principal — uma lembrança constante e opressiva de que um novo ataque terrorista podia estar a dias, ou quem sabe minutos, de ocorrer. Lia-se no sinal: HOJE É 12 DE SETEMBRO DE 2001.

À frente do turbilhão dos primeiros meses da guerra estava J. Cofer Black, um oficial exibicionista, obcecado em caçar Osama bin Laden desde que presidiu a estação da CIA em Khartum, capital do Sudão, onde Bin Laden vivia exilado. Black cultivara dentro da agência a imagem de ser uma espécie de cruzamento entre um cientista louco e o general George Patton. Em 11 de setembro, quando alguns temiam que o último avião

---

* No original: *Usama Bin Lane*. Trata-se de um trocadilho, intraduzível para o português, entre a palavra *lane* ("travessa") e o sobrenome do famoso terrorista da Al-Qaeda, "Laden". [*N. do T.*]

sequestrado fosse lançado contra Langley, Black recusou-se a permitir que os oficiais do CTC evacuassem o quartel-general da CIA junto com o restante do pessoal da agência.

Nos meses seguintes, o diretor da CIA George Tenet raramente ia à Casa Branca sem Black ao seu lado, e surgiu toda uma mitologia sobre a determinação de Black de matar tantos membros da Al-Qaeda quanto possível.[4] Durante um encontro ocorrido no Salão Oval dois dias depois dos ataques, Bush perguntou a Black se a CIA estava apta para lidar com a sua nova incumbência, que envolvia infiltrar equipes paramilitares no Afeganistão para que formassem alianças com chefes militares afegãos a fim de combater o Talibã. Numa hipérbole macabra, Black afirmou que, quando a CIA tivesse exterminado a Al-Qaeda, Bin Laden e os seus confrades teriam "moscas andando em torno dos seus globos oculares".[5] Era o tipo de fala que Bush queria ouvir, e ele estabeleceu um vínculo imediato com o bombástico chefe de contraterrorismo. Mas muitos dentro do gabinete de guerra do presidente ficaram constrangidos com o papo machão de Black, passando a se referir a ele como "o sujeito das moscas sobre os globos oculares".[6]

O elevado status de que gozava Black com quem era importante dentro da Casa Branca gerou um atrito dentro da CIA e constantes brigas com o seu chefe, James Pavitt, a quem Black considerava débil e prosaico. Pavitt comandava o Diretório de Operações, o ramo da agência responsável por todas as missões de espionagem externa e ação secreta, e considerava Black um cabotino e um caubói. Considerava o subalterno ávido demais para envolver a CIA no tipo de façanha além-mar que, no passado, fora uma fonte constante de problemas para a agência. Nos anos que antecederam o 11 de Setembro, os dois homens discutiram seriamente sobre se a CIA deveria ou não apoiar o Predador armado para caçar e matar Bin Laden no Afeganistão.

Mas o sucesso da estratégia inicial da CIA no Afeganistão, no final de 2001, foi uma vitória para Black e o Centro Contraterrorista, e parecia provar aos detratores da agência haver virtudes num pequeno quadro de oficiais conduzindo uma campanha contra uma organização difusa como a Al-Qaeda. Equipes de oficiais paramilitares da CIA, mais tarde acompanhadas pelos Boinas-Verdes do Exército, transformaram uma coleção esfarrapada de milícias afegãs num exército de conquista. Montados em cavalos e em blindados enferrujados da era soviética, os afegãos haviam perseguido o Talibá de Kabul a Kandahar.

O novo e estranho conflito também havia subvertido o modo pelo qual os Estados Unidos faziam guerra. A tradicional cadeia de comando para tempos de guerra — passando da Casa Branca para o secretário de Defesa, e daí para um comandante de quatro estrelas com um Estado-Maior de centenas de homens para elaborar e executar um plano de guerra — foi discretamente contornada. O diretor da CIA era agora um comandante militar conduzindo uma guerra global clandestina com um Estado-Maior fraco e com pouquíssima supervisão. Tenet começou a pressionar agressivamente para inchar as equipes paramilitares da CIA no Afeganistão, e vendeu para a Casa Branca um programa para capturar terroristas, escondê-los em prisões secretas e submetê-los a um regime orwelliano com métodos brutais de interrogatório. Somente Bush, Cheney e um pequeno grupo dentro da Casa Branca supervisionavam as decisões sobre quem deveria ser capturado, quem deveria ser morto e quem deveria ser poupado.[7]

Aquela era uma mudança abrupta para Tenet, que, nos anos anteriores aos ataques de 11 de setembro, gostava de dizer aos seus superiores na Casa Branca que oficiais da CIA deviam manter-se afastados dos processos de decisão política. Ele evocava uma imagem quase monástica dos espiões em Langley produzindo avaliações de inteligência, enquanto aqueles "do outro lado do rio", na Casa Branca e no Congresso, tomavam decisões baseadas em tais avaliações. Mais tarde, James Pavitt diria aos investigadores da Comissão 11/9 que uma lição aprendida com o escândalo Irã-Contras nos anos 1980 era que "não fazemos política a partir de Langley... e vocês não vão querer que o façamos".[8]

Se, no passado, aquela ideia havia sido uma espécie de mito útil, em fins de 2001 a CIA certamente já não podia pretender manter-se à parte das confusas decisões sobre a guerra e a paz. Bush queria que Tenet estivesse sempre presente no Salão Oval para a conferência diária com o presidente — era a primeira vez desde a fundação da agência que o seu diretor, e não um analista subalterno, fornecia a resenha matinal rotineira na Casa Branca. Assim como os seus antecessores na CIA, Tenet estava ávido pelo acesso ao presidente, e, a cada manhã, ele e Cofer Black chegavam à Casa Branca com o catálogo das tramas e dos conspiradores terroristas, narrando a uma plateia extasiada os passos dados pela agência para proteger o país. As audiências diárias com o presidente tornaram Tenet e a CIA indispensáveis para a Casa Branca, que demonstrava um apetite insaciável por informações sobre quaisquer ameaças.

Mas aquela atenção vinda de cima começava também a exercer um efeito deformante sobre a análise produzida pela CIA — tornando-a mais limitada e tática. Centenas de analistas da agência agora trabalhavam com terrorismo, o que era compreensível depois do ataque que matara quase 3 mil americanos. Mas ficou imediatamente óbvio para os analistas que o caminho para subir na carreira dentro da CIA era começar a trabalhar com terrorismo, com o objetivo de produzir algo que pudesse ser lido para o presidente logo cedo nas manhãs do Salão Oval. E aquilo em que a Casa Branca mais estava interessada eram resumos sobre o paradeiro de operadores específicos da Al-Qaeda, não temas mais amplos, tais como o grau de suporte de que gozava a organização terrorista no mundo islâmico ou o impacto que as Forças Armadas americanas e as operações de inteligência pudessem causar na radicalização de novos militantes. A CIA adequou os seus esforços às expectativas.

Mesmo a linguagem da espionagem vinha mudando gradualmente. Os agentes encarregados e analistas da CIA outrora utilizavam o termo "alvo" ao tomar decisões sobre qual oficial de governo estrangeiro deveria ser objeto de operações de informação, ou qual estrangeiro poderia ser convertido em informante da agência. Finalmente, "alvo" passou a significar algo bem diferente para os analistas que ingressavam no Centro Contraterrorista. Significava rastrear alguém considerado uma ameaça aos Estados Unidos, e então capturá-lo ou eliminá-lo.

Os confrontos entre Cofer Black e James Pavitt se intensificaram e, no começo de 2002, Black decidiu abandonar o serviço clandestino e assumir um cargo no Departamento de Estado.[9] O seu substituto foi Jose Rodriguez, que havia sido um dos mais altos oficiais do Centro Contraterrorista e o humilde contraponto a Black. Cofer Black possuía experiência em Oriente Médio e era um dos que, dentre um punhado de oficiais da CIA, conheciam intimamente a rede de terror liderada por Osama bin Laden; Rodriguez jamais havia servido no mundo islâmico e tampouco falava árabe. Mas ele era próximo de Pavitt, e alguns oficiais clandestinos suspeitavam que Rodriguez havia sido inicialmente instalado no centro para que Pavitt pudesse ficar de olho em Black. Nativo de Porto Rico e filho de professores, Rodriguez havia entrado para a agência de inteligência em meados dos anos 1970, depois de se graduar pela Faculdade de Direito da Universidade da Flórida. A sua carreira secreta transcorrera a maior parte do tempo dentro da divisão para a América Latina, sede das aventuras da CIA na Nicarágua, El Salvador e Honduras durante os anos 1980. Mas, à época, Rodriguez ainda era por demais inexperiente para evitar ver-se envolvido nas investigações sobre o caso Irã-Contras, que debilitariam a divisão por anos. Rodriguez era querido dentro do serviço secreto, mas jamais havia se distinguido como um dos melhores oficiais encarregados dentre os seus pares. Ele serviu em diversas estações da CIA na América Latina, incluindo Bolívia e México, e cultivou a imagem de rebelde, que gostava de aferrar-se a burocratas em Langley que ele acreditava estarem microgerenciando operações de campo. Era um ávido cavaleiro, e, enquanto chefe de estação na cidade do México, deu ao seu cavalo favorito o nome de "Negócios", instruindo os subordinados para que, quando um dos chefes em Langley ligasse para saber do seu paradeiro, eles respondessem que Rodriguez havia saído "em Negócios".[10]

Quando assumiu a divisão para a América Latina, em 1995, ele o fez novamente no meio de um turbilhão. John Deutch, o segundo diretor da CIA do presidente Clinton, acabara de demitir uma série de oficiais encarregados devido ao que a CIA chama eufemisticamente de "contatos íntimos e constantes com estrangeiros". Em outras palavras, os homens ali na América Latina estavam mantendo relações ilícitas, e havia preocupação de que a sua promiscuidade pudesse deixá-los vulneráveis a chantagens. O próprio Rodriguez logo se envolveu em problemas. Quando um amigo de infância foi preso na República Dominicana por causa de drogas, Rodriguez interveio para impedir a polícia dominicana de continuar espancando o amigo na prisão. Era um claro conflito de interesses para um chefe da divisão para a América Latina intervir em um governo estrangeiro em favor de um amigo, e o inspetor-geral de espionagem da agência repreendeu Rodriguez por sua "notável falta de discernimento". Ele foi removido do cargo.[11]

Mas, por volta de 2001, a sua carreira foi retomada, e Rodriguez viu-se em meio a uma série de mãos latino-americanas — incluindo a do seu amigo Enrique Prado — ajudando a conduzir a nova guerra da CIA. Ele virou um frequentador assíduo das reuniões diárias, às 17h, em torno da mesa de conferências de Tenet, onde oficiais seniores recebiam cotidianamente atualizações vindas do campo de batalha sobre operações no Afeganistão e alhures. Foi durante uma daquelas sessões que Rodriguez fez uma sugestão informal que levaria a uma das decisões mais fatais da administração Bush.

A questão posta diante do grupo era sobre o que fazer com todos os guerreiros talibãs que as tropas americanas e os oficiais da CIA estavam prendendo no Afeganistão. Onde poderiam ser mantidos a longo prazo? O encontro converteu-se numa sessão de *brainstorming*, com vários oficiais da agência sugerindo países que poderiam estar dispostos a acolher os prisioneiros. Um oficial sugeriu a prisão de Ushuaia, na Terra do Fogo, Argentina, um local isolado no fim do mundo. Outro sugeriu as ilhas Corn, dois pequenos pontinhos no mar do Caribe, no litoral da Nicarágua. Mas todas essas sugestões foram dispensadas por serem considerados irreais. Finalmente, Rodriguez deu uma ideia, quase de pilhéria.

— Bem, nós poderíamos enfiá-los na baía de Guantánamo — disse.

PERMISSÃO PARA MATAR

Todos ao redor da mesa riram, imaginando o quão irritado ficaria Fidel Castro se os Estados Unidos viessem a encarcerar os prisioneiros de sua nova guerra na base militar americana em Cuba. Mas, quanto mais pensavam na possibilidade, mais achavam que Guantánamo, de fato, fazia sentido. Era uma instalação americana, e, ali, o destino da prisão não estaria tão ameaçado quanto em algum outro país, onde, se houvesse uma mudança no governo, a nova liderança poderia decidir expulsar os prisioneiros dos Estados Unidos. Além disso, perceberam que uma prisão na baía de Guantánamo estaria fora da jurisdição das cortes americanas. Parecia uma locação perfeita.

Cuba tornou-se a principal recomendação da CIA para a nova prisão, e logo a agência construiria a sua própria cela secreta num canto do complexo prisional da baía de Guantánamo. Instalação de segurança máxima, ela foi apelidada pelos agentes de *Strawberry Fields*, porque os prisioneiros supostamente permaneceriam ali,[12] como na canção dos Beatles, "Forever" [Para sempre].

NUM CAÓTICO CAMPO de batalha a 11 mil quilômetros de Washington, a primeira guerra do século XXI revelava-se ser um caso muito mais problemático do que parecera inicialmente dentro do labirinto de baias da CIA ou nas organizadas apresentações de PowerPoint nos escritórios revestidos de madeira nos andares superiores do Pentágono. No começo de 2002, o imbróglio no Afeganistão não era nem uma guerra de tiroteios diários, nem um oásis de paz e esperança, mas um conflito crepuscular envolto em competição e desconfiança entre soldados e espiões. As missões americanas eram frequentemente baseadas em fragmentos de informação provenientes de fontes não confiáveis, como quando dezenas de SEALs da Marinha e fuzileiros navais passaram oito dias escavando túmulos num complexo de cavernas em Zhawar Kili, no leste do Afeganistão, baseados na informação de que Osama bin Laden talvez tivesse sido morto em recente ataque aéreo à base. Eles esperavam exumar o cadáver de Bin Laden e fornecer um motivo para encerrar a guerra no Afeganistão depois de três meses. Desencavaram um punhado de corpos, mas não encontraram o que estavam procurando.[13]

Por vezes, a comunicação deficiente entre a CIA e as Forças Armadas gerava consequências letais. Em 23 de janeiro, na escuridão da noite, uma equipe de Boinas-Verdes do Exército lançou um ataque a dois complexos em Hazar Qadam, 160 quilômetros a nordeste de Kandahar. Os complexos consistiam em vários prédios erguidos na lateral de uma colina. Enquanto um helicóptero AC-130 sobrevoava o local, duas equipes invadiram os complexos simultaneamente.[14]

Rajadas curtas de AK-47 irromperam dos prédios enquanto as equipes utilizavam explosivos para abrir um buraco nos muros externos. Os americanos revidaram o fogo e começaram a se deslocar de cômodo em cômodo, alguns deles lutando corpo a corpo com os suspeitos atiradores talibãs. Ao final da missão, os americanos haviam matado mais de quarenta pessoas dentro dos complexos, e o AC-130, reduzido as estruturas a ruínas.

Mas o que os soldados souberam ao retornar para a sua base foi que, dias antes, a CIA havia conseguido dobrar os homens dentro dos complexos contra o Talibã, convencendo-os a lutar pelo outro lado. Pendurada num dos prédios naquela noite estava a bandeira do novo governo do Afeganistão, liderado por Hamid Karzai. A CIA jamais informou à força-tarefa de operações especiais que as dezenas de homens afegãos vivendo dentro dos complexos eram agora seus aliados.

A confusão no Afeganistão era, parcialmente, o resultado do turbilhão normal do campo de batalha, mas também tinha origem na disputa entre o Pentágono e a CIA pela supremacia no novo conflito americano. O secretário de Defesa Donald Rumsfeld ficara atormentado pelo fato de as equipes paramilitares da CIA terem chegado primeiro ao Afeganistão. Não era apenas uma questão de logística, embora fosse verdade que os pelotões de Boinas-Verdes houvessem se atrasado graças ao mau tempo e a problemas para acessar as bases em torno do Afeganistão. O caso era que a invasão havia sido, desde o início, concebida e conduzida pela CIA,

PERMISSÃO PARA MATAR

com as forças armadas norte-americanas na função de dar suporte. A habilidade da CIA em se mover mais rapidamente do que o Exército, com apenas uma fração do orçamento e do pessoal do Pentágono, consumia Rumsfeld. Ele começou a revisar a burocracia do Pentágono para garantir que aquilo não voltasse a ocorrer.

Rumsfeld estivera lutando com todas as forças para reformar um Departamento de Defesa visto por ele como tacanho e por demais controlado por serviços militares provincianos obcecados em proteger os seus estimados sistemas de armas. Ex-secretário de Defesa durante a administração Ford, Rumsfeld retornara ao Pentágono depois de uma bem-sucedida temporada no mundo dos negócios. Ele havia acumulado uma fortuna pessoal na companhia farmacêutica G. D. Searle, onde produzia itens de sucesso como o *NutraSweet* [um adoçante] e o *Metamucil* de laranja [um regulador intestinal], e, quando assumiu o Pentágono, deixou claras as suas intenções: queria aplicar as leis do setor privado a um inchado Departamento de Defesa.

Aos 69 anos, Rumsfeld logo se tornaria o mais velho secretário de Defesa da história americana, e as suas frequentes queixas a respeito dos gastos tinham, por vezes, o sabor de repetitivas histórias de vida de um avô durante a Grande Depressão. Os seus esforços para reformar o Pentágono deram azo à imediata comparação com os de Robert McNamara, secretário de Defesa durante as administrações Kennedy e Johnson, que viera da companhia Ford Motor com os seus "garotos espertos" determinado a mudar a cultura do Pentágono. Alguns generais, incomodados com a abordagem de Rumsfeld, apelidaram o grupo de envelhecidos homens de negócios que ele trouxera para comandar os vários serviços militares de "garotos caquéticos". Quando o avião 77 da American Airlines chocou-se contra a fachada oeste do Pentágono na manhã de 11 de setembro de 2001, os militares já haviam contrariado com sucesso muitas das ambiciosas tentativas de Rumsfeld de cancelar armamentos caros, dos tempos da Guerra Fria. Havia especulações abertas em Washington de que Rumsfeld pudesse ser o primeiro membro do alto escalão da administração Bush a se demitir.

Mas, no decorrer do ano seguinte, logo virou o membro mais popular e de maior visibilidade do gabinete do presidente. Os Estados Unidos forçaram o Talibã para fora das cidades afegãs em dezembro de 2001, empregando um inovador plano de guerra pelo qual Rumsfeld recebeu publicamente o crédito, e as suas veementes e espalhafatosas conferências de imprensa fizeram dele a face pública da retaliação da administração Bush aos ataques que haviam matado quase 3 mil americanos. Rumsfeld não media as palavras, nem lançava mão de um palavrório militar, ao falar dos objetivos da guerra. Ele falava em "eliminar o Talibã".

Rumsfeld também reparou bem cedo que boa parte da nova guerra seria travada em cantos obscuros do planeta, longe das zonas de guerra declaradas. Aquela não se pareceria em nada com os conflitos de infantaria do século XIX, com as guerras de trincheira da Primeira Guerra Mundial ou com as batalhas de tanques da Segunda Guerra. O Pentágono começava a ter que enviar soldados para lugares onde — por lei e tradição — apenas espiões tinham permissão de ir. Por exemplo, o Pentágono não tinha à época uma célula de contraterrorismo dedicada como o Centro Contraterrorista da CIA, mas, após semanas dos ataques de 11 de setembro, Rumsfeld propôs a criação de uma por conta própria. Só que maior. Em memorando para o diretor da CIA, Tenet, Rumsfeld escreveu: "De tudo o que eu ouço, o CTC é pequeno demais para realizar um trabalho 24-7." E enviou a Tenet uma proposta descrevendo o seu plano de uma Força-Tarefa Conjunta de Inteligência para o Combate ao Terrorismo, uma organização inteiramente nova que poderia dar ao Pentágono controle sobre a nova guerra.[15]

Quatro dias após haver mandado a proposta para Tenet, Rumsfeld arrazoou os seus pensamentos sobre o escopo da nova guerra em um memorando ultrassecreto endereçado ao presidente Bush. A guerra seria global, dizia ele, e os Estados Unidos precisavam manter-se na dianteira em relação aos seus objetivos últimos. "Se a guerra não alterar significativamente o mapa político do mundo", escreveu ao presidente, "os EUA não alcançarão o seu propósito."[16]

PERMISSÃO PARA MATAR

O Pentágono ainda não tinha a maquinaria azeitada para conduzir tal guerra, e, como todo mundo, Rumsfeld sabia disso. Havia muito por fazer.

NUMA NOITE CLARA de início de fevereiro de 2002, três homens e um jovem garoto afegãos saltaram de um caminhão branco rumo à escuridão, suas roupas infladas ao redor deles enquanto as hélices de um helicóptero militar americano levantavam poeira pelo ar. Agitaram as mãos freneticamente quando um grupo de soldados abordou-os com os canos das armas apontados para os seus rostos.[17]

Sessenta quilômetros ao norte, dentro de um centro de operações improvisado adjacente ao terminal de passageiros bombardeado do aeródromo de Kandahar, tropas das operações especiais observavam o desenrolar da missão numa transmissão de vídeo fornecida por um drone da CIA. O comandante de operações especiais, o capitão da Marinha Robert Harward, pegou um telefone de segurança e ligou para os seus superiores no Kuwait informando-lhes a respeito dos prisioneiros. O mulá Khairullah Khairkhwa, o líder talibã que vinha sendo caçado por todos, informou ele, estava agora sob custódia.

Houve uma longa pausa do outro lado da linha. Enfim, o tenente-general Paul Mikolashek, no Kuwait, falou:

— Se não forem as pessoas certas — perguntou —, você será capaz de devolvê-los?

Harward lançou um olhar perplexo para os outros oficiais dentro do centro de comando. Respirando fundo para que a raiva passasse, ele garantiu ao general que os detidos, que haviam sido algemados, metidos num helicóptero e que voavam de volta rumo à base em Kandahar, poderiam — se necessário — ser devolvidos aos locais onde foram presos.

O que Mikolashek acabara de saber, mas que Harward ainda não sabia, é que quem estava dentro do helicóptero não eram o mulá Khairkhwa e os seus assistentes. Khairkhwa, o ministro do Interior do Talibã, era conduzido em outro caminhão branco que acabara de cruzar a fronteira com o Paquistão. Com conhecimento da CIA.

Era o quarto mês da guerra no Afeganistão, e as tropas americanas adentravam o país em maior número. Um novo governo acabara de se instalar em Kabul, e o mulá Khairkhwa passara dias negociando com o meio-irmão do novo presidente afegão, Ahmed Wali Kazai, sobre a possibilidade de se entregar e virar informante da CIA. O próprio Ahmed Wali estava na folha de pagamentos da CIA — uma aliança que, anos mais tarde, se tornaria uma fonte de tensão entre a agência e os militares em Kabul —, e espiões americanos retransmitiram para Khairkhwa a mensagem de que ele podia evitar a prisão e uma longa estada na recém-construída prisão na baía de Guantánamo.

Mas, após vários dias de negociação, o mulá não estava seguro de poder confiar nos americanos. Ele telefonou para outro comandante do Talibã a fim de informar-lhe sobre sua pretensão de escapar para o Paquistão; a ligação foi interceptada por espiões militares americanos. Os oficiais de inteligência alertaram Mikolashek, que disse ao capitão Harward, em Kandahar, para capturar o ministro do Talibã antes que ele conseguisse transpor a fronteira. Os helicópteros decolaram e seguiram rumo ao sul para apanhar Khairkhwa, com o Predador da CIA que rastreava o seu caminhão branco na linha de frente.

Mas a CIA tinha um plano diferente. A guerra no Afeganistão forçara a agência de espionagem a estreitar os laços com a sua contraparte paquistanesa, o Diretório para Interserviços de Inteligência (ISI), e os oficiais acreditavam ser possível usar espiões paquistaneses para capturar o mulá Khairkhwa e encorajá-lo a se tornar um informante. Ou, no mínimo, uma espetacular prisão de um líder do Talibã no Paquistão poderia angariar para Islamabad a boa vontade de Washington.

Logo depois que o helicóptero militar decolou de Kandahar, o drone da CIA parou de rastrear o caminhão de Khairkhwa, deixando as tropas no helicóptero desnorteadas em relação à localização do seu alvo. Oficiais de inteligência dentro do posto de comando das operações especiais começaram a gritar nos telefones para que fosse retomada a vigilância do Predador. Isso se deu alguns minutos antes que um segundo Predador da

CIA chegasse — e começasse a monitorar um caminhão branco completamente diferente.

A agência estava agora direcionando os soldados no helicóptero para o alvo errado, enquanto o mulá e a sua comitiva aceleravam pela fronteira desértica de Spin Boldak até o Paquistão. Dias depois, após mais uma série de infrutíferas rodadas de negociação para fazer de Khairkhwa um informante, as forças de segurança paquistanesas cercaram a casa onde ele se escondia, no vilarejo de Chaman.

Espiões paquistaneses entregaram o líder talibã para oficiais da CIA em Quetta, no Paquistão, e ele iniciou a sua longa jornada até a baía de Guantánamo, em Cuba. Ele tornou-se um dos primeiros internos na prisão da ilha.[18]

Já os três homens e o jovem, presos e levados para uma casa de detenção em Kandahar, foram colocados de volta em helicópteros e transportados 60 quilômetros ao sul, até seu caminhão, que continuava no mesmo local onde estivera antes que eles fossem emboscados pelas aeronaves norte-americanas. Os afegãos receberam ordens de seguir o seu caminho, tendo recebido várias caixas de refeições instantâneas do Exército. Por respeito à fé dos detidos, as refeições contendo carne de porco foram removidas.

2. UM CASAMENTO ENTRE ESPIÕES

"O Paquistão sempre viu essas questões de modo preto no branco."[1]
— *Tenente-general Mahmud Ahmed, chefe do Diretório Paquistanês para Interserviços de Inteligência, 12 de setembro de 2001*

Várias gerações de oficiais da CIA graduaram-se na "Fazenda", o local de treinamento da agência na região de Tidewater, Virgínia, aprendendo a lição número um na arte da espionagem: não existe essa história de serviço de inteligência amigável. Os serviços de espionagem de outros países existem para ser infiltrados, e os seus oficiais, "convertidos" para trabalhar para os Estados Unidos espionando os seus próprios países. Serviços de inteligência estrangeiros podem ser úteis para operações conjuntas, mas nunca totalmente confiáveis. Quanto maior a confiança em intermediários numa operação, maior o risco de ela dar errado.

Era uma filosofia que funcionara adequadamente durante a Guerra Fria, em que a missão primária da CIA era roubar os segredos da União Soviética e de seus Estados-cliente — a tradicional espionagem estrangeira. Os chefões em Langley sabiam que os soviéticos tentavam fazer o mesmo com os Estados Unidos, e que Moscou plantara os seus próprios espiões em serviços de inteligência estrangeiros de modo a se posicionar para um melhor acesso aos segredos americanos. A principal razão para se aproximar de espiões estrangeiros devia-se a propósitos de contrainteligência: descobrir o quão profundamente outro serviço estrangeiro de espionagem se infiltrara na CIA e apanhar as toupeiras antes que cavassem mais fundo.

Mas os ditames de uma nova guerra logo alteraram as regras da espionagem. A prioridade número um da CIA já não era mais reunir informações sobre governos estrangeiros e os seus países, mas sim a caçada humana. A nova missão premiava quem colhesse informações detalhadas sobre indivíduos específicos, e pouco importava o modo como isso seria feito. Como resultado, a agência tornou-se imediatamente mais dependente dos serviços de espionagem estrangeiros que haviam passado anos produzindo dossiês sobre organizações terroristas. Desesperada por informações que pudessem impedir o próximo ataque, a CIA mostrava-se pouco criteriosa na escolha dos seus amigos. Depois dos primeiros anos após os ataques de 11 de setembro, estreitou-se a relação da agência com serviços de espionagem com um passado repugnante de brutalidades — o Mukhabarat do Egito, o Diretório Geral de Inteligência da Jordânia, e até o serviço de inteligência da Líbia, o Estado-pária de Muamar Kadafi.

Alguns líderes desses países apreciaram a ideia de palestrar para os Estados Unidos a respeito do ousado negócio de caçar terroristas. Num jantar no Cairo em início de outubro de 2001, o presidente egípcio Hosni Mubarak alertou Donald Rumsfeld de que bombas seriam pouco úteis na nova guerra da América e de que os Estados Unidos deveriam "investir o seu dinheiro para fazer aliados em solo afegão". Mubarak, um faraó contemporâneo que consolidara o seu poder parcialmente esmagando movimentos islâmicos dentro do seu país, sem dúvida percebeu ter muito a ganhar com uma vigorosa parceria com os Estados Unidos, que tateavam às cegas por uma nova estratégia contra terroristas. Com um floreio retórico, ele disse a Rumsfeld que a luta contra o terrorismo era necessária para "salvar o planeta".[2]

Mas, para uma CIA em guerra, não havia relacionamento mais importante do que aquele mantido com o Diretório Paquistanês para Interserviços de Inteligência. Com o passar dos anos, ele adquiriu as piores características de um casamento fracassado: ambos os lados deixaram, havia muito tempo, de confiar um no outro, mas nem pensavam em se separar.

Desse modo, a conexão entre os serviços de espionagem era apenas a relação EUA-Paquistão em miniatura. Os estreitos laços entre a CIA e o Interserviços de Inteligência (ISI) durante os anos 1980, quando espiões americanos e paquistaneses introduziram armas no Afeganistão e treinaram os mujahidin para abater helicópteros soviéticos, haviam se desgastado nos anos 1990. Washington perdeu o interesse no Afeganistão pós-soviético e impôs duras sanções a Islamabad como punição pelo programa nuclear clandestino do país. O Paquistão começou a fomentar o Talibã, um grupo de homens tribais e semiletrados, de língua pachto, do sul do Afeganistão, como um contrapeso às facções que compunham a Aliança do Norte, que havia muito recebia apoio da Índia.

O ISI via o Talibã como aliados pachtuns que, embora estranhos e fanáticos, podiam impedir uma invasão da Aliança do Norte ao Afeganistão e o estabelecimento do que Islamabad temia ser um Estado representante da Índia ao longo de sua fronteira ocidental. Oficiais militares paquistaneses também achavam que, por tudo que haviam feito para expulsar a União Soviética do Afeganistão, os talibãs conquistaram o direito de segurar as rédeas do governo de Kabul.

Com a inteligência paquistanesa fornecendo ao Talibã auxílio em dinheiro e assessoria em estratégia militar, e estando fechada a torrente de dinheiro de Washington para Islamabad, oficiais americanos locados nessa cidade durante os anos 1990 acharam não possuir lastro com o ISI para demandar que espiões paquistaneses forçassem o governo talibã em Kabul a lidar com Osama bin Laden. Os Estados Unidos aumentaram a pressão no fim de 1998, depois que a Al-Qaeda bombardeou simultaneamente as embaixadas americanas no Quênia e na Tanzânia, mas o serviço de espionagem paquistanês manteve-se impassível. Os americanos no Paquistão enviaram uma série de cabogramas para Washington detalhando a sua frustração. Uma comunicação de Islamabad recebida pelo Departamento de Estado em dezembro de 1998 exibia um título seco e atenuado: "Osama bin Laden: o Paquistão parece estar fazendo corpo mole em ajudar."[3] Quando um diplomata americano trouxe à baila o nome de Bin Laden durante uma reunião com o general Ehsan ul-Haq, futuro chefe do ISI, este ficou irritado.

— Eu não consigo entender por que vocês, americanos, se preocupam tanto com o Afeganistão — rosnou.[4]

Na manhã de 11 de setembro de 2001, o general Mahmud Ahmed, chefe do ISI, calhou de estar em Washington em reunião com legisladores dentro de um gabinete de segurança no Comitê de Inteligência da Câmara dos Representantes dos EUA. Homem baixo e robusto, com um espesso bigode branco que se estendia até o meio das bochechas, Ahmed assumiu o ISI após o golpe militar de 1999, que instalara na presidência o general Pervez Musharraf, e não se esforçou por esconder suas simpatias pelo Talibã. Ele repreendeu certa vez um analista militar paquistanês que dissera ao presidente Musharraf que a política do Paquistão para com o Talibã estava abalando o seu prestígio frente a outras nações.

— O Talibã — disse o chefe do ISI — é o futuro do Afeganistão.[5]

Naquela manhã na Colina do Capitólio, Ahmed entabulava um amigável diálogo com o deputado Porter Goss, o mais alto republicano do comitê, presenteando o congressista com o seu conhecimento de fatos obscuros sobre a Guerra Civil Americana. Goss havia embrulhado um livro sobre a Guerra Civil para dar de presente a Ahmed, mas as amabilidades foram interrompidas quando membros do comitê entraram apressados na sala de reuniões para informar aos legisladores e ao chefe do ISI que o segundo avião acabara de se chocar contra o World Trade Center. "O rosto de Mahmud ficou pálido", recorda Goss. O mestre em espionagem paquistanês rapidamente pediu desculpas por abandonar a reunião e saltou para dentro do carro da embaixada que o aguardava.[6] O livro, ainda embrulhado, foi esquecido dentro da sala.

Na manhã seguinte, o general Ahmed foi chamado ao escritório de Richard Armitage, vice-secretário de Estado, que não estava em clima de diplomaticamente correto. O presidente Bush anunciara na noite anterior que os Estados Unidos tratariam da mesma maneira os terroristas e os seus patrões, e Armitage apresentou o dilema do ISI em termos maniqueístas.

UM CASAMENTO ENTRE ESPIÕES

"O Paquistão tem pela frente uma escolha inescapável: ou está conosco, ou não está", comunicou Armitage ao chefe de espionagem paquistanês, dizendo ainda que a decisão era preto no branco, sem cinza.

Ofendido pela franqueza de Armitage, Ahmed respondeu que, embora o Paquistão viesse, havia muito, sendo acusado de "deitar-se" com terroristas, nada podia ser mais distante da verdade. O seu país apoiaria os Estados Unidos sem hesitação, disse ele, garantindo a Armitage que "o Paquistão sempre viu essas questões de modo preto no branco". Armitage alertou que os Estados Unidos preparavam um rol de demandas para o Paquistão, que provavelmente geraria uma "profunda introspecção" em Islamabad.[7]

Os termos do casamento CIA-ISI foram discutidos no dia seguinte. Armitage disse ao general Ahmed que os Estados Unidos queriam acesso irrestrito ao espaço aéreo paquistanês, bem como disponibilidade para conduzir operações militares e de inteligência dentro do Paquistão. Os Estados Unidos queriam também acesso aos portos paquistaneses, aos aeródromos e bases nas montanhas ao longo da fronteira com o Afeganistão. Finalmente, ele insistiu para que o ISI entregasse à CIA toda a inteligência de que dispunha sobre a Al-Qaeda.[8]

Ahmed garantiu a Armitage que passaria a lista de demandas para Musharraf. Mas, disse ele, o Paquistão queria algo em troca: a garantia de que seria reembolsado por seu apoio na campanha contra a Al-Qaeda. Se era para o Paquistão voltar-se contra o Talibá e aceitar uma guerra na sua fronteira ocidental, ele deveria ser recompensado por isso.

Os parâmetros da relação disfuncional norte-americana com o Paquistão na era pós-11 de Setembro haviam se estabelecido: os Estados Unidos insistindo no direito de conduzir uma guerra secreta dentro do Paquistão, e Islamabad extraindo dinheiro como compensação. O presidente Musharraf concordou com a maior parte das solicitações de Washington, mas não com todas. Por exemplo, ele impôs limites sobre onde os aviões americanos poderiam voar no espaço aéreo paquistanês, temendo que os Estados Unidos pudessem tentar realizar voos de vigilância sobre os sítios nucleares paquistaneses. Também negou aos Estados Unidos o acesso à maioria das bases militares, permitindo que as Forças Armadas americanas alocassem o seu pessoal em apenas duas bases aéreas: Shamsi, na região sudoeste de Baluquistão, e Jacobabad, na província de Sindh, localizada no norte.[9] No fim das contas, a renovação dos votos de Washington e Islamabad deixou ambos os lados com a sensação de haver dado mais que recebido, criando recriminações e ressentimentos que continuariam a transbordar pelos anos seguintes.

A retórica de Washington não fora nada ambígua, e Musharraf sabia disso. Homem que passara a carreira dentro do Exército, ele ponderava sobre as suas opções como se aquilo fosse um jogo de guerra. Ele escreveu mais tarde em sua autobiografia que, se houvesse escolhido proteger o Talibã, os Estados Unidos teriam considerado o Paquistão um Estado terrorista e, pelo que ele sabia, atacado o país, eviscerado as Forças Armadas paquistanesas e se apoderado do seu arsenal militar. A Índia já havia oferecido suas bases para a guerra no Afeganistão, e Musharraf logo percebeu que os Estados Unidos poderiam lançar missões de combate a partir de uma base em Amritsar, no noroeste da Índia. Os aviões bombardeiros poderiam riscar o céu sobre o território paquistanês na sua rota de ida e volta para o Afeganistão, após terem lançado as suas cargas letais. Pior ainda, os indianos poderiam aproveitar a oportunidade para abrir uma ofensiva na Caxemira, com as bênçãos da América. O equilíbrio estratégico no sul da Ásia, que por anos alinhara o Paquistão aos Estados Unidos contra a Índia e o seu aliado histórico, a Rússia, iria se transformar permanentemente. O Paquistão seria um pária, empobrecido e esmagado.[10]

Na noite de 19 de setembro, Musharraf disse ao povo do Paquistão como havia respondido às demandas de Washington. Vestia um uniforme novo em folha, mas a sua expressão era de fadiga e tensão, tributo pago pelas infindáveis reuniões com generais, políticos civis, líderes religiosos e diplomatas americanos. O seu discurso na televisão não era uma denúncia da Al-Qaeda ou do Talibã, e em nenhum momento Musharraf condenou os ataques ao World Trade Center e ao Pentágono. Em vez disso, ele enquadrou a sua decisão de ajudar a América em termos estritamente

UM CASAMENTO ENTRE ESPIÕES   43

nacionalistas. A Índia já oferecera o seu total apoio a Washington, disse ele, e Nova Délhi estava determinada a garantir que "se, e quando, o governo do Afeganistão mudasse, ele deveria vir a ser um governo antipaquistanês".[11] Segundo ele o Paquistão tinha quatro prioridades: a segurança de suas fronteiras; a causa da Caxemira; a recuperação de sua economia; e, finalmente, a proteção dos seus "recursos estratégicos".

Aquele último item da lista não era apenas uma referência ao arsenal nuclear que o Paquistão construíra para destruir a Índia. As Forças Armadas paquistanesas tinham outros "recursos estratégicos" para considerar. Em 2001, grupos como o Talibã afegão e a rede de milícias comandada pelo líder mujahidin Jalaluddin Haqqani eram considerados elementos críticos das defesas paquistanesas, e Musharraf deixou claro no discurso daquela noite que ainda considerava o Talibã um importante bastião contra a Índia. Ainda que estivesse confiando no mulá Omar para entregar Bin Laden, ele comunicou ao país que a tática era um modo de sair da crise "sem qualquer dano ao Afeganistão ou ao Talibã".

As coisas não eram, de fato, preto no branco. Uma semana após os ataques de 11 de setembro, e uma noite antes que o presidente Bush, diante de uma sessão conjunta no Congresso, acusasse o Talibã de "apoiar e incitar o homicídio", Musharraf ainda esperava que o Talibã pudesse permanecer no poder. Washington havia sido confortada pela crença de que o presidente paquistanês apostava todas as suas fichas na administração Bush. Na verdade, ele adotou uma estratégia muito mais nuançada — uma estratégia que, mesmo após mais de uma década de guerra no Afeganistão, muitos oficiais americanos ainda tinham dificuldades em discernir.

O ISI ainda acreditava que pudesse ser evitada outra guerra sangrenta no Afeganistão, especialmente aquela, que poderia vir a substituir o Talibã pelos tadjiques e uzbeques da Aliança do Norte. Depois que o general Ahmed retornou a Islamabad, ele implorou à embaixadora americana Wendy Chamberlin para que uma guerra não fosse iniciada por questões de vingança. Uma verdadeira vitória no Afeganistão, disse Ahmed, viria apenas com negociação.

— Se o Talibã for eliminado — disse ele — o Afeganistão regressaria aos tempos das guerras tribais.[12]

Para tentar convencer o líder do Talibã, o mulá Mohamed Omar, a entregar Bin Laden, o general Ahmed voou para Kandahar num avião emprestado pela CIA. Omar, um ex-comandante mujahidin que perdera um olho durante a guerra contra os soviéticos, fez troça do general paquistanês, chamando-o de garoto de recados da administração Bush, e rejeitou as demandas. Ele lançou uma contundente reprimenda ao seu antigo benfeitor do ISI.

— Você quer agradar aos americanos, e eu quero agradar a Deus — disse.[13]

A ESTRATÉGIA PARA o Afeganistão havia, desde o início, criado divisões dentro da CIA, com o surgimento de rixas entre os oficiais de Langley e aqueles locados na estação da agência em Islamabad. Cofer Black, o chefe do CTC, pressionava para armar imediatamente a Aliança do Norte e iniciar uma ofensiva no sul, em direção a Kabul. Mas Robert Grenier, o chefe da estação em Islamabad, empenhava-se contra o plano. Ele alertava que qualquer iniciativa para armar as milícias sustentadas pela Índia e pela Rússia poderia destruir imediatamente as relações com o Paquistão, logo agora que se quebrara o gelo depois de anos de desconfiança mútua.[14] Essas brigas internas ganharam uma audiência maior três semanas após os atentados de 11 de setembro, quando oficiais da CIA foram até o Pentágono para uma teleconferência entre Washington, Islamabad e o quartel-general do Comando Central Norte-Americano, em Tampa.

Durante a conferência, Grenier disse que qualquer ofensiva por solo utilizando a Aliança do Norte deveria ser mantida em suspenso para que o ISI tivesse mais tempo de pressionar o Talibã para que entregasse Bin Laden. Dar suporte à Aliança do Norte poderia provocar uma nova e sangrenta guerra civil no Afeganistão, alegou Grenier, acrescentando que uma campanha aérea talvez fosse suficiente até que o Talibã fosse trazido à

UM CASAMENTO ENTRE ESPIÕES

mesa de negociações. Mas Hank Crumpton, um oficial do CTC designado por Cofer Black para comandar a guerra da CIA no Afeganistão, julgou que Grenier estava sendo ingênuo. Ele apenas refletia a posição do ISI, pensava Crumpton, exibindo um péssimo sintoma de "clientite". Depois da reunião, Crumpton disse a Rumsfeld que, em sua opinião, Grenier estava terrivelmente equivocado.[15]

Grenier podia até estar canalizando os interesses do ISI, mas aquelas preocupações não eram nem um pouco irracionais. Durante semanas, oficiais do ISI estiveram cochichando às suas contrapartes da CIA que uma guerra no Afeganistão poderia sair selvagemente do controle. Poderia abalar o delicado equilíbrio da região, diziam, talvez até levar a Índia e o Paquistão a uma explosiva guerra por procuração dentro do Afeganistão.

Enquanto as negociações arrastavam-se e setembro já virava outubro, a CIA começou sorrateiramente a inserir equipes paramilitares no Afeganistão a fim de entrar em contato com comandantes militares que lutavam sob a bandeira da Aliança do Norte. Nesse ínterim, uma torrente de informações ameaçadoras provenientes das estações da CIA no Oriente Médio e no sul da Ásia continuava a chegar ao Centro Contraterrorista da agência. Em 5 de outubro, dois dias antes que os Estados Unidos lançassem as primeiras bombas sobre o Afeganistão, Armitage enviou um cabograma confidencial para a embaixadora Chamberlin, solicitando que ela se encontrasse imediatamente com o general Ahmed. Ele queria que uma mensagem simples fosse transmitida ao mulá Omar e que Ahmed a entregasse. Se um novo ataque partindo do Afeganistão fosse rastreado, escreveu Armitage, a resposta americana seria devastadora:

"Cada pilar do regime talibã será destruído."[16]

No dia seguinte ao início da guerra da América no Afeganistão, Musharraf substituiu o general Ahmed no ISI. Os líderes da CIA em Washington vinham pressionando para que Ahmed fosse demitido, e a sua substituição foi uma escolha incontroversa. O general Ehsan ul-Haq, um comandante urbano que, à época, liderava o corpo de Exército em Peshawar, fizera parte da trama que instalou Musharraf no poder em

1999, e, ao contrário de Ahmed, não demonstrava quaisquer lealdades óbvias para com o Talibã. Em semanas, ele já estava sentado ao lado do presidente nas Nações Unidas, onde Musharraf e Bush se reuniram pela primeira vez desde os ataques de 11 de setembro para discutir os planos da América para o Afeganistão.

De modo a preparar Bush para o encontro, o secretário de Estado Colin Powell escreveu ao presidente um memorando que elogiava Musharraf, dizendo inequivocamente que o governo do Paquistão "abandonara o Talibã". "A decisão do presidente Musharraf de cooperar totalmente com os Estados Unidos depois do 11 de Setembro, à custa de um considerável risco político, propiciou uma reviravolta em nossas antes emperradas relações",[17] iniciava o memorando. Em retrospecto, a análise de Powell foi ingênua — aquilo era o que os oficiais americanos queriam acreditar e decidiram ouvir. Musharraf não havia alterado fundamentalmente a política externa do Paquistão, na medida em que reproduzia um acordo que o general Muhammad Zia-ul-Haq, ex-presidente paquistanês, havia firmado com os americanos nos anos 1980. Musharraf ajudaria os Estados Unidos a conseguirem o que queriam no Afeganistão, e o Paquistão seria generosamente recompensado.

Musharraf não conseguira impedir a guerra, mas desejava que ela fosse breve e que os Estados Unidos saíssem de sua vizinhança o mais rápido possível. Esta foi a mensagem que ele levou a Bush nas Nações Unidas: faça o que for preciso para expulsar Osama bin Laden e os seus seguidores do Afeganistão, mas a última coisa que os Estados Unidos devem fazer é permanecer no país por muitos anos.[18]

No fim das contas, os paquistaneses haviam interpretado mal os americanos tanto quanto estes o fizeram. Nos meses que se seguiram aos atentados de 11 de setembro, uma série de cabogramas de inteligência oriundos do quartel-general do ISI seguiu para as embaixadas do Paquistão em Washington e outros lugares.[19] Os analistas do serviço de espionagem concluíram que os Estados Unidos não tinham planos de um compromisso de longo prazo no Afeganistão para além do objetivo de derrotar a Al-Qaeda, uma conclusão baseada na informação de que Washington perdera o interesse no país depois da última guerra, logo que os soviéticos se retiraram. Era assim que a situação aparecia aos olhos de Asad Durrani, um tenente-general paquistanês aposentado que presidira o ISI nos anos 1990. Durrani servia como embaixador do Paquistão na Arábia Saudita em fins de 2001, quando os cabogramas começaram a chegar às embaixadas no exterior. A nova guerra da América no Afeganistão, diria Durrani anos mais tarde, "parecia ser uma coisa de curto prazo".[20]

Espiões paquistaneses ainda tentavam fazer com que fosse, e, em novembro e dezembro de 2001, eles tiveram uma série de reuniões secretas com líderes tribais afegãos para determinar quantas camadas superficiais dos seguidores do Talibã poderiam ser removidas do núcleo fanático do movimento. Durante uma dessas reuniões, o general Ehsan ul-Haq, o novo chefe do ISI, sentou-se com Jalaluddin Haqqani em Islamabad. O general ul-Haq chamara Haqqani para a capital a fim de avaliar a lealdade do encarquilhado líder de milícia. Haqqani fora outrora o grande aliado da CIA no Afeganistão, na guerra contra os soviéticos, mas desde então jurara lealdade à Al-Qaeda e erguera um vasto império criminoso a partir de sua base em Miranshah, no Waziristão do Norte.

Ficou claro durante o encontro que Haqqani não seria convencido. A invasão americana ao Afeganistão, disse Haqqani ao general ul-Haq, não era diferente da guerra contra os soviéticos ocorrida anos antes. Com assustadora presciência, ele anteviu que aquela guerra duraria tanto quanto a outra. Haqqani ressaltou que não poderia impedir os bombardeiros americanos, mas posteriormente os Estados Unidos teriam de enviar um grande número de tropas em solo. Quando isso ocorresse, disse ao chefe do ISI, ele estaria em pé de igualdade com os americanos.[21]

Eles podem ocupar todas as cidades, mas não todas as montanhas, continuou o líder de milícia, segundo as lembranças que o general ul-Haq tinha da reunião. "Portanto, nós vamos para as montanhas, e vamos resistir. Assim como fizemos contra a União Soviética."

Notícias de que o famoso comandante estivera em Islamabad logo se espalharam na embaixada americana, e o chefe da estação da CIA, Robert Grenier, visitou imediatamente o general ul-Haq em busca de maiores informações. Não somente Haqqani tinha estado na capital, admitiu ul--Haq, mas se encontrara com ele. Ele não se preocupou em informar ao chefe da CIA, disse, porque nada de produtivo saiu do encontro.[22]

— Não creio que ele possa ser de grande ajuda — disse ul-Haq.

EMBORA HOUVESSE INSTALADO um novo general para comandar o ISI, o expurgo dos islamitas de dentro do Exército feito por Musharraf não foi o suficiente. Ao mesmo tempo que o general ul-Haq assumiu o serviço de espionagem militar, Musharraf indicou o tenente-general Ali Jan Aurakzai, um amigo íntimo e antigo simpatizante do Talibá, para comandar o corpo de Exército em Peshawar, o mesmo cargo que ul-Haq acabara de deixar vago.

Peshawar, uma agitada cidade comercial, é a capital da Província da Fronteira Noroeste do Paquistão, território nomeado pelos britânicos graças à sua posição na borda externa das terras "estabelecidas".* O cargo em Peshawar também propiciou ao general Aurakzai a supervisão das Áreas Tribais Administradas Federalmente, as áridas e montanhosas terras controladas por homens selvagens das tribos Wazir e Mehsud, onde a jurisdição do governo pouco significava.

Os britânicos haviam obtido pouco sucesso em domesticar as terras tribais que fizeram parte do Raj britânico, e acabaram desistindo. À época um jornalista de 23 anos em visita à Índia, no ano de 1897, Winston Churchill passou seis semanas com a Força Britânica de Campo em Malakand e enviou matérias ao *Daily Telegraph* descrevendo as montanhas de cumes nevados onde "as cordilheiras apresentam-se como as longas vagas

---

* O governo paquistanês mais tarde mudaria o nome da Província da Fronteira Noroeste para Khyber Pakhtunkhwa.

UM CASAMENTO ENTRE ESPIÕES   49

do Atlântico, e, no horizonte, algum pico cintilante de neve sugere um pássaro rolieiro-de-sobrancelhas-brancas, acima dos demais".[23]

"As chuvas intensas que desabam a cada ano", continuava Churchill, "lavaram o solo nas laterais das colinas até que elas restassem estranhamente entalhadas por um sem-número de cursos de água, e a primeva rocha negra está exposta em toda parte." Assim como as terras haviam mudado pouco desde os tempos de Churchill, a gente das áreas tribais permanecia ferozmente desconfiada em relação a forasteiros. Trata-se de um lugar, observou o futuro primeiro-ministro britânico, em que "a mão de cada homem volta-se contra as outras, e todas contra o estrangeiro".

O general Aurakzai havia muito provara a sua lealdade a Musharraf na qualidade de um dos conspiradores militares por trás do golpe de 1999. De acordo com alguns relatos, fora Aurakzai quem apareceu na casa do ex-presidente Nawaz Sharif, apontou-lhe uma arma na cara e disse-lhe que os militares estavam assumindo o controle do Paquistão. Ele era uma figura de autoridade, que fora criado nas áreas tribais e que passara tempo suficiente nas montanhas para saber que as tropas regulares paquistanesas não estavam treinadas para a missão que logo teriam de realizar. Disse a Musharraf duvidar que houvesse muitos membros estrangeiros da Al-Qaeda fugindo pela fronteira para o Paquistão.

Mas os oficiais da CIA em Islamabad pensavam diferente. Meses depois de soldados paquistaneses se deslocarem para as áreas tribais, oficiais da agência começaram a alimentar o ISI com relatórios regulares sobre a chegada de combatentes árabes às montanhas, mas as patrulhas militares do general Aurakzai não revelavam nada. Grenier, o chefe da estação da CIA em Islamabad, disse que Aurakzai e outros oficiais paquistaneses com quem havia se encontrado temiam que tropas paquistanesas retumbando pelas montanhas pudessem desencadear um levante tribal. Os oficiais não queriam crer que a Al-Qaeda estabelecera uma nova base no Paquistão, a menos de 160 quilômetros das bases no Afeganistão onde o grupo planejara os ataques de 11 de setembro. Tratava-se de "um fato inconveniente",[24] disse Grenier.

Aurakzai manteve-se no comando de Peshawar até a sua aposentadoria, em 2004 e, por anos, continuou negando a presença de combatentes árabes nas áreas tribais. Em 2005, disse a um repórter que a ideia de que Osama bin Laden estivesse escondido no Paquistão não passava de mera conjectura e que ele nunca vira qualquer evidência de que combatentes árabes houvessem estabelecido operações nas áreas tribais. A caçada a Bin Laden e à Al-Qaeda no Paquistão, disse ele, não fazia o menor sentido.[25]

MAS OUTROS SABIAM mais. O general de brigada Asad Munir acabara de assumir o seu posto como chefe de estação do ISI em Peshawar quando ocorreram os ataques de 11 de setembro, e não muito antes que os americanos lá começassem a chegar. A princípio, eles chegaram em pequenos números, não mais do que uma dezena, e estabeleceram o consulado fortificado dos EUA dentro da cidade. Era final de 2001, e eles haviam vindo para trabalhar com as suas contrapartes paquistanesas para caçar os membros da Al-Qaeda que fugiam do combate no Afeganistão. Eles vieram para trabalhar com Asad Munir.

— Eu nunca tinha conhecido um homem da CIA — recordou Munir, dando longas baforadas num cigarro Benson & Hedges, cuja fumaça por vezes obscurecia um rosto com a aparência enrugada de alguma envelhecida figura proeminente de Bollywood. Os seus pensamentos voltaram-se nostalgicamente para os primeiros anos após os atentados de 11 de setembro, quando os espiões americanos e paquistaneses pareciam estar enfrentando o mesmo inimigo.

— Éramos como amigos.

Os americanos, liderados por um oficial da CIA nomeado Keith, a princípio desconfiavam de Munir e de quase todo mundo no ISI. Mas, depois de duas semanas, contou Munir, as suspeitas haviam se dissipado.[26] Peshawar era a cidade mais ocidental onde a CIA podia estabelecer uma grande base, e, em meados de 2002, a agência transformou o consulado americano local num centro de operações de espionagem. Antenas foram

UM CASAMENTO ENTRE ESPIÕES 51

erguidas no telhado, novos computadores, instalados, e oficiais clandestinos chegaram usando pobres disfarces. Era, de fato, uma estação de espionagem posando de posto diplomático.

Munir também se lembrava dos outros homens a chegar, o "pessoal técnico". Ele não viria a saber, mas as equipes técnicas eram parte de uma obscura unidade do Pentágono chamada Gray Fox — oficialmente a Atividade de Suporte à Inteligência do Exército, baseada em Forte Belvoir, na Virgínia —, que enviava ao mundo todo oficiais clandestinos com equipamento especial para interceptar comunicações. Com a sua chegada, a base de dados contendo números suspeitos de celular, que a equipe americana-paquistancsa utilizava para rastrear a Al-Qaeda nos arredores de Peshawar e nas áreas tribais, expandiu-se drasticamente. Doze números logo se converteram em cem, de cem logo em 1.200. Nomes de argelinos, líbios, sauditas e outros que nem a CIA nem o ISI haviam ouvido antes foram acrescidos ao rol, e "a lista aumentou loucamente", disse Munir. A maioria dos estrangeiros que Munir e os americanos caçavam havia se instalado no Paquistão entre dezembro de 2001 e abril de 2002, tendo escapado da campanha americana de bombardeios em Tora Bora e no vale Shahi Kot, no leste do Afeganistão. Eles eram árabes, uzbeques, chechenos e nativos de outros países da Ásia Central. Alguns buscavam um modo de retornar para os Estados árabes do golfo Pérsico. Alguns procuravam apenas um novo lar e passaram a fincar raízes por meio do casamento com mulheres pachtuns locais.

A cada dia, funcionários da CIA e do ISI em Peshawar examinavam atentamente uma densa pilha de transcrições de conversas interceptadas, e então utilizavam a inteligência colhida para planejar ataques a fim de capturar militantes dentro e nos arredores de Peshawar. A inteligência das interceptações não era o bastante, e, com uma visão limitada da guerra, os espiões em Peshawar às vezes realizavam prisões que jamais teriam feito caso tivessem tido acesso a mais informações. Certa vez, em junho de 2003, eles rastrearam o celular de um agente argelino, Adil Hadi al-Jaza'iri, até uma grande piscina pública próxima a Peshawar. Ao chegarem lá, encontraram mais de cem homens dentro da piscina. Sem uma fotografia de Al-Jaza'iri não havia como realizar a prisão. Um dos agentes do ISI ligou para o número suspeito e observou um homem barbado nadar até a beira da piscina para pegar o telefone que tocava. Uma equipe de policiais de Peshawar correu até o homem encharcado em roupa de banho.[27]

Mas, acidentalmente, quem eles haviam acabado de prender era um agente duplo. Sem o conhecimento deles, Al-Jaza'iri fornecia informações sobre a Al-Qaeda para o M16 britânico.[28] O argelino foi embarcado para a baía de Guantánamo, e a inteligência britânica perdeu um informante.

Anos depois, Munir ainda guardava muitas histórias de espionagem para si próprio, apegado a um código que ele esperava que os seus pares americanos também honrassem. Ele pensa no respeito que os dois serviços de espionagem outrora demonstravam um para com o outro, respeito que pode até ter sido bem próximo da confiança. Foi uma época "plenamente agradável", disse, um momento que ele sabia impossível de recriar, devido aos anos de suspeição que se seguiriam.

O sucesso das operações conduzidas por Asad Munir e pelos oficiais da CIA em torno de Peshawar, somado à captura de antigos tenentes de Bin Laden, tais como Khalid Sheikh Mohammed e Ramzi bin al-Shibh, em outras cidades paquistanesas, levou muitos altos oficiais de Bush a acreditar que a parceria estava funcionando. As figuras da Al-Qaeda no Paquistão estavam sendo retiradas do país para o Afeganistão, para a Tailândia, para a Romênia e outros países que permitiram à CIA construir prisões secretas em seu solo. A CIA enviava milhões de dólares ao ISI quando a conta do suporte a Islamabad foi paga. Tão lucrativo tornara-se o arranjo para os paquistaneses que circulava uma piada em Islamabad segundo a qual, para cada terrorista que o ISI ajudava a capturar, dois novos precisavam ser criados para manter o mercado aquecido.

Tal como Asad Munir via as coisas, as vagas ambições que o ISI tinha em 2001 de manter os seus laços com o Talibã afegão e com a rede de Haqqani haviam, em 2003 e 2004, se transformado numa estratégia cuidadosamente elaborada de usar tais grupos em benefício de Islamabad para um Afeganistão pós-guerra. A análise paquistanesa provara-se estar errada: a guerra no Afeganistão não era um evento breve e passageiro. Além do mais, a decisão da administração Bush de invadir o Iraque em 2003 era uma prova, para muitos dentro dos serviços militar e de inteligência paquistaneses, de que Washington perdera o interesse no Afeganistão e, mais uma vez, faria uma caótica retirada do país. O Paquistão precisava se proteger.

— Os americanos vieram ao Afeganistão sem um plano total: "Como entramos e como saímos?" — disse Munir. — Na época, eles não tinham interesse no Talibã. O seu foco era a Al-Qaeda.

— O Paquistão reconsiderou a sua opinião, passando a achar que aquelas pessoas, os americanos, não iam assegurar o Afeganistão — disse ele. — Nós pensamos: "Eles vão embora, e nós teremos que conviver com os afegãos."

Ele fez uma pausa, dando outro trago em seu cigarro.

— Temos os nossos próprios interesses e as nossas próprias preocupações com segurança.

3. OS HOMENS DE CAPA E PUNHAL

"Nós certamente não precisamos de um regimento de homens de capa
e punhal, conquistando as suas distinções de campanha — e, de fato,
a sua promoção — ao planejar novas proezas ao redor do mundo. A
sua empreitada é autogeradora."

— *Senador Frank Church, 1976*

Houve uma época, não muito tempo atrás, em que a CIA esteve fora do
ramo dos assassinatos.

Quando Ross Newland entrou para a agência de espionagem, no final
dos anos 1970, a CIA não visava envolver-se em conflito algum fora de
casa. Newland mal acabara de se graduar, e a CIA ressentia-se das pancadas
vindas de comitês do Congresso, que haviam investigado as ações secretas
da agência desde a sua fundação, em 1947. O Congresso estreitava o seu
controle sobre atividades secretas, e líderes da CIA repreendidos começavam a mudar o foco das atividades da agência para o roubo de segredos de
regimes estrangeiros — a espionagem tradicional — em vez de derrubá-los
ou tentar eliminar seus líderes.

O presidente Jimmy Carter, que havia feito campanha para pôr fim
às aventuras além-mar da CIA, instalou o almirante Stansfield Turner
em Langley para, em parte, reinar numa agência de espionagem que ele
julgava estar sendo conduzida com fúria. Newland e toda uma geração
de oficiais encarregados que haviam ingressado na agência durante aquele
período foram alertados de que a CIA só atrairia problemas se voltasse

a se envolver no ramo dos assassinatos. Ao fim de sua carreira, Newland veria a agência fechar o círculo na questão da ação letal, e ele passaria a questionar a sabedoria da instituição em abraçar o seu papel de pronta executora dos inimigos da América.

A CIA estabelecera-se com uma missão relativamente simples: coletar e analisar informações para que os presidentes americanos pudessem tomar conhecimento diário das muitas ameaças enfrentadas pelos Estados Unidos. O presidente Truman não queria que a agência se tornasse o exército secreto da América, mas, desde que uma cláusula vaga na Lei de Segurança Nacional de 1947 autorizou a CIA a "realizar outras funções e deveres ligados à inteligência sobre a segurança nacional", os presidentes americanos passaram a usar essa autoridade de "ação secreta" para engajar a agência em operações de sabotagem, campanhas de propaganda, fraudes eleitorais e tentativas de assassinato.[1]

Desde o início, críticos questionaram se os Estados Unidos realmente precisavam de um serviço de espionagem separado do Departamento de Defesa. Na defesa da autonomia da agência, os diretores da CIA destacaram o que eles tinham a oferecer que o Pentágono não poderia. A agência dispõe de um quadro de oficiais disfarçados, capazes de conduzir missões secretas no exterior em que a mão dos Estados Unidos permaneça oculta. A CIA responde diretamente ao presidente, o argumento prossegue, e pode cumprir as suas ordens de forma mais rápida e silenciosa do que as Forças Armadas. Os residentes do Salão Oval haviam lançado mão de ações secretas centenas de vezes, e frequentemente se arrependido. Mas a memória é curta, novos presidentes chegaram à Casa Branca a cada quatro ou oito anos, e um padrão familiar repetiu-se à exaustão no decorrer da segunda metade do século XX: aprovação presidencial de operações agressivas da CIA, confusas investigações do Congresso quando os detalhes dessas operações vêm à tona, cortes de gastos e de cabeças em Langley, críticas de que a agência tornou-se avessa a riscos, e, finalmente, um novo período de agressivas ações secretas. Às vezes o ciclo inicia-se logo no começo de uma nova presidência. Durante sua primeira semana no cargo, o presidente John

OS HOMENS DE CAPA E PUNHAL

F. Kennedy disse aos seus assessores não achar que a CIA fora agressiva o bastante no Vietnã, e pôs em ação uma guerra secreta contra Hanói que acabaria por se tornar a maior e mais complexa ação secreta de seu tempo.[2]

A ambivalência da CIA em realizar assassinatos vinha desde os tempos do predecessor da agência de espionagem, o Escritório de Serviços Estratégicos. Criado em 1942 sob a liderança de seu feroz comandante, William J. Donovan, o OSS era, antes de tudo, uma organização paramilitar, e, em segundo lugar, um serviço de espionagem. Os "gloriosos amadores" de Donovan passaram boa parte da Segunda Guerra Mundial sabotando estradas de ferro, explodindo pontes e armando resistentes ao nazismo em toda a cena europeia. No entanto, até mesmo Donovan recuou ao fim da guerra frente a um programa de treinamento assassinos para matar líderes nazistas. Por volta de 1945, o OSS treinara cerca de uma centena de desertores da Wehrmacht para caçar líderes alemães — de Adolf Hitler a Hermann Göring, passando por cada oficial da SS com patente acima de capitão. Para essas matanças organizadas, os agentes trabalhando para o "Projeto da Cruz" receberiam 200 dólares por mês. Mas as equipes jamais foram enviadas à Alemanha; Donovan escreveu ao seu Estado-Maior que aquele programa de "assassinatos por atacado" iria apenas "trazer problemas para o OSS". Em vez de assassinados, Donovan sugeriu que nazistas do alto escalão fossem sequestrados e interrogados de modo a fornecer informações. A guerra terminou antes que algum sequestro fosse realizado.[3]

Décadas mais tarde, o comitê do Senado liderado por Frank Church, de Idaho, pretendeu originalmente lidar apenas com abusos domésticos da agência, tais como grampos ilegais. Mas, no começo de 1975, o presidente Gerald Ford fez um comentário casual a repórteres, dizendo que, se os investigadores cavassem fundo o bastante, acabariam revelando uma série de tentativas da CIA de assassinar líderes estrangeiros. Quando essas palavras vieram a público, o Comitê Church fez dos assassinatos o principal foco de suas audiências.[4]

Por seis meses, os senadores ouviram falar de planos para matar Patrice Lumumba, no Congo, e colocar uma bomba em formato de concha no local onde Fidel Castro costumava mergulhar em Cuba. A imagem icônica das audiências surgiu quando membros do comitê fizeram circular uma pistola que a CIA construíra para lançar dardos envenenados, e o senador Barry Goldwater apontou a arma para o ar enquanto olhava pela mira. O diretor da CIA William Colby tentou deixar claro que a arma nunca fora usada, mas a imagem perdurou. Antes mesmo que o comitê tivesse encerrado os trabalhos, o presidente Ford assinou uma ordem executiva proibindo o governo de conduzir assassinatos de chefes de Estado ou outros políticos estrangeiros.

Quando nada, a proibição de assassinatos expedida pelo presidente Ford foi a sua tentativa de impor limites aos seus sucessores no Salão Oval, de impedir que futuros presidentes fossem levados muito facilmente a ordenar operações obscuras. O Comitê Church destacou que, por trás de todas as atividades questionáveis da CIA desde os seus primeiros anos, estava sempre a Casa Branca encorajando temerárias operações, tais como tentativas de golpe e assassinatos de líderes estrangeiros. A agência oferecia o segredo, e o segredo sempre seduzira presidentes americanos.

Como escreveu o senador Church no relatório final do comitê, "uma vez que a capacidade para a atividade clandestina é estabelecida, as pressões que recaem sobre o presidente para utilizá-la são imensas".[5] Church chegou a questionar se, no fim das contas, a América precisava mesmo da CIA. No lugar de manter um "regimento de homens de capa e punhal" à disposição do presidente, Church acreditava que o Departamento de Estado fosse mais do que capaz de conduzir operações secretas quando necessário, devendo fazê-lo, no entanto, apenas em caso de calamidade, talvez para "evitar um holocausto nuclear ou salvar a civilização".[6]

CHURCH NÃO REALIZOU o seu desejo, mas a CIA havia sido bastante rebaixada no tempo em que Ross Newland graduou-se no Trinity College, em Connecticut, no final dos anos 1970. Filho de um homem de negócios internacional, ele passara a maior parte de sua vida na América Latina e na Espanha, e falava um espanhol fluente. Dada a sua criação e interesse em assuntos internacionais, Newland percebeu que poderia estar destinado a uma carreira de diplomata, mas ele optou, primeiro, por tentar um mestrado na London School of Economics.[7]

Numa opulenta festa de fim de ano em dezembro de 1978, na residência do embaixador americano em Madri, Newland foi recrutado para se tornar espião. Ele havia voado de Londres para Madri a fim de visitar os seus pais, que viviam na Espanha, e, durante a festa, um homem com uns 50 anos recém-completados aproximou-se dele dizendo trabalhar para a embaixada. Depois de 15 minutos de amenidades, em inglês e espanhol, o homem perguntou a Newland se ele gostaria de dar um passeio pelos jardins da residência para uma conversa privada.

O homem era Nestor Sanchez, chefe da estação da CIA em Madri e oficial clandestino veterano, cuja renomada carreira no serviço secreto estava no fim. Um ardente anticomunista, Sanchez entrara para a CIA pouco depois de sua fundação e estivera no centro de muitas das operações secretas investigadas pelo Comitê Church. Ele havia ajudado a elaborar o bem-sucedido golpe de 1954 contra Jacobo Árbenz Guzmán, na Guatemala, e entregara a um agente cubano uma seringa com veneno disfarçada de caneta, numa tentativa de assassinar Fidel Castro.[8]

Sanchez disse a Newland que ele poderia virar um bom oficial encarregado da CIA e indicou o seu nome para a estação da agência em Londres. Três meses depois, Newland estava sentado numa sala vazia no quartel-general da CIA à espera de sua avaliação psicológica. Um homem entrou, sentou-se e fez apenas duas perguntas a Newland.

— Então, você cresceu no México?

— Sim.

— Qual a diferença entre uma *enchilada* e uma *tostada*?

Embora confuso pela questão, Newland explicou a diferença entre os dois pratos. Depois de um rápido bate-papo sobre comida mexicana, Newland disse educadamente ao seu entrevistador que era melhor dar início à avaliação psicológica porque ele precisava seguir para a próxima entrevista.

— E ele disse: "Não, nós já acabamos" — recorda Newland. Ross Newland estava na CIA.

Ele finalizou o curso na London School of Economics e ingressou oficialmente na agência de espionagem em 5 de novembro de 1979. Foi apenas um dia após estudantes no Irã terem invadido a embaixada americana e seis semanas antes que paraquedistas soviéticos pousassem em Kabul na condição de vanguarda das centenas de milhares de tropas que invadiriam o Afeganistão nos meses seguintes. Os dois eventos convulsionaram o quartel-general da CIA, especialmente os 53 membros da turma de Ross Newland. Altos oficiais da agência ordenaram a todos os novatos, à exceção daqueles fluentes em línguas não faladas no mundo islâmico, que assumissem posições no Oriente Médio ou Ásia Central.

Por falar espanhol, Newland foi um dentre uma dezena de estagiários excluídos do "contingente". Na época em que ele completava o seu estágio de treinamento para oficial encarregado, Ronald Reagan tornou-se presidente, e a CIA adquiriu um renovado interesse na América Latina. A cocaína jorrava pela fronteira para dentro dos Estados Unidos, e a administração Reagan estava profundamente preocupada com o poder crescente de movimentos guerrilheiros de esquerda na América Central. Newland tinha Nestor Sanchez como mentor, e à época o veterano deixara Madri para assumir a divisão da CIA para a América Latina. De sua trincheira no quartel-general, Sanchez podia guiar a carreira inicial de Newland, e acabou colocando-o no centro da ação.

Primeiro, ele foi enviado à Bolívia, então a capital mundial da cocaína, onde recebeu instruções para que cultivasse fontes dentro dos cartéis da droga. Ele passou boa parte do seu tempo nas terras baixas bolivianas, posando de negociante americano e tentando fazer amizade com os distribuidores de drogas na cidade de Santa Cruz. Bebia com eles, apostava em rinhas de galo, conhecia as suas esposas e amantes, e ia com eles até o interior para comer pato com manga e abacaxi em surrados bangalôs ao longo da estrada que levava à floresta.

OS HOMENS DE CAPA E PUNHAL

Quando não estava em Santa Cruz, ele ficava na capital boliviana de La Paz, esperando pela nova tentativa de golpe. A estação da CIA na Bolívia orgulhava-se por predizer cada golpe antes que eles acontecessem, e os oficiais da agência não pretendiam arruinar o seu bom histórico. Mas Newland recebeu uma revigorante dose de realidade sobre o seu lugar no mundo quando o único golpe bem-sucedido durante a sua estada na Bolívia ganhou apenas uma pequena menção nas páginas internas do *New York Times*. As quatro tentativas anteriores sequer haviam aparecido no jornal.

A administração Reagan identificara o governo boliviano como um parceiro na guerra às drogas. Mas, à medida que penetrava nas redes de drogas bolivianas, Newland começou a escrever relatórios de inteligência sobre a corrupção desenfreada entre oficiais de alto escalão em La Paz, muitos dos quais incluídos na folha de pagamento dos cartéis. O ministro do Interior estava protegendo os chefões das drogas de processos, e eles lhe pagavam com fazendas, joias e dinheiro. Os relatórios não eram o que o embaixador americano em La Paz gostaria de ouvir.

Para Newland, a experiência na Bolívia consistiu num primeiro vislumbre do quanto a política de Washington de apoiar governos corruptos em nome de um objetivo singular — nesse caso, a guerra às drogas — poderia, a longo prazo, solapar interesses americanos. Ele também começou a questionar se a CIA devia mesmo estar à frente da guerra às drogas, ou se a administração Reagan só havia se escorado na agência porque guerras sujas são mais bem travadas em segredo. Duas décadas mais tarde, ele levantaria questões similares sobre o papel da CIA na guerra contra os terroristas.

QUANDO NEWLAND FOI designado para a Bolívia, a divisão da CIA para a América Latina era um canto relativamente adormecido do Diretório de Operações da agência. Mas ela logo iria se tornar o centro do universo da CIA, principalmente graças à dinâmica hierárquica acima de Newland. Em junho de 1981, Nestor Sanchez trocou a agência pelo Pentágono. O seu substituto foi Duane R. Clarridge, um amante de gim e vivaz espião da velha escola, que se encaixava bem nos moldes estabelecidos por William J. Casey, o recém-empossado chefe da agência de Ronald Reagan. Conhecido por todos como "Dewey", Clarridge cresceu numa família de fiéis republicanos de New Hampshire (o seu apelido era um tributo ao governador Thomas E. Dewey, de Nova York) e graduou-se em Brown e Colúmbia antes de ingressar na CIA em 1955. Ele estava ávido por combater a União Soviética em cada front sombrio da Guerra Fria.[9] Por volta de 1981, servira clandestinamente no Nepal, na Índia, na Turquia e na Itália, posando frequentemente de homem de negócios e usando pseudônimos, tais como Dewey Marone e Dax Preston LeBaron.[10] Com uma personalidade forte e uma preferência por ternos brancos e lenços, Clarridge atraía seguidores entre os agentes secretos mais jovens. Gostava de dizer que o serviço clandestino da CIA "marcha para o presidente", mas a sua inclinação para operações clandestinas agressivas por vezes enfurecia os diplomatas do Departamento de Estado.[11] O chefe de Clarridge em Roma, o embaixador Richard Gardner, chamava-o de "raso e desonesto".[12]

Quando retornou a Washington, em 1981, Clarridge logo desenvolveu uma relação com Casey. No primeiro dia dele de volta ao quartel-general da CIA, Casey chamou-o ao seu escritório e disse que a administração Reagan estava preocupada que Cuba e o governo sandinista na Nicarágua "exportassem a revolução" pela América Central, em particular para El Salvador. Dentro de uma semana, Clarridge voltou com um plano:

Leve a guerra para a Nicarágua.
Comece a matar cubanos.

Casey, um ex-membro do OSS, encampou o plano imediatamente. Ele disse a Clarridge que esboçasse uma resolução secreta para o presidente assinar, autorizando uma guerra clandestina na América Central.[13] Ainda era o começo de sua presidência, mas Ronald Reagan já acelerava as atividades secretas tanto na América Latina quanto no Afeganistão, onde ele incrementou o apoio aos mujahidin em combate com as tropas soviéticas. Reagan dava início a uma nova volta no ciclo: a CIA, "avessa a riscos", estava, mais uma vez, conduzindo guerras secretas no além-mar.

Clarridge era o homem certo para assumir o controle do front na América Central, e ele usou um fundo informal da CIA para comprar armas, munição, mulas e armamento pesado para os Contras nicaraguenses, os rebeldes que resistiam ao governo. Ele trabalhou em estreita colaboração com as tropas de operações especiais do Pentágono e com um assessor do Conselho de Segurança Nacional da Casa Branca, o tenente-coronel Oliver North, para fazer dos Contras uma força guerrilheira que, ele esperava, pudesse preocupar o governo sandinista e evitar que ele espalhasse a sua influência pelo quintal da América. O orçamento da CIA para a Nicarágua era diminuto; Clarridge e os braços da agência na América Latina costumavam fazer piada do fato de que, numa única manhã, a Marinha norte-americana descartava de seus porta-aviões um lixo mais valioso do que aquilo que tinham para gastar na Nicarágua durante o ano inteiro.[14]

Ross Newland e muitos de seus pares na CIA viam nas guerras na América Central exatamente aquilo que a agência de espionagem deveria evitar. Mas, em 1985, o trabalho de Newland na divisão da CIA para a América Latina levou-o ao coração das guerras secretas da era Reagan. Ele chegou na Costa Rica meses depois que uma operação secreta para pôr minas terrestres nos portos nicaraguenses desencadeou a fúria no Congresso e acabou levando os legisladores a impor novas regras sobre quando os comitês de inteligência deveriam ser notificados a respeito de programas de ação clandestina da CIA.[15]

A operação das minas, com a qual Dewey Clarridge alega ter sonhado depois de um copo de gim e um cigarro, custou a ele o cargo de chefe da divisão para a América Latina. Ele mudou-se literalmente para dentro do serviço clandestino da CIA, assumindo as operações da agência na Europa.

Na Costa Rica, Newland viu em primeira mão a guerra construída por Dewey Clarridge. Oficiais da CIA no país gerenciavam o front sul da guerra dos Contras; as operações ao norte eram dirigidas desde Honduras. O Congresso havia, então, proibido a administração Reagan de apoiar os rebeldes nicaraguenses, mas o chefe da estação da CIA na Costa Rica, Joe Fernandez, trabalhava com Oliver North para entregar-lhes suprimentos.

O trabalho de Newland era infiltrar-se no governo na capital Manágua a fim de determinar os planos e intenções de oficiais militares e velhos políticos nicaraguenses — o trabalho tradicional de espionagem. Ele encontrou-se com agentes, escreveu relatórios de inteligência sobre as estratégias do governo sandinista e incluiu esses documentos na série de cabogramas confidenciais que seguiam para Langley.

O estranho, no entanto, era que outros oficiais da CIA encarregados de conduzir os Contras estavam fazendo exatamente a mesma coisa. Agentes secretos americanos chegavam a decisões sobre quais alvos sandinistas os Contras deveriam atacar, e então escreviam relatórios de inteligência prevendo quais seriam efetivamente atingidos. Os cabogramas eram remetidos a Washington e, nada surpreendente, as previsões estavam quase sempre corretas. Em outras palavras, a CIA gerava a sua própria inteligência.

— Eu achava aquilo tudo tão maluco — recorda Newland. — Aquele não era o modo pelo qual fomos ensinados. Mas é o modo utilizado numa situação paramilitar.

O esforço americano na Nicarágua gradualmente desvelou informações de que o dinheiro para os Contras fora desviado da venda de mísseis HAWK para o Irã, uma venda agenciada por Oliver North numa tentativa de garantir a soltura de reféns americanos mantidos em Beirute. Newland testemunhou a investigação do caso Irã-Contras fisgando os seus superiores na CIA, no passado e no presente. O seu chefe de estação na Bolívia, Jim Adkins, que se mudara para Honduras a fim de conduzir as operações dos Contras a partir do norte, foi demitido da agência quando surgiu a informação de que ele autorizara voos de helicóptero para levar suprimentos à Nicarágua. Joe Fernandez foi indiciado em 20 de junho de 1988, sob a acusação de obstruir a justiça e dar falso testemunho, embora o processo tenha sido posteriormente descartado. Nestor Sanchez, o primeiro mentor de Newland na CIA, foi suspeito de envolvimento em operações ilegais enquanto trabalhava no Pentágono, mas jamais indiciado por crime.

O fracasso da operação Contras foi uma dura experiência para Newland. Ele discordava de muito do que testemunhou na América Central, mas ressentia-se de que oficiais da agência estivessem sendo sacrificados, tendo que se defender sozinhos, enquanto antigos oficiais da Casa Branca escapavam impunemente. Mas aquilo tudo lhe ensinou uma lição que ele aplicaria anos mais tarde, quando o presidente George W. Bush autorizou a CIA a realizar a mais extensa campanha de operações clandestinas de sua história, depois dos ataques de 11 de setembro. Qual lição? A de ter tudo por escrito.

— Quando nos envolvíamos em coisas como autorizações letais, políticas de detenção e todo esse tipo de procedimento, eu fazia questão de assegurar que tudo estivesse assinado pelo pessoal da avenida Pensilvânia* — ele recorda. — Por quê? Porque eu já estive ali.

LEVARIAM MAIS CINCO anos até que os investigadores do caso Irã-Contras apanhassem Dewey Clarridge e o indiciassem por perjúrio. Mas, antes disso, ele convenceu Casey a burlar a burocracia da agência para lidar com uma ameaça sobre a qual nem a CIA nem o Pentágono haviam meditado o suficiente: o terrorismo islâmico.

Num intervalo de dois anos, começando em 1983, grupos terroristas cujos nomes eram desconhecidos pela maior parte dos americanos procediam a uma impressionante escalada internacional de matanças. A torrente de atentados teve início quando uma bomba arrasou a embaixada americana em Beirute, matando 63 funcionários, incluindo oito agentes da CIA. Mais tarde naquele mesmo ano, um caminhão carregado de explosivos matou 241 fuzileiros navais que dormiam em suas barracas em Beirute, um ataque ordenado por uma célula terrorista obscura chamada Organização

---

* Trata-se da avenida que liga a Casa Branca ao Capitólio. [*N. do T.*]

da Jihad Islâmica (o nome de fachada adotado à época pelo Hezbollah), como protesto contra um imprudente deslocamento de militares para o Líbano. Em junho de 1985, sequestradores libaneses assassinaram um mergulhador da Marinha norte-americana durante um impasse com reféns do voo TWA 847, e, em outubro do mesmo ano, um terrorista palestino conhecido como Abu Abbas sequestrou o navio de cruzeiro *Achille Lauro*, ordenando a morte de um turista americano de 69 anos de idade chamado Leon Klinghoffer. O seu corpo foi jogado no mar.

Lutando para dar uma resposta, oficiais de Reagan consideraram a possibilidade de fornecer à CIA autorização para caçar e matar terroristas libaneses por meio de equipes de assassinos de aluguel locais. Oliver North escreveu um esboço para um despacho presidencial que incluía um vocabulário falando em dar à CIA autorização para "neutralizar" militantes por meio de força letal.[16] Casey estava intrigado com a ideia de utilizar assassinos de aluguel libaneses, mas o seu vice ficou horrorizado. John McMahon, que ainda guardava cicatrizes das investigações do Congresso nos anos 1970 e que já estava cansado dos abusos de Casey, ficou furioso quando soube do plano. Estava certo de que criar esquadrões da morte violava a proibição de assassinatos expedida pelo presidente Ford.

— Você sabe o que significa inteligência para essas pessoas? — perguntou ele a Casey, referindo-se aos oficiais da Casa Branca. — É lançar uma bomba. Explodir pessoas.[17]

E, disse ele, se o tiro sair pela culatra graças a uma decisão de começar a matar terroristas, os efeitos seriam sentidos não na Casa Branca, mas na CIA.

— Para o resto do mundo — ele alertou Casey —, não se trata de uma política do governo, de uma ideia do NSC [Conselho de Segurança Nacional]. São aqueles bastardos da CIA.

Mas Casey não se convenceu com as objeções de McMahon e deu total apoio à proposta de Oliver North. Em novembro de 1984, o presidente Reagan assinou um despacho secreto autorizando a CIA e o Comando de Operações Especiais Conjuntas do Pentágono a prosseguirem com o treinamento de matadores de aluguel libaneses.[18] Mas o plano jamais foi executado, e o despacho acabou sendo rescindido por Reagan, em meio à oposição do Departamento de Estado e da velha guarda da CIA. O ex-diretor da agência Richard Helms, argumentando do alto de sua aposentadoria, disse a um assessor do vice-presidente George H. W. Bush que os Estados Unidos não deveriam adotar o modelo israelense de "combater o terrorismo com terrorismo".[19]

Casey esperava que o surto de terrorismo terminasse tão rapidamente quanto começara. Mas alguns oficiais da CIA julgaram à época que Casey simplesmente não compreendia a nova ameaça,[20] e um sangrento ataque ocorrido em 1985, em plena época de Natal, no guichê da El Al nos aeroportos de Viena e Roma destruiu qualquer esperança de que o terrorismo esmorecesse.[21] Atiradores palestinos dopados de anfetamina mataram dezenove pessoas durante as festividades no aeroporto. O horror do ataque atingiu em cheio os Estados Unidos graças à morte de uma americana de 11 anos chamada Natasha Simpson. Um terrorista atirou na menina à queima-roupa enquanto ela estava nos braços do pai.

Logo depois dos ataques em Viena e Roma, Clarridge argumentou a Casey em favor de uma nova campanha da CIA contra o terrorismo islâmico. Ele achava que a agência estava na defensiva, e conseguiu a bênção do diretor para iniciar uma nova e expansiva guerra.[22]

A proposta de Clarridge era criar um grupo dedicado dentro da CIA exclusivamente ao terrorismo internacional. Ele seria um "centro unificado" no qual agentes secretos trabalhariam em conjunto com analistas, reunindo pistas sobre possíveis ameaças e acumulando inteligência a fim de capturar ou matar líderes terroristas. O que pode soar como uma reorganização burocrática padrão foi, na época, bastante controverso. A CIA é, de fato, uma cultura fragmentada e exclusivista, parecendo por demais com uma escola de ensino médio, mais do que muitos dentro da agência gostariam de admitir. Oficiais paramilitares atléticos tendem a excluir os analistas *nerds*, para quem, por sua vez, os primeiros são como homens das cavernas. No topo da pirâmide estão os oficiais encarregados — os espiões que saem pelo mundo —, que acreditam estar fazendo o verdadeiro trabalho da CIA e que se gabam de não receber ordens dos pilotos de escrivaninha no quartel-general.

Houve resistência imediata à ideia de Clarridge por parte dos agentes secretos com experiência em Oriente Médio. Eles acreditavam que o centro seria ocupado por oficiais que não compreendiam as nuances do mundo islâmico e que fariam lambanças, que os agentes alocados além-mar teriam de limpar. Perseguir terroristas, eles torciam o nariz, era um trabalho para a polícia, mais adequado ao FBI do que à CIA. Finalmente, muitos agentes não confiavam em Clarridge e viam o centro como a criação de um império. O Centro Contraterrorista, portanto, nasceu em meio a tensões similares às que a CIA experimentaria após os ataques de 11 de setembro — entre os oficiais encarregados em Islamabad e os funcionários do CTC em Langley, entre aqueles que pressionavam por operações unilaterais e os que alertavam que tais operações poderiam abalar relações delicadas com serviços de inteligência estrangeiros.

Casey ignorou as objeções internas e aprovou a proposta de Clarridge, e o Centro Contraterrorista deu início às suas operações em 1º de fevereiro de 1986. A narrativa do nascimento do CTC era familiar: a Casa Branca debatia-se com um problema para o qual não tinha resposta, e então se voltou para a CIA em busca de uma solução. E a CIA estava feliz por condescender.

A criação do CTC também foi significativa porque, desde o início, oficiais do centro trabalharam em conjunto com tropas militares de operações especiais e permitiram que o Exército fosse um parceiro em missões clandestinas. O Comando de Operações Especiais do Pentágono foi fundado um ano depois do CTC, e os agentes de ambas as organizações viam uma à outra como almas gêmeas, imbuídas do espírito do OSS de Bill Donovan. Ao contrário de outros segmentos da CIA, o Centro Contraterrorista não torcia o nariz para as Forças Armadas. Os comandantes do Pentágono eram parceiros dos caçadores de terroristas do CTC.

OS HOMENS DE CAPA E PUNHAL

Quando o Centro Contraterrorista começou a operar, não havia operações secretas em andamento contra grupos terroristas internacionais, e o centro trabalhou inicialmente com unidades paramilitares do Exército, como a Força Delta, para se infiltrar na organização de Abu Nidal e no Hezbollah.[23] Advogados do presidente Reagan redigiram memorandos legais secretos concluindo que caçar e matar terroristas não violava a proibição de assassinatos de 1976, assim como, décadas mais tarde, fariam os advogados de George W. Bush e Barack Obama. Esses grupos terroristas planejavam ataques contra americanos, alegavam os advogados, e matá-los seria, portanto, autodefesa, não assassinato.

Mas obter as autorizações legais é apenas um passo, e não garante que políticos aprovem operações letais específicas. Durante os anos iniciais do Centro Contraterrorista, a Casa Branca dispunha de pouco capital político para gastar convencendo o Congresso da necessidade de matar terroristas em segredo. As investigações do caso Irã-Contras haviam minado as energias da equipe de segurança nacional de Reagan e aumentado a influência de conselheiros como o assessor para a Segurança Nacional, Colin Powell, e o secretário de Estado, George Shultz, que se empenhavam contra novas façanhas além-mar. Já não havia mais estômago para uma briga, relembra Fred Turco, que fora o vice de Dewey Clarridge no CTC e que depois viria a assumir o comando do centro. "As engrenagens haviam saído dos trilhos para Reagan."[24]

ROSS NEWLAND DEIXOU as matas da América Central cético em relação a como o escândalo Irã-Contras abalara o serviço secreto da agência. Mas, ao contrário de seus chefes na CIA, ele não fora enredado no escândalo; na verdade, recebeu uma promoção. Ele e muitos de seus contemporâneos foram alçados a chefes de estações na Europa Oriental, cargos que os punham no comando de operações da agência em vários Estados-satélites soviéticos. Recém-entrado na casa dos 30, Newland tornou-se o mais novo chefe de estação na história da divisão da CIA para a Europa Oriental e a União Soviética. Em 1988, a CIA não via nisso grandes riscos.

— Eles nos colocaram lá porque estavam muito confiantes de que nada iria acontecer — disse Newland. — Mas, rapaz, eles ferraram com tudo.

Dentro de um ano, o Muro de Berlim veio abaixo, e a revolução espalhou-se por toda a Europa Oriental. Como mais alto oficial da CIA na Romênia, Newland era responsável por manter a administração Bush informada sobre o colapso do regime de Nicolae Ceausescu, que fugira para Bucareste com a sua mulher enquanto as multidões tomavam as ruas na semana antes do Natal de 1989. No dia de Natal, com tropas romenas de paraquedismo mantendo Nicolae e Elena Ceausescu sob custódia, Newland viu-se tentando convencer os oficiais da unidade que detinha o casal a não executá-los sem a realização de algum tipo de julgamento. Pelo menos, era o que os seus superiores em Langley haviam ordenado que dissesse às tropas romenas.

— E nós então os forçamos a conduzir um julgamento que durou, assim, uns vinte minutos — disse Newland.

Cumprida aquela formalidade, o comandante do pelotão solicitou que três voluntários formassem um esquadrão de fuzilamento. Mas, quando o ditador romeno e a sua mulher foram postos contra o paredão, com as mãos atadas às costas, todo o pelotão abriu fogo.

Com o fim da Guerra Fria, chegou ao fim também a missão decisiva da CIA. Impedir o avanço do comunismo havia sido o ponto de referência da agência, justificando décadas de vastas operações na América Latina, Oriente Médio e Europa. Os cortes orçamentários impostos ao Pentágono e à agência durante os anos 1990 atingiram o serviço secreto desta de maneira particularmente dura, com estações no outro lado do Atlântico fechadas e o número total de oficiais encarregados reduzido. Os gastos gerais com coleta de inteligência foram reduzidos em 22% ao longo da década.[25] O presidente Clinton, primeiro presidente da América proveniente da geração *baby boomer** e outrora manifestante contra a

---

* Expressão que designa as pessoas nascidas entre 1945 e 1964, período histórico marcado por um súbito aumento da natalidade, sobretudo na Europa e nos Estados Unidos, após o fim da Segunda Guerra Mundial. [*N. do T.*]

Guerra do Vietnã, era naturalmente cético em relação à CIA e, durante o seu primeiro mandato, concedeu pouco do seu tempo aos chefes da espionagem. R. James Woosley Jr., primeiro diretor da agência na era Clinton, disse que o presidente prestava pouca atenção aos assuntos de inteligência e que se encontrava privadamente com o seu chefe de espionagem apenas uma vez por ano.

— Francamente, nós tínhamos bem pouco acesso — comentou Woosley.

Depois de deixar a CIA, ele costumava brincar que o homem que lançara um avião roubado da Cessna no Gramado Sul da Casa Branca, em setembro de 1994, na verdade era ele tentando arranjar um encontro com o presidente.[26]

A agência também continuava prestando contas das agressivas operações na América Latina supervisionadas por Dewey Clarridge nos anos 1980. Em 1996, um comitê de superintendência de inteligência expediu um relatório detalhando os extensivos abusos contra os direitos humanos cometidos durante mais de uma década por espiões da CIA na Guatemala. O documento reportava que, entre 1984 e 1986, vários informantes da agência alegaram ter "ordenado, planejado ou participado de sérias violações de direitos humanos, tais como assassinatos, execuções extrajudiciais, torturas e sequestros, enquanto trabalhavam como espiões — e que a CIA, à época, estava ciente de muitas das alegações".[27] As revelações da Guatemala vinham pingando por anos, levando o diretor da agência John M. Deutch, a impor novas restrições sobre oficiais encarregados em consórcio com personagens repugnantes. Os barões da droga com quem, em certa ocasião, Ross Newland havia apostado em rinhas de galo na Bolívia estariam a partir de agora interditados para os agentes, assim como terroristas que pudessem estar tentando matar americanos.

Deutch, um químico com doutorado no Massachusetts Institute of Technology (MIT), chegou a Langley vindo do Pentágono, depois que o presidente Clinton removeu James Woosley de seu posto na CIA em 1995. Ele queria construir satélites de espionagem e postos de escuta além-mar, em vez de enviar agentes secretos em missões secretas canastronas. Ele não confiava no serviço secreto da agência, e os seus membros trataram-no como um vírus que invadira o organismo hospedeiro.

Uma de suas iniciativas foi fazer com que a CIA trabalhasse mais estreitamente com as Forças Armadas em assuntos outros que não o contraterrorismo, que, por volta de meados dos anos 1990, voltara a ser assunto de pouca importância dentro da corporação. Desde o fim da Guerra do Golfo, em 1991, generais do Pentágono reclamavam que a CIA fora inútil tanto em infiltrar-se no regime de Saddam Hussein antes do início da guerra, quanto em ajudar os militares a caçar forças iraquianas no deserto. Deutch enviou agentes para servir em postos de comando militar ao redor do globo, de modo a garantir que a agência estivesse fornecendo a sua melhor inteligência sobre ameaças globais.

Deutch acreditava que o papel da CIA no apoio aos militares era tão essencial que, em 1995, ele também criou um cargo de alto nível para servir de intermediário com o Pentágono, um posto que deveria ser ocupado por um oficial militar experiente. Alguns dentro da agência brincaram que infiltrar agentes da CIA dentro dos comandos militares e oficiais de alta patente dentro da agência de inteligência era o equivalente burocrático da troca de reféns.

O primeiro oficial militar indicado para esse cargo foi o vice-almirante Dennis C. Blair, um vigoroso ianque de Kittery, Maine, que havia se graduado na Academia Naval em 1968 e foi para a Universidade de Oxford como bolsista Rhodes, onde se tornou amigo do jovem Bill Clinton. Blair enfrentou a resistência imediata de oficiais da CIA, céticos em relação ao almirante de três estrelas com uma turva visão do histórico da corporação em ação clandestina.

Como Blair via as coisas, a agência devia estar focada em colher e analisar informações, não em operações marginais que serviam apenas para meter os Estados Unidos em problemas.

— Recuando na história das operações secretas da CIA, creio ser possível argumentar que, se não tivéssemos feito nenhuma delas, estaríamos provavelmente em melhores condições, e certamente não em piores do que estamos hoje — diria Blair anos mais tarde.[28]

Alguns em Langley viam Blair como uma toupeira do Pentágono. Mas a sua presença também levantava medos maiores de que o Pentágono engolisse a agência e de que a CIA perdesse a sua posição de serviço de inteligência de confiança do presidente. Os homens, como dissera Dewey Clarridge, que marchavam pelo presidente.

Blair logo se viu em disputas com o Diretório de Operações da CIA a respeito do principal assunto da época, a Guerra dos Bálcãs. Um dos embates deu-se acerca de uma nova ferramenta de vigilância que a agência tomara emprestada da Força Aérea para espionagem na Bósnia, uma aeronave desengonçada, em formato de inseto, chamada de Predador RQ-1. A CIA vinha utilizando o Predador para espionar posições das tropas sérvias, e oficiais seniores da agência sugeriram a instalação de monitores de vídeo dentro da Casa Branca, de modo a permitir que o presidente Clinton e os seus assessores observassem as imagens ao vivo captadas pelo drone. Blair suspeitava que o serviço secreto da CIA estivesse apenas tentando exibir o seu novo brinquedo para o presidente Clinton.

— O que o presidente fará com isso? — Blair lembra-se de haver perguntado. — E eles disseram: "É preciso que esteja dentro da Casa Branca caso o presidente queira saber o que se passa na Bósnia." E eu disse: "Isso é ridículo! O presidente não vai olhar através desse canudinho de refrigerante!"[29]

Deutch acabou ficando do lado de Blair, e a CIA nunca instalou a captação de imagens do Predador dentro da Casa Branca. Era um combate tolo, mas, para Blair, aquele e outros confrontos entre ele e o serviço secreto da agência eram lembranças reveladoras de que o Diretório de Operações tentaria derrubar qualquer um que pretendesse bloquear o seu acesso direto ao Salão Oval.

Mais de uma década depois, com outro presidente democrata no comando, Blair tentaria novamente se meter entre a CIA e a Casa Branca. E isso seria fatal para a sua carreira.

4. OS ESPIÕES DE RUMSFELD

"É como se houvéssemos criado a nossa própria CIA, mas, assim como Topsy, descoordenada e fora de controle."[1]

— *Vice-secretário de Defesa Frank Carlucci, 1982*

"Dada a natureza do nosso mundo, é concebível que o Departamento esteja numa posição de dependência quase total da CIA em situações como esta?"[2]

— *Secretário de Defesa Donald Rumsfeld, 2001*

Em novembro de 2001, enquanto equipes de Boinas-Verdes americanos, agentes da CIA e chefes militares afegãos removiam as forças do Talibã de Kabul e Kandahar, Donald Rumsfeld voou até o Forte Bragg, na Carolina do Norte, uma vasta base em Fayetteville que, havia anos, servia de residência para grandes contingentes das tropas de operações especiais do Exército. A data fora inicialmente planejada para ser uma visita de cumprimentos, com um encontro de Rumsfeld com comandantes das Forças Especiais a fim de agradecer-lhes o que havia sido, até então, uma surpreendentemente fácil invasão do Afeganistão.

Após uma manhã de congratulações e apresentações de PowerPoint, Rumsfeld foi conduzido a um complexo isolado para além do Forte Bragg, adjacente à Pope Air Force Base. Era o lar do Comando de Operações Especiais Conjuntas (JSOC), uma organização altamente sigilosa composta basicamente por agentes da Força Delta do Exército e membros do Grupo Naval Especial de Desenvolvimento de Guerra, comumente conhecido como a Equipe SEAL 6. O JSOC era um pequeno braço operacional do Comando de Operações Especiais dos EUA, e, à época, o Pentágono recusava-se a reconhecer sequer que o grupo existia.

O JSOC fez um espetáculo para o visitante secretário de Defesa. Para demonstrar a sua habilidade de inserir comandos não detectáveis em outros países, soldados lançaram-se de paraquedas do alto de um avião até pousar em frente a Rumsfeld. Um deles, vestindo um terno e carregando uma pasta, livrou-se do paraquedas e andou para longe da pista de pouso com seus sapatos escoceses. Rumsfeld também foi levado a uma "casa de tiro", onde pôde observar um treino para operações de resgate de reféns — os agentes do JSOC simulando eliminar todos os sequestradores sem ferir os reféns.[3] Rumsfeld foi imediatamente conquistado.

Àquela altura, o grupo de operações especiais tinha bastante experiência em se exibir para oficiais em visita. Anos antes, em 1986, o deputado Dick Cheney fora até o Forte Bragg para um dia de reuniões com comandantes da Força Delta e tomou conhecimento de como a força utilizava bases de dados para extrair informações sobre possíveis ameaças de terrorismo. No meio de uma palestra sobre a LexisNexis — a hoje ubíqua base de dados sobre documentos e notícias, que, na época, ainda era novidade —, Cheney solicitou ao palestrante que fizesse uma busca pelo seu nome na base de dados. A principal história era um artigo de jornal sobre um projeto de lei apresentado por Cheney na Câmara dos Representantes e sobre como outro congressista dissera na véspera que votaria contrariamente.

Cheney ficou lívido. Ordenou ao oficial responsável que rastreasse o congressista e então, de dentro do centro de operações, gritou com o homem pelo telefone.

— Nós tivemos que apagar os rastros — relembra Thomas O'Connell, então um alto oficial da inteligência do JSOC, acrescentando que Cheney parecia um "homem transformado" quando percebeu o poder do uso da base de dados para colher informações sobre indivíduos específicos. Dali em diante, disse O'Connell, "Cheney estava na sua zona de conforto lidando com os agentes de operações especiais".[4]

Dezessete anos depois, numa peregrinação similar até o Forte Bragg, o antigo mentor de Cheney, Donald Rumsfeld, também pensou ter um vislumbre do futuro. Acompanhando Rumsfeld na viagem ia Robert Andrews, que estivera constantemente ao seu lado nas semanas seguintes ao 11 de Setembro. Andrews era o mais alto oficial civil do Pentágono encarregado das operações especiais, e, como Virgílio no *Inferno* de Dante, guiava Rumsfeld num mundo obscuro, que se expandira dramaticamente desde o primeiro mandato deste como secretário de Defesa, durante a administração Ford.

Rumsfeld não poderia ter encontrado um guia mais experiente. Um simpático nativo de Spartanburg, Carolina do Sul, Andrews formara-se em engenharia química pela Universidade da Flórida em 1960, ingressando no Exército como parte de um compromisso com o Corpo de Treinamento de Oficial de Reserva (ROCT) que, ele acreditava, iria mantê-lo de uniforme por apenas uns dois anos. Em vez disso, em 1963 ele incorporou-se aos Boinas-Verdes, dando início ao que viriam a ser cinco décadas de imersão no mundo da inteligência e das operações especiais. No ano seguinte, partiu para o Vietná na condição de jovem capitão das Forças Especiais, comprometido na primeira de duas campanhas a tomar parte numa unidade paramilitar clandestina que conduzia uma guerra secreta contra o Vietná do Norte, fazendo uso de sabotagem, assassinatos e propaganda suja. O grupo, conhecido oficialmente pelo insosso nome burocrático de Comando de Assistência Militar, Vietná — Grupo de Estudos e Observação (MACV-SOG), conduziu as maiores e mais intrincadas operações secretas já realizadas pelos Estados Unidos desde os dias do OSS.[5]

Andrews retornou do Vietná e escreveu um livro, *A guerra nas aldeias*, sobre as extensas redes de inteligência nos povoados do Vietná do Sul que os comunistas estabeleceram no começo dos anos 1960, a fim de despistar as forças americanas e sul-vietnamitas durante a guerra. O livro baseava-se quase que exclusivamente em relatos de interrogatórios de militares do

Vietnã do Norte e soldados vietcongues capturados, além de depoimentos de desertores norte-vietnamitas. O livro de Andrews foi amplamente lido dentro da CIA, e, em 1975, logo depois de Saigon ter sido invadida pelas tropas do norte, ele foi chamado para trabalhar em Langley como chefe de uma equipe encarregada de corrigir a análise sigilosa da agência sobre o Vietnã.

— Essencialmente, a equipe buscava falhas na inteligência — relembra Andrews, tendo percebido que os problemas da América no Vietnã tinham a ver tanto com uma profunda ignorância da cultura e psicologia dos vietnamitas quanto com erros militares específicos. Ele permaneceu na CIA por cinco anos antes de sair para trabalhar na indústria de defesa e começar a escrever uma série de *thrillers* de mistérios e espionagem, incluindo um intitulado *As torres*. O livro era sobre um ex-agente da CIA tentando freneticamente desarmar um plano terrorista dentro dos Estados Unidos. Na capa havia uma imagem do World Trade Center.

Andrews tinha 64 anos de idade quando retornou para o Pentágono em 2001, e estava sentado ao lado de Rumsfeld em 25 de setembro quando o general Charles Holland, chefe do Comando de Operações Especiais dos EUA (SOCOM), proferiu a primeira palestra sobre como as Forças Armadas fariam a guerra contra a Al-Qaeda.[6] Rumsfeld ordenara que Holland formulasse um plano para uma campanha mundial que fosse além da fortaleza da Al-Qaeda no Afeganistão, e, quando reuniu os seus conselheiros em torno de uma mesa de conferência, esperava ser informado de que aquilo era possível.

A palestra teve um início promissor, quando Holland exibiu um mapa e ticou a lista de países — Afeganistão, Paquistão, Somália, Iêmen, Mauritânia, e até mesmo partes da América Latina — onde as forças armadas acreditavam que os tenentes de Osama bin Laden estivessem escondidos. Rumsfeld ficou animado e interrompeu o general.

— O quão rápido podemos iniciar operações nesses países? — perguntou ele.

Holland considerou a questão. Depois de uma pausa, disse a Rumsfeld exatamente aquilo que o irascível secretário de Defesa não queria ouvir.

OS ESPIÕES DE RUMSFELD

— Bem, isso seria difícil, porque não dispomos de nenhuma inteligência acionável — respondeu Holland.

Havia outro problema: o SOCOM não estava preparado para lutar aquele tipo de guerra — ou, de resto, qualquer outra. A tarefa do comando era apenas treinar tropas de operações especiais, deixá-las aptas para lutar e enviá-las para outros quartéis-generais regionais do Pentágono no Oriente Médio, no Pacífico e alhures. Os comandantes regionais guardavam ciosamente as suas porções do globo e viam com maus olhos a perspectiva de o SOCOM conduzir as próprias missões no seu território.

As coisas pioraram, então, quando Rumsfeld dirigiu a Holland outra questão, para a qual esperava receber uma resposta aceitável. Quando as tropas de operações especiais entrariam no Afeganistão e ali dariam início à guerra?

— Quando recebermos autorização da CIA — respondeu Holland.

Robert Andrews olhou para Rumsfeld, que, lembra Andrews, parecia a ponto de explodir. Em questão de minutos, fora dito a ele não apenas que as suas custosas tropas de operações especiais não dispunham de nenhuma inteligência sobre a Al-Qaeda, mas também que elas não tinham como ir ao campo de batalha sem obter a permissão de George Tenet e da CIA.

Aquilo era algo que frustrara Rumsfeld constantemente ao longo dos meses após os ataques de 11 de setembro, tão constantemente que, certa vez, ele reclamou com o general Tommy Franks, comandante do Comando Central Norte-Americano e general responsável pela guerra no Afeganistão, que, muito embora o Departamento de Defesa fosse bem maior do que a CIA, as Forças Armadas estavam "como filhotes de pássaro no ninho, esperando que alguém lhes desse comida na boca". Dias depois do início da guerra no Afeganistão, ele rabiscou às pressas um áspero memorando para o presidente do Estado-Maior, general Richard Myers. "Dada a natureza do nosso mundo", escreveu Rumsfeld, "é concebível que o Departamento esteja numa posição de dependência quase total da CIA em situações como esta?"[7]

Há tempos Rumsfeld mostrava-se crítico em relação à agência. Em 1998, quando foi presidente de uma comissão independente de avaliação da ameaça de mísseis balísticos aos EUA, ele escreveu a Tenet uma carta que era uma fulminante acusação contra os juízos da CIA a respeito das capacidades do Irã e da Coreia do Norte em lançar mísseis. Mas agora, em meio a uma nova guerra, ele percebeu que invejava a habilidade da agência de espionagem em enviar os seus agentes para toda parte, a qualquer hora, sem precisar pedir autorização.

— Pode-se legitimamente recuar a mudança no modo de se fazer guerra até o momento da percepção de que não dispúnhamos da inteligência para lutar como queríamos — disse Andrews sobre a decisão do seu chefe no ano seguinte aos atentados de 11 de setembro.

Rumsfeld concluiu que a única solução era fazer o Pentágono parecer-se mais com a CIA.

As preocupações de Donald Rumsfeld não eram inteiramente novas. Em 1980, depois de um contundente fracasso em Dasht-e Kavir, o grande deserto de sal no Irã, o Pentágono decidiu que precisava contar com mais espiões próprios.

Naquele mês de abril, a missão clandestina para resgatar 52 reféns presos no complexo da embaixada americana em Teerã fora desafortunada desde o início: três dos oito helicópteros envolvidos na operação de resgate apresentaram problemas mecânicos no caminho rumo à distante pista de pouso; outro bateu ao aterrissar no local de encontro; e, logo depois que os comandantes deram ordens para abortar a missão, um helicóptero pego numa tempestade de areia colidiu com um avião militar de carga, matando oito soldados numa explosão que iluminou o céu do deserto.

E, no entanto, a desastrada missão no Irã não era, aos olhos dos militares, apenas uma trágica confluência de expectativas ingênuas, mau planejamento e péssima execução. Na mente de alguns dos comandantes que testemunharam a morte de seus amigos nas explosões no deserto, a Operação Garra de Águia restara parcialmente inacabada graças à falha da Agência Central de Inteligência em fornecer informação tática sobre o que esperar durante a missão.

Mesmo antes da sua desastrosa conclusão, a operação fora abalada por brigas entre a CIA e o Exército a respeito de como levantar informações para a missão. A agência de espionagem já se mostrara incapaz de compreender a dinâmica da revolução iraniana, com o diretor Stansfield Turner lamentando, durante as reuniões do Conselho de Segurança Nacional, que a agência dispunha de poucas fontes no país e que precisava confiar amplamente em reportagens de jornais americanos e da BBC para obter informações.[8] O comandante da Força Delta encarregado da missão não confiava nos agentes da CIA designados para colher inteligência no Irã antes da operação, e então enviou o ex-Boina-Verde Richard Meadows ao país, a fim de conduzir a vigilância do complexo da embaixada no qual os reféns eram mantidos presos. Viajando com um passaporte irlandês falso e disfarçando o sotaque do oeste da Virgínia sob uma pronúncia bretã, Meadows passou pela alfândega posando de "Richard Keith", um executivo europeu do ramo automotivo.

Evidentemente, as tropas americanas nem foram a Teerã para conduzir o resgate. Mas os generais no Pentágono reclamaram que o Departamento de Defesa não tinha capacidade de enviar o seu próprio pessoal em missões clandestinas de espionagem que ajudassem a pavimentar o caminho para as operações do comando. Em um memorando dirigido ao chefe da Agência de Inteligência de Defesa, em dezembro de 1980, um general do Estado-Maior do Pentágono escreveu sobre "uma séria e persistente deficiência de informação" e a necessidade de um grupo de "observadores humanos confiáveis".[9] Com o Pentágono fazendo planos para uma segunda tentativa de resgate no Irã, o Estado-Maior rapidamente criou um grupo dos tais observadores. Ele ficou conhecido como Grupo de Operações de Campo.

O grupo trazia o infeliz acrônimo FOG,* e fez muito pouco. Os reféns foram soltos no dia da posse do presidente Reagan, em janeiro de 1981,

---

* A palavra *fog*, em inglês, quer dizer "bruma", "cerração", "névoa" etc., mas também pode significar "perplexidade" ou "confusão mental". [*N. do T.*]

tornando desnecessária uma nova tentativa de resgate no Irá. Mas, mesmo depois que o FOG foi desmantelado, o chefe do Estado-Maior, Edward Meyer, viu a necessidade de um quadro permanente de espiões do Pentágono, e, numa das reuniões do departamento, rosnou, "maldito seja eu se nos acharmos em outra situação de reféns como a do Irá, sem saber o que se passa e sem poder entrar no país".[10] Nascia ali a Atividade de Suporte à Inteligência (ISA) das Forças Armadas.

Esses programas do início dos anos 1980 não eram a primeira incursão do Pentágono pelo jogo da inteligência humana. Mas os esforços de espionagem anteriores foram vacilantes, em parte graças à resistência de altos generais e almirantes, para quem soldados não deveriam ser também espiões.[11] Mas o fiasco da Operação Garra de Águia fez crescer o cacife daqueles que gostariam de incrementar as fileiras de espiões do Pentágono, e, mais proeminentemente, do general Meyer. A Atividade de Suporte à Inteligência abriu um escritório dentro do Pentágono com aproximadamente cinquenta pessoas, mas com ambições de multiplicar por cinco aquele número. O brasão oficial da unidade ostentava vários símbolos representando a fracassada missão de resgate no Irá e trazia a frase ENVIA-ME, retirada de uma passagem do Livro de Isaías: "Ouvi também a voz do Senhor que dizia: 'Quem enviarei, e quem há de ir por nós?' Então disse eu: 'Eis-me aqui. Envia-me.'"[12]

A ISA foi estabelecida em 1981 com um grande orçamento secreto, um intrépido e eficiente coronel do Exército como comandante, e a permissão para conduzir operações secretas de espionagem sem precisar sequer notificar o Estado-Maior. Estes eram os ingredientes perfeitos para uma receita tóxica. O mundo das operações secretas está repleto de personalidades de Tipo A, e uma unidade secreta munida de fundos ilimitados e uma vaga missão tende a ultrapassar os limites legais. A ISA comandada pelo coronel Jerry King não foi exceção.

Quase desde o início, King lançou uma série de operações clandestinas ao redor do globo. Indubitavelmente, a mais exuberante foi uma operação para desviar dinheiro e equipamentos para um Boina-Verde aposentado que planejava uma missão privada de resgate de supostos prisioneiros de guerra americanos no Laos. Por muitos anos, James "Bo" Gritz viajou para o Sudeste Asiático a fim de colher informações sobre possíveis prisioneiros de guerra, viagens financiadas pelo magnata texano H. Ross Perot. No início de 1981, logo após a criação da ISA, Gritz acreditava ter encontrado fortes evidências de que dezenas de prisioneiros de guerra eram mantidos num campo na região central do Laos. A informação viera de uma imagem por satélite do campo, tirada anos antes, na qual os caracteres *B* e *52* pareciam ter sido formados — num possível sinal dos prisioneiros a quem quer que observasse do céu.[13]

Gritz começou a planejar uma missão de resgate, chegando a conferir--lhe um codinome: Martelo de Veludo. Ele reuniu uma equipe de 25 soldados aposentados das Forças Especiais, treinou-os num acampamento na Flórida e enviou um grupo separado à Tailândia a fim de preparar o terreno para a missão no Laos.[14] Enquanto Gritz preparava-se para a missão, vários membros da ISA contataram-no e ofereceram suporte: dezenas de milhares de dólares em equipamentos de fotografia, rádios, bilhetes de avião para Bangkok e um polígrafo para determinar se as fontes locais que forneciam informações sobre o campo de prisioneiros de guerra estavam mentindo.[15] A ISA também forneceu à equipe de Gritz fotos de satélite e outras informações de inteligência.

O coronel King começou a dar apoio a Gritz sem notificar os altos oficiais do Pentágono. Isso acabou sendo um problema, na medida em que o Estado-Maior, nesse ínterim, estivera elaborando os seus próprios planos para uma missão de resgate exatamente no mesmo campo no Laos. O plano do Estado-Maior requeria que fosse enviada uma equipe de reconhecimento de mercenários laosianos para cruzar a fronteira da Tailândia para o Laos, a fim de determinar se havia realmente prisioneiros de guerra sendo mantidos ali. Se os mercenários encontrassem provas de que os prisioneiros estavam no campo, o Pentágono lançaria uma operação nos moldes da missão iraniana de resgate de reféns, mandando uma equipe da Força Delta para dentro do campo.

Quando altos oficiais da CIA e do Pentágono souberam da missão de resgate paralela de Gritz, apoiada secretamente pela ISA, eles ameaçaram fechar o grupo. Achavam que a livre iniciativa de Gritz punha em risco a operação oficial e que o coronel King extrapolara as suas funções. No fim, missão alguma foi executada no acampamento no Laos, e jamais foi encontrada qualquer prova definitiva de que ali houvesse prisioneiros de guerra. O secretário de Defesa Caspar Weinberger ordenou ao inspetor--geral do Pentágono que investigasse todas as operações da ISA. Além do episódio Gritz, a ISA também vinha conduzindo secretamente operações clandestinas na Cidade do Panamá, com a finalidade de monitorar o general Manuel Noriega, e estava envolvida nos limites de uma extensa rede de empresas de fachada que acobertavam atividades militares ao redor do mundo.[16] A rede de empresas, parte de um programa chamado Fruta Amarela, ajudou a fechar alguns dos acordos secretos do escândalo Irã-Contras, que vieram à luz anos mais tarde.

O relatório do inspetor-geral sobre a ISA foi virulento. Retratava o grupo como uma unidade de velhacos, com pouca supervisão adulta e registros de gastos exorbitantes da unidade de inteligência, incluindo uma série de estranhas aquisições: um Rolls-Royce, um balão de ar quente e um bugre para andar em dunas.[17] O relatório chocou tanto Weinberger quanto o vice-secretário de Defesa, Frank Carlucci. Em maio de 1982, Carlucci escreveu um memorando qualificando o relatório de "perturbador ao extremo". Ele chegara ao Pentágono vindo da CIA, onde fora interino do almirante Stansfield Turner e testemunhara o estrago que anos de operações obscuras e não supervisionadas haviam causado à agência.

"Deveríamos ter aprendido as lições dos anos 1970", escreveu Carlucci em seu memorando sobre o relatório do inspetor-geral, mas, ao contrário, "criamos uma organização impossível de supervisionar." Ele fez uma comparação com a personagem Topsy — do romance *A cabana do pai Tomás*, de Harriet Beecher Stowe —, uma jovem escrava cujas origens e criação ninguém no livro podia explicar: "É como se houvéssemos criado a nossa própria CIA", escreveu ele, "mas, assim como Topsy, descoordenada e fora de controle."[18]

No ano seguinte, quando tropas americanas planejavam invadir Granada para resgatar um grupo de estudantes de medicina tomados como reféns, o comandante da missão recusou-se a incluir a ISA na operação, por não confiar nem no seu estilo, nem no seu líder, o coronel King. No fim das contas, os comandos americanos atrapalharam-se pela ilha caribenha, em outubro de 1983, sem a mínima ideia de onde os estudantes de medicina estavam sendo mantidos. "Nossa inteligência sobre Granada era deplorável", recorda Dewey Clarridge, então chefe da divisão da CIA para a América Latina. "Estávamos operando praticamente no escuro."[19]

Se tudo isso não bastasse para a ISA, a CIA também tentava minar as suas operações. A agência estava desconfiada em relação à construção militar de um império da inteligência e desdenhosa da ideia de que oficiais militares pudessem ser bons em espionagem. Isso refletia, parcialmente, uma maior insegurança de Langley frente ao Pentágono. Desde a sua fundação, em 1947, a CIA fora a irmã mais nova do Pentágono, apequenada pelo poder e força do Departamento de Defesa nas guerras orçamentárias de Washington. O diretor da agência não chegava nem a controlar a maior parte dos grandes programas de inteligência da América; a constelação de satélites de espionagem e postos globais de escuta, que correspondia a 80% daquilo que os Estados Unidos gastavam com espionagem, foi financiada através do orçamento do Pentágono. Durante o seu primeiro mandato como secretário de Defesa, sob as ordens do presidente Ford, Rumsfeld travava frequentes disputas por território com a CIA e a Casa Branca, argumentando que, se estava pagando por aqueles programas, era ele quem iria controlá-los.

Se havia uma área em que a CIA percebia ter vantagens em relação ao Pentágono era no terreno da espionagem humana. Portanto, quando o Pentágono criou um programa como a ISA, muitos na CIA viram aquilo como uma ameaça direta à existência da agência. Os líderes da CIA cochichavam nos ouvidos de membros dos comitês de inteligência do Congresso que os espiões do Pentágono eram amadores e estavam atrapalhando os agentes da corporação no outro lado do oceano. Operações secretas poderiam colapsar, diziam, e oficiais clandestinos, morrer.

Como era esperado, o fato de que a CIA tentava solapar os esforços de espionagem do Pentágono fez com que os líderes militares confiassem ainda menos na agência e quisessem expandir mais e mais as suas próprias operações de espionagem. Durante um encontro em 1983, quando o diretor da CIA, William Casey, reuniu-se com o Estado-Maior dentro da fortificada sala de conferências do Pentágono conhecida como "O Tanque", o general Meyer, como de costume, reclamava que a CIA nunca fazia nada para ajudar as Forças Armadas. Casey tentou acalmar o general destacando que o seu predecessor, o almirante Stansfield Turner, fora um homem do Exército. Mas o general Meyer não engoliu.

— Sr. Casey, o que você diz é verdade — falou. — Mas aquele filho da mãe não fez absolutamente nada pelos militares em todo o seu período na CIA.[20]

MESMO APÓS O relatório do inspetor-geral, e depois ainda de Carlucci haver tentado livrar-se do grupo do coronel King, isso nunca aconteceu. Na verdade, a unidade acabaria se tornando a pedra angular dos esforços de Rumsfeld para expandir drasticamente as operações de espionagem do Pentágono. No fim de 2001, a ISA evoluíra para uma unidade secreta de espionagem, de codinome Gray Fox [raposa-cinzenta], que começou a trabalhar com Asad Munir e espiões paquistaneses no oeste do Paquistão. Sediada bem em frente ao anel viário de Washington, no Forte Belvoir, Virgínia, a Gray Fox compunha-se de centenas de agentes operando clandestinamente em missões além-mar. Eles especializaram-se em plantar instrumentos de escuta em locais de difícil acesso — instrumentos que, então, podiam ser conectados a estações maiores de escuta que a Agência de Segurança Nacional estabelecera ao redor do globo.

Mas, em 2001, o grupo era uma organização pouco discutida e marginal, que fora apelidada de "O Exército Secreto da Virgínia do Norte". Quando se encontrou pela primeira vez com o comandante da Gray Fox e tomou conhecimento de detalhes das operações do grupo, Rumsfeld disse:

OS ESPIÕES DE RUMSFELD

— Se eu soubesse que vocês, rapazes, faziam tudo isso antes do 11 de Setembro, eu provavelmente os teria metido na cadeia.[21]

Mas, com Rumsfeld então obcecado em incrementar e melhor coordenar as capacidades um tanto débeis de espionagem do Pentágono, ele ordenou um aumento no orçamento da Gray Fox, além de uma coordenação mais estreita entre a unidade de espionagem e o Comando de Operações Especiais Conjuntas, a discreta unidade que tanto o impressionara durante a sua viagem ao Forte Bragg, em novembro de 2001. Desde aquele dia, Rumsfeld passou cada vez mais a ver o JSOC exatamente como o exército de que precisava para travar uma guerra global.

Entretanto, o JSOC não estava, em 2001, na posição de ser a guarda pretoriana de Rumsfeld para um conflito mundial. A Força Delta e a Equipe SEAL 6 eram forças especializadas, compostas por não mais do que algumas centenas de agentes, incapazes de se manter em operações que durassem mais de dois dias. A Força Delta treinava quase que exclusivamente para missões de resgate de reféns, e a Equipe SEAL 6 passara anos treinando para a missão de garantir o arsenal nuclear da América dentro do país em caso de necessidade. Nenhuma das duas recebera treinamento ou equipamento adequado para operações afastadas e de longa duração.

— Rumsfeld apenas achou que, se [o JSOC] tinha a capacidade de entrar em qualquer lugar, matar todas as pessoas certas e salvar as indicadas, por que não utilizá-lo? — disse Robert Andrews. — O que ele não percebeu é que o comando não era talhado para operações de combate prolongadas.

Mas Rumsfeld sentiu-se atraído pela independência do JSOC. Este poderia ser uma força de ataque a responder diretamente ao secretário de Defesa e ao presidente, não se submetendo ao controle de algum general de quatro estrelas preocupado em salvaguardar o seu feudo. Poderia ser como o Diretório de Operações da CIA — livre do fardo de uma mesquinha burocracia militar. Se conseguisse pôr dinheiro no comando, permitindo que a Força Delta e a Equipe SEAL 6 aumentassem as suas fileiras e adquirissem equipamento suficiente para longos deslocamentos além-mar, Rumsfeld percebeu que poderia enviá-las praticamente a qualquer lugar.

Mas seria legal que ele o fizesse? As atividades do Pentágono são regidas pelo Título 10 do Código dos Estados Unidos, e, historicamente, o Congresso tem tentado limitar os modos pelos quais as Forças Armadas operam fora das zonas de guerra declaradas. Isso decorre parcialmente do temor de que soldados americanos atuando além dos campos de batalha sejam capturados e investigados como espiões, em vez de contar com as proteções usuais da Convenção de Genebra. Em contraste, o presidente pode ordenar à CIA (regida pelo Título 50) que envie os seus agentes a qualquer parte do mundo.[22] Sob tais regras, se um oficial da CIA é pego espionando um país hostil, o governo americano pode negar qualquer conhecimento de suas atividades e deixá-lo apodrecer na cadeia.

Depois do escândalo Irã-Contras nos anos 1980, o Congresso tentou impor mais e mais restrições às operações secretas. A Lei de Autorização à Inteligência, de 1991, ordenava que todas as ações clandestinas fossem autorizadas por um despacho presidencial, explicando as necessidades da atividade secreta, e que a Casa Branca notificasse os comitês de inteligência da Câmara e do Senado depois que o despacho fosse expedido à CIA. E, no entanto, a lei de 1991 continha uma brecha significativa: eximia o Pentágono de tais pesados requerimentos se as Forças Armadas estivessem conduzindo operações secretas tidas por "atividades militares tradicionais".

A lei oferecia pouca orientação sobre o que constituíam "atividades militares tradicionais", em parte porque a Casa Branca de George H. W. Bush e o Pentágono haviam, com sucesso, pressionado o Congresso para que a linguagem fosse mantida suficientemente vaga. Em última instância, tais atividades foram definidas como quaisquer operações conduzidas pelas Forças Armadas que estivessem ligadas a hostilidades "em curso" ou "futuras".[23] Em outras palavras, o Pentágono podia justificar o envio de tropas para qualquer país do mundo se conseguisse demonstrar que os Estados Unidos estavam em guerra dentro daquele país — ou que estariam em algum momento no futuro.

Essas enigmáticas providências foram pouco discutidas ao longo de uma década, até os dias subsequentes aos ataques de 11 de setembro, quando

OS ESPIÕES DE RUMSFELD 89

o Congresso deu ao presidente Bush carta branca para lançar uma guerra ao redor do mundo. Segundo as providências da Autorização para Uso de Força Militar (AUMF), os Estados Unidos não estavam em guerra *contra* um país em particular, mas *em* qualquer país onde a Al-Qaeda operasse. A medida, com efeito, forneceu a Rumsfeld a licença que ele vinha buscando para conduzir uma guerra global.

Ainda assim, levou tempo para que o secretário de Defesa explorasse aqueles novos poderes. Não muito depois da queda de Kabul, em fins de 2001, as energias de antigos líderes do Pentágono voltaram-se quase que exclusivamente para o planejamento de uma invasão ao Iraque. E, além dos refúgios seguros da Al-Qaeda, como o Paquistão, o Pentágono tinha dificuldades em descobrir onde mais os Estados Unidos poderiam caçar a organização terrorista. No vernáculo do contraterrorismo, a exigência era "localizar, lidar com e eliminar" os terroristas. Mas, como Rumsfeld admitiria anos depois: "Dispúnhamos da habilidade para eliminar. Apenas não conseguíamos localizar e lidar com as coisas."[24]

RUMSFELD E SUA equipe estavam muito seguros de si durante a primeira metade de 2003. A invasão do Iraque parecia, a princípio, confirmar muito da visão de Rumsfeld sobre uma nova modalidade de guerra. A marcha até Bagdá, que durara apenas um mês, foi conduzida com um exército de invasão relativamente pequeno — testando a filosofia do secretário de Defesa de que avanços em tecnologia, combinados com um plano de guerra que priorizasse a agilidade em detrimento da força, poderiam vencer as guerras do século XXI. O seu ceticismo em relação à inteligência da CIA levou-o também, no ano anterior à invasão, a estabelecer um pequeno espaço no Pentágono — supervisionado pelo subsecretário de Defesa para a Política, Douglas J. Feith — para separar a inteligência pura a fim de provar que Saddam Hussein tinha ligações com terroristas islâmicos. Uma vez que as tropas americanas chegassem a Bagdá, convenceram-se muitos assessores de Rumsfeld, seria apenas questão de tempo até que conseguissem achar a prova definitiva dos laços entre Hussein e Bin Laden, o que forneceria uma justificativa *post facto* para a invasão. No fim das contas, as tropas americanas não acharam tal evidência, e as conclusões do grupo de inteligência de Rumsfeld foram amplamente desacreditadas.

Mas, com a queda de Saddam Hussein e a administração dividida sobre se a Síria deveria ou não ser o próximo alvo da estratégia de "mudança de regime" conduzida pelo governo Bush, o planejamento de Rumsfeld para a guerra global das operações especiais intensificou-se. Robert Andrews deixou o Pentágono, e Rumsfeld substituiu-o por Thomas O'Connell, outro veterano das guerras paramilitares no Vietná e ex-comandante da Gray Fox. O'Connell fora deslocado para o Vietná em 1970, como consultor militar do Programa Fênix, a controversa campanha liderada pela CIA para reverter os rumos da guerra por meio da captura e assassinato de líderes vietcongues. Ele passara a maior parte de sua vida no mundo das operações especiais e da inteligência, tendo sido um alto oficial de inteligência do JSOC quando o então congressista Dick Cheney visitou o comando em 1986.

A sua entrevista de emprego com Rumsfeld foi particularmente bem-sucedida, sobretudo porque as opiniões de O'Connell sobre as autoridades do Pentágono e o papel das tropas de operações especiais eram exatamente as que Rumsfeld queria ouvir.

— Se estamos em guerra, por que tenho de colocar o meu pessoal sob a autoridade da CIA? — Rumsfeld perguntou a O'Connell logo no início do encontro.[25]

— Você não tem — O'Connell respondeu rapidamente. — Você tem o poder de enviar as forças norte-americanas para onde quiser.

Na cabeça de O'Connell, o Congresso dera ao Pentágono amplos poderes para conduzir uma guerra global de coleta de inteligência ou realizar operações letais, e Rumsfeld deveria usá-los. Ele via paralelos com a Guerra do Vietná, quando o presidente Nixon começou uma campanha secreta de bombardeios no Camboja e no Laos, por acreditar que esses países haviam se tornado refúgios para combatentes inimigos. Mas a diferença, pensava O'Connell, era que Rumsfeld gozava de mais autoridade do que tivera Nixon, porque agora o Congresso essencialmente dera a sua bênção ao Pentágono para enviar tropas aonde quer que, a seu juízo, combatentes da Al-Qaeda pudessem estar escondidos.

À época, Rumsfeld buscava aumentar o seu poder nas brigas com a CIA, e decidiu consolidar todas as operações militares de coleta de inteligência, discrepantes e por vezes caóticas, num único escritório. Ele apontou o seu leal conselheiro Stephen Cambone como primeiro subsecretário de Defesa para a Inteligência, conferindo ao inteligente e irritadiço homem um poder extraordinário de supervisionar todos os esforços de espionagem do Pentágono. Rumsfeld planejava até reformar a linha de sucessão civil na hierarquia do Pentágono, caso ele ou o seu substituto morressem ou ficassem incapacitados. Cambone, o chefe da inteligência, passou a ser o próximo na linha sucessória, sendo instalado num escritório ao lado do de Rumsfeld.

Rumsfeld indicou como vice de Cambone o tenente-general William "Jerry" Boykin, um veterano da Força Delta que estivera no deserto iraniano em 1980, durante a malsucedida operação para resgatar reféns americanos. Boykin era um cristão renascido, que trazia a religião na manga e falava ocasionalmente na guerra contra os extremistas islâmicos em termos bíblicos. Chamava-a frequentemente de guerra contra "o Satanás", tendo dito certa vez a uma congregação da igreja que, no começo dos anos 1990, ele sabia que a sua caçada a um chefe militar somaliano seria bem-sucedida, por ter "a consciência de que o seu Deus era verdadeiro, ao passo que o do somaliano era um ídolo".

Boykin também era evangélico quando se tratava de forçar os militares aos limites de suas competências legais. Desde as crises com reféns em Beirute, nos anos 1980, ele frustrara-se pelo fato de os burocratas do Pentágono comportarem-se de maneira tão tímida sobre o uso de grupos como a Força Delta.[26] Como fizera com O'Connell, Rumsfeld bombardeou Boykin, durante a sua entrevista de emprego, com perguntas sobre os limites à autoridade do secretário de Defesa de enviar tropas para fora das zonas de guerra. Boykin deu uma resposta parecida com a de O'Connell: "Você tem a autoridade, e deve usá-la. Você não precisa submeter as suas tropas ao controle da CIA."[27]

No verão de 2004, Rumsfeld recebeu uma injeção de ânimo em seus esforços para criar um império de guerra não convencional, quando a Comissão 11/9 recomendou em seu relatório final que a CIA fosse destituída de todas as suas funções paramilitares e que o Pentágono servisse como a única agência a conduzir a guerra clandestina. A comissão denunciava a CIA por sua incapacidade de matar Osama bin Laden e achava que as operações clandestinas da agência estavam em desalinho. O grupo recomendava que a CIA melhorasse a coleta de inteligência, confiando menos nos serviços estrangeiros de espionagem; revisasse os modos de conduzir as análises; e executasse ações secretas "não militares", tais como campanhas de propaganda. Guerras secretas e ataques com drones, julgava a comissão, eram o trabalho do Pentágono.

"Seja o preço avaliado em dinheiro ou pessoal, os Estados Unidos não podem arcar com o custo de manter dois serviços separados para conduzir operações militares secretas, operando clandestinamente mísseis de longo alcance e treinando em segredo forças militares ou paramilitares estrangeiras", recomendava a comissão em seu relatório final, publicado em julho de 2004.

Aquilo, é claro, era exatamente o que Rumsfeld pensava, e, dias após o relatório ter sido lançado, ele pediu a Tom O'Connell para obter mais informações sobre o que levara às recomendações. Depois de falar com John Lehman, o ex-secretário da Marinha e membro da Comissão 11/9, O'Connell informou que a comissão julgara confusa a abordagem da CIA em relação a operações paramilitares. Em um memorando endereçado a Rumsfeld, O'Connell escreveu que Lehman informara-lhe que a Comissão 11/9 estava chocada com a "má vontade da CIA em correr riscos" e com o fato de que a agência "relutava em apertar o gatilho quando surgiam oportunidades". O maior problema, dissera Lehman a O'Connell, era que o Pentágono dispunha da capacidade de operações de caça e abate, mas a CIA tinha as autorizações.[28]

Rumsfeld encarregou Cambone de investigar se a recomendação seria promulgada, e logo este último passou a levantar questões mais profundas sobre se as operações da CIA poderiam ser reduzidas ainda mais. No fim de setembro de 2004, Cambone escreveu a Rumsfeld não estar certo de que fazia sentido para a CIA conduzir *qualquer* ação clandestina — que, disse ele, poderia ser vista como "uma atividade operacional nada diferente daquela de um comandante de batalha". Em outras palavras, talvez o Pentágono devesse igualmente estar realizando ações secretas. O problema, escreveu Cambone, era que a CIA encarregara-se tanto das ações secretas quanto da análise, resultando num potencial "viés" na avaliação da eficiência de alguma ação específica. Dito de outro modo, a CIA estava em posição de dar nota para o próprio trabalho.[29]

O argumento podia até ser interesseiro, mas tocava no cerne de uma questão mais profunda: poderia uma agência envolvida numa campanha mortífera contra a Al-Qaeda fornecer avaliações desapaixonadas sobre o impacto que esta mesma campanha tinha sobre o poder da organização terrorista? Era uma questão que os oficiais de Obama enfrentariam anos mais tarde, depois que a agência de espionagem intensificou a sua guerra de drones no Paquistão.

No fim, tanto Rumsfeld quanto o diretor da CIA, Porter Goss, alertaram o presidente Bush de que o Pentágono não precisava retirar as operações militares secretas das mãos da CIA. Rumsfeld convencera-se de poder fazer o que bem entendesse — ainda que a CIA o fizesse em paralelo — sob o rótulo de "atividades militares tradicionais". Goss também lançara uma silenciosa campanha lobista para resguardar o feudo da agência, apelando para que os oficiais da Casa Branca não considerassem a recomendação da Comissão 11/9. Foi um período momentâneo de entendimento entre o Pentágono e a CIA, mas que, nem de longe, significava o fim dos confrontos entre as duas agências.

Já por volta de 2004, pequenas equipes de agentes do JSOC começaram a se espalhar em missões de espionagem ao redor do globo, da América do Sul à África, da Ásia ao Oriente Médio. Foram à França tentar colher informações sobre grupos locais de militantes islâmicos, e uma das equipes teve que deixar correndo o Paraguai, depois que um dos espiões de Rumsfeld sacou uma arma no meio de uma briga de bar. Como sugeriu um ex-oficial do Pentágono que ajudou a supervisionar o programa: "Tínhamos todos esses caras perambulando por aí e bancando o James Bond, e isso não funcionou muito bem."

Algumas das equipes, tendo recebido o inócuo nome de Elementos de Intermediação do Exército, foram alocadas dentro de embaixadas americanas. Outras entravam sorrateiramente em países estrangeiros e davam início às suas missões de espionagem sem notificar o embaixador americano ou o chefe da estação da CIA no país. Porque o mundo inteiro era agora uma zona de guerra, julgavam os oficiais do Pentágono, as equipes de operações especiais responderiam a comandantes militares, não ao embaixador civil.

Em uma tarde, o embaixador americano na Jordânia, Edward W. Gnehm, estava sentado em seu escritório quando o adido de defesa da embaixada entrou e pousou uma nota sobre a sua escrivaninha. Era uma mensagem do Pentágono, enviada diretamente ao adido, cuja leitura só a ele era permitida.[30] Uma equipe militar de inteligência logo chegaria à Jordânia, dizia a nota, e trabalharia na coleta de informações sobre a estabilidade do regime jordaniano. Em hipótese alguma, sublinhava a mensagem, o embaixador ou o chefe da estação da CIA deveriam ser informados a respeito das atividades do Pentágono na Jordânia.

O adido de defesa, sentado no escritório do embaixador, havia, é claro, ignorado a admoestação. Depois do encontro, Gnehm comunicou prontamente ao chefe da estação da CIA, que, como o embaixador recorda, "espumou de raiva".

5. O PÁSSARO BRAVO*

"Esta é uma guerra política, e ela requer discriminação no ato de matar. A melhor arma seria uma faca, mas temo não ser possível fazer desse jeito. A pior seria um avião."

— *Tenente-coronel John Paul Vann, oficial americano no Vietnã*

Oficiais dentro da sala de operações do Centro Contraterrorista da CIA assistiam ao vídeo do Toyota Land Cruiser sacolejando na estrada do deserto da província de Ma'rib, no Iêmen, o lendário local de nascimento da rainha de Sabá. Era uma viagem desconfortável para os seis homens espremidos dentro da empoeirada 4×4, mas nada na caminhonete teria levantado suspeitas entre policiais e soldados iemenitas naquele dia de novembro de 2002. Mas, do assento traseiro do veículo, um celular pertencente a Qaed Salim Sinan al-Harethi traía a localização do homem mais procurado do Iêmen. Um Predador armado da CIA sobrevoava a cena.

Os Estados Unidos haviam apontado Al-Harethi como o idealizador do bombardeio ao destroier *U.S.S. Cole*, em 2000, um ataque que matou dezessete tripulantes enquanto o navio reabastecia no golfo de Áden. O ataque colocara Al-Harethi próximo ao topo da lista da administração Bush que elencava os membros da Al-Qaeda marcados para morrer, e, quando uma equipe das tropas de operações especiais americanas em-

---

* No original: *The Angry Bird*. O título do capítulo faz referência ao jogo *Angry Birds*, lançado pela Rovio Entertainment em 2009, que se tornou uma febre entre usuários de tablets e smartphones. [*N. do T.*]

barcou no Iêmen na primavera de 2002, ela fez da caçada a Al-Harethi uma prioridade. Mas o homem era um veterano da guerra dos mujahidin no Afeganistáo durante os anos 1980, e, se não adquirira grandes habilidades de sobrevivência na batalha contra os soviéticos, ele certamente as aprimorou durante uma década se escondendo da polícia secreta dos Emirados Árabes Unidos e das tropas de choque leais ao presidente iemenita Ali Abdullah Saleh. Em 2000, Osama bin Laden enviara Al-Harethi ao Iêmen para planejar o bombardeio ao *Cole* e estabelecer campos de treinamento da Al-Qaeda. Mais de uma vez, Al-Harethi fizera Saleh passar vergonha, ao escapar da captura no instante em que tropas iemenitas se aproximavam.

O volúvel Saleh percebeu imediatamente os benefícios financeiros de se aliar aos Estados Unidos em sua nova guerra, mas insistiu para que a administração Bush o fizesse em seus próprios termos. Saleh conseguira manter-se no poder no Iêmen desde os anos 1970, navegando nos baixios das sangrentas guerras tribais de vingança e dos separatistas xiitas, e não estava disposto a permitir que os Estados Unidos iniciassem uma guerra secreta no seu país sem lhe oferecer nada em troca. Numa viagem a Washington dois meses após os ataques de 11 de setembro, ele conseguiu levantar US$ 400 milhões em auxílio, durante encontros com o presidente Bush, Rumsfeld e o diretor da CIA, George Tenet. Ele deu a sua bênção a um pequeno grupo de tropas de operações especiais americanas que chegavam ao Iêmen, mas insistiu para que elas só utilizassem suas armas em caso de autodefesa.[1] Sem informar a Saleh, o Pentágono enviou também agentes da Gray Fox, a unidade de espionagem do Exército especializada em interceptar comunicações, junto com os comandos.

No entanto, Saleh fora uma venda fácil em se tratando do Predador.

Na primavera de 2002, o embaixador Edmund Hull solicitou uma reunião para fazer com que o presidente iemenita concordasse com o sobrevoo de drones no país. Na época, Hull conhecia Saleh bem o suficiente para saber de suas bruscas mudanças de humor e quais tópicos da conversa poderiam servir melhor ao objetivo da agência de espionagem.

O PÁSSARO BRAVO

Um grupo de oficiais da CIA, que havia chegado de Langley dias antes, trouxe um laptop com um vídeo de animação demonstrando o funcionamento dos drones. O vídeo incluía gráficos de mísseis Hellfire atingindo carros e complexos de barro. Saleh abriu um sorriso enquanto observava, parecendo orgulhoso de que o Iêmen pudesse ser o primeiro lugar fora do Afeganistão onde a CIA planejava utilizar o Predador.[2]

Mas os americanos ainda precisavam encontrar Al-Harethi, que se esquivava da vigilância alternando entre cinco diferentes números de celular. A equipe da Gray Fox identificara vários deles, mas Al-Harethi era sempre cuidadoso o bastante e utilizava os números com parcimônia.[3] Em 4 de novembro, no entanto, a rede de vigilância apanhou o seu primeiro peixe grande.[4]

O celular no banco de trás Land Cruiser enviava o seu sinal até o céu, e agentes da Gray Fox mandaram uma mensagem-relâmpago para analistas nos quartéis-generais da Agência Nacional de Segurança, em Forte Meade, Maryland. Separadamente, a CIA despachara um Predador armado de sua base de drones em Djibuti, bem nos limites do mar Vermelho com o Iêmen. Enquanto o Predador posicionava-se acima do Land Cruiser, um analista em Forte Meade escutou a voz de Al-Harethi no celular, bradando direções ao motorista da 4×4. Com a confirmação de que Al-Harethi estava na caminhonete, a CIA estava agora autorizada a disparar um míssil contra o veículo.[5] O míssil partiu do drone Predador e destruiu o veículo, matando todos a bordo. Qaed Salim Sinan al-Harethi foi identificado em meio aos destroços por uma marca distintiva numa de suas pernas, que estava apartada do corpo.[6]

O governo do presidente Saleh foi rápido em inventar uma história para ocultar o ocorrido: a caminhonete estaria carregando um cilindro de gás que ocasionou a explosão. Mas, dentro do Centro Contraterrorista, a importância do momento não passou despercebida. Era a primeira vez desde os ataques de 11 de setembro que a CIA realizara uma eliminação de alvo fora de uma zona de guerra declarada. Usando a ampla autoridade conferida à CIA pelo presidente Bush em setembro de 2001, oficiais clandestinos metodicamente colheram informações sobre os movimentos de Al-Harethi e então, friamente, incineraram o seu veículo com um míssil antitanque.

ÀQUELA ALTURA, MUITOS dentro da agência de espionagem esqueceram--se de que a CIA jamais quisera realmente os drones armados. Eles foram considerados um instrumento de matar grosseiro e pouco sofisticado, e muitos ali estavam satisfeitos com o fato de que a agência afastara-se do ramo dos assassinatos havia muito tempo. Pouco mais de um ano antes do ataque no Iêmen, um debate ainda estava em alta, no qual espiões opunham-se a espiões a respeito da moralidade de se usarem drones para matar terroristas. Charles E. Allen, analista de longa data da agência e um ardoroso defensor do Predador, mais tarde descreveria todo aquele período como um "combate sangrento".[7]

No fim dos anos 1990, oficiais da CIA da geração de Ross Newland, que haviam ingressado na agência depois das revelações do Comitê Church e da proibição de assassinatos expedida pelo presidente Ford, ascenderam a posições de liderança em Langley. A subida ao poder da geração pós--Church teve um impacto direto sobre o tipo de operação clandestina que a CIA escolheu realizar ao redor do mundo. O braço paramilitar da agência permitiu-se definhar, um reflexo de sua antipatia por retornar às guerras do passado. A corporação estava dividida até sobre se poderia justificada-mente matar Osama bin Laden. Um ex-chefe do Centro Contraterrorista diria mais tarde à Comissão 11/9 que teria recusado uma ordem direta para matar Bin Laden nos anos anteriores aos ataques de 11 de setembro.[8]

— A visão coorporativa dentro da CIA era que "nós não queremos fazer ações secretas. E, se as fizermos, queremos que sejam limpas e corretas. Não queremos estar envolvidos no assassinato de pessoas. Porque não somos assim. Não somos como o Mossad" — disse Richard Clarke, que serviu, tanto na administração Bush quanto na administração Clinton, como o mais alto oficial da Casa Branca responsável pelo contraterrorismo.

Em 2000, o ano em que Newland trocou as operações secretas em campo por um cargo sênior de gerência em Langley como intermediário da CIA no Pentágono, Bin Laden demonstrou repetidamente ser capaz de atacar quando e onde quisesse, dos bombardeios às embaixadas americanas no Quênia e na Tanzânia, em 1998, ao ataque ao *Cole* no Iêmen, ocorrido dois anos depois. A administração Clinton teve poucas ideias referentes à descoberta da localização do líder da Al-Qaeda em dado momento, de modo que ele pudesse ser eliminado antes de escapar para outro local.

Dentro do Gabinete de Crise da Casa Branca, as discussões sobre Bin Laden converteram-se em debates abstratos sobre se a Casa Branca estava ou não violando a proibição aos assassinatos de 1976 ao escolher um método letal em detrimento de outro. Clarke lembrou-se de uma reunião em que o assessor de Segurança Nacional, Sandy Berger, ficou tão furioso com os debates que gritou para todos na sala:

— Então vocês, senhores, estão de acordo que Bill Clinton mate Bin Laden com um míssil Tomahawk, mas se Bill Clinton matá-lo com um projétil de 7.2 mm no meio dos olhos, vocês acham ruim? Vocês poderiam me dizer a diferença entre matá-lo com um Tomahawk ou com um M16?

"Berger estava a ponto de ter um ataque do coração", lembrou Clarke. "Estava suado, com as faces vermelhas, e gritando com eles."

O presidente Clinton não estava feliz com a falta de opções:

— Vocês sabem — disse ele ao chefe do Estado-Maior, o general Hugh Shelton —, se um bando de ninjas de preto descessem dos helicópteros via rapel bem no meio dos acampamentos, isso faria a Al-Qaeda se borrar de medo.[9]

Não contando com ninjas à sua disposição, o Pentágono concordou em posicionar dois submarinos no mar Arábico que, num curto prazo, poderiam disparar mísseis Tomahawk contra o Afeganistão. Mas, sem inteligência recente sobre o paradeiro de Bin Laden, os submarinos eram de pouco uso, e os altos almirantes começaram a se agitar para colocá-los em outro lugar.

A CIA contava com um informante do Talibá fornecendo informações para os americanos, mas as suas dicas normalmente vinham com 24 horas de atraso, o que era insuficiente para a aprovação da Casa Branca a ataques com mísseis no Afeganistão.[10] Debatendo-se por ideias, agentes secretos encontraram-se com empreiteiros americanos do ramo de defesa a fim de averiguar a possibilidade da construção de pequenos dirigíveis ou balões de ar quente para capturar imagens do Afeganistão a uma altura de 10 mil metros, mas eles descartaram a ideia ao considerar a calamidade diplomática se rajadas de vento provenientes das montanhas Hindu Kush empurrassem o dirigível centenas de quilômetros para longe da rota, em direção à China — possivelmente acima de um reator nuclear.

Clarke tinha uma relação glacial com George Tenet e James Pavitt, o chefe do Diretório de Operações da CIA, e decidiu passar-lhes ao largo em busca de novas ideias. Ele chamou o analista sênior, Charles E. Allen, que estivera na agência por quatro décadas e, à época, estava na casa dos 60 anos. Brilhante, iconoclasta e genioso, Allen trazia cicatrizes de batalhas passadas dentro da agência; o escândalo Irã-Contras infligira um golpe em sua carreira. Mas ele emergira também como uma espécie de lenda entre os analistas da CIA, por ter sido uma voz solitária nos anos 1990, prevendo que Saddam Hussein invadiria o Kuwait. Clarke pediu a Allen que elaborasse uma resenha independente das várias opções de espionagem no Afeganistão.[11]

Allen foi até o Departamento de Defesa em busca de ideias e encontrou-se com oficiais do Estado-Maior do Pentágono. Eles discutiram conceitos rebuscados, tais como colocar um telescópio gigante no alto de uma montanha e experimentá-lo em Derunta, o campo de treinamento de Bin Laden, perto de Jalalabad, onde a Al-Qaeda havia feito testes com armas químicas. Mas havia outra opção mais realista. Allen foi informado a respeito de uma série de testes secretos conduzidos pela Força Aérea no deserto. Havia uma chance, disseram os oficiais do Pentágono, de que a CIA pudesse encontrar Bin Laden por intermédio de um drone.

Em 2000, o Predador MQ-1 era bem conhecido da pequena e excêntrica fraternidade de engenheiros militares e analistas de inteligência trabalhando nos limites experimentais da espionagem eletrônica. O Predador

O PÁSSARO BRAVO

já obtivera algum sucesso como ferramenta de espionagem durante as Guerras dos Bálcãs, localizando concentrações de tropas sérvias e caçando líderes bósnios. Os pilotos dos drones operavam as aeronaves a partir de um hangar na Albânia que a CIA havia alugado em troca de duas cargas de cobertores de lã. A imagem capturada pelo drone era transmitida para o escritório do diretor da CIA, R. James Woosley Jr., que se comunicava com os pilotos via uma grosseira conexão de e-mail.[12] Woosley conseguira captar um pequeno montante de dinheiro para financiar o projeto do deputado Charlie Wilson, o congressista beberrão do Texas que lançara mão de truques orçamentários similares para financiar a guerra da CIA no Afeganistão, durante os anos 1980.[13]

O terreno montanhoso nos Bálcãs impossibilitara o voo dos drones usando a tecnologia da "linha de visada" — com o piloto operando o drone por meio de um sinal direto para a aeronave —, e então, durante os anos 1990, os militares avançaram no controle dos Predadores enviando um sinal que era retransmitido por um satélite no espaço. Mas o Predador não podia carregar armamento. Além disso, ele parecia-se com um inseto desengonçado e possuía um motor barulhento que o fazia soar como um cortador de grama voador. Ao contrário da maioria das aeronaves, os seus estabilizadores apontavam para baixo em vez de para o céu, e quando uma grande revista de negócios publicou a sua primeira matéria sobre o Predador, a foto estava de cabeça para baixo.[14] Entretanto, um punhado de oficiais da Força Aérea, imersos na cultura do serviço de aeronauta, viu o potencial dos sistemas não tripulados e começou a defender o uso do Predador.

Allen trouxe a ideia do Predador de volta a Richard Clarke, na Casa Branca. Eles imaginaram que tanto Tenet quanto Pavitt fossem colocar-se contrários à ideia, e, destarte, esperaram para contar-lhes sobre a opção pelo Predador quando já se houvesse elaborado um plano em conjunto de enviá-lo ao Afeganistão. Sem comunicar a Tenet, Clarke convocou uma reunião na Casa Branca, convidando os maiores defensores do Predador: Charlie Allen, Cofer Black, o chefe do CTC, e Richard Blee, líder da unidade de caça a Bin Laden do CTC, que recebera o codinome Estação Alec.

Blee era um agente de carreira que servira em diversas estações da CIA na África, e, logo depois de ter se tornado o Estação Alec, em 1999, ele conduziu uma equipe até o vale Panjshir, no Afeganistão, para restabelecer o contato da CIA com Ahmad Shah Massoud, o líder da Aliança do Norte, que acabaria sendo morto pela Al-Qaeda dois dias antes dos ataques de 11 de setembro.[15] Blee era inteligente e intenso, mas por vezes taciturno, levando alguns de seus colegas a julgá-lo arredio. Ele crescera como um "moleque" da CIA, filho de um chefe da divisão soviética da agência que disputara com o lendário chefe da contrainteligência, James Angleton, o comando das operações clandestinas contra a União Soviética.[16] David Blee venceu a disputa e, durante os anos 1970, obteve sucesso em infiltrar dezenas de toupeiras nos altos escalões da KGB. Agora o seu filho estava à frente de uma guerra da CIA muito diferente.

Por ocasião do feriado do Memorial Day do ano 2000, o assessor de Segurança Nacional de Clinton, Sandy Berger, julgou que a CIA regateava demais pelo Predador e exigiu uma decisão sobre a utilização dos drones. O general John Gordon, vice-diretor da CIA, organizou uma rápida reunião em Langley que logo descambou para a gritaria. Pavitt, que então já havia sido informado da opção pelo Predador, deixou clara a sua oposição para que a CIA realizasse voos de espionagem sobre o Afeganistão: "Onde os drones ficariam guardados?", perguntou, "e se forem abatidos?" A CIA não devia operar a sua própria força aérea, disse Pavitt. A reunião, contou um dos participantes, converteu-se numa "cena bem feia".

Depois da sessão, Allen telefonou para Clarke a fim de lhe contar sobre a oposição de Pavitt. Clarke achou que as preocupações de Pavitt eram ridículas e que o plano oferecia risco próximo de zero.

— Ora, se o Predador for abatido, o piloto vai para casa transar com a esposa. Está tudo certo. Não haveria prisioneiros de guerra neste caso — disse ele a Allen.[17]

Também Tenet se mostrou cético quando soube do Predador dias mais tarde, e não apreciou a perspectiva de ter que pedir ao homem forte do Uzbequistão, Islam Karimov, que permitisse à CIA posicionar Predadores em uma antiga base aérea soviética próxima à fronteira com o Afeganistão. À época, a ideia da CIA estabelecendo bases ao estilo militar em qualquer parte do mundo parecia insana — e um desperdício do limitado orçamento da agência para ações secretas.

Em junho, no entanto, Clarke vencera a discussão, e a Casa Branca aprovara o deslocamento de Predadores para a Base Aérea de Karshi--Khanabad, no Afeganistão. Mas os oficiais da CIA tinham outros problemas, como obter sinal de satélite suficiente para o voo dos drones. Àquela altura, os engenheiros da Força Aérea haviam bolado um jeito de controlar o Predador a milhares de quilômetros, rebatendo o sinal num satélite e retransmitindo-o mediante uma estação em solo, na Alemanha. Isso permitia que a CIA posicionasse os pilotos do Predador muito perto de casa, num trailer improvisado construído num estacionamento em Langley. Mas a agência precisava ainda contratar o sinal de empresas comerciais de satélites, o que se mostrou mais difícil do que se esperava. Com novas organizações captando todo o sinal de satélite em sua preparação para cobrir as Olimpíadas de Sydney, os Predadores ficaram quase sempre no solo, enquanto a CIA buscava freneticamente uma empresa com espaço de transmissão e recepção para alugar.[18]

Os voos de espionagem começaram em setembro de 2000, e a CIA lançou mais de uma dezena de missões com drones sobre o Afeganistão no outono, antes que os ventos invernais das montanhas começassem a fustigar a frágil estrutura aeroespacial do Predador, tornando os voos muito arriscados. Por várias vezes, Clarke dirigiu até Langley a fim de observar as imagens transmitidas para o trailer no estacionamento.

— Era simplesmente ficção científica; era inacreditável — disse ele.

Durante um voo sobre a fazenda Tarnak, campo de treinamento de Bin Laden, próximo a Kandahar, o Predador identificou um comboio de caminhões dirigindo-se para o campo. Do lado de fora, um homem alto, com uma longa túnica branca, caminhava. A imagem era granulosa, mas todos em volta do monitor de vídeo estavam convencidos de que a câmera enquadrava Bin Laden.

104 GUERRA SECRETA

Apressados, os analistas da CIA esbarravam-se para alertar o Pentágono e a Casa Branca para que aprovassem o lançamento de mísseis a partir de submarinos. Mas os oficiais do Conselho de Segurança Nacional queriam saber se Bin Laden permaneceria na fazenda Tarnak por, no mínimo, seis horas — o tempo que levaria para cumprir os protocolos de lançamento e para que os mísseis Tomahawk decolassem de um submarino no mar Arábico e chegassem até o sul do Afeganistão. A CIA não tinha ideia, e então Sandy Berger e o seu Estado-Maior negaram-se a aprovar o ataque.[19] A CIA tinha apenas duas opções: prever o paradeiro de Bin Laden com seis horas de antecedência ou descobrir uma arma que pudesse caçar o líder da Al-Qaeda e matá-lo imediatamente.

O CAMPO AUXILIAR da Força Aérea em Indian Springs era, na época, uma base pequena e decadente no deserto de Nevada, a aproximadamente 60 quilômetros de distância a noroeste de Las Vegas. Era um dentre uma miríade de rústicos postos militares avançados construídos durante a Segunda Guerra e depois esquecidos pelo Pentágono. Nos anos 1950 e 1960, a base fora um centro de abastecimento para os testes nucleares subterrâneos ocorridos nas redondezas, e os helicópteros alocados em Indian Springs sobrevoavam ocasionalmente os locais de teste em Mercury e Yucca Flats para monitorar vazamentos de radiação. Exceto pelos esporádicos treinamentos dos Thunderbirds [pássaros-trovão], o esquadrão de demonstração da Força Aérea, Indian Springs era um desolado fim de mundo.

A base também tinha um problema com pássaros. Os céus acima de Indian Springs eram abarrotados deles, e a Força Aérea restringira a frequência com que os aviões de caça podiam decolar da base, temendo que os pássaros entrassem nas turbinas dos caças, o que causaria acidentes fatais. Mas, como base de controle dos drones, Indian Springs era ideal. A aeronave não voava muito mais rápido do que os pássaros. Ali, um pequeno grupo de pilotos de testes tentava converter o Predador de caçador a assassino.

O PÁSSARO BRAVO

O alojamento da base seria demolido porque as paredes dos bangalôs eram revestidas de amianto, e, portanto, a equipe do Predador deslocava-se a cada manhã de suas casas alugadas nos subúrbios de Las Vegas até o posto de comando, estabelecido dentro de uma igreja abandonada em Indian Springs.[20] Curt Hawes, um dos pilotos do Predador a frequentar a base em 2000 e 2001, recorda que o seu grupo tinha uma vaga ideia de que os testes com drones haviam sido acelerados porque a CIA desejava urgentemente utilizar o Predador para matar Bin Laden, mas a maior parte dos detalhes sobre os debates em Washington não foi revelada ao grupo na base.

O financiamento para o programa havia sido captado através do escritório "Grande Safári", uma divisão sigilosa sediada na base da Força Aérea de Wright-Patterson, em Dayton, Ohio, em troca do desenvolvimento de programas secretos de inteligência para o Exército. A ordem do Grande Safári era desviar da burocracia do Pentágono para fazer com que a liberação das armas para o campo saísse do papel de maneira mais rápida que de costume, o que às vezes significava que elas iam para a zona de combate sem estar completamente prontas. Tal foi o caso em 2000, com os primeiros modelos do Predador, aeronaves com um painel tão confuso que alguns pilotos as equipararam aos dispersos componentes do boneco Cabeça de Batata. Uma das falhas significativas no design era que o botão de desligar o motor do drone ficava a apenas meio centímetro do botão de lançar o míssil Hellfire — criando a possibilidade de falhas humanas com consequências mortais.

O maior problema, entretanto, era que ninguém estava muito seguro do que o lançamento do míssil acarretaria ao próprio drone. Será que a força do míssil não romperia a estrutura ou destruiria as asas do Predador em pleno voo? Em janeiro de 2001, um teste foi conduzido no remoto deserto de China Lake, na Califórnia, para descobrir. Três dias depois que o presidente Bush foi oficializado no cargo, engenheiros da Força Aérea acorrentaram um Predador a um bloco de concreto no alto de uma pequena montanha e fizeram o drone disparar um míssil Hellfire. O míssil acertou um tanque-alvo em sua trajetória, e o Predador não sofreu danos.[21] Os testes de voo podiam prosseguir.

Horas antes de amanhecer o dia 16 de fevereiro de 2001, Curt Hawes saiu do posto de comando na igreja abandonada em Indian Springs e dirigiu por 30 quilômetros deserto adentro. Na noite anterior, ele havia revisado mentalmente toda a lista de tarefas pré-voo, sentado no seu quarto em Las Vegas. Com os olhos fechados, praticou os movimentos que as suas mãos teriam de executar ao controlar o joystick do Predador e disparar um míssil.[22]

Talvez pela primeira vez na história da aviação americana, o drama em torno de um teste de referência nada tinha a ver com preocupações sobre a sobrevivência do piloto. Curt Hawes não acordou na manhã de 16 de fevereiro como fizera Chuck Yeager antes de se espremer dentro da cabine do Bell X-1, esperando não ser mais um piloto de testes a morrer tentando quebrar a barreira do som. Hawes não corria qualquer risco, e por isso mesmo aquele momento era um divisor de águas: os Estados Unidos estavam desenvolvendo um novo armamento de guerra que dispensava, de fato, a ida à guerra.

O teste estava planejado para o início da manhã, quando os ventos do deserto estariam provavelmente mais brandos. Logo depois do nascer do sol, Hawes assumiu o controle do Predador das mãos da equipe que havia feito decolar o drone da pista em Indian Springs. Lentamente, ele o fez descer a 2 mil pés, a maior altitude da qual um míssil Hellfire já fora disparado. Alinhou a mira com o auxílio de um feixe de laser apontado para um tanque-alvo no deserto, laser controlado por um fornecedor do Exército em solo. Apertando o botão, ele lançou o Hellfire.

Hawes lembra-se do silêncio. Ele era um piloto, mas estava a quilômetros de distância do seu avião. Não pôde ouvir o som da engrenagem do foguete disparado ou sentir a aeronave sacolejar ao lançamento do míssil. O seu monitor de vídeo tremeluziu com o rastro de calor do míssil, e ele o viu ser impulsionado até o tanque-alvo num disparo certeiro.

Os engenheiros haviam decidido não usar uma ogiva de verdade para o teste, e, portanto, não houve explosão. O falso míssil acertou a cúpula do

O PÁSSARO BRAVO

tanque 15 centímetros à direita do eixo central, amassando a blindagem e entortando a cúpula cerca de 30 graus.[23] O teste foi considerado um completo sucesso. Por volta das 7 horas, estava feito, e a equipe do Predador reuniu-se num pequeno cassino adjacente à base de Indian Springs para um café da manhã comemorativo.

Os líderes da Força Aérea estavam tontos de êxtase, e, no segundo teste, cinco dias depois, eles combinaram para que um grupo de generais se reunisse no Pentágono para observar o disparo do Hellfire através da transmissão de vídeo proveniente de Nevada. Agora, Curt Hawes pilotava o Predador por meio de satélite, criando um atraso de dois segundos entre os seus movimentos no joystick e os movimentos efetivos da aeronave. Isso deixava o Predador mais difícil de controlar, mas, novamente, o Hellfire acertou o alvo. Desta vez, o míssil carregava uma ogiva de verdade e, ao atingir o alvo, uma pequena bola de fogo ergueu-se no céu matutino.

A era do conflito armado controlado remotamente começou com pouca fanfarra. A Força Aérea lançou um reduzido material de imprensa, que levou a uma pequena reportagem num jornal local de Las Vegas. Um congressista de Nevada telefonou para congratular a equipe do Predador, mas os engenheiros e pilotos estavam desapontados com a ausência de uma equipe da CNN, que, segundo boatos, viria para filmar o teste. Os oficiais da CIA tentavam manter toda a operação em segredo e ficaram irritados com o fato de a Força Aérea ter disponibilizado material de imprensa. A ida da CNN à base jamais foi permitida.

Curt Hawes não tinha conhecimento de nenhum desses detalhes. Tudo o que ouviu foi que "outras partes" haviam intercedido para manter o seu trabalho em segredo.

MAS AQUELAS "OUTRAS PARTES" não conseguiam decidir o que fazer com o drone armado. Mesmo após os bem-sucedidos testes com o míssil, no alto escalão a CIA continuava dividida sobre o envio de Predadores armados ao Afeganistão para caçar Osama bin Laden. Pavitt, chefe do serviço clandestino da CIA, era uma voz dissonante a argumentar veementemente contra o prosseguimento do programa Predador. Queria gastar o seu orçamento marginal na contratação de mais agentes, não na compra de drones. Durante as reuniões ele repetia frequentemente uma questão que, hoje, soa bem excêntrica depois dos bilhões de dólares destinados aos programas de contraterrorismo desde os ataques de 11 de setembro: os US$ 2 milhões para cada Predador sairiam do orçamento da CIA ou do Pentágono?

Mas ele também deu voz a uma preocupação bem mais profunda, partilhada por outros membros do Estado-Maior de Tenet. Quais seriam exatamente as repercussões sobre o fato de a CIA retornar ao ramo dos assassinatos?

— Vocês não podem subestimar a mudança cultural que vem junto com o recebimento de autorização letal — disse John McLaughlin, então vice-diretor da CIA. — Quando as pessoas dizem para mim "Não tem nada demais", eu lhes respondo: "Você já matou alguém?" — comentou. — Tem sim. Você começa a pensar de maneira diferente.

Além do mais, os Estados Unidos repreendiam outros países por fazer exatamente a mesma coisa que ora planejavam fazer. Quando o governo de Israel matara líderes do Hamas entre 2000 e 2001 durante a segunda Intifada palestina, o embaixador americano em Israel, Martin Indyk, disse que "os Estados Unidos são tradicionalmente contra assassinatos direcionados... Trata-se de mortes extrajudiciais, e nós não apoiamos isso".[24]

George Tenet estava ambivalente, e disse mais de uma vez achar que os militares, não a CIA, é quem deveriam puxar o gatilho de uma arma de guerra. Durante uma discussão para saber se um agente da CIA deveria ou não poder autorizar ataques com o Predador, tanto Charles Allen quanto Alvin "Buzzy" Krongard, terceiro homem na hierarquia da agência, voluntariaram-se para puxar o gatilho. Isso enfureceu Tenet. Depois, ele informou à Comissão 11/9 ter repreendido Allen e Krongard, dizendo-lhes que ele próprio não tinha autorização para disparar um míssil Hellfire, e que eles tampouco a teriam.[25]

O PÁSSARO BRAVO

Sentado próximo a Tenet no decorrer de todos os debates a respeito do Predador, o tenente-general John Campbell era um pouco como um antropólogo a observar os rituais de combate de uma tribo exótica. Ele passara a sua carreira na Força Aérea e mudara-se para Langley no verão anterior a fim de assumir o cargo de diretor da agência para suporte militar. Campbell acreditara que a CIA devia abraçar o programa Predador, mas agora, quando pensa retrospectivamente nas brigas internas acerca dos drones armados naquele verão de 2001, ele entende que a agência debatia-se com as questões mais básicas sobre o que desejava ser.

— Na cultura militar, se você está seguindo uma ordem legal — e, como oficial, você supõe receber uma —, você está protegido a longo prazo de qualquer responsabilidade individual por suas ações — disse ele. — Na CIA é diferente. Seus agentes têm bem menos proteção. Podem estar operando segundo as ordens de um despacho presidencial, onde se tem um pedaço de papel, com a assinatura do presidente, que diz: "Eu os autorizo a fazer tal coisa." E então, o próximo governo assume e a Justiça pode decidir que o despacho é questionável ou mesmo ilegal, e aí, adivinhe, aqueles rapazes se tornam pessoalmente responsáveis pelo que fizeram. Uma coisa assim como o Predador, onde você está especificamente alvejando indivíduos, levanta uma série de preocupações sobre as implicações futuras — disse Campbell.

O vice de Campbell na época era Ross Newland, que aplaudira na primeira fila os voos do Predador. Nas reuniões, ele sabia estar observando uma nova reviravolta no conhecido ciclo: uma CIA "avessa a riscos" estava, mais uma vez, prestes a se embrenhar na guerra secreta. Ele apoiou o programa Predador, julgando que o governo Bush deveria usá-lo para matar Bin Laden o quanto antes, mas também ele não conseguia deixar de lembrar dos seus dias como oficial antinarcóticos na Bolívia. Uma CIA despreparada fora encarregada da missão de caçar distribuidores de drogas, já que ninguém mais se dispusera a fazê-lo. Duas décadas depois, Newland podia ver a mesma coisa acontecendo com o terrorismo.

Semanas mais tarde, quando os ataques de 11 de setembro mataram aproximadamente 3 mil americanos, questões espinhosas sobre assassinatos, ações clandestinas e o uso apropriado da CIA para caçar inimigos da América foram rapidamente postas de lado. Dentro de semanas, a agência começou a realizar dezenas de ataques com drones no Afeganistão.

A América descobrira, com o Predador, o armamento definitivo para uma guerra secreta. Era uma ferramenta que matava silenciosamente, uma arma livre das regras normais de responsabilização em combate. Os drones armados permitiriam aos presidentes americanos ordenar ataques a vilarejos remotos e campos no deserto onde jornalistas e grupos independentes de monitoramento não podiam ir. Os ataques raramente eram discutidos publicamente por um porta-voz num palanque, mas aplaudidos, em privado, por políticos de ambos os partidos, ansiosos por mostrar o poder da América sem colocar vidas americanas em risco.

Rara é a tecnologia capaz de mudar a faceta das guerras. Na primeira metade do século passado, tanques e aviões transformaram o modo como o mundo travava as suas batalhas. Os cinquenta anos seguintes foram dominados por ogivas nucleares e mísseis balísticos intercontinentais (ICBMs), armas de poder tão terrível que acabaram gerando novas doutrinas visando a impedir que os países as utilizassem. O advento do drone armado derrubou esse cálculo: a guerra era possível justamente por parecer tão livre de riscos. Os limites para a guerra foram reduzidos, a era do controle remoto teve início e os drones assassinos viraram um objeto de fascinação dentro da CIA.

Durante o verão de 2002, Ross Newland visitou a pequena loja de presentes no quartel-general da CIA. Procurando algumas lembranças para amigos, ele caminhou entre os corredores de prateleiras abarrotadas de canecas, suéteres e camisetas estampadas com o logo da CIA. Então, fez uma descoberta inesperada: uma camisa de golfe com um pequeno drone bordado no lado esquerdo. O Predador era ainda um dos programas mais sigilosos da CIA, mas a agência de espionagem agora vendia a imagem dos drones em suvenires.[26]

O ASSASSINATO DE Al-Harethi no Iêmen, naquele ano, mostrou que a CIA, com um aliado estrangeiro flexível, poderia empreender guerras muito além das zonas de guerra. Os oficiais de Bush estavam tão satisfeitos com a ação no Iêmen que notícias do ataque logo vazaram, invalidando a frágil versão da explosão do cilindro de gás divulgada por oficiais iemenitas. Paul Wolfowitz, vice-secretário de Defesa, chegou a elogiar o ataque na CNN.

O presidente Saleh ficou furioso quando soube dos comentários de Wolfowitz. O seu governo apareceu aos olhos de todos como tolo e mentiroso, e ele exigiu que os espiões e os diplomatas americanos no Iêmen fossem ao seu escritório imediatamente.[27] Já que Washington não podia guardar um segredo, disse-lhes Saleh, a guerra secreta da América no Iêmen seria reduzida. Ele ordenou que os voos do Predador cessassem imediatamente.

E cessaram, por quase oito anos. Não seria antes de 2010, com o Iêmen em convulsão e Saleh perdendo cada vez mais o poder, que outro presidente americano ordenaria que os drones retornassem aos céus do Iêmen. Na ocasião, Saleh já não estava em posição de objetar.

6. UM VERDADEIRO PACHTUN

"Coisas caem do céu o tempo todo."
— *Pervez Musharraf*

"Por que esse pássaro está me seguindo?"
Nek Muhammad Wazir estava sentado dentro de uma construção de barro no Waziristão do Sul, rodeado por seus seguidores e falando num telefone via satélite com um repórter da BBC. Olhando pela janela, o jovem comandante de cabelos longos e muito negros notou alguma coisa pairando acima, reluzindo contra o sol. Ele perguntou a um de seus tenentes sobre o coruscante objeto metálico no céu.[1]

Nek Muhammad humilhara recentemente as tropas paquistanesas, e a CIA o estava seguindo. Ele ascendera como o inquestionável *rock star* das áreas tribais do Paquistão, um impetuoso membro da tribo Wazir que erguera um exército para enfrentar as forças do governo na primavera de 2004, forçando Islamabad a negociar. A sua ascensão surpreendera os líderes paquistaneses, e agora eles o queriam morto.

Com 29 anos, Nek Muhammad fazia parte de uma segunda geração de mujahidin paquistaneses a não ver razão para devotar lealdade ao ISI, que havia ajudado os seus pais na guerra contra os soviéticos. Muitos paquistaneses nas áreas tribais avaliavam com desdém a aliança do presidente Musharraf com Washington após os atentados de 11 de setembro, e não viam diferença entre os militares paquistaneses e os americanos — que eles acreditavam ter lançado uma agressão armada contra o Afeganistão, como haviam feito os soviéticos anos antes.[2] Muhammad deu ao governo do Paquistão uma prova daquilo que viria a ser um problema crescente nos anos vindouros: uma militância que estendia o seu alcance para além das montanhas ocidentais e das áreas assentadas do país, a pouca distância das maiores e mais importantes cidades do Paquistão. Era uma militância que Islamabad seria incapaz de controlar.

Nascido perto de Wana, o agitado centro comercial do Waziristão do Sul, Nek Muhammad foi enviado bem novo para um dos seminários religiosos que haviam surgido na região durante os anos 1980 para educar jovens analfabetos[3] das Áreas Tribais Administradas Federalmente. Abandonou o seminário depois de cinco anos e passou o início dos anos 1990 sobrevivendo como ladrãozinho de carros e lojista no bazar de Wana. Ele descobriu a sua vocação em 1993, quando foi recrutado para lutar ao lado do Talibã afegão e contra a Aliança do Norte de Ahmad Shah Massoud na guerra civil que se intensificava no Afeganistão.

Ele subiu rapidamente na hierarquia militar do Talibã, ganhando a reputação de nunca ceder em batalha, mesmo quando os seus comandantes ordenavam recuar.[4] Era uma figura notável no campo de batalha, com o rosto alongado e magro, a barba desgrenhada até o peito, e os cabelos negros contrastando com a túnica branca. Parecia-se menos com um típico militante tribal mal-ajambrado do que com uma espécie de versão pachtun de Che Guevara.

Nek Muhammad aproveitou uma oportunidade para se tornar um anfitrião de combatentes árabes e chechenos da Al-Qaeda que foram até o Paquistão para escapar da barragem de bombas americanas no Afeganistão em 2001 e 2002. Os membros de tribos locais consideravam um dever religioso abrigar os combatentes, mas alguns viram também uma possibilidade de lucro, cobrando dos estrangeiros aluguéis elevados para ficar nas moradias protegidas de Wana e Shakai, uma região agrícola com grandes árvores frondosas e vales de rio escarpados. Para Nek Muhammad, tratava-se parcialmente de um esquema para ficar rico, mas ele também via outra utilidade para os combatentes que chegavam. Com a ajuda deles, nos dois

UM VERDADEIRO PACHTUN

115

anos seguintes Muhammad lançou uma série de ataques às instalações do Corpo de Fronteira Paquistanês e às bases americanas espalhadas pela fronteira com o Afeganistão.[5]

Oficiais da CIA em Islamabad solicitaram que espiões paquistaneses convencessem os membros das tribos Wazir a entregar os combatentes árabes e chechenos, mas o costume tribal dos pachtuns não permitia esse tipo de traição. Relutante, Musharraf enviou as suas tropas às ameaçadoras montanhas para caçar os estrangeiros e impor uma dura pena aos homens de Nek Muhammad. Não era a primeira incursão militar ao Waziristão, mas, para Musharraf, havia uma nova urgência: no fim de 2003, o segundo homem no comando da Al-Qaeda, Ayman al-Zawahiri, lançou uma *fatwa* ordenando o assassinato do presidente paquistanês por ajudar os americanos. Em duas ocasiões em dezembro de 2003, assassinos estiveram perto de cumprir a ordem, e Musharraf julgou que uma campanha militar rápida e punitiva nas montanhas poderia pôr fim aos ataques em solo paquistanês.

Mas aquilo era apenas o início. Em março de 2004, helicópteros de ataque e artilharia paquistaneses atingiram Wana e os vilarejos vizinhos. As tropas do governo bombardearam caminhonetes que retiravam civis da área de conflito e destruíram os complexos tribais suspeitos de abrigar estrangeiros. Um membro de uma tribo disse a um repórter que, quando as tropas paquistanesas saquearam a sua casa, apanharam não apenas as suas roupas, mas também fronhas de travesseiro e a sua graxa de sapato.[6] O tenente-general Safdar Hussain, o comandante à frente da batalha, declarou a operação um total sucesso. Ela destruiu uma base dos militantes, disse ele, e uma rede de túneis contendo sofisticado equipamento de comunicação.

Mas, para o governo do Paquistão, aquilo não valeu a pena. As baixas militares foram maiores do que o previsto. Durante uma batalha, em 16 de março, quando as tropas fizeram um cerco a uma fortaleza pertencente a Nek Muhammad e a dois outros militantes seniores, quinze tropas do Corpo de Fronteira e um soldado do Exército paquistanês foram mortos. Outros quatorze soldados foram feitos reféns, e dezenas de caminhões, peças de artilharia e blindados para transporte de passageiros foram destruídos. Em Islamabad, clérigos da influente mesquita Lal Masjid publicaram uma mensagem pedindo que a população do Waziristão do Sul resistisse à ofensiva do Exército e que, às tropas paquistanesas, fosse negado um funeral islâmico. Em obediência à ordem, alguns pais recusaram-se a receber os corpos massacrados de seus filhos.[7] No Waziristão, tribos que já se opunham à ação do Exército nas montanhas ficaram furiosas com o indiscriminado ataque a Wana. Os ataques contra o Corpo de Fronteira se intensificaram, e Islamabad começou a pensar num jeito de se retirar.

Em 24 de abril de 2004, homens pachtuns dançaram em círculo e tocaram tambores quando os enviados militares do presidente Musharraf chegaram à escola madraça em Shakai, perto de Wana, onde os homens de Nek Muhammad esperavam por eles. O general Hussain veio pessoalmente, um sinal do quão desesperado pela paz estava Musharraf. Os homens presentearam os militares com fuzis AK-47, um tradicional gesto de paz, e o general Hussain abraçou Nek Muhammad, pendurando uma guirlanda de flores em seu pescoço. Os dois homens sentaram-se juntos e tomaram chá, enquanto fotógrafos e cinegrafistas registravam o evento.

Quando as formalidades terminaram, o general dirigiu-se às centenas de homens sentados de pernas cruzadas no chão de terra, vestidos com leves roupas *salwar kameez* e usando o *pakul*, tradicional chapéu paquistanês feito de lã. O general disse à multidão que os Estados Unidos eram tolos por fazer a guerra no Afeganistão.

— Quando o World Trade Center da América foi atingido por um avião, quantos pilotos afegãos estavam envolvidos? — perguntou ele. — E já que não havia pilotos afegãos, por que toda essa situação no Afeganistão?

Ele sugeriu que o governo do Paquistão, ao intermediar o acordo de paz, estava protegendo a população do Waziristão do Sul das bombas americanas.

— Se o governo do Paquistão não tivesse feito esta sábia escolha, então, assim como fez no Iraque e no Afeganistão, a América também teria invadido as áreas tribais — disse ele. A multidão aplaudiu ferozmente.[8]

Nek Muhammad também falou de paz.

UM VERDADEIRO PACHTUN

— O que passou, passou — disse ele diante de um bando de microfones. — Se a culpa foi nossa ou do Exército, o certo é que nós não lutaremos uns contra os outros novamente.[9]

Não havia dúvida sobre qual lado negociava sob força. Mais tarde, Nek Muhammad iria se gabar de que o governo concordara com o encontro dentro de uma madraça religiosa em vez de em um local público, onde as reuniões tribais costumavam acontecer.

— Eu não fui até eles; eles vieram até mim — disse. — Isso deveria deixar claro quem se rendeu a quem.[10]

A julgar pelos termos do armistício, ele tinha razão. O governo concordou em pagar indenizações pela carnificina no Waziristão do Sul e liberar todos os prisioneiros capturados durante a ofensiva. Os combatentes estrangeiros nas montanhas receberam anistia, com a condição de assumir o compromisso de encerrar os ataques contra as tropas paquistanesas e as incursões ao Afeganistão — uma providência essencialmente inexequível. Nek Muhammad e os seus seguidores também prometeram não atacar as tropas paquistanesas, mas não renunciaram aos ataques no Afeganistão. Posteriormente, Muhammad disse que não desistiria do jihad no Afeganistão até que o país estivesse livre da ocupação estrangeira.

Nem todo mundo no governo paquistanês achava que o acordo de paz tinha sido um bom negócio. Em 2004, Asad Munir aposentou-se do ISI e assumiu um cargo de administrador civil em Peshawar, supervisionando a segurança e o desenvolvimento nas áreas tribais. O ex-chefe de estação que trabalhara junto com a CIA em 2002 e 2003 observava enquanto generais paquistaneses debatiam sobre se negociavam ou não com Nek Muhammad. Ele alertou que apaziguar os militantes tribais apenas expandiria o alcance deles sobre os assentamentos no Paquistão. Os acordos de paz firmados nas áreas tribais no começo de 2004, hoje acredita Munir, levaram ao surgimento de um grupo poderoso e letal no país, que veio a ser conhecido como o Talibã paquistanês.

— Se as tropas paquistanesas tivessem apenas prosseguido com a operação em 2004, tanto no sul quanto no norte do Waziristão, o Talibã não teria se expandido para áreas mais próximas a Islamabad — disse ele.

— Com cada acordo de paz, eles ganharam força e controlaram mais áreas, e as pessoas começaram a tomá-los por governantes, porque o Estado não estava interferindo.[11]

No entanto, oficiais do governo em Islamabad jactaram-se de que o acordo de paz havia criado uma cisão entre os militantes paquistaneses e os combatentes da Al-Qaeda. Nek Muhammad continuava a negar publicamente a presença de quaisquer membros da Al-Qaeda nas áreas tribais.

— Não há Al-Qaeda aqui — disse ele. — Se houvesse um único combatente da Al-Qaeda aqui, a esta altura o governo já o teria capturado.[12]

O acordo de paz de Shakai conferiu nova reputação a Muhammad. Ele foi o homem que colocara o governo de joelhos, e começou a comparar a famosos líderes da tribo Wazir que haviam expulsado as forças britânicas das montanhas. Dentro de semanas, o armistício revelou-se uma farsa, e Nek Muhammad reiniciou os ataques contra as tropas paquistanesas. Musharraf ordenou novamente que o seu Exército voltasse à ofensiva no Waziristão do Sul.

Oficiais da CIA em Islamabad pressionavam, havia meses, os paquistaneses para que permitissem os voos do Predador nas áreas tribais, e as repetidas humilhações impostas por Muhammad às tropas paquistanesas apresentavam uma oportunidade. O chefe da estação da CIA em Islamabad fez uma visita ao general Ehsan ul-Haq, chefe do ISI, e pôs na mesa uma oferta: se a CIA matasse Muhammad, o ISI permitiria voos regulares de drones sobre as áreas tribais?

— Nek Muhammad realmente enfureceu os paquistaneses — relembra o ex-chefe de estação. — Eles disseram: "Se vocês conseguirem encontrá-lo, podem pegá-lo."[13]

Mas o acesso veio com limitações. Oficiais de inteligência paquistaneses insistiram em aprovar cada ataque de drone antes de sua realização, o que lhes dava um rígido controle sobre a lista de marcados para morrer. Depois de discussões tensas sobre onde exatamente os drones poderiam voar, os espiões paquistaneses insistiram para que ficassem restritos a estreitos "bolsões de voo" nas áreas tribais, sabendo que um acesso mais

UM VERDADEIRO PACHTUN

extenso permitiria à CIA espionar lugares aonde Islamabad não queria que os americanos fossem: as instalações nucleares do Paquistão e os acampamentos nas montanhas onde grupos militantes caxemiras eram treinados para ataques contra a Índia.[14]

O ISI também insistiu para que todos os voos de drones no Paquistão operassem sob autoridade das ações clandestinas da CIA — ou seja, os Estados Unidos jamais poderiam reconhecer os ataques com míssil, e o Paquistão ou levaria os créditos por assassinatos individuais ou ficaria em silêncio. O presidente Musharraf não achava que seria difícil manter o ardil. Durante as negociações, ele disse a um agente da CIA:

— No Paquistão, coisas caem do céu o tempo todo.

Mesmo se não houvesse sido forçada, a CIA na época não teria sido capaz de conduzir uma campanha mortífera mais extensa nas áreas tribais. Os americanos mal tinham fontes de inteligência na área, carecendo também de informações preciosas sobre onde Bin Laden e outros líderes da Al-Qaeda pudessem estar se escondendo. Analistas da CIA suspeitavam que Bin Laden e Ayman al-Zawahiri estivessem em algum lugar nas áreas tribais, mas vagas desconfianças e incompletos relatórios de terceira mão não eram suficientes para tornar efetivo o uso do Predador. O ISI não tinha conexões muito melhores. O serviço de espionagem paquistanês dispunha de extensas redes de fontes nas cidades para ajudar a rastrear líderes da Al-Qaeda como Khalid Sheikh Mohammed, mas, no Waziristão do Sul e em outras agências tribais, o ISI não possuía contatos confiáveis.

Para a sorte dos espiões americanos e paquistaneses, Nek Muhammad não estava exatamente muito escondido. Ele dava entrevistas regularmente a canais pachtuns de retransmissão de notícias ocidentais, gabando-se de haver humilhado o poderoso Exército paquistanês. Tais entrevistas, via telefone por satélite, fizeram dele um alvo fácil para as escutas clandestinas americanas, e, em meados de junho de 2004, os americanos monitoravam constantemente os seus movimentos. Em 18 de junho, um dia depois que Nek Muhammad falou à BBC, perguntando-se em alto e bom som sobre o estranho pássaro que o estava seguindo, um Predador fixou a sua posição e disparou um míssil Hellfire no complexo onde ele estava descansando. A explosão arrancou a perna e a mão esquerdas de Nek Muhammad, e ele morreu quase instantaneamente. O jornalista paquistanês Zahid Hussain visitou o vilarejo dias depois e viu a sepultura de barro em Shakai que, então, já começava a se converter num local de peregrinação. Numa placa em cima do túmulo, lia-se: "ELE VIVEU E MORREU COMO UM VERDADEIRO PACHTUN."[15]

Após uma discussão entre oficiais da CIA e do ISI sobre como lidar com as notícias do ataque, eles decidiram que os paquistaneses levariam o crédito pelo assassinato do homem que havia humilhado as suas Forças Armadas. Um dia depois da morte de Nek Muhammad, teve início uma charada que se estenderia por anos. O major-general Shaukat Sultan, o mais alto porta-voz do Exército paquistanês, disse à Voz da América que "o facilitador da Al-Qaeda", Nek Muhammad, e quatro outros militantes haviam sido mortos durante um ataque com foguete das tropas paquistanesas.

QUATRO MESES APÓS o ataque com o drone, um general de olhos tristes e fundos e ombros caídos assumiu o controle do ISI. Para além do básico em sua biografia, os espiões americanos pouco sabiam sobre o fleumático e fumante inveterado Ashfaq Parvez Kayani. Ele nasceu numa família de militares e foi criado em Jhelum, uma região árida de Punjab. Recebeu a sua licença do Exército em 1971, ano em que forças paquistanesas foram derrotadas durante uma guerra de treze dias contra a Índia, que levou o Paquistão a perder o território que viria a ser Bangladesh. Assim como a maioria dos oficiais paquistaneses, Kayani achava que o Paquistão enfrentava uma batalha diária pela sua própria sobrevivência e que o país não podia tomar decisões militares sem antes determinar se tais decisões afetariam a sua capacidade de se defender contra a Índia.

No entanto, Kayani sabia manter o autocontrole. Quando militantes baseados no Paquistão lançaram um ataque mortal ao Parlamento da Índia em Nova Délhi, no fim de 2001, com tudo indicando que os dois

UM VERDADEIRO PACHTUN

rivais nucleares entrariam em guerra, Kayani era o comandante militar responsável por manobrar as forças paquistanesas ao longo da fronteira com a Índia. Ele atraiu elogios dentro do Paquistão por lidar discretamente com a tensa situação, mantendo contato com as suas contrapartes indianas e evitando que a disputa longamente tramada acabasse numa guerra nuclear.[16] Ele conquistou a lealdade do general Musharraf dois anos depois, quando estava à frente das investigações sobre as tentativas de assassinato ao presidente, ocorridas em dezembro de 2003.

Não foi muito depois de ter assumido o ISI que Kayani conquistou um relutante respeito no quartel-general da CIA por ser uma espécie de mestre da manipulação — e isso era um elogio —, e um homem que sempre mantinha as suas agendas mais importantes em segredo. Durante as reuniões, ele podia passar longos períodos sem dizer uma palavra, parecendo estar dormindo. Então, quando surgia um assunto que o agitava, punha-se a falar apaixonadamente por vários minutos, e então retornava ao seu estado de sonolência. Jogava golfe de maneira obsessiva e, aonde quer que fosse, estava sempre envolto numa nuvem de fumaça de cigarro.

Ele raramente falava de si mesmo e, quando o fazia, era difícil compreender o que estava dizendo devido à sua tendência a murmurar. Enquanto o seu predecessor no ISI, o general ul-Haq, era garboso e suave, o general Kayani era amarrotado e despretensioso. Durante as viagens a Washington, D. C., ele insistia para que o chofer de sua limusine levasse-o até o Marshalls, a cadeia de lojas de roupas com desconto, onde ele parava para comprar ternos e gravatas.[17] Acima de tudo, ele era capaz de esperar pacientemente pelo que queria. Um alto espião americano recorda-se de uma longa reunião com Kayani durante a qual o general paquistanês passou meia hora enrolando meticulosamente um cigarro entre os dedos. Então, depois de uma única baforada, descartou-o gentilmente.

O general Kayani assumiu o ISI num momento em que os líderes paquistaneses convenciam-se cada vez mais de que os americanos já não tinham mais estômago para lutar em território afegão. A guerra no Iraque desviara a atenção de Washington do Afeganistão, e os soldados, espiões e políticos em Islamabad acreditavam ser apenas uma questão de tempo até que a escalada da violência no vizinho ocidental do Paquistão ameaçasse o governo em Islamabad. De acordo com vários oficiais paquistaneses na época em posições de autoridade, foi durante aquele período que o ISI resolveu assumir um papel mais ativo diante do Talibã afegão, esperando guiar o Afeganistão rumo a um futuro político aceitável em Islamabad.

O general Kayani estava consumido pelo passado, e entendia que a sangrenta história do Afeganistão fora um preâmbulo para a guerra da América no país. Ele estivera estudando o Afeganistão por décadas, sendo um expert na dinâmica que permitiu aos insurgentes afegãos derrotar uma superpotência nos anos 1980. Em 1988, na condição de um jovem major do Exército paquistanês estudando em Forte Leavenworth, no Kansas, Kayani escreveu uma dissertação de mestrado sobre a guerra soviética no Afeganistão, intitulada "Forças e Fraquezas do Movimento de Resistência Afegão". Na época, a União Soviética engajara-se numa guerra de quase uma década no Afeganistão, e o premiê soviético Mikhail Gorbachev já começara a retirar as suas tropas. Ao longo de 98 páginas de uma prosa clara e direta, Kayani examinou como o Movimento de Resistência Afegão (ARM) havia sangrado o tão badalado Exército soviético e elevado "o preço da presença soviética no Afeganistão".[18]

Kayani estava, em essência, escrevendo o manual de como o seu país poderia segurar as rédeas no Afeganistão durante a ocupação de um Exército estrangeiro. O Paquistão, escreveu ele, podia utilizar milícias atuando por procuração para devastar o país, mas também controlar efetivamente os grupos de modo que Islamabad pudesse evitar um confronto direto com a força de ocupação.

Num país sem identidade nacional, argumentava Kayani, era necessário à resistência afegã conquistar apoio no sistema tribal e enfraquecer gradualmente o governo central do Afeganistão. Quanto ao Paquistão, ele acreditava que Islamabad provavelmente não queria entrar em "rota de colisão" com a União Soviética, ou, pelo menos, não desejava que a

UM VERDADEIRO PACHTUN

resistência afegá os colocasse naquele caminho. Portanto, era essencial para a segurança do Paquistão "gerenciar" a força da resistência afegá.

Quando assumiu o controle do ISI em 2004, Kayani sabia que a guerra afegá seria decidida não por soldados em redutos nas montanhas, mas por políticos em Washington com uma aguda sensibilidade à tolerância limitada da América frente a mais anos de conflito sangrento.[19] Sabia porque havia estudado o que ocorrera com os soviéticos. Na sua dissertação, ele escreveu que "a característica mais notável do atual esforço militar soviético é a crescente evidência de que ele pode não estar talhado para garantir uma solução puramente militar por meio de uma decisiva derrota do ARM".

"Isso se deve provavelmente à percepção de que tal solução militar não poderá ser obtida sem maciças, e talvez intoleráveis, perdas humanas e um alto custo político e econômico."

Em 2004, a dissertação de Kayani encontrava-se armazenada na biblioteca do Forte Leavenworth, em meio a pilhas de outros documentos com pesquisas amplamente ignoradas escritas por oficiais estrangeiros que foram até Kansas para estudar como o Exército dos Estados Unidos travava as suas batalhas. Aquele era um manual para outro tipo de batalha, uma campanha secreta de guerrilha. Duas décadas depois de o jovem oficial paquistanês tê-lo escrito, ele era o chefe de espionagem do país, ocupando a posição perfeita para colocá-lo em prática.

7. CONVERGÊNCIA

"A negabilidade é inerente, e deveria ser uma grande vantagem."
— *Enrique Prado*

Numa tarde fria de início de 2005, o diretor da CIA, Porter Goss, estava presente numa cerimônia de uma turma de oficiais da agência que se formava na "Fazenda", a base de treinamento no Campo Peary, no sul da Virgínia. Era um ritual padrão para os diretores viajar até a base para as formaturas, e as cerimônias eram um breve momento de normalidade para os formandos, antes que eles iniciassem a sua vida de identidades secretas, disfarces e, ocasionalmente, perigo extremo. Mas a cerimônia foi interrompida quando um dos assessores de Goss foi até ele com uma mensagem urgente. Em poucos minutos, o diretor da CIA e os seus guarda-costas já estavam acomodados dentro de um helicóptero Blackhawk, voando rumo ao norte. Mas, ao invés de regressar a Langley, Goss voou direto para o Pentágono a fim de se encontrar com Donald Rumsfeld. Estava prestes a ocorrer uma investida militar no Paquistão.[1]

Um agente paquistanês trabalhando para a CIA passara aos espiões americanos uma rara informação: haveria um encontro altamente confidencial entre oficiais da Al-Qaeda em Bajaur, uma das desoladas áreas tribais do noroeste do Paquistão. O agente estivera rastreando Abu Faraj al-Libi, o terceiro homem da Al-Qaeda, que ocasionalmente havia sido avistado circulando pelos vilarejos nas montanhas paquistanesas em cima de uma motocicleta vermelha.[2] O agente disse aos responsáveis da CIA não apenas que Al-Libi estaria na reunião, mas também que o substituto de Osama bin Laden, Ayman al-Zawahiri, talvez estivesse presente.

Um plano de ataque foi rapidamente organizado, e Goss e Rumsfeld consideraram os riscos. Três dezenas de SEALs da Marinha saltariam de paraquedas de um avião cargueiro C-130 até uma zona de pouso não muito distante do local onde o encontro deveria acontecer. Os SEALs atacariam o complexo, pegariam o maior número de pessoas possível e as levariam até uma zona intermediária onde todas cruzariam de volta a fronteira com o Afeganistão em helicópteros. Goss apelou para que os militares realizassem a missão, e ele contava com o apoio do tenente-general Stanley McChrystal, um magérrimo e intenso asceta que assumira o Comando de Operações Especiais Conjuntas em 2003.

Mas Rumsfeld e o seu mais alto assessor de inteligência, Stephen Cambone, ofereceram resistência ao plano. Era muito arriscado, disseram, e Rumsfeld solicitou que dezenas de Rangers do Exército fossem acrescidos à missão de modo a dar cobertura aos SEALs se algo desse errado. A força de invasão cresceu para mais de 150 tropas, e Rumsfeld concluiu não haver como uma operação daquele tamanho ser ocultada do presidente Pervez Musharraf. Outra objeção veio do chefe de estação da CIA em Islamabad, que havia sido acordado no meio da noite e informado de que um grande grupo de americanos muito bem armados estava prestes a entrar no país.

— Esta é uma ideia realmente ruim, Stan — disse o chefe de estação a McChrystal, que lhe telefonara. — Vocês podem até matar um punhado de homens da Al-Qaeda, mas não valerá a pena. Vocês estão invadindo o Paquistão — disse ele.[3]

Enquanto isso, os SEALs estavam sentados dentro do C-130 na Base Aérea de Bagram, aguardando as ordens finais para iniciar a missão. Eles esperaram por horas, até que a missão foi finalmente cancelada.

As preocupações de Rumsfeld em relação à ofensiva diziam respeito sobremaneira à inteligência. A informação partiu de uma fonte da CIA, e o secretário de Defesa julgava que um único filamento de informação era uma base frágil para uma missão de alto risco nas montanhas nevadas do

CONVERGÊNCIA

oeste do Paquistão. Ele também não confiava no histórico da CIA, e, no começo de 2005, a agência de espionagem tinha dificuldades em convencer qualquer um — especialmente Rumsfeld — da credibilidade de suas análises de inteligência. As agências americanas de espionagem ainda ressentiam-se do fiasco da guerra do Iraque, quando haviam julgado que Saddam Hussein mantinha um arsenal de armas químicas e biológicas, e um manto de suspeição pairou sobre todas as avaliações da CIA nos anos vindouros. Goss estava frustrado pelo modo como haviam terminado as discussões sobre a Operação Bajaur, mas não havia nada que ele pudesse fazer. Rumsfeld não confiava sequer na estimativa da CIA de haver 80% de chances de que Al-Zawahiri estivesse no encontro, e era o secretário de Defesa quem estava no comando das tropas. Como descreveu um assessor de Goss, "era como o seu pai dizendo que você não poderia pegar o carro no fim de semana".

Além das questões sobre a confiabilidade da inteligência, o episódio também era uma sombria lembrança de que, vários anos após os ataques de 11 de setembro, a guerra contra grupos terroristas internacionais continuava desordenada e caótica. Nem a CIA nem o Pentágono tinham um plano coerente para as guerras secretas fora do Iraque e do Afeganistão. Ambas as agências estavam ainda presas a disputas por território, cada qual desejando provar à Casa Branca que mereceria estar no comando da caçada humana global. E, de maneira crescente, elas mimetizavam uma à outra: a CIA, depois da morte de Nek Muhammad no Paquistão, convertendo-se mais e mais numa organização paramilitar e letal; e o Pentágono, intensificando as suas operações de espionagem como apoio à guerra de operações especiais. Não havia regras de jogo claras. Quando surgia uma emergência, como a inteligência sobre o encontro da Al-Qaeda em Bajaur, não havia um plano pronto para informar a ação.

SE HOUVE UM evento que catalisou a escalada da CIA nas operações letais, foi a conclusão de um devastador relatório interno, lançado em maio de 2004 pelo inspetor-geral da agência de espionagem. O documento de 106 páginas de John Helgerson solapou a fundação sobre a qual repousava o programa de detenção e interrogatório da CIA e levantou questões sobre se os oficiais da agência deveriam ou não enfrentar processos criminais pelos brutais interrogatórios conduzidos dentro de sua rede de prisões secretas. Ele sugeria que métodos de interrogatório como o *waterboarding* [afogamento simulado], a privação de sono e a exploração de fobias dos prisioneiros — confiná-los, por exemplo, numa pequena caixa com insetos vivos — violavam a Convenção das Nações Unidas contra a Tortura, que proíbe "tratamento ou punição cruel, desumana ou degradante". A CIA submetera vários detentos ao *waterboarding* — em que o prisioneiro era encapuzado e imobilizado sobre uma tábua de madeira, enquanto água era derramada no seu rosto, criando a sensação de afogamento — e, em apenas um mês, aplicara a técnica em Khalid Sheikh Mohammed, o principal idealizador dos ataques de 11 de setembro, 183 vezes.[4]

O *waterboarding* era uma das muitas técnicas de interrogatório autorizadas pelo Departamento de Justiça, mas o relatório de Helgerson também detalhava um padrão de trabalho informal nos locais secretos, o que o inspetor-geral chamou de técnicas de detenção e interrogatório "não autorizadas, improvisadas, desumanas e não documentadas".[5] Havia casos de interrogadores conduzindo falsas execuções para assustar os prisioneiros e forçá-los a falar; um interrogador da CIA apontou uma furadeira para a cabeça de um prisioneiro.

O programa de prisões secretas da agência havia crescido de uma única e espartana instalação em Bangkok, Tailândia, para um arquipélago de celas por todo o mundo. Jose Rodriguez, o chefe do Centro Contraterrorista, pretendia que as prisões fossem uma alternativa mais permanente ao local na Tailândia, que havia originalmente recebido o codinome Olho de Gato, mas foi depois renomeado quando agentes da CIA julgaram que a denominação soava racialmente insensível. Fora na Tailândia que a CIA mantivera os seus dois primeiros prisioneiros, Abu Zubaydah e Abd al-Rahim al-Nashiri, mas, à medida que a agência e os seus serviços de espionagem colaboradores arrebanhavam dezenas de prisioneiros no

CONVERGÊNCIA

Afeganistão, Paquistão e outros países, Rodriguez e os oficiais do CTC decidiram que a agência precisava de mais espaço para prisões.

Esse programa de detenção e interrogatório iria se tornar o aspecto mais infame e controverso da estratégia do governo Bush contra a Al-Qaeda, mas a maneira como a CIA estabeleceu as prisões secretas foi um tanto prosaica. Rodriguez ordenou uma equipe do Centro Contraterrorista para trabalhar com engenheiros e contratados de fora, e, quando as prisões estavam quase prontas, a CIA contratou uma pequena empresa de suprimentos para fornecer toaletes, encanamento, protetores de ouvido, roupa de cama e demais itens prisionais. Os contratados compraram alguns dos equipamentos no Target e no Walmart e os enviaram de avião até as prisões: uma delas numa desinteressante construção numa rua movimentada de Bucareste, na Romênia, e outra na Lituânia. O material para o *waterboarding* foi adquirido no local, construído com tábuas compradas próximo aos locais secretos.[6]

As prisões eram pequenas — destinadas a abrigar aproximadamente meia dúzia de prisioneiros —, e as celas possuíam certas características especiais projetadas exclusivamente para acomodar os métodos brutais empregados pelos interrogadores da CIA, tais como paredes flexíveis de compensado, que poderiam amenizar o impacto de alguém sendo jogado contra elas. Os detidos eram impedidos de se comunicar uns com os outros e mantidos num solitário confinamento 23 horas por dia. A hora restante era para exercícios, quando agentes de segurança, vestindo máscaras negras, removiam os prisioneiros de suas celas. Em 2004, o diretor de presídios da CIA havia imposto um sistema de recompensa e punição. Os prisioneiros bem-comportados recebiam livros e DVDs. O entretenimento era retirado caso o preso se comportasse mal.[7] A CIA, serviço de espionagem criado após a Segunda Guerra para informar os presidentes americanos sobre o mundo ao redor, tornara-se o Departamento de Castigos Secretos.

Preocupações a respeito desse programa de interrogatórios da CIA já haviam surgido em setores da administração Bush mesmo antes do relatório de Helgerson, mas apenas um pequeno círculo de oficiais tinha ciência das prisões secretas. Por vezes, isso levou a estranhas discussões entre a Casa Branca e a CIA. Em junho de 2003, por exemplo, a Casa Branca estava para celebrar um dia designado pelas Nações Unidas para apoiar vítimas de tortura. A assessoria de imprensa da Casa Branca havia preparado um insosso discurso sobre como os Estados Unidos estavam "comprometidos com a eliminação mundial da tortura" e "lideravam a luta por meio do exemplo".

Mas os Estados Unidos não estavam, de fato, liderando por meio do exemplo, e o rascunho do pronunciamento irritou alguns agentes seniores da CIA. Scott Muller, o mais alto advogado da agência, disse à Casa Branca estar preocupado com o material de imprensa, uma vez que o tipo de interrogatório que o presidente Bush autorizara à CIA era amplamente considerado tortura. A preocupação em Langley, disse Muller, era que a agência poderia ser feita de bode expiatório caso os ventos da política mudassem.[8] O material de imprensa não saiu.

O relatório de Helgerson tocava em algumas das angústias de dentro da CIA. Vários agentes envolvidos no programa de detenção, dizia o documento, mostravam-se preocupados com a possibilidade de que viessem a "ficar vulneráveis a ações legais nos Estados Unidos e alhures, e de que o governo dos EUA não os apoiasse".[9] A Casa Branca e o Departamento de Justiça haviam abençoado o programa, e George Tenet fizera lobby para que a CIA ficasse encarregada dos prisioneiros, mas alguns veteranos de Langley tinham certeza de já terem visto aquele filme antes: durante as investigações do Comitê Church e do escândalo Irã-Contras. Um dia chegaria a conta, eles acreditavam, quando a Casa Branca de Bush usaria o relatório do inspetor-geral como um laço para enforcar a agência.

O relatório era o princípio do fim do programa de detenção e interrogatório. As prisões continuariam abertas por mais alguns anos, e novos detidos foram levados ocasionalmente para os locais secretos, mas a agência, por fim, pararia de usar o *waterboarding* e algumas das outras técnicas brutais de interrogatório. Oficiais seniores em Langley começaram

CONVERGÊNCIA

a procurar maneiras de remover os prisioneiros para o Pentágono, mas aqueles que não puderam ser transferidos apodreceram nas prisões secretas, enquanto a administração Bush buscava freneticamente um fim para o programa prisional.

O maior impacto do relatório de Helgerson foi sentido dentro do Centro Contraterrorista, que estava na vanguarda da caçada global aos terroristas. O CTC concentrara-se em capturar membros da Al-Qaeda, ora interrogando-os nas prisões da CIA, ora terceirizando os interrogatórios aos serviços de espionagem do Paquistão, Egito, Jordânia, entre outros, e então utilizando os frutos dos interrogatórios para caçar mais suspeitos de terrorismo. Essa estratégia, acreditava-se, um dia levaria a CIA até Osama bin Laden.

Mas agora o terreno havia mudado, e os oficiais de contraterrorismo foram forçados a repensar a estratégia para a guerra secreta. Drones armados, e assassinatos direcionados em geral, deram um novo rumo para a agência de espionagem, que começara a se sentir queimada pelos anos no ramo da detenção e interrogatório. Matar por controle remoto era a antítese do trabalho sujo e íntimo dos interrogatórios. Parecia de algum modo mais limpo, menos pessoal. Os assassinatos direcionados foram louvados tanto por republicanos quanto por democratas, e a utilização de drones controlados por pilotos posicionados a milhares de quilômetros da zona de guerra fazia toda a estratégia parecer sem riscos. Após o assassinato de Nek Muhammad no Paquistão — realizado apenas um mês depois de finalizado o relatório de John Helgerson —, a CIA começou a ver o seu futuro: já não como carcereiros dos inimigos da América, mas como a organização militar que poderia fazê-los desaparecer.

EM 2004, JOSE Rodriguez chegou a tentar ressuscitar um programa de assassinatos que fora proposto, e depois abandonado, durante o primeiro ano após os ataques de 11 de setembro. Tratava-se do plano para arregimentar esquadrões da morte paramilitares para matar suspeitos de terrorismo ao redor do globo: da Europa ao Oriente Médio, passando pelo sul da Ásia. O vice-presidente, Dick Cheney, dera a sua aprovação ao programa quando Rodriguez e o oficial contratado do CTC, Enrique Prado, apresentaram o plano para a Casa Branca, em dezembro de 2001. Ao contrário do que as pessoas veem nos filmes, a CIA não dispunha de um quadro interno de assassinos profissionais, e o programa poderia fazer a agência de espionagem corresponder melhor à sua versão glamourizada de Hollywood. Mas George Tenet jamais autorizou qualquer missão, e os planos foram temporariamente engavetados.[10]

Assim como Rodriguez, Prado era um veterano da divisão para a América Latina da CIA e fora protagonista na Guerra dos Contras na Nicarágua durante os anos 1980.[11] Ele transferiu-se para o Centro Contraterrorista em 1996 e, ao longo dos meses subsequentes aos ataques de 11 de setembro, foi uma espécie de tutor de Rodriguez a respeito das operações da Al-Qaeda. Depois da reunião com Cheney em dezembro de 2001, Prado foi encarregado de recrutar agentes da CIA para realizar treinamento visando às missões de assassinato.

Quando Rodriguez decidiu reabrir o programa em 2004, o seu amigo Prado havia trocado a CIA pela Blackwater EUA, a empresa militar privada que estava no meio de uma extraordinária expansão com o auxílio dos milhões de dólares em contratos com o Departamento de Estado, o Pentágono e a CIA. Então, Rodriguez chegou a uma espantosa solução: ele decidiu terceirizar o programa de assassinatos para os funcionários da Blackwater.

O fundador da empresa, Erik Prince, já era o filho predileto na administração Bush e procurava aprofundar-se no establishment clandestino da América. Prince entrara em cena com um senso de oportunidade impecável. A CIA não tinha como encontrar em seu pessoal um número suficiente de agentes para atender às demandas de suas grandes estações clandestinas em Kabul e Bagdá, e a agência de espionagem apelou aos guardas privados da Blackwater para a realização de missões secretas — da proteção de agentes da CIA à coleta de informações, passando por

CONVERGÊNCIA

operações de captura — que, antes, eram destinadas apenas a funcionários bem treinados da CIA. Posteriormente, a agência chegou a contratar a Blackwater para carregar com bombas e mísseis os drones Predador e Reaper no Paquistão.

Com certa frequência, Prince convidava os principais agentes da CIA até Kentucky Derby, ou até o quartel-general da Blackwater, perto do Great Dismal Swamp, um pântano da Carolina do Norte, para um dia de tiro ao alvo nos amplos campos de treinamento da empresa. E ele conseguia com sucesso fisgar altos oficiais, incluindo Prado e Cofer Black, o ex-chefe do Centro Contraterrorista, com grandes ofertas de salário. Prado, agora trabalhando para a empresa, tinha a oportunidade de revender ao governo programas que ele desenvolvera originalmente enquanto estava na CIA.[12]

Prince não via nenhuma novidade na terceirização da guerra, apenas a evolução de um fenômeno muito antigo. Durante uma visita a Langley, ele escolheu oficiais seniores da CIA para uma "força de rápida reação" da Blackwater, um quadro de agentes que a corporação poderia utilizar para conduzir missões paramilitares nos rincões mais afastados do mundo. Ele iniciou a sua apresentação com uma afirmação radical.

— Desde os primeiros dias da república americana, a nação confiou em mercenários para a sua defesa — disse ele.[13]

Os oficiais da CIA, no fim das contas, rejeitaram o plano.

A reputação da Blackwater por seu comportamento temerário, consolidada durante um incidente em setembro de 2007, no qual agentes da empresa mataram dezessete iraquianos num sinal de trânsito em Bagdá, faria de Prince e de sua companhia símbolos da desventura da América no Iraque. Ele lamentava que os democratas no Congresso o pintassem como um aproveitador da guerra, ainda que ele estivesse "pagando do meu próprio bolso por todo tipo de atividade de inteligência que apoiasse a segurança nacional americana".[14] Isto era verdade, mas o dinheiro gasto pela Blackwater em operações secretas funcionava frequentemente como um fundo R&D [para pesquisa e desenvolvimento], usado para desenvolver produtos e serviços que podiam ser vendidos ao governo por milhões de dólares. Ele seduziu agentes encarregados da CIA no Paquistão com ideias sobre roubo de aeronaves, bem como agentes na Ásia com um plano para retirar clandestinamente da China informantes da CIA, fazendo-os nadar por baixo d'água com um *rebreather** utilizado pelos SEALs da Marinha. Havia um problema com esse plano: a maior parte desses informantes na China eram generais de 80 anos de idade, que jamais sobreviveriam a um deslocamento subaquático com um *rebreather*.

Ex-oficiais da CIA que haviam ingressado na Blackwater tentavam, de maneira agressiva, expandir os negócios da empresa com a agência de espionagem. Numa ocasião ao menos, um alto advogado da CIA teve que ligar para a empresa para alertar que ex-espiões estavam no limite de quebrar as leis de "porta giratória", que impediam funcionários aposentados do governo de fazer lobby junto às suas antigas agências.[15] Afora o trabalho da Blackwater, Prado considerava vender à Força Administrativa de Narcóticos (DEA) um plano de uso de uma rede de espiões estrangeiros cultivados pela Blackwater, que poderia "fazer de tudo, desde vigilância até averiguações e operações de sabotagem", segundo um e-mail interno da empresa. "A negabilidade é inerente, e deveria ser uma grande vantagem", escreveu Prado.[16]

Foi o desejo pela "negabilidade" que levou Jose Rodriguez a dar o extraordinário passo de terceirizar um programa letal da CIA para uma empresa americana. A agência assinou com Prince e Prado um contrato de prestação de serviços privados, e os dois homens começaram a elaborar planos para a condução da vigilância de potenciais alvos, incluindo alguns dos mesmos homens — como o cientista nuclear paquistanês A. Q. Khan — que a CIA marcara para morrer em 2001, durante o encontro com Cheney.[17] Prince e Prado supervisionariam o programa, e a mão dos Estados Unidos permaneceria, em tese, oculta. Ambos os homens previam

---

* O *rebreather* é um aparelho de mergulho que permite ao mergulhador inspirar novamente o ar expirado. [*N. do T.*]

CONVERGÊNCIA

que as equipes de matadores da Blackwater restariam basicamente sob o controle da CIA, mas, uma vez que recebessem missões, eles gozariam de bastante autonomia. "Estamos construindo uma capacidade unilateral e inatribuível", Prince disse posteriormente numa entrevista à *Vanity Fair*. "Se as coisas ficassem feias, nós não esperávamos que o chefe de estação, o embaixador ou quem quer que fosse salvasse a nossa pele."[18]

Mas eles jamais precisaram ser salvos. Tal como a primeira iteração do programa de assassinatos, nenhuma operação letal foi realizada durante essa fase do programa de esquadrão da morte. Prince e Prado supervisionaram o treinamento das equipes da Blackwater, mas o primeiro culpou a "osteoporose institucional" pelo fato de os assassinos da empresa jamais terem sido enviados para matar terroristas.

Dado o apoio que o programa tinha de administradores seniores como Rodriguez, por que não? Por incrível que pareça, não era em razão das preocupações legais dentro da CIA, ou na Casa Branca. Advogados da CIA deram a sua aprovação para envolver Prince e Prado na operação letal, mas oficiais seniores da agência não estavam convencidos de que esta fosse capaz de manter em segredo o seu papel no programa. A Blackwater desenvolvera uma rede de empresas subsidiárias para ocultar o seu trabalho para a CIA, mas provavelmente não seria difícil a governos estrangeiros desemaranhar a rede e rastrear as operações até sua origem em Prince e, consequentemente, na agência de espionagem.

— Quanto mais você terceiriza uma operação, mais negável ela se torna — explicou um antigo oficial da CIA envolvido na decisão de encerrar a ação da Blackwater no programa de assassinatos. — Mas você estará também abrindo mão do controle da operação. E se aquele cara estraga tudo, a culpa é sua.

A malconcebida fase Blackwater do programa de assassinatos — assim como a iteração prévia do programa — permanece um segredo governamental extremamente guardado. Mesmo aposentado, Hank Crumpton, ex-oficial do Centro Contraterrorista, está proibido pela CIA de fornecer detalhes sobre o período em que trabalhou na primeira fase do programa. Mas, numa entrevista, ele disse ter achado intrigante que os Estados Unidos ainda parecessem fazer uma distinção entre matar pessoas à distância por meio de um drone armado e treinar seres humanos para eles mesmos matá-las.

Se o país vai permitir que a CIA faça um, disse ele, deveria mesmo ficar enojado em permitir que faça o outro?

— Como aplicamos força letal e onde aplicamos força letal: esse é um grande debate que nós realmente ainda não tivemos — disse ele. — Não parece haver problema com o disparo de um Hellfire contra um inimigo determinado num lugar como o Afeganistão, as áreas tribais do Paquistão, a Somália ou o Iêmen. — Em tais lugares é apenas outra parte da guerra.

Mas, ele perguntava, e se um suspeito de terrorismo estiver num local como Paris, ou Hamburgo, ou em qualquer outro onde os drones não possam sobrevoar, "e você utiliza um agente da CIA [ou militar] em solo para dar-lhe um tiro na nunca?"

— Então — concluiu — isso é visto como um assassinato.

No ENTANTO, CADA golpe que a CIA recebia por conta de seu programa de detenção e interrogatório forçava os líderes da agência para o lado extremo de um cálculo mórbido: que estariam bem melhor matando, em vez de prendendo, suspeitos de terrorismo. No final de 2005, o Congresso aprovou a Lei de Tratamento de Prisioneiros, que incluía um dispositivo proibindo o tratamento "cruel, desumano e degradante" de qualquer prisioneiro sob custódia americana, incluindo-se aí os locais secretos. Havia agora a possibilidade de que agentes clandestinos trabalhando nas prisões da CIA fossem processados por suas atividades, e o espectro das investigações criminais e das audições no Congresso pairou sobre Langley.

Esses temores já haviam levado Jose Rodriguez a ordenar a destruição de dezenas de videoteipes que faziam uma crônica detalhada dos suplícios dos membros da Al-Qaeda Abu Zubaydah e Abd al-Rahim al-Nashiri durante os interrogatórios da CIA. Rodriguez, que havia sido promovido uma vez mais e que agora tinha o poderoso cargo de chefe do Diretório de Operações — comandando todas as ações secretas e operações de espionagem da agência ao redor do globo —, ficou preocupado que os rostos dos agentes secretos estivessem visíveis no vídeo. Com os detalhes tóxicos do programa prisional vazando, ele julgou que os agentes poderiam correr riscos legais e físicos. No início de novembro de 2005, enviou um cabograma secreto para a estação da CIA em Bangkok, onde as fitas eram mantidas num cofre, e ordenou que elas fossem lançadas numa gigantesca retalhadora industrial. Várias lâminas de aço puseram-se a agir sobre as fitas, pulverizando-as em minúsculos estilhaços que eram extraídos a vácuo da máquina e descartados em sacolas plásticas de lixo.[19]

Mesmo depois de destruir vestígios dos primeiros dias do programa prisional, a CIA enfrentou mais incertezas com a aprovação da nova lei no Congresso. Dias após a confirmação da Lei de Tratamento de Prisioneiros, o diretor da agência, Porter Goss, escreveu uma carta para a Casa Branca. A CIA encerraria todos os interrogatórios, dizia, até que o Departamento de Justiça pudesse emitir um juízo sobre se as técnicas da agência violavam ou não a nova lei.

Os oficiais da Casa Branca ficaram enfurecidos ao receber a carta. O assessor de Segurança Nacional, Stephen Hadley, julgou que o memorando de Goss era pura pose — a CIA tentando se proteger em caso de futuras investigações.[20] Hadley ligou para o diretor da agência no dia de Natal e acusou-o de não estar sendo um "parceiro de equipe". Mas Goss não capitularia, e ficou claro para os oficiais na Casa Branca que toda a afobação dentro da CIA, a instituição mais paranoica de Washington, não iria cessar até que algo fosse feito para acalmar os espiões.

A tarefa caiu no colo de Andrew Card, chefe do Estado-Maior do presidente Bush. Card dirigiu até Langley com a pretensão de aplacar os temores no quartel-general da CIA, mas a sua visita foi um desastre. Dentro de uma abarrotada sala de conferências, Card agradeceu aos oficiais da agência ali reunidos pelos serviços prestados e pelo trabalho duro, mas recusou-se a fazer qualquer declaração firme de que os oficiais não seriam responsabilizados criminalmente pela participação no programa de detenção e interrogatório.[21]

A sala ficou inquieta. Incitado por seu chefe de pessoal, Patrick Murray, Porter Goss interrompeu Card.

— Você pode garantir a estas pessoas que os políticos não vão desistir das pessoas que conduzem este programa? — perguntou Goss.

Card não respondeu diretamente à questão. Em vez disso, ele tentou fazer uma piada.

— Vamos dizer — falou — que toda manhã eu bata na porta do Salão Oval, entre e diga: "Perdoe-me, sr. presidente." E, é claro, a única pessoa que o presidente não pode perdoar é a ele próprio.

Card deu risadas após ter dito isso, mas a sua piada foi recebida com silêncio. O chefe do Estado-Maior da Casa Branca, quando perguntado se o presidente Bush protegeria os oficiais da CIA do escrutínio legal, sugeriu que tudo em que eles podiam confiar era no perdão presidencial quando as acusações e condenações ocorressem.

Na CIA, piadas sobre perdão não costumam cair bem.

ALGUNS DOS ASSESSORES do presidente Bush começaram a ver a CIA como um problema. O diretor da agência travava uma batalha com a Casa Branca em torno do programa de detenção, e o vice-presidente, Cheney, estava convencido de que analistas da CIA opunham-se secretamente à guerra no Iraque e vazavam avaliações negativas sobre a guerra para membros do Congresso e da imprensa. Assim como Bush e Cheney originalmente tentaram resistir à pressão da Comissão 11/9 para que se criasse uma diretoria de inteligência nacional a fim de controlar todas as dezesseis agências americanas de espionagem, alguns na Casa Branca viam uma vantagem auxiliar na nova posição: pôr a agência no seu devido lugar.

Uma CIA enfraquecida oferecia uma oportunidade para Donald Rumsfeld. A piora da situação no Iraque havia amortecido o triunfalismo

CONVERGÊNCIA

de Rumsfeld e de seu pessoal, mas o secretário de Defesa continuava com seus esforços de guerra longe das zonas declaradas — em países que, historicamente, haviam sido terreno da CIA. Em 2004, Rumsfeld lançou uma diretiva secreta — conhecida internamente no Pentágono como "Ordem Executiva para a Rede Al-Qaeda" —, que expandia os poderes das tropas de operações especiais para matar, capturar e espionar em mais de uma dezena de países. A ordem deu ao Comando de Operações Especiais Conjuntas, a unidade sediada em Forte Bragg que Rumsfeld identificara como um novo modelo de Exército da era pós-11 de Setembro, ampla autoridade para lançar operações por todo um arco territorial do norte da África até as Filipinas. Permitia-lhe ir à Síria, Somália e Paquistão. Sob as novas autorizações, as missões eram altamente sigilosas, raramente reconhecidas em público e irregularmente resumidas aos membros do Congresso.

O Comando de Operações Especiais Conjuntas (JSOC) era agora uma das estrelas mais brilhantes no firmamento do Departamento de Defesa, e o orçamento para as operações especiais mais do que duplicou ao longo de seis anos, chegando quase a US$ 8 bilhões em 2007.[22] E isso era apenas uma fatia dos orçamentos do Pentágono para comprar navios e jatos, mas a injeção de dinheiro permitiu ao JSOC não apenas formar mais pelotões de tropas secretas, mas também usar o dinheiro em suprimentos e logística que possibilitariam que os SEALs da Marinha e os membros da Força Delta sustentassem operações clandestinas por dias ou semanas. O Comando já não era capaz apenas de missões de resgate de reféns com 24 horas de duração. Agora ele podia conduzir guerras por sua própria conta.

O JSOC estava provando isso no Iraque. Lá, a força-tarefa do tenente-general Stanley McChrystal havia sido encarregada da missão de atacar a franquia da Al-Qaeda no país, liderada pelo terrorista jordaniano Abu Musab al-Zarqawi. Ondas de violência letal assolavam o país, e a Al-Qaeda de Al-Zarqawi na Mesopotâmia reivindicou a responsabilidade pelos ataques devastadores a comboios de tropas americanas e locais sagrados xiitas. Depois de meses do começo da insurgência, ficou claro para os comandantes em solo que a guerra continuaria por anos atraindo tropas americanas para dentro do país, e então Rumsfeld e o seu mais antigo conselheiro de inteligência, Stephen Cambone, deram ao JSOC rédea solta para que tentasse neutralizar o que se tornara o braço mais letal da insurgência iraquiana.

O mantra da força-tarefa, sediada dentro de um velho hangar da Força Aérea do Iraque na Base Aérea de Balad, ao norte de Bagdá, era "lutar pela inteligência". No começo, os quadros que McChrystal e a sua equipe haviam reservado para esquadrilhar o grupo terrorista estavam em branco. McChrystal percebeu que boa parte do problema vinha da péssima comunicação entre os vários comandos militares americanos no Iraque, com poucos procedimentos sendo adotados para a partilha da inteligência uns com os outros. "Nós demos início a uma revisão do inimigo e de nós mesmos", ele escreveria mais tarde. "Nenhum dos dois era fácil de entender."[23] O quão pouco todos sabiam ficou aparente em 2004, em meio a relatórios de que tropas iraquianas haviam capturado Al-Zarqawi perto de Fallujah. Como ninguém sabia exatamente qual era a aparência do terrorista jordaniano, ele foi solto por acidente.

Mas um plano de campanha foi, afinal, desenvolvido. Ataques noturnos contra a rede de Al-Zarqawi foram elaborados não apenas para se derrubar uma porta e atirar em todas as direções. McChrystal acreditava que o importante não era a contagem de corpos, mas a inteligência que poderia ser colhida por meio de interrogatório e perícia informática no local do ataque. A trilha de inteligência poderia, então, ser seguida até o próximo esconderijo suspeito, onde estavam outros antigos membros da Al-Qaeda. Coloque-se uma agulha numa veia, pregava a teoria, e pode-se aprender sobre o sistema inteiro.

McChrystal tentava assegurar que a sua força-tarefa não fosse paralisada pelas mesmas oposições que haviam prejudicado missões de operações especiais no Afeganistão. Ele cortejou agentes da CIA no Iraque e convenceu um oficial sênior da agência a se sentar ao seu lado a cada manhã para a atualização diária sobre a ação da força-tarefa no campo de batalha. A milhares de quilômetros dali, analistas trabalhando num

CONVERGÊNCIA

monótono prédio do governo em Fairfax, Virgínia, peneiravam todos os dias a inteligência coletada nos ataques noturnos da noite anterior, vasculhando em pen drives, celulares e discos rígidos.[24] Ao longo do tempo, os quadros começaram a ficar cheios de nomes e pseudônimos de agentes de Al-Zarqawi. Os vários nomes eram conectados com linhas desenhadas em caneta preta — as apostas de todos sobre como uma rede terrorista amorfa conduzia suas ações.

O rápido crescimento do JSOC foi ajudado por um estudo interno do Pentágono liderado por Rumsfeld e finalizado em 2005. O relatório recomendava que as Forças Armadas deveriam "aumentar as suas habilidades e capacidades para conduzir operações prolongadas em áreas múltiplas, delicadas, não autorizadas e interditadas".[25] Traduzindo a linguagem militar: lançar guerras secretas simultâneas no maior número possível de lugares. Escrito pelo ex-comandante geral do JSOC, general Wayne Downing, e por Michael G. Vickers — um ex-agente secreto da CIA que ganhou fama quando o seu papel de contrabandear armas para o Afeganistão durante a guerra soviética foi detalhado no livro *A guerra de Charlie Wilson* —, o relatório teve logo a aceitação de Rumsfeld. A sua principal conclusão foi que as tropas de operações especiais deveriam desempenhar um papel de maior destaque na guerra do governo Bush contra a Al-Qaeda e demais grupos terroristas. As tropas de operações especiais estavam bem posicionadas no Iraque e no Afeganistão, concluía o documento, mas não nas guerras do futuro. "O combate futuro", lia-se, "ocorrerá em países com os quais nós não estamos em guerra."[26]

O Pentágono chegara até mesmo a dar início a arriscadas operações de espionagem dentro do Irã.[27] Tirando partido do tráfico comercial que cruzava a fronteira oriental do Iraque com o Irã, tropas de operações especiais estavam pagando agentes para, por meio de histórias falsas, cruzar a fronteira a fim de coletar inteligência sobre instalações militares dentro da região oeste do Irã. Os agentes estrangeiros eram muçulmanos iranianos e cristãos coptas que podiam passar facilmente pelo controle de fronteira, inventando histórias sobre o seu plano de comprar carregamentos de

142 GUERRA SECRETA

frutas e outras mercadorias no Irã. Com incursões tão limitadas através da fronteira, era difícil para o Pentágono obter inteligência realmente valiosa com aquelas missões, e a agência não estava autorizada a conduzir quaisquer operações de sabotagem ou eliminar tropas da Guarda Revolucionária Iraniana.

O verdadeiro objetivo, disse um oficial sênior de inteligência do Pentágono durante aquele período, era construir, o máximo possível, uma rede de inteligência dentro do Irã — uma rede que poderia ser acionada caso o presidente Bush ou algum de seus sucessores decidisse invadir o país. Como tantas outras missões militares em zonas de guerra não declaradas, as operações no Irã eram justificadas como "preparação do campo de batalha".

O trabalho de espiões e soldados tornava-se cada vez mais confuso. A CIA ainda gozava de autorizações mais abrangentes do que o Pentágono para realizar missões em qualquer parte do mundo, mas, depois da ordem de 2004 de Rumsfeld, ficou mais difícil perceber diferenças reais entre as missões dos militares e as missões da CIA. McChrystal desenvolvera uma boa relação com espiões americanos dentro do Iraque, mas as missões das Forças Armadas no Irã não haviam sido coordenadas com a CIA, e, com tantos agentes secretos esgueirando-se pelos cantos mais obscuros do mundo, a falta de coordenação criava o potencial para uma grande catástrofe.

Ou uma oportunidade perdida. Depois que Donald Rumsfeld cancelou a missão Bajaur de 2005 no Paquistão, por ter julgado que a mal planejada operação estava envolta em alto grau de risco, tanto o Pentágono quanto a CIA conduziram um inquérito para saber o que dera errado e garantir que o fiasco não se repetisse. A revisão determinou que não havia procedimentos estabelecidos à disposição para autorizar uma missão de emergência num país para além do Iraque e do Afeganistão. O Pentágono e a CIA estavam conduzindo operações secretas paralelas ao redor do globo, mas nem o secretário de Defesa nem o diretor da CIA tinham autoridade para assumir o comando quando surgiu uma oportunidade de conduzir

CONVERGÊNCIA 143

uma missão secreta dentro de um país como o Paquistão. No decorrer do ano seguinte, as duas corporações tentaram fazer uma divisão de tarefas, retalhando o mundo e determinando quem ficaria responsável por cada front da guerra secreta.[28]

Stephen Cambone liderou as negociações para o Pentágono, e o diretor suplente da CIA, o vice-almirante Albert Calland, era o responsável pela equipe da instituição. Determinar se era a CIA ou o JSOC quem ficaria encarregado de operações secretas num dado país dependia de uma série de fatores: o quão disposto estava aquele país em permitir tropas de operações especiais em seu solo? Qual era a força do relacionamento entre a agência e o serviço de espionagem do país? O quão irritado ficaria um chefe de estação da CIA em ceder o controle do seu país para o JSOC?

Em razão do episódio em Bajaur, o Paquistão estava no topo da lista dos negociadores. O presidente Musharraf dera a sua bênção aos ataques com drones, mas ainda se opunha veementemente a operações americanas de combate nas áreas tribais. Tudo bem que coisas "caíssem do céu", mas não que elas viessem marchando pela fronteira com o Afeganistão. Quase todos em Washington concordavam que tentar vender a Musharraf a ideia de campanhas de operações especiais no terreno de locais como o Waziristão do Norte e Bajaur era uma missão impossível.

A CIA propôs uma solução. De modo a ter as tropas de operações especiais dentro do Paquistão, elas deveriam simplesmente obedecer à agência e operar sob o Título 50, que autorizava ações clandestinas. As tropas de operações especiais seriam "imunizadas"* — os SEALs virariam espiões. Tropas de operações especiais estariam aptas a realizar missões no Paquistão, e Musharraf jamais ficaria sabendo. Como um ex-agente descreveu o arranjo, as tropas de operações especiais "tornaram-se basicamente o pelotão armado do diretor da CIA". Exatamente o mesmo truque

---

* No original: *sheep-dipped*. Trata-se de expressão, intraduzível para o português, que tem o significado literal de imergir rebanhos de ovelhas em soluções de pesticida ou fungicida a fim de protegê-los contra parasitas. Na CIA, trata-se de um jargão com o sentido conotativo de "ação secreta", "disfarce" etc. [*N. do T.*]

seria usado seis anos depois, quando helicópteros que levavam equipes de SEALs decolaram de Jalalabad, no Afeganistão, e cruzaram a fronteira com o Paquistão para o ataque que mataria Osama bin Laden. Naquela noite, os SEALs estavam sob autoridade da CIA, e o diretor da agência, Leon E. Panetta, era tecnicamente o responsável pela missão.

Em outros países, era o JSOC que estava no controle, e as missões do comando aumentaram em países como as Filipinas, onde tropas de operações especiais já estavam posicionadas. Em 2006, um drone das Forças Armadas americanas disparou mísseis em um suposto acampamento terrorista nas florestas do sul das Filipinas, baseado em informações de que Umar Patek, um dos líderes do ataque terrorista de 2002 em Bali, estava escondido no acampamento. O ataque a míssil, que o governo de Manila anunciou publicamente como uma "operação militar filipina", não acertou Patek, mas matou vários outros.[29] Os militares nunca foram capazes de determinar quantos eram seguidores de Umar Patek e quantos eram crianças e mulheres.

Os inflados orçamentos para operações especiais também permitiram ao JSOC adquirir novos equipamentos de escuta que forneceram aos comandos a capacidade de, do alto, coletar inteligência dentro do Paquistão. Aviões Beechcraft decolariam regularmente de aeródromos no Afeganistão e sobrevoariam a cadeia de montanhas que separava o país do Paquistão, convertendo-se em torres voadoras para telefone celular. Dentro dos Beechcraft, um aparelho chamado de "Caixa Tufão" armazenava dezenas de números de celular que os espiões militares suspeitavam estarem sendo usados por militantes paquistaneses. O aparelho podia identificar quando um dos números estava sendo utilizado e apontar com precisão a sua localização. Mesmo que um telefone estivesse desligado, o JSOC tinha a capacidade de ligá-lo; e então ele entregaria as coordenadas precisas de quem o estivesse portando.[30]

DEPOIS QUE OS novos acordos foram firmados com a CIA, membros do JSOC que haviam sido "imunizados" e convertidos em oficiais da agência poderiam atuar na inteligência por meio de operações em solo no Paquistão.

CONVERGÊNCIA

Um ano depois que a missão em Bajaur foi suspensa, novamente a CIA levantou informações sobre um encontro de líderes militares, mais uma vez na agência de Bajaur, nas áreas tribais.

A pequena aldeia de Damadola estivera sob vigilância há algum tempo, desde que o cativo da Al-Qaeda, Abu Faraj al-Libi, contou a oficiais paquistaneses de inteligência que havia encontrado Ayman al-Zawahiri na casa de Bakhptur Khan, um aldeão de Damadola. A CIA realizou um ataque com drone em Damadola em janeiro de 2006, falhando em acertar Al-Zawahiri. E, meses depois, quando chegou a dica da inteligência a respeito de um novo encontro em Damadola, uma equipe de SEALs foi enviada à aldeia.

Com os novos procedimentos à disposição, a CIA e os oficiais militares levaram apenas algumas horas para analisar a inteligência e aprovar a operação.[31] O general John Abizaid, comandante do Comando Central Norte-Americano, estava em Washington quando a agência recebeu a informação da inteligência, e então entrou num SUV preto e rumou para Langley em comboio. Logo depois que Abizaid e Porter Goss acertaram os detalhes finais do ataque, helicópteros decolaram do Afeganistão e despacharam os SEALs pela fronteira até Bajaur.

As tropas atacaram o complexo, dominaram várias pessoas no chão e as prenderam com algemas de plástico. Os prisioneiros foram postos em helicópteros e levados de volta ao Afeganistão.

Dentro do Centro de Contraterrorismo em Langley, oficiais da CIA reuniram-se em torno de um monitor para acompanhar as imagens enviadas de um Predador, que voava em círculos acima do complexo em Damadola — um olhar fixo, que não piscava, permitindo aos espiões localizados a milhares de quilômetros observar o desenrolar da operação. Os SEALs não capturaram nenhum veterano da Al-Qaeda. Mas a missão em Damadola provou que eles podiam entrar no Paquistão sem ser detectados, conduzir uma operação fulminante e retornar ao outro lado da fronteira sem que o governo paquistanês sequer desconfiasse da missão.

8. UMA GUERRA POR PROCURAÇÃO

"Eu e a minha nação contra o mundo. Eu e o meu clã contra a minha nação. Eu e a minha família contra o clã. Eu e o meu irmão contra a família. Eu contra o meu irmão."

— *Provérbio somali*

Na primavera de 2006, os agentes da CIA em Nairóbi, Quênia, estavam abastecendo aviões cargueiros sem identificação com granadas a propulsão, morteiros e AK-47s, e levando os carregamentos para aeródromos controlados por chefes militares somalianos. Junto com as armas, enviaram maletas cheias de dinheiro vivo, cerca de 200 mil dólares para cada chefe militar como pagamento por seus serviços na luta contra o terrorismo.[1] Para um grupo de homens que vinham tentando matar-se uns aos outros em vários momentos ao longo dos anos, os chefes militares não tiveram escrúpulos em trabalhar em conjunto quando a CIA abriu os seus cofres. Eles até conseguiram de Washington um nome simpático para a sua parceria: a Aliança para a Restauração da Paz e Contraterrorismo (ARPCT). O nome era intencionalmente irônico, dada a história brutal de alguns dos chefes militares, como Abdi Hasan Awale Qeybdii e Mohamed Qanyare Afrah. Mesmo para setores da CIA, o grupo tornou-se alvo de piadas. Alguns espiões americanos compararam o acrônimo ARPCT com a SPECTRE, a organização terrorista global dos filmes de James Bond.

Jose Rodriguez anunciou o plano desenvolvido por espiões em Nairóbi para incrementar um programa de levar armas e dinheiro para os chefes

148   GUERRA SECRETA

militares, que haviam convencido os americanos de que poderiam ajudar a combater uma crescente e radical ameaça na caótica e empobrecida nação.* O conjunto de chefes militares — alguns dos mesmos homens que haviam despachado atiradores para matar Rangers do Exército e comandos da Força Delta em 1993 — entrou na folha de pagamentos da CIA em 2002. Eles haviam ajudado a agência a caçar membros da célula leste--africana da Al-Qaeda, alguns dos quais foram retirados clandestinamente da Somália e levados a locais secretos da CIA. Mas a operação secreta em 2006 foi um arranjo mais formal, convertendo-se numa burla sancionada por Washington para os chefes militares.

A espiral de caos no Iraque não apenas tragou soldados e espiões da guerra no Afeganistão; inspirou também uma nova geração de jovens muçulmanos a pegar em armas contra os Estados Unidos. Àquela altura, rascunhos de um relatório de inteligência sigiloso, que circulavam através de agências americanas de espionagem, desnudaram o estado de metástase do problema da radicalização no mundo islâmico. O relatório final concluía que o Iraque tornara-se uma *"cause célèbre* para os jihadistas, fomentando um profundo ressentimento com o envolvimento norte-americano no mundo islâmico e cultivando entusiastas do movimento jihadista global".[2]

O relatório, uma Estimativa de Inteligência Nacional, previa que um movimento cada vez mais descentralizado do jihad global iria se espalhar ainda mais, com a proliferação de grupos militantes regionais. O panorama alterava-se dramaticamente, e países no norte e no leste da Ásia, além de partes empobrecidas da Península Arábica, tornavam-se progressivamente instáveis.

No Iêmen, 23 militantes ligados à Al-Qaeda escaparam de uma prisão local utilizando colheres e pés de mesa quebrados para cavar um túnel. Eles provavelmente tiveram ajuda de membros dos serviços de segurança do Iêmen, que eram simpáticos à causa dos prisioneiros desde os dias da

---

* Em 2005, a CIA mudou o nome do Diretório de Operações para Serviço Clandestino Nacional (NCS). Rodriguez era o chefe do NCS.

guerra soviética no Afeganistão. Como explicou ao *New York Times* um oficial iemenita sobre o trabalho interno: "É preciso lembrar que esses oficiais costumavam escoltar pessoas de Sana'a até o Paquistão durante o jihad afegão. As pessoas constroem relações, e isso não muda tão facilmente."[3] A Interpol lançou um alerta global urgente visando à prisão dos 23 homens, mas a maioria deles não foi muito longe. Permaneceram no Iêmen, formando o núcleo de um grupo que denominaria a si mesmo de a Al-Qaeda na Península Arábica.[4]

E também havia a Somália, com a entrada em cena de um homem pequeno e atarracado, com óculos de lentes amendoadas e, saliente em seu queixo, um tufo de cabelo que ele tingia com hena vermelha. Hassan Dahir Aweys liderava o conselho shura do Conselho Supremo das Cortes Islâmicas da Somália, uma vaga federação de anciões clânicos, homens de negócios e magnatas que haviam se reunido para levar ordem ao caos do país por meio da imposição da sharia, a lei islâmica. As cortes, que durante anos foram dominadas por moderados, eram amplamente populares na Somália porque ofereciam uma suspensão temporária de décadas de guerras tribais. Mas, no final de 2005, a influência de Aweys sobre o Conselho Supremo das Cortes Islâmicas (ICU) transformara a organização numa versão ampliada de sua corte da sharia na cidade portuária de Merca: uma plataforma para pregar um ramo inflexível do Islá, que regularmente infligia punições como a lapidação de adúlteras e a amputação das mãos de ladrões.[5]

Aweys estava, havia anos, numa lista americana de principais suspeitos de terrorismo, e a CIA ligava-o à célula da Al-Qaeda no leste da África que realizara os atentados a bomba de 1998 às embaixadas do Quênia e da Tanzânia. E, no entanto, ele operava à vista de todos, fazendo viagens de alto nível para Dubai e deslocando-se abertamente entre cidades na Somália. Sob o seu comando estava um bando de jovens e comprometidos atiradores que chamavam a si mesmos de "Al-Shabaab" — palavra em árabe para "A Juventude". O grupo vagava pelas ruas de Mogadíscio, caçando e matando suspeitos de aliança com o Governo Federal de Transição da

Somália, uma organização corrupta e fraca criada pelas Nações Unidas, com pouco controle dentro do país.[6] Moradores locais suspeitos de espionar para os americanos eram fuzilados no ato.

Por anos, a CIA não mantivera uma estação permanente dentro da Somália, e, portanto, a tarefa de monitorar eventos no país ficou para os escritórios clandestinos no vizinho Quênia. A estação em Nairóbi crescera significativamente desde os ataques de 11 de setembro, obtendo mais dinheiro e pessoal depois que o diretor, Porter Goss, decidiu que a agência precisava fortalecer a sua presença na África e reabriu algumas das estações previamente fechadas no continente.[7] Durante os meses finais de 2005 e entrando por 2006, alarmantes cabogramas de espiões em Nairóbi chegaram em Langley, alertando sobre a crescente influência do homem de barba vermelha, Hassan Dahir Aweys, e dos atiradores da Al-Shabaab. Alguns relatórios concluíam que os jovens radicais dentro do Conselho Supremo das Cortes Islâmicas, incluindo um veterano grandalhão da guerra do Afeganistão, chamado Aden Hashi Farah Ayro, poderiam forrar o ninho para que agentes da Al-Qaeda erguessem nova base na Somália.

Porém, enquanto Osama bin Laden e os seus seguidores talvez quisessem estabelecer um lar na Somália, ao longo dos anos o grupo enfrentara alguns dos mesmos problemas que os americanos no país devastado por guerras. Dito brevemente, a Al-Qaeda não compreendia a Somália, e um plano do grupo de fugir para aquele país quando do início da guerra no Afeganistão fracassou miseravelmente. Militantes árabes chegados ao país tiveram problemas em lidar com a estonteante variedade de clãs e subclãs que formavam a estrutura da cultura somali, e viam-se frequentemente extorquidos por anciões dos clãs.[8] Em vez de se unirem sob uma mesma bandeira para expulsar os ocidentais do país, os somalianos decidiram lutar uns contra os outros. Os militantes da Al-Qaeda, adeptos do radical ramo wahabita do Islã, não podiam se ligar ao sufismo mais moderado praticado pela vasta maioria dos somalianos. Estes tinham a reputação de serem tremendos fofoqueiros, e os visitantes estrangeiros irritavam-se com a sua incapacidade de manter segredos.

UMA GUERRA POR PROCURAÇÃO

No fim das contas, o caótico país africano à beira-mar parecia muito diferente das montanhas do Paquistão e do Afeganistão.

À época, isso não estava claro para todo mundo dentro das Forças Armadas ou dos círculos de inteligência em Washington, e os alarmantes relatórios da CIA vindos de Nairóbi começaram a chamar a atenção da Casa Branca. Mas o que exatamente deveria ser feito se a Somália fosse no mesmo caminho que o Afeganistão? Com os fantasmas do episódio Falcão Negro em Perigo — a Batalha de Mogadíscio de 1993 — ainda assombrando os muros do Pentágono, generais do Exército já haviam deixado clara a possibilidade de se demitir antes que os Estados Unidos tentassem outra intervenção militar significativa na Somália. Além disso, as guerras alhures estavam minando as fileiras de soldados e fuzileiros navais, e o Pentágono mal podia dispensar tropas para o Chifre da África para além do compromisso assumido com a escassa força-tarefa em Djibuti, operando ali num antigo campo da Legião Estrangeira Francesa. Com a administração Bush convencida de que a Somália era um problema a ser resolvido, a Casa Branca voltou-se para a CIA em busca de um exército substituto para lutar uma nova guerra por Mogadíscio. Assim nasceu a Aliança para a Restauração da Paz e Contraterrorismo (ARPCT).

Os senhores da guerra da ARPCT não eram nada discretos sobre os seus laços com Washington e se gabavam publicamente falando quanto a CIA os estava pagando. Mas as artimanhas utilizadas pelos americanos também eram fajutas, logo deixando aparente que a aliança era um front da CIA. Os carregamentos de armas e depósitos de dinheiro eram noticiados pela imprensa local. Oficiais da agência forneciam aos chefes militares informações de contato para quando precisassem de mais suprimentos, e rumores espalharam-se pela capital dando conta de que homens da CIA haviam fornecido até um endereço de e-mail para que os senhores da guerra solicitassem mais armas e dinheiro.

A falta de jeito da agência dividira oficiais dentro da embaixada americana em Nairóbi, uma fortaleza construída depois que o bombardeio de 1998 destruiu a construção anterior. Toda a operação era comandada pelo chefe de estação da CIA no Quênia, mas diplomatas no recinto começaram a enviar cabogramas para o quartel-general do Departamento de Estado, alertando sobre o risco de o tiro sair pela culatra nesse apoio secreto aos senhores da guerra. Num dos cabogramas, Leslie Rowe, o segundo homem de cargo mais alto dentro da embaixada, descreveu a fúria de oficiais africanos ante o esforço da CIA. Michael Zorick, o responsável político pela Somália no Departamento de Estado, enviou uma mensagem contundente a Washington criticando a política de guerra por procuração e denunciando que a agência estava fornecendo armas a alguns dos maiores bandidos na Somália.[9] Pouco depois, Zorick foi transferido para o Chade.

Exatamente como alguns daqueles oficiais haviam alertado, a operação secreta explodiu no rosto da CIA. Em lugar de enfraquecer os islâmicos, fez pender a balança na Somália para a outra direção. Os somalianos começaram a abraçar o Conselho Supremo das Cortes Islâmicas (ICU) como o meio de livrar o país da influência estrangeira e finalmente pôr um fim ao domínio das guerras tribais que havia balcanizado o país. Durante uma reunião de embaixadores americanos do leste da África e do Iêmen, em maio de 2006, os oficiais americanos já podiam ver as coisas se desenrolando dentro de Mogadíscio. Sem que ninguém concordasse sobre quais deveriam ser os próximos passos, os embaixadores chegaram a um acordo sobre a importância de "alterar a conversa" da luta na capital somali para "passos americanos positivos", a fim de ajudar na restauração das instituições somalianas.[10]

O que antes era um impasse converteu-se numa retumbante derrota, uma vez que os islâmicos expulsaram os senhores da guerra apoiados pela CIA para fora de Mogadíscio. O ICU consolidou o seu poder na capital. Ainda mais desastroso para Washington foi o fato de Hassan Dahir Aweys e o grupo radical dos atiradores da Al-Shabaab terem conquistado uma influência ainda maior dentro do ICU.

Hank Crumpton, o ex-espião do Centro Contraterrorista da CIA, observou o desenrolar do desastre em sua mesa no Departamento de Estado, onde assumira um cargo de coordenador de contraterrorismo. O cargo

UMA GUERRA POR PROCURAÇÃO 153

trazia o arrogante título de embaixador-geral, mas era restringido por sua localização dentro de uma maquinaria diplomática carente de recursos e ocasionalmente disfuncional. Para Crumpton, a aventura da agência com os senhores da guerra na Somália era um clássico exemplo de Washington apelando para ações secretas quando um problema parecia muito difícil de ser resolvido de outro modo. O que você faz quando não sabe como agir na Somália?

— Eis aqui algum dinheiro. Eis aqui algumas armas. Agora, vão — disse ele. — Na falta de uma política externa, a ação secreta não vai funcionar. E se você conseguir me descrever a política externa do governo americano na Somália em 2006, ou mesmo agora, eu lhe darei uma nota de 10 dólares — disse.

O chefe da estação da CIA em Nairóbi recebeu o impacto da fulminante crítica interna. Jose Rodriguez removeu o oficial do Quênia, e a CIA decidiu que já estava farta da Somália. Com as cortes islâmicas agora no poder em Mogadíscio, oficiais de Bush começaram a falar do país como um novo Estado terrorista. Jendayi Frazer, oficial sênior do Departamento de Estado para política africana, proferiu discursos públicos durante a segunda metade de 2006 a respeito de conexões diretas entre o ICU e a Al-Qaeda, e qualificou bruscamente os membros do ICU de "terroristas".

O COLAPSO DO esforço da CIA na Somália, por ora, extinguido a opção da administração Bush de lidar com a ascensão dos islâmicos ali. Mas, onde os governos temiam pisar, novas oportunidades surgiam para empresas militares privadas e candidatos a prestadores de serviços ansiosos por combater a anarquia no leste da África.

As condições eram perfeitas: o governo dos Estados Unidos não estava disposto a enviar muitos dos seus à Somália, mas se mostrava ávido em gastar dinheiro para que outros o fizessem. Em meados de 2006, o país africano estava virando uma guerra terceirizada.

Apenas uma semana depois que os senhores da guerra apoiados pela CIA deixaram Mogadíscio, um avião comercial carregando uma mulher de meia-idade, herdeira do clube de equitação do norte da Virgínia, pousou em Nairóbi. Michele Ballarin era presidente da Select Armor, uma pequena empresa com um contrato para vender coletes de proteção ao Corpo de Bombeiros de Los Angeles, mas que não obtivera sucesso em fechar negócios com o Pentágono. As ambições de Ballarin, no entanto, eram bem maiores do que ser uma empreiteira do ramo da defesa de quinta categoria. Quando pousou no Quênia, em junho de 2006, tinha agendada uma reunião privada com Abdullahi Yusuf Ahmed, o homem que, de sua luxuosa suíte de hotel em Nairóbi, liderava o governo exilado da Somália apoiado pela ONU.

Parecia estranho que uma mulher com a aparência de uma herdeira endinheirada fosse ter uma audiência com o líder do ineficaz Governo Federal de Transição. Mas Ballarin já viajara muitas vezes ao Chifre africano e desenvolvera uma espécie de culto em alguns setores da classe política somali. Ela alegava treinar e criar garanhões Lipizzaner — os famosos cavalos brancos que fazem performances de adestramento —, e ostentava a sua riqueza aonde quer que fosse. Viajava com bolsas Louis Vuitton, joias caras e roupas da Gucci. Se a ideia era fascinar os residentes de um dos países mais pobres do mundo, esse era o efeito obtido. Os somalianos passaram a se referir a ela por um apelido de uma palavra, o termo árabe para "princesa". Chamavam-na "Amira".

Era um longo caminho desde a Virgínia Ocidental, onde ela inicialmente fizera o seu nome durante os anos 1980 como candidata republicana num estado devotadamente democrata. Ela tentara surfar na popularidade de Ronald Reagan com a esperança de conquistar um assento no Congresso, representando Morgantown, onde se localizava a universidade da Virgínia Ocidental. À época com apenas 31 anos, financiara muito de sua campanha em 1986 com dinheiro de seu primeiro marido, um homem décadas mais velho do que ela, que desembarcara nas praias da Normandia no Dia D e conquistara uma pequena fortuna como construtor imobiliário.[11] Mas ela também se apressara em ganhar dinheiro no rastro da campanha, exibindo os seus dons de pianista de concerto durante eventos de arrecadação de

UMA GUERRA POR PROCURAÇÃO

fundos. Tentando retratar o representante democrata como alguém não alinhado aos valores das famílias da Virgínia Ocidental, ela criticou o seu oponente durante as semanas finais de campanha por ele ter votado favoravelmente a que se gastasse dinheiro de impostos na impressão da revista *Playboy* em braile. Chegou a tirar proveito da recusa do seu adversário em aparecer num debate, recortando um pedaço de papelão, colando uma imagem de seu rosto nele e debatendo ali ele dessa forma.[12] Ela foi completamente derrotada na eleição.

Depois da morte do seu primeiro marido, Michele casou-se com Gino Ballarin, um ex-garçom do Clube 21 em Manhattan, que acabou dono e administrador do Clube Georgetown, em Washington. O casal dava festas em sua casa na Virgínia e acabou conquistando para si um lugar na lista do *Livro verde*, um anuário dos "habitantes de Washington socialmente relevantes", uma bíblia da antiga elite endinheirada da cidade. Em 1997, Michele Ballarin falou a um repórter do quão satisfeita ela estava de ingressar no *Livro verde* com todos os seus amigos, vizinhos e outros "apoiadores de esportes equestres".

— O livro simboliza velhas maneiras de fazer as coisas, que realmente resistiram à mudança — disse ela. — Ele simboliza um modo mais gentil de levar a vida.[13]

Os Ballarin viviam, à época, numa propriedade em Markham, Virgínia, com o belo nome de Wolf's Crag [O Penhasco do Lobo]. Fora, outrora, o lar de Turner Ashby, um comandante confederado de cavalaria que ganhou fama durante a campanha de Stonewall Jackson no vale do Shenandoah, tendo conquistado o apelido de "O Cavaleiro Negro da Confederação". Mas Michele Ballarin parecia ter planos mais ambiciosos do que levar uma vida requintada de partidas de polo e festas no jardim. Durante os anos 1990 e começo dos anos 2000, ela deu início a uma série de empreendimentos arriscados, de desenvolvimento imobiliário a finanças internacionais e venda de coletes de proteção.

Tal como ela descreve, foi um encontro casual com um grupo de americanos somalis, organizado por um amigo da loja maçônica de Washington, que despertou o seu interesse pelo país atormentado por guerras, e então iniciou-se a transformação de Michele em Amira.[14] Ela começou a viajar para a África. Logo aquela cristã devota que tocava órgão em sua igreja todo domingo ficou encantada com os ensinamentos do sufismo, um ramo místico do Islã outrora dominante no subcontinente indiano e no norte da África. O sufismo perdeu terreno depois que a queda do Império Otomano deu ensejo a formas mais vigorosas do Islã, mas ainda é amplamente praticado na Somália. Ballarin convenceu-se de que promover grupos sufis dentro do país era a melhor maneira de reduzir o que ela via como uma influência tóxica do wahabismo mais severo, que fincara raízes no Chifre da África com a ajuda de doadores sauditas ricos, que ali injetaram dinheiro para a construção de escolas e mesquitas radicais.

O seu trabalho público na Somália fez com que ela se parecesse com qualquer outro benfeitor rico prometendo mirabolantes projetos de desenvolvimento, mas havia um lado sombrio e macabro nos projetos de Ballarin. Quando o Conselho Supremo das Cortes Islâmicas assumiu o controle em Mogadíscio, ela viu uma oportunidade de tirar vantagem das vastas áreas não governadas na Somália e estabelecer as bases de um movimento de resistência visando à retirada dos islâmicos do poder, bem como à criação de empreendimentos no país. A cavaleira da Virgínia iria se meter dentro do caos.

No encontro com o presidente Abdullahi Yusuf Ahmed, Ballarin discutiu o seu plano de estabelecer uma base na cidade portuária de Berbera, no norte da Somália. A cidade abrigava um aeródromo abandonado que a NASA outrora designara para servir de pista de pouso emergencial dos ônibus espaciais, e Ballarin notou que o espaço poderia ser convertido em centro comercial e de treinamento para forças de oposição a Al-Shabaab. O presidente Ahmed, um testa de ferro político refugiado dentro de uma suíte felpuda num hotel de Nairóbi, dificilmente estava em posição de aprovar o plano de Ballarin. Mas, ao sair do encontro, a mulher estava exultante. Dias depois, ela escreveu um e-mail às pressas a vários de seus parceiros comerciais nos Estados Unidos, incluindo Chris Farina,

UMA GUERRA POR PROCURAÇÃO

o presidente de uma firma de segurança privada sediada na Flórida e chamada ATS Worldwide.

"Rapazes, encontro bem-sucedido com o presidente Abdullay Yussef [sic] e o seu chefe do Estado-Maior", escreveu Ballarin. "Ele indicou o seu chefe de protocolo presidencial como o nosso quebra-galho durante esta fase."[15] Na sequência do e-mail, Ballarin sugeria que a CIA estava a par de seus planos, e que ela planejava encontrar-se com um contato seu da CIA em Nova York.

Farina, no entanto, pediu cautela, respondendo que o plano não poderia seguir sem preparação adequada. "Uma operação de entrada forçada [em Mogadíscio] a esta altura, sem a adição de forças subsequentes que possam capitalizar sobre o momento/iniciativa da operação inicial, resultará numa repetição de Dien Bien Phu", escreveu ele, fazendo referência ao fracasso francês na Indochina, em 1954.[16]

Farina também disse a Ballarin que a CIA talvez não fosse a melhor parceira para os seus esforços — provavelmente um sábio conselho, dado o que acabara de ocorrer no país. Uma melhor aposta, disse ele, era o Pentágono.[17]

Finalmente, ela aceitou o conselho, mas levariam ainda mais dois anos até que conseguisse convencer o Pentágono a financiar suas aventuras dentro da Somália.

A SUBIDA AO poder do Conselho Supremo das Cortes Islâmicas em Mogadíscio inicialmente trouxe à capital uma paz que fazia anos não se conhecia. Uma cidade que os senhores da guerra haviam dividido agora estava aberta. Crianças que haviam crescido a um quilômetro do mar, mas que nunca puderam de fato ver a água porque isso significava ter de cruzar a área de um senhor da guerra rival, eram agora livres para passar o dia na praia.[18]

Contudo, naquele verão, uma série de pronunciamentos do braço Al--Shabaab do Conselho Supremo das Cortes Islâmicas, que de fato assumira o controle do movimento ICU, fez com que muitos somalianos se voltassem contra os novos líderes. Filmes estrangeiros foram banidos, assim como jogos de futebol. As mulheres foram forçadas a cobrir os rostos com véu. A mais impopular das medidas foi o banimento do *khat*, a folha verde com propriedades narcóticas que quase todos os somalianos mascavam diariamente para obter um suave e agradável atordoamento.

As preocupações em Washington com a imposição da sharia em Mogadíscio foram alimentadas por uma série de informações de inteligência fornecidas à administração Bush por oficiais etíopes, tementes de que um novo santuário da Al-Qaeda pudesse estar surgindo na sua fronteira oriental. As animosidades entre etíopes e somalianos intensificaram-se. Durante os anos 1970, os dois países travaram uma batalha territorial pela região Ogaden da Etiópia, que virou um conflito filial da Guerra Fria — com os Estados Unidos apoiando a Somália e a União Soviética fornecendo suprimentos militares aos etíopes. Mas a queda da União Soviética alterou as alianças na África, assim como em tantas outras partes do mundo. Durante os anos 1990, com Washington preocupando-se com a expansão do fundamentalismo islâmico, a Etiópia e a sua maioria cristã passaram a ser vistas como aliados naturais dos Estados Unidos.

Então, durante o verão de 2006, quando oficiais etíopes começaram a falar abertamente sobre a possibilidade de invadir a Somália para desmantelar o Conselho Supremo das Cortes Islâmicas e a Al-Shabaab, alguns em Washington viram uma oportunidade. A estratégia de armar um conjunto maltrapilho de senhores da guerra fracassara, mas talvez o Exército etíope pudesse se tornar a nova força representante da América na Somália. Depois de semanas da ascensão islâmica em Mogadíscio, o general John Abizaid, do Comando Central Norte-Americano, esteve em Addis Ababa, a capital da Etiópia, durante uma visita pela África oriental. No decorrer de reuniões com militares, CIA e oficiais do Departamento de Estado na embaixada americana, ele quis saber o que as Forças Armadas precisariam para conduzir seus tanques até Mogadíscio.

UMA GUERRA POR PROCURAÇÃO 159

Abizaid deixou claro que, embora os Estados Unidos não fossem pressionar a Etiópia a invadir, tentariam garantir, no entanto, que a invasão fosse um sucesso.[19] Ele também se encontrou com oficiais etíopes e ofereceu partilhar inteligência americana sobre posições militares do ICU dentro da Somália. Já em Washington, o diretor de Inteligência Nacional, John D. Negroponte, autorizou que satélites de espionagem fossem testados na Somália de modo a fornecer imagens detalhadas para as tropas etíopes. "A ideia", como descreveu em 2006 um oficial americano sediado em Addis Ababa, "era pôr os etíopes para lutar a nossa guerra".

A invasão etíope também proveria um disfarce para as missões do comando americano na Somália, lançadas de uma base na região cafeeira na Etiópia oriental. Durante o verão e o outono de 2006, quando parecia cada vez mais certo que tropas etíopes invadiriam a Somália, engenheiros da Marinha chegaram à base de Dire Dawa, situada 480 quilômetros a leste de Addis Ababa. Oficialmente, os engenheiros estavam ali em missão humanitária: chuvas torrenciais haviam alagado as planícies ao redor de Dire Dawa, enviando um paredão de água de 3 metros de altura contra a cidade, e os engenheiros ajudaram a construir abrigos e fornecer atendimento médico de emergência para as 10 mil pessoas desabrigadas pelas enchentes.[20]

Porém, além dos suprimentos humanitários, os aviões cargueiros C-130 que chegavam a Dire Dawa também começaram a transportar material de guerra para um grupo de SEALs da Marinha e comandos da Força Delta que estavam entrando na Etiópia como parte de uma unidade secreta do JSOC chamada Força-Tarefa 88. O seu plano era usar a invasão etíope à Somália como um artifício para entrar no país e caçar antigos membros do ICU.[21]

Essa missão na Somália fora autorizada com base na ordem de Donald Rumsfeld, de 2004, permitindo que comandos militares se infiltrassem em países que, tradicionalmente, estavam fora da alçada dos soldados americanos. No começo de janeiro de 2007, poucos dias depois de as primeiras colunas de tanques etíopes cruzarem ruidosamente a fronteira, e as baterias de artilharia começarem a atingir as instalações militares do Conselho Supremo das Cortes Islâmicas no sudoeste da Somália, a Força-Tarefa 88 deu início às suas missões dentro do país. Anexados ao grupo havia experts em vigilância da Gray Fox, a unidade clandestina de espionagem do Pentágono que viria a mudar o seu codinome para Força--Tarefa Laranja. O grupo carregava equipamento especializado, permitindo apontar com precisão a localização de comandantes do ICU por meio da interceptação de suas ligações telefônicas.

Além das tropas de operações especiais, dois helicópteros AC-130 armados com canhões de 105 mm e metralhadoras giratórias desceram no aeródromo na Etiópia oriental; no começo de janeiro, os helicópteros lançaram um ataque a uma pequena aldeia de pescadores nas regiões pantanosas do sul da Somália.[22] Agiam com base na informação de que Aden Hashi Farah Ayro, o jovem líder da Al-Shabaab, estava escondido na aldeia de Ras Kamboni. Horas depois de um bombardeio de mísseis, tropas americanas e etíopes vasculharam os escombros e encontraram um passaporte de Ayro manchado de sangue. Os americanos imaginaram que o jovem líder não duraria muito caso tivesse sido ferido no ataque, mas ninguém sabia ao certo para onde ele fora. Semanas depois, os helicópteros AC-130 realizaram um segundo ataque contra outro comandante islâmico, mas o ataque matou civis em lugar do alvo pretendido.

As missões clandestinas na Somália no começo de 2007 tiveram resultados mistos. Tropas e inteligência americanas ajudaram na ofensiva etíope pelo sul do país e levaram a um rápido recuo das tropas do Conselho Supremo das Cortes Islâmicas. As missões do JSOC, no entanto, fracassaram em capturar ou eliminar qualquer um dos comandantes islâmicos mais antigos ou membros da célula da Al-Qaeda responsável pelas bombas na embaixada em 1998. E também, para além da limitada caçada humana, as maiores ocupações etíopes da Somália podem, com justiça, ser chamadas de um desastre.

A administração Bush havia apoiado secretamente a operação, acreditando que as tropas etíopes poderiam expulsar o Conselho Supremo das

UMA GUERRA POR PROCURAÇÃO

Cortes Islâmicas de Mogadíscio e fornecer proteção militar para o governo de transição apoiado pela ONU. A invasão alcançara aquele primeiro objetivo, mas o empobrecido governo etíope tinha pouco interesse em gastar dinheiro para manter as suas tropas na Somália de modo a proteger o corrupto governo de transição. Semanas após o fim do combate, oficiais etíopes seniores declararam haver atingido os seus objetivos militares e começaram a falar publicamente sobre uma retirada.

O Exército etíope lançara uma sangrenta e indiscriminada campanha contra o seu mais odiado inimigo. Lançando mão de desastradas táticas urbanas, as tropas etíopes arremessavam artilharia explosiva em mercados lotados e bairros densamente povoados, matando milhares de civis. A disciplina desapareceu das fileiras etíopes, e os soldados entregaram-se a surtos de pilhagem e estupro coletivo. Um jovem homem entrevistado pela organização não governamental Human Rights Watch contou ter testemunhado etíopes matando seu pai e estuprando sua mãe e irmãs.[23]

A ocupação por essas odiadas tropas converteu-se numa bonança de recrutamento para a Al-Shabaab, e o grupo fortaleceu-se. Insurgentes plantavam minas terrestres e usavam outras táticas de guerrilha que militantes no Iraque e no Afeganistão haviam usado com grande sucesso. Combatentes estrangeiros inundaram a Somália. Páginas jihadistas na internet invocavam o nome de Abu Raghal, um célebre traidor da fé islâmica que ajudara o Exército etíope a marchar sobre Meca. Os combatentes vinham do Marrocos e da Argélia.

E eles vinham de Minnesota. Não muito depois da invasão etíope, vinte estudantes americanos do bairro Pequeno Mogadíscio, em Minnesota, embarcaram em aviões rumo à Somália para lançar o jihad contra os invasores cristãos. Dentre eles estava Shirwa Ahmed, que abandonara a escola da comunidade; amava basquete e passava a maior parte dos dias fazendo pequenos trabalhos informais e decorando letras de rap. Ele ficara tão enfurecido com a chegada dos etíopes na Somália que deu um jeito de ir para o Chifre africano, onde ingressou na Al-Shabaab.

Em outubro do ano seguinte, Shirwa dirigiu um veículo carregado com explosivos até um prédio do governo em Puntland, uma região no norte da Somália.

Ele foi o primeiro homem-bomba americano.

9. A BASE

"Numa profusão de espelhos. Que irá fazer a aranha?
Interromper o seu bordado? O gorgulho
Tardará?"

— *T. S. Eliot, "Gerontion"*

Não demorou muito para que Art Keller aprendesse o que se tornaria a primeira regra dos agentes da CIA que operavam no Paquistão: a cada dia passado no país, ficava-se sabendo menos que no dia anterior. Ao fim do seu tempo de serviço, você continua sem entender nada.

Em meados de 2006, quando o helicóptero de Keller tocou o solo da base da CIA perto de Wana, na agência tribal do Waziristão do Sul, as operações de inteligência no Paquistão tornaram-se a versão século XXI da "profusão de espelhos" de James Jesus Angleton. Angleton, o lendário e brutal ex-chefe de contrainteligência da CIA, parafraseara o seu adorado T. S. Eliot para descrever as trapaças, jogos duplos e lealdades ambíguas da espionagem na Guerra Fria. Décadas mais tarde, os jogos de espionagem no Paquistão não eram menos exasperadores.

Keller, com sua aparência de garoto, era um candidato improvável para ser largado no meio das montanhas paquistanesas, num momento em que a Al-Qaeda estava fazendo da área a sua nova base de operações. Ele nunca havia pisado no Paquistão antes, não falava nenhuma das línguas locais e a sua expertise — no programa de mísseis do Irã — não lhe serviria de grande coisa em Wana. Mas, com a guerra no Iraque afastando do

164   GUERRA SECRETA

Afeganistão e do Paquistão agentes da CIA com alguma experiência em Oriente Médio, o serviço secreto estava desesperado por corpos. Então, Art Keller voluntariou-se para o Afeganistão. Ele foi designado para o Paquistão.

— A pessoa ideal para ocupar a base ali era alguém que soubesse falar dari, ou urdu, ou pachto, com anos de experiência, e que conhecesse bem o alvo — disse ele. — Em vez disso, eis-me aqui.[1]

Keller ingressara na CIA em 1999, depois de uma década de incursões nas Forças Armadas, na faculdade e no jornalismo. Ele terminou o ensino médio com um interesse em assuntos internacionais, mas sem uma ideia clara sobre o que gostaria de fazer na vida, e então ingressou no Exército no começo dos anos 1990, por estar razoavelmente certo de que aquela seria uma maneira, sem riscos, de juntar dinheiro para a faculdade.

— Dezoito meses depois — disse ele —, estou sentado no meio do deserto pensando: "Como eu acabei aqui?"[2]

Ele pouco participou da Operação Tempestade no Deserto, que rapidamente expulsou as tropas iraquianas do Kuwait. Fora designado para uma companhia de conserto de paraquedas, mas, não tendo havido operações aéreas durante a guerra, o grupo ficou ocioso. Na véspera do combate, a sua unidade foi levada para o meio do deserto saudita e encarregada de vigiar uma base de logística usada para dar suporte à invasão dos tanques americanos no Iraque.

Depois de deixar o Exército, ele ingressou na Universidade do Norte do Arizona e decidiu ou que seria repórter ou entraria para a CIA. Assumiu um cargo no departamento de esportes do jornal *The Arizona Republic*, e, justo quando estava prestes a ser transferido para a seção de política, a CIA comunicou-lhe que a sua candidatura fora aceita.

Ele foi designado para a divisão de contraproliferação da agência, trabalhando para deter a expansão de armas de destruição em massa, e o seu primeiro posto no exterior foi Viena, onde estava localizado o quartel--general da Agência Internacional de Energia Atômica (AIEA). Os agentes da estação da CIA em Viena deveriam plantar fontes dentro da AIEA a

A BASE 165

fim de tomar ciência de suas deliberações secretas. Mas, após os ataques de 11 de setembro, a CIA também passou a fornecer à AIEA algumas de suas mais delicadas informações, de modo que a organização internacional pudesse impor sanções a regimes como os do Irã, Iraque e Coreia do Norte.

Keller adquirira um profundo conhecimento dos esforços de Teerá para desenvolver mísseis balísticos, mas, à época, o Irã não estava no topo da lista de preocupações da CIA. No fim do verão de 2002, o chefe de Keller em Viena regressou de uma viagem a Langley e abordou um grupo de oficiais dentro da estação da agência.

— Vocês sabem que tem havido rumores sobre uma possível invasão e guerra no Iraque? — perguntou ele, segundo relembra Keller.

— Vocês ouvirão coisas engraçadas vindas do quartel-general, porque eles estão sob uma incrível pressão para encontrar evidências que justifiquem aquilo — disse.

— Vocês conhecem aquela cena de *O barco: Inferno no mar*, quando eles estão no fundo do oceano e, graças à pressão, os rebites começam a pipocar para o interior do submarino? — perguntou o chefe de Keller. — Isso é o que está acontecendo dentro do quartel-general neste instante.

Keller ainda faria duas breves incursões ao Iraque depois da calamitosa invasão, uma delas como integrante do Grupo de Pesquisa do Iraque, a equipe de caçadores de armas de destruição em massa liderada pela CIA, que passou os anos de 2003 e 2004 patrulhando locais no deserto em busca dos programas fantasmas de armas químicas e biológicas de Saddam Hussein. Desde o início, Keller já podia afirmar que o esforço era sem sentido: cientistas iraquianos que teriam todos os motivos para mostrar aos americanos os estoques de armamentos — sendo ressarcidos pela CIA em dinheiro e possivelmente com recolonização — insistiam com o grupo de pesquisa que as armas não existiam. Mas Keller e outros agentes entrevistariam os mesmos cientistas duas ou três vezes, permitindo a Langley preencher os números sobre quantas entrevistas foram realizadas. Isso também permitia ao presidente Bush e ao vice-presidente Cheney dizer publicamente que a caçada às armas no Iraque continuava.

A empoeirada base da agência no Waziristão do Sul, onde o rapaz chegou em 2006, ficava na mesma cidade que as tropas paquistanesas haviam atingido com a artilharia e com os helicópteros de ataque os combatentes de Nek Muhammad em 2004, e próxima à madraça em Shakai onde tropas do governo acordaram um cessar-fogo com os membros da tribo Wazir. Quando Keller chegou ali, outro frágil acordo de paz vigorava. Este havia sido negociado entre as tropas paquistanesas e Baitullah Mehsud, outro jovem líder guerrilheiro que empunhara o sangrento estandarte depois que Nek Muhammad foi morto no ataque com o drone da CIA. Mehsud nunca honrou os termos do acordo, apenas usou o cessar-fogo para consolidar o seu poder no Waziristão do Sul e planejar operações de ataque e fuga contra tropas paquistanesas. Mas, em 2006, a liderança militar do Paquistão não queria uma nova batalha nas áreas tribais, por isso, quando Art Keller chegou a Wana, havia pouca disposição entre soldados e espiões paquistaneses de mexer naquele vespeiro.

Como resultado, as relações entre os agentes da CIA e os oficiais locais do ISI iam de mal a pior. Quando pousou em Wana, Keller soube do quão abaladas elas estavam por meio de um resumo da situação feito pelo homem que ele viera substituir, um malicioso agente da velha guarda chamado Gene. Gene disse a Keller que as tropas paquistanesas estavam fazendo poucas patrulhas, passando a maior parte dos seus dias dentro de barracas protegidas. Por mais que ele pressionasse, disse Gene, os militares e espiões paquistaneses não queriam desafiar o poder do miniestado que Baitullah Mehsud estava erguendo no Waziristão do Sul.

Ao contrário de Nek Muhammad, Mehsud não era um cãozinho da mídia. Ele dava poucas entrevistas e, seguindo tradições estritas do Islã, recusava-se a ser fotografado. Tinha pouca educação, e nem mesmo na madraça passara muito tempo, mas, em 2006, comandava um grupo ferozmente leal de cerca de 5 mil atiradores tribais. Não admitia dissidências e, sob o seu comando, os desertores eram caçados e mortos. Havia até suspeitas de que ele houvesse feito um acordo com as tropas paquistanesas para que o ajudassem a capturar o seu ex-mentor, Abdullah Mehsud, um

A BASE

combatente sem uma das pernas, que os Estados Unidos haviam liberado da baía de Guantánamo em 2004 para que Baitullah tomasse o poder no Waziristão do Sul. Quando as tropas paquistanesas cercaram a casa de Abdullah no Baluquistão, ele segurou uma granada junto ao próprio peito e puxou o pino.[3]

O poder e a influência de Baitullah Mehsud iriam se expandir dramaticamente quando um conjunto de pequenos grupos militares reuniu-se sob o nome de Tehrik-i-Taliban Pakistan (TTP), conhecido normalmente como o Talibã paquistanês, com Mehsud como líder do grupo. Ao contrário do Talibã afegão, este sob comando do mulá Omar e gozando do discreto patrocínio do ISI, o novo grupo pretendia retirar os soldados e espiões paquistaneses das áreas tribais usando bombardeios suicidas em Islamabad, Karachi e outras cidades como sangrentos cartões de visita. Eles chamavam isso de "jihad defensivo", uma luta para preservar o modo de vida tribal contra as forças militares paquistanesas, vistas por eles como estrangeiras em suas terras.

O grupo tinha poucos contatos ou apoiadores para além das regiões tribais, mas, na Wana de 2006, era nítido quem estava no comando. Os seguidores de Baitullah Mehsud administravam a justiça implacável por todo o Waziristão do Sul, perambulando pelo território e matando quaisquer chefes tribais suspeitos de trabalhar para os americanos ou o governo paquistanês. Ladrões eram enforcados nas ruas da aldeia, adúlteras eram apedrejadas e vendedores no bazar de Wana vendiam abertamente horrendos DVDs em urdu retratando a decapitação de patrulheiros paquistaneses. Os filmes macabros eram parte propaganda, parte intimidação, uma crua mensagem de que os militares deveriam permanecer nas casernas e ceder controle às tribos. Baitullah Mehsud forçou os barbeiros de Wana a colocar cartazes em suas lojas alertando que, uma vez que aparar os pelos do rosto era proibido pela sharia, os serviços de barbearia não estavam disponíveis. Barbeiros que recusassem tinham as suas lojas incendiadas. Outra evidência do controle militante era mais prosaica: a base de Keller recebia suprimentos de combustível somente uma vez a cada duas semanas, apenas nos dias específicos que os militantes permitiam que os caminhões do Exército paquistanês usassem as estradas.

O posto avançado da CIA era um complexo de tijolos dentro de uma grande base militar paquistanesa perto de Wana. Um pequeno destacamento de tropas paquistanesas de operações especiais vigiava os prédios americanos, mas Keller logo percebeu que as tropas eram mais carcereiras que protetoras, porque os agentes da CIA nunca tinham permissão para sair da base. Dentro do complexo, havia um pequeno conjunto de salas onde os americanos comiam, dormiam e se comunicavam com os seus superiores por meio de rádios e computadores protegidos, de modo a impedir que o ISI interceptasse as suas transmissões. A pequena base cheirava mal devido ao esgoto a céu aberto e aos vazamentos nas tubulações, e uma poeira de lascas de reboco do teto cobria frequentemente as camas, louças e os equipamentos de comunicação. Em certa ocasião, Gene tentara convencer a estação em Islamabad a investir dinheiro na construção de uma quadra de squash na base. Dada a popularidade do squash nas fileiras do Exército paquistanês, ele alegou, a quadra poderia ajudar os agentes da CIA a construir um relacionamento com os seus colegas. A solicitação foi negada.

As próprias relações de Keller com a sua principal contraparte no ISI azedaram desde o início, muito por causa de uma brincadeira feita por Gene antes que deixasse o Waziristão do Sul. No dia do seu voo de helicóptero para fora de Wana, Gene entregou a Keller uma nota garranchada em urdu, dizendo-lhe que a desse ao oficial do ISI em seu primeiro encontro. Keller não tinha ideia do que dizia a mensagem, mas, obedientemente, passou a nota adiante no encontro com o oficial. O homem do ISI, um membro da tribo Khattak, não estava particularmente bem-humorado. Ele traduziu a nota para Keller. "Nunca confie num maldito Khattak", dizia a mensagem.

— Gene achou aquilo muito engraçado — contou Keller. — Muito obrigado, Gene.

A BASE

Devido ao acúmulo de desconfianças entre os americanos e os paquistaneses em Wana, a maior parte da coleta de informações supervisionada por Keller durante o seu período no Waziristão do Sul foi realizada sem a aprovação do ISI. Gene transmitira os nomes e os contatos de agentes paquistaneses que a CIA havia cultivado na região — uma rede que agora seria controlada por Keller. Mas, para um espião americano branco em Wana, comandar uma rede de agentes paquistaneses sem informar ao ISI não era fácil. Os agentes não podiam ir até a base da CIA, caso contrário seriam avistados e presos pelo ISI, e qualquer tentativa de Keller de encontrá-los fora da base também os colocaria em risco.

Em contraste, os agentes que trabalhavam no outro lado da fronteira tinham uma vida muito mais fácil. Em 2006, a agência estabelecera uma série de pequenas bases no leste do Afeganistão, em cidades como Khost e Asadabad, de onde os agentes cruzavam a fronteira até o Paquistão para colher informações nas áreas tribais. Os americanos podiam encontrar os agentes na base ou em cidades vizinhas. A CIA começou a enviar "analistas direcionados" de Langley para as bases no Afeganistão, sendo encarregados de vasculhar nas fontes em busca de informações recolhidas no interior e somá-las à inteligência compilada nos satélites ou nos postos de escuta para, assim, identificar com precisão a localização dos militantes em Bajaur e no Waziristão. Três anos mais tarde, uma reunião com um homem que a CIA acreditava ser um agente do alto escalão, mas que na verdade trabalhava para os militantes, terminou terrivelmente mal numa das bases, Camp Chapman, em Khost. Sete funcionários da CIA foram mortos quando o agente, um médico jordaniano, detonou um colete suicida. Foi o dia mais mortal da agência desde o ataque à embaixada americana em Beirute em 1983.

Sem a opção dos encontros, Keller manteve contato com os seus principais agentes via comunicações por computador, e administrava uma elaborada rede de intermediários, sem nenhum contato frente a frente com as suas fontes ao longo dos seus meses no Waziristão do Sul. Ele comparou a experiência àquela dos repórteres ocidentais em Bagdá durante os dias mais negros da guerra no Iraque: incapacitados de se mover livremente pelas ruas, eles confiavam em correspondentes iraquianos para reunir informações e citações.

No seu caso, Keller enviava uma mensagem para os engenheiros de computação da CIA, que a criptografavam e transmitiam a um agente paquistanês a quem fora fornecido previamente um equipamento especializado de comunicação para receber as transmissões. O homem paquistanês recebia centenas de dólares por mês, mas parte desse dinheiro servia para contratar outros agentes (ou "subagentes"), visando à coleta de informações sobre os movimentos dos membros da Al-Qaeda no Waziristão do Sul. Os subagentes desconheciam para quem trabalhavam e, possivelmente, achavam que o seu dinheiro vinha do ISI. Por vezes, Keller estava a três ou quatro intermediários de distância do subagente mais próximo ao alvo da espionagem.

Durante a estada do americano no Waziristão do Sul, o alvo principal da CIA era um químico egípcio cujo nome de guerra era Abu Khabab al-Masri. Membro do círculo íntimo de Bin Laden, Al-Masri comandou, numa ocasião, o campo de treinamento Derunta da Al-Qaeda, no Afeganistão, onde o grupo havia testado armas químicas e outros venenos. Achava-se que ele estava escondido no Waziristão do Sul, e então os Estados Unidos ofereceram uma recompensa de US$ 5 milhões por sua cabeça. Mas a CIA não sabia quase nada sobre a sua aparência; no começo de 2006, oficiais americanos admitiram ter usado a fotografia errada num pôster que anunciava a recompensa por Al-Masri.[4] A imagem no pôster foi substituída por uma silhueta negra.

Com tão pouco acontecendo, os agentes americanos no Waziristão do Sul tinham de confiar bastante em informações não substanciais de fontes que não haviam sido aprovadas. Uma das dicas recebidas por Keller dava conta de que Al-Masri visitava ocasionalmente uma determinada loja no bazar de Wana. Keller pediu ao seu agente paquistanês que contratasse um subagente que vivia nas vizinhanças e que teria motivos para visitar a loja. Uma operação foi organizada para demarcar a loja, determinar se

A BASE

Al-Masri era realmente um frequentador regular e tirar um retrato dele. Depois, o plano era instalar um equipamento de vigilância para determinar quem Al-Masri poderia estar tentando contatar.

O jovem americano nunca soube se a operação de fato deu frutos, ou se era apenas parte de uma missão mais ampla para aprisionar Al-Masri. Os agentes nas bases individuais eram frequentemente mantidos na ignorância sobre as operações nas cidades, mesmo aquelas localizadas a algumas dezenas de quilômetros, onde havia outras bases da CIA, e eles não tinham acesso ao tráfego de cabogramas sigilosos no restante do país. O campo de visão de Keller era mínimo, ele enviava fielmente os seus relatórios de inteligência para que os analistas em Islamabad o utilizassem como peça de um mosaico.

Era a configuração perfeita para os relatórios circulares. Certa vez, uma subfonte dele passou adiante a dica de que Osama bin Laden fora avistado no vale do Dir, na Província da Fronteira Noroeste. Keller mandou um cabograma para Islamabad, sugerindo que a CIA enviasse um agente ao Dir para checar a informação.

Quando recebeu o cabograma, o chefe da estação de Islamabad ficou irado; as dicas sobre Bin Laden eram como as aparições de Elvis, despertando interesse dali até Langley. Os agentes americanos no Paquistão eram pressionados a investigar até mesmo o rumor mais obscuro sobre Bin Laden, e a dica em relação ao vale do Dir fora checada — e desmentida — meses antes. A estação de Islamabad agora tinha de explicar a entusiasmados líderes da CIA por que o cabograma de Keller devia ser ignorado. O chefe da estação voou pessoalmente até Wana para repreender Keller, achando que valia a pena a sacolejante viagem de helicóptero.

— Aquele era um boato que eles haviam trabalhado duro, e por muito tempo, para enfiar-lhe uma estaca — relembra Keller. — E eu, como um vampiro, o ressuscitei.

O que Keller não sabia era que desempenhava apenas um pequeno papel numa vasta campanha conduzida pela CIA em 2006 para ajustar o foco da caçada a Osama bin Laden, expandindo radicalmente o número de agentes no Paquistão e no Afeganistão. Era dolorosamente óbvio para os agentes mais antigos em Langley que a guerra no Iraque desviara a atenção da caçada humana à Al-Qaeda, mas a busca por Bin Laden também havia sido perturbada por problemas dentro da agência. Agentes clandestinos posicionados em Islamabad vinham entrando em atrito com agentes do Centro de Contraterrorismo em Langley, cuja preferência pelos ataques com o Predador era escarnecida pelo pessoal de Islamabad como o trabalho de "garotos com brinquedos". O chefe da estação de Islamabad achava que os ataques com drones em 2005 e 2006 — que, embora pouco frequentes à época, foram por vezes baseados em inteligência de baixa qualidade, tendo resultado em muitas mortes de civis — pouco fizeram além de estimular o ódio aos Estados Unidos dentro do Paquistão, colocando os oficiais paquistaneses na incômoda posição de ter que mentir sobre os ataques.[5]

Houve também desentendimentos no quartel-general. Os confrontos entre os membros do Diretório de Operações — que supervisionavam os espiões no terreno — e os assistentes de Porter Goss vieram a público por meio de vazamentos para a imprensa. O Diretório de Operações também travava disputas por território com outros ramos da agência. No final de 2005, Porter Goss solicitou uma reunião de avaliação com todos os líderes seniores da agência, um movimento para mitigar as tensões entre a liderança da sua equipe. Durante a reunião, o vice-diretor da CIA para inteligência — chefe dos analistas encarregados de reunir os relatórios de campo — reclamou abertamente da arrogância dos agentes clandestinos, que podiam sair impunes sempre que desejassem. Jose Rodriguez, o chefe de operações, explodiu:

— Acordem e sintam o cheiro da porra do café! — gritou Rodriguez, lembrando a todos na sala que, ao contrário dos analistas, que viam o

A BASE 173

mundo de suas escrivaninhas, os seus agentes secretos trabalhavam virados para "o lado mais afiado da lança".

A volatilidade de Rodriguez ocasionalmente criava problemas dentro do próprio setor clandestino, e, no começo de 2006, mal falava com o homem que ele próprio indicara para chefe do Centro de Contraterrorismo, Robert Grenier. Grenier, um ex-chefe de estação em Islamabad, era refinado e racional — em muitos sentidos, a antítese de Rodriguez. Ele havia pressionado para que se expandisse a abrangência do contraterrorismo da CIA para além do Afeganistão e do Paquistão, ordenando que mais agentes focassem em ameaças emergentes, tais como o Sudeste Asiático e o norte da África. Dada a expansão do Centro de Contraterrorismo desde 2001, Grenier julgou que este deveria ser reestruturado para que se evitassem demissões. A unidade da CIA de caça a Bin Laden, formada nos anos 1990 e apelidada de Estação Alec, foi reorganizada e renomeada.

Rodriguez achava que tudo isso era um desvio de foco em relação à caçada. Ele substituiu Grenier por outro agente de dentro do CTC, um *workaholic* macilento e fumante inveterado chamado Mike.* Mike passara o seu início de carreira como agente secreto na África e se convertera ao Islã.[6] O seu guarda-roupa tendia para um gradiente entre o preto e o cinza, assim como a sua conduta geral. Alguns o chamavam de "Príncipe das Trevas", e ele acabaria por comandar a operação letal mais cara da CIA desde a Guerra do Vietnã.

Quando Mike assumiu o cargo, em 2006, a sua primeira missão foi elaborar um plano para reforçar as fileiras da CIA no Afeganistão e no Paquistão, eliminar as rixas entre as estações de Kabul e Islamabad e reorganizar o pessoal no quartel-general da CIA. Do lado de fora da principal cafeteria em Langley, logo depois do Starbucks, estruturas gigantes que lembravam barracões Quonset foram construídas para abrigar o crescente

---

* Como Mike permanece sendo um agente secreto, apenas o seu primeiro nome é utilizado aqui.

pessoal dedicado à caçada a Bin Laden. Como parte desse novo plano, apelidado de Operação Cannonball, dezenas de analistas de inteligência foram enviados a Kabul e Islamabad para trabalhar lado a lado com os agentes que garimpavam informações minuciosamente, em busca do paradeiro dos líderes da Al-Qaeda.

O mais importante, no entanto, foi que a CIA enviou mais agentes secretos para o terreno — sendo um deles, Art Keller — na tentativa de desenvolver fontes independentes das dos paquistaneses. Com os Estados Unidos travando uma guerra pública no Afeganistão, era relativamente fácil ter mais agentes da CIA em Kabul. O maior problema era o Paquistão, onde o ISI monitorava atentamente o número de pedidos de visto para oficiais americanos que queriam entrar no país e mantinha uma implacável vigilância dos agentes enviados para operar a estação de Islamabad. Langley precisava criar maneiras mais "exóticas" de mascarar as identidades dos espiões que queria dentro do Paquistão.

Uma oportunidade surgiu na manhã de 8 de outubro de 2005, quando um grande terremoto na região das montanhas da Caxemira destruiu a cidade de Muzaffarabad e causou deslizamentos de terra por todo o norte do Paquistão. As estimativas iniciais do governo paquistanês falavam numa cifra de quase 90 mil mortos, 19 mil deles crianças, que morreram quando as suas escolas desabaram sobre elas.[7] Bilhões de dólares em ajuda internacional foram injetados na Caxemira paquistanesa, e, quase imediatamente, uma sequência de helicópteros militares americanos vindos do Afeganistão cruzou a fronteira para entregar kits de ajuda humanitária. Os helicópteros Chinook tornaram-se uma visão frequente na Caxemira, e os paquistaneses começaram a se referir a eles no dialeto local como "anjos de misericórdia".[8]

Mas os americanos não estavam apenas numa missão de misericórdia. Nos meses subsequentes ao terremoto, a CIA utilizou o esforço humanitário na Caxemira para, sorrateiramente, introduzir agentes secretos no país, sem o conhecimento do ISI. Os espiões americanos adotaram

A BASE

os disfarces de várias profissões civis. Os oficiais do ISI suspeitavam que a missão de ajuda pudesse ser um cavalo de Troia para pôr mais agentes dentro do Paquistão, mas, em meio à devastação na Caxemira e à urgente necessidade de manter o fluxo de ajuda humanitária, os militares e agentes de inteligência paquistaneses não estavam em posição de questionar as credenciais de todos os americanos que chegavam ao país.

Levariam muitos anos até que a CIA começasse a obter os benefícios de sua ampliada presença no Paquistão, que, no entanto, ainda era relativamente modesta. Um ex-oficial de alto escalão de Langley estima que o número total de agentes secretos ali cresceu apenas de 10 a 20% durante a Operação Cannonball. Na época, oficiais da CIA temiam que inundar o país com espiões demais encorajaria uma maior vigilância por parte do ISI.

Contudo, a CIA tinha problemas em mascarar uma fraqueza. Havia um número finito de agentes experientes que podiam ser enviados ao Afeganistão e ao Paquistão, e os gestores em Langley ficaram tão desesperados por pessoal que passaram a recrutar agentes novatos — recém-graduados na "Fazenda", em Campo Peary — para enviá-los ao terreno.

— Tivemos que pôr no campo pessoas com níveis de experiência abaixo do desejado, mas não havia muita escolha — relembra um dos veteranos à frente da operação.

Um dos aspectos da reorganizada caça a Bin Laden era a tentativa de infiltração na rede de mensageiros que o terrorista utilizava para transmitir recados aos seus seguidores. A CIA estivera colhendo fragmentos de informação sobre os mensageiros favoritos de Bin Laden, o que permitiu à agência começar o rastreio de todos os membros da Al-Qaeda no Paquistão, a fim de desenvolver uma paisagem mais rica dos trabalhos internos dos segundo e terceiro escalões do grupo terrorista. Quando o general Michael Hayden assumiu a CIA das mãos de Porter Goss, na primavera de 2006, "havia bem mais infiltrações e mais conhecimento da Al-Qaeda do que jamais tivéramos em 2001 ou 2002", disse Hayden. "Nós, de fato, começamos a criar boas fontes de informação."[9]

Foi logo após uma visita de Hayden ao Paquistão, em agosto de 2006, que a CIA e o ISI elaboraram uma operação conjunta para prender Rashid Rauf, o mentor de um plano terrorista de explodir um punhado de aviões que cruzavam o Atlântico a partir de Londres, usando uma mistura letal de pós químicos e suco em pó Tang. Rauf orquestrara a trama das regiões tribais, comunicando-se com equipes dentro do Reino Unido que poderiam executar a missão. O plano foi sendo elaborado durante anos, e os executores tornaram-se negligentes. O M15 britânico conseguiu estabelecer redes de vigilância para monitorar os grupos, e os espiões ingleses usaram grampos telefônicos para ouvir pacientemente o desenrolar da trama.

Quando o ISI levantou a informação de que os idealizadores estavam prestes a realizar o ataque, o chefe da espionagem no Paquistão, o general Ashfaq Parvez Kayani, disse a Jose Rodriguez que eles estavam preparados para capturar Rauf enquanto ele ia de ônibus das áreas tribais à cidade de Bahawalpur, em Punjab. Rodriguez, que à época visitava Islamabad, ordenou aos agentes da CIA que estabelecessem um posto de vigilância perto de Bahawalpur, onde poderiam escutar as ligações de celular de Rauf e fornecer informações às tropas paquistanesas, que acabaram realizando uma prisão sem sobressaltos.[10]

O pessoal do M15 ficou furioso, sabendo que a prisão de Rauf alertaria os conspiradores na Inglaterra. Os espiões britânicos não confiavam nem dependiam do ISI; uma animosidade que tinha raízes nos tempos do governo britânico na Índia, antes da divisão com o Paquistão; e a Inglaterra suspeitava da existência de algum motivo extra para a iniciativa do general Kayani de prender Rauf. A polícia inglesa esforçou-se para encurralar os 25 conspiradores antes que eles se dispersassem, e especulou sobre os custos de realizar as prisões antes de poder reunir mais evidências para indiciar os suspeitos.

Ainda assim, frustrar o plano de agosto de 2006 representou um sucesso significativo, mesmo que não tivesse deixado a CIA mais próxima de encontrar Bin Laden. Correr atrás da rede de mensageiros era o que Hayden descrevia como uma "tacada de tabela" em busca de Bin Laden, algo como perseguir sombras — uma missão prejudicada por desinformação e insuficiente capacidade humana.[11]

A BASE 177

Por exemplo, antes que os agentes paquistaneses da CIA rastreassem Abu Ahmed al-Kuwaiti numa vasta área na arborizada cidade de Abbottabad, onde Bin Laden estava escondido, interrogadores da agência foram levados a acreditar que Al-Kuwaiti tinha pouco valor. Khalid Sheikh Mohammed, o principal mentor dos atentados de 11 de setembro, disse aos seus interrogadores que Al-Kuwaiti havia se aposentado. Mas existia também uma boa dose de dúvida em relação ao que dizia Khalid, por ele ser um dos suspeitos submetidos às mais extremas técnicas de interrogatório, incluindo o *waterboarding*. Se ele estava dizendo a verdade ou se falava apenas aquilo que os interrogadores queriam ouvir, era objeto de um acalorado debate dentro do governo americano. Um ano depois, outro prisioneiro garantiu aos seus interrogadores que Al-Kuwaiti era, de fato, o principal mensageiro de Bin Laden, informação que a CIA pôde finalmente corroborar em outra ocasião.[12]

MESMO COM O aumento das fileiras da CIA no Paquistão, a agência mal dispunha de recursos no país para seguir adiante, e as restrições do ISI à vigilância empreendida pelos americanos tornavam as coisas ainda mais difíceis. Durante a sua estada no Waziristão do Sul, Art Keller começou elaborando um dossiê sobre um suspeito de ser um facilitador da Al-Qaeda, chamado Haji Omar, proprietário de quatro complexos na área que, dizia-se, os militantes da Al-Qaeda costumavam frequentar. Keller enviou um cabograma para os seus chefes em Islamabad requisitando vigilância aérea para monitorar as entradas e saídas dos complexos de Haji Omar. Ele não dispunha de fontes humanas suficientes para vigiar atentamente o complexo, e a observação humana era sempre mais arriscada.

A essência do cabograma era, segundo Keller, "este cara está envolvido na logística da Al-Qaeda, é definitivamente um mensageiro, e talvez seja o nosso homem. Como iremos descobrir até que comecemos a vigiá-lo?". Mas, com o acordo de paz vigorando no Waziristão do Sul, o ISI recusava-se a permitir os sobrevoos do Predador.

A dinâmica ali estava proporcionando a Keller um vislumbre do aparato bizantino do ISI, no qual as engrenagens que iam no sentido horário não tinham contato com as engrenagens do sentido oposto. Os agentes dentro do Diretório C do ISI, a divisão da agência de espionagem responsável por operações de contraterrorismo, frequentemente ajudavam os agentes da CIA a caçar membros da Al-Qaeda. Asad Munir, o ex-chefe de estação do ISI em Peshawar, havia sido um agente do Diretório C. Mas esses agentes às vezes estavam em desacordo com os espiões paquistaneses do Diretório S, responsável fazia tempos por nutrir grupos como o Talibã, a Rede Haqqani e o Lashkar-e-Taiba, que o Paquistão via como aliados críticos em sua defesa contra a Índia.[13] Foi o Diretório S que ajudou a armar os mujahidin durante a guerra contra os soviéticos no Afeganistão, a conduzir a subida do Talibã ao poder durante os anos 1990 e, nos anos subsequentes a 2001, a fazer com que os vários grupos militantes mantivessem o foco de sua violência dentro do Afeganistão, em lugar de voltar a sua fúria contra o Paquistão.

Quase nada é escrito publicamente sobre o Diretório S, e, ainda que a CIA tenha trabalhado com agentes desta divisão durante a guerra soviética, os espiões americanos contavam apenas com um retrato impressionista de suas operações. Alguns dentro da agência haviam passado anos reunindo obsessivamente fragmentos de informação a respeito do Diretório S, mas de modo geral os analistas americanos concordavam que, desde 2001, esse setor estivera na vanguarda da estratégia silenciosa do ISI para manter laços com grupos militantes que poderiam servir aos interesses do Paquistão no futuro.

Se o Diretório S ordenava rotineiramente ataques letais contra tropas americanas e da OTAN no Afeganistão, é ainda matéria de algum debate, mas a rede americana de vigilância eletrônica no Paquistão — e, mais especificamente, no quartel-general do ISI — frequentemente interceptava chamadas telefônicas entre espiões paquistaneses e membros da Rede Haqqani.[14] Os oficiais paquistaneses geralmente negavam a evidência, ou diziam que aquilo era trabalho de elementos marginais dentro do serviço de espionagem, mas, em particular, admitiram que a agência precisava trabalhar com grupos como a Rede Haqqani a fim de proteger o lado ocidental do Paquistão. As agências de espionagem americanas chegaram a interceptar, em 2008, uma ligação telefônica na qual o general Kayani referia-se à Rede Haqqani como um "ativo estratégico".[15] Enquanto "tantos dentro da CIA dizem que 'o ISI é imundo', outros dizem que 'o ISI pode nos ajudar'", disse Keller. "Ocorre que ambos os juízos estão corretos, e este é o problema."

Comparada ao Waziristão do Sul, a dinâmica entre espiões americanos e paquistaneses durante o verão de 2006 era apenas minimamente diferente no Waziristão do Norte, onde o governo ainda não havia assinado um acordo de paz com os militantes. A CIA e o ISI trabalhavam mais próximos um do outro e dividiam uma base numa escola abandonada em Miranshah, a pouco mais de um quilômetro da principal madraça da Rede Haqqani na cidade. A partir dali, espiões americanos e paquistaneses reuniam inteligência para encontrar outro antigo figurão da Al-Qaeda, Khalid Habib.

À medida que a caçada a Habib se intensificava, a CIA realocou Keller no Waziristão do Norte. Mesmo com a mudança, ele seguiu à frente das operações no Waziristão do Sul e continuou a comandar as suas fontes via mensagens pelo computador. Keller fizera a mesma coisa quando preso dentro da base em Wana, e pouco importava, pois ele permanecia se comunicando no computador. Ele e outros agentes da CIA controlavam Predadores para monitorar comboios de caminhões e complexos de argila fora de Miranshah, na esperança de obter informações suficientes para que solicitassem um ataque a Khalid Habib. O ISI coletou a sua própria inteligência de fontes humanas, que foi combinada com as informações provenientes dos Predadores e das escutas eletrônicas.

Porém, a cooperação tinha os seus limites. Quando Keller chegou a Miranshah, recebeu um conselho do chefe da base.

— Não comente nada com inteligência do Exército paquistanês que você não queira que acabe chegando ao Talibã — disse ele.

Julgava-se que a inteligência do Exército paquistanês, uma unidade distinta do ISI, tinha laços ainda mais profundos com o Talibã e com a Rede Haqqani. Semanas antes de Keller chegar a Miranshah, a CIA e o ISI haviam feito uma incursão à madraça da Haqqani, sem encontrar nada. Agentes da CIA descobriram mais tarde que espiões paquistaneses haviam alertado os militantes da Haqqani sobre a incursão.

Embora frustrado, Keller compreendia perfeitamente por que o Paquistão estava tão temeroso em desmantelar a Rede Haqqani. Os Estados Unidos não ficariam no Afeganistão para sempre, e converter os Haqqani em inimigos poderia levar a dois cenários virtuais em Islamabad, ambos terríveis. Na melhor das hipóteses, as tropas paquistanesas iriam se encontrar atoladas numa guerra sem fim nas montanhas contra um grupo que poderia ser um aliado muito mais útil no esforço de enfraquecer a influência da Índia no Afeganistão. Na pior, a guerra poderia se espalhar para o leste, com os Haqqani levando a sua violência até os territórios assentados do Paquistão.

Assustados com ambas as perspectivas, em meados de 2006 os oficiais militares paquistaneses começaram lentamente a discutir um acordo de paz no Waziristão do Norte, semelhante àquele que já vigorava no sul. Keller e os seus colegas da CIA avisaram as suas contrapartes do ISI que o acordo poderia ter desastrosas consequências. No entanto, o seu ponto de vista teve pouco impacto. O governo paquistanês costurou um acordo de cessar-fogo no Waziristão do Norte em setembro de 2006. E ele foi possível graças às negociações secretas de uma figura familiar a muitos em Washington, o tenente-general Ali Jan Aurakzai, o homem que o presidente Musharraf indicara como comandante militar nas áreas tribais depois dos atentados de 11 de setembro e que sempre achou que a caçada à Al-Qaeda no Paquistão e no Afeganistão era um serviço tolo.

Aurakzai havia, desde então, se aposentado das Forças Armadas, e Musharraf o nomeou governador da Província da Fronteira Noroeste, o que conferia a ele o poder de supervisionar as áreas tribais. Aurakzai acreditava que apaziguar os grupos militantes das áreas tribais era o único modo de

A BASE

impedir que a militância chegasse até as áreas assentadas do Paquistão. E usou a sua influência junto a Musharraf para convencê-lo dos méritos de um acordo de paz no Waziristão do Norte.

Mas ainda era preciso convencer Washington. O presidente Musharraf decidiu levar Aurakzai consigo numa viagem cujo objetivo era vender a ideia de um cessar-fogo para a Casa Branca. Os dois sentaram-se no Salão Oval e argumentaram com o presidente Bush sobre os benefícios de um acordo de paz, e Aurakzai disse a Bush que o tratado de paz poderia mesmo ser replicado em partes do Afeganistão, permitindo que as tropas americanas se retirassem do país antes do previsto.[16]

Os membros do governo americano estavam divididos. Alguns consideravam Aurakzai um apaziguador covarde — o Neville Chamberlain das áreas tribais. Mas poucos viam qualquer chance de tentar impedir o acordo de paz no Waziristão do Norte. E Bush, cujo estilo de diplomacia era intensamente pessoal, preocupava-se, ainda em 2006, com a imposição de demandas excessivas ao presidente Musharraf. Ele ainda admirava Musharraf por sua decisão, nos primeiros dias após os ataques de 11 de setembro, de ajudar os Estados Unidos na caçada à Al-Qaeda. Mesmo depois que oficiais da Casa Branca estabeleceram ligações telefônicas regulares entre Bush e Musharraf, destinadas a pressionar o líder paquistanês a manter as operações militares nas áreas tribais, eles normalmente ficavam decepcionados com o resultado: Bush raramente fazia demandas específicas a Musharraf durante as ligações. Ele agradecia ao presidente paquistanês por sua contribuição à guerra contra o terrorismo e garantia que o apoio financeiro americano ao Paquistão seguiria firme.[17]

Em fins de 2006, a opinião prevalecente entre os altos conselheiros do presidente era que um excesso de pressão americana sobre Musharraf poderia acarretar um cenário de pesadelo: um levante popular contra o governo paquistanês, que talvez conduzisse a um governo islâmico radical. A frustração de fazer negócios com ele só se equiparava ao temor de uma vida sem ele. Era um temor que o próprio Musharraf alimentava, constantemente alertando os oficiais americanos sobre o seu frágil controle do poder e citando que sempre escapou por pouco de várias tentativas de assassinato. Essas tentativas eram bem reais, mas sua estratégia também era efetiva em manter um fluxo constante de ajuda americana e refrear as demandas de Washington por reformas democráticas.

O acordo de paz no Waziristão do Norte acabou sendo um desastre tanto para Bush quanto para Musharraf. Miranshah foi, de fato, tomada pela Rede Haqqani à medida que o grupo consolidava o seu império criminoso ao longo da parte oriental da fronteira com o Afeganistão. Como parte do acordo, os Haqqani e outros grupos militantes prometeram cessar os ataques no Afeganistão, mas, nos meses seguintes à sua assinatura, as incursões transfronteiriças das áreas tribais para o Afeganistão aumentaram 300%.[18] Durante uma entrevista coletiva no outono de 2006, o presidente Bush declarou que a Al-Qaeda estava "em fuga". Na verdade, ocorria o oposto. O grupo tinha um lar seguro, e não havia motivos para fugir dali.

ART KELLER DEIXOU o Paquistão pouco antes de o acordo no Waziristão do Norte entrar em vigência, encerrando assim o seu turno de cinco meses. Antes de partir, ele deu conta da última tarefa não resolvida: comprar um presente para o seu melhor agente paquistanês no Waziristão do Sul, um homem que ele nunca havia encontrado pessoalmente. Tratava-se de um ávido esportista, que escreveu a Keller dizendo que a CIA certamente poderia comprar alguns equipamentos esportivos americanos para uma de suas poucas fontes humanas nas áreas tribais. Após uma tempestade de cabogramas entre Wana, Islamabad e Langley a respeito da pertinência do pedido, a CIA finalmente condescendeu e pôs os equipamentos esportivos num voo para o Paquistão, depositados no compartimento de cargas junto com outros materiais sensíveis destinados à embaixada americana em Islamabad.

Dois anos mais tarde, depois de o presidente Bush haver assinado uma ordem secreta para a intensificação da guerra secreta da CIA no Paquistão, Abu Khabab al-Masri foi morto num ataque com drone, a apenas 20 quilômetros da base da agência em Wana. Três meses depois, um míssil disparado de um drone matou Khalid Habib enquanto ele estava dentro de uma caminhonete Toyota estacionada na aldeia de Taparghai, no Waziristão do Sul.[19] Quando os ataques ocorreram, Art Keller já estava de volta aos Estados Unidos, aposentado da CIA e morando em Albuquerque. Quando soube das notícias, ele não fazia ideia se algo do seu trabalho no Paquistão em 2006 — de espionar o bazar em Wana até filtrar informações numa escola em Miranshah — fora útil para a morte dos dois homens.

Provavelmente, ele jamais irá saber.

10. JOGOS SEM FRONTEIRAS

"Um poderoso Wurlitzer."[1]

— *Frank Wisner*

Apesar de toda a fascinação do público com os golpes, tentativas de assassinato e contrabando de armas empreendidos pela CIA durante as quatro primeiras décadas de sua existência, uma fração muito maior do orçamento da agência de espionagem era destinada a instrumentos de guerra mais sutis. A propaganda marrom e as operações psicológicas foram outrora a base da ação secreta da CIA: desde espalhar dinheiro pela Europa ao fim da Segunda Guerra até influenciar eleições para estabelecer estações de rádio financiadas pela agência no Bloco Oriental e no Sudeste Asiático. Frank Wisner, um veterano do OSS que ascendeu até se tornar o chefe das operações clandestinas da CIA, dizia que as missões de propaganda deviam ser comandadas por uma organização hábil e madura que poderia realizar várias campanhas de influência ao mesmo tempo — o que ele chamava de um "poderoso Wurlitzer" tocando uma música marcial numa guerra de ideias. Quando a Guerra Fria acabou, a CIA já não via necessidade de investir pesadamente em propaganda marrom ou de treinar os seus agentes para a guerra psicológica, e os programas tornaram-se vítimas dos drásticos cortes orçamentários dos anos 1990.

Mas a questão não era só dinheiro. O advento da internet e da globalização da informação fizera com que todas as campanhas de propaganda virassem um negócio arriscado para a CIA. Leis americanas proibiam a agência de conduzir operações de propaganda contra veículos de imprensa americanos e de liderar campanhas de influência contra cidadãos americanos. Antes da internet, a CIA podia colocar jornalistas estrangeiros na sua folha de pagamento e plantar falsas histórias em jornais sem se preocupar com a possibilidade de que tais operações vazassem para a mídia americana. Porém, em meados dos anos 1990, internautas em Nova York e Atlanta já podiam ler notícias em sites do Paquistão ou Dubai. Veículos de imprensa americanos começaram a prestar muita atenção em notícias estrangeiras e citar a imprensa estrangeira em seus relatos. Como resultado, tornou-se difícil para a agência convencer os supervisores do Congresso, que davam a aprovação final para qualquer ação secreta desta, de que uma campanha planejada de propaganda não poderia voltar-se contra os Estados Unidos.

Quando a CIA deixou que os seus esforços de propaganda atrofiassem, o Pentágono procurou logo preencher o vazio. Os militares enfrentam restrições similares à realização de operações de propaganda voltadas para cidadãos americanos, mas, de maneira geral, o Congresso deu ampla margem para o Departamento de Estado conduzir missões de operações psicológicas quando for mostrado — mesmo que superficialmente — que elas ajudam as tropas americanas em combate. O lastro do Pentágono ampliou-se ainda mais depois dos ataques de 11 de setembro, quando o Congresso, de fato, definiu o mundo como um campo de batalha, e os líderes militares foram confrontados com a confusa realidade de que a maior parte dos inimigos da América vivia em países onde o Exército e a Marinha não podiam ir. O Departamento de Defesa assumiu o controle do "poderoso Wurlitzer", gastando centenas de milhões de dólares para influenciar a opinião no mundo islâmico, longe das guerras de artilharia no Iraque e no Afeganistão.

Foi assim que, na primavera de 2005, um homem musculoso, com um maço de Marlboro metido no bolso da camisa, estava andando entre estandes de comerciantes de tecnologia na convenção da Associação Nacional de Rádio e Teledifusores, em Las Vegas. Ele estava disfarçado de vendedor de produtos para escritório, mas era um disfarce ruim para

JOGOS SEM FRONTEIRAS

187

o outrora agente de operações psicológicas do Exército que passara uma década concebendo maneiras de plantar uma guerra dentro da cabeça das pessoas.

Era bom que Michael Furlong se dedicasse ao combate mental, porque já não estava apto para o físico. Ele tinha a forma de uma boneca russa matrioshka, com uma estrutura avantajada que só se estreitava levemente no pescoço e cabeça. Diabético e movendo-se lentamente, era ainda uma pilha de nervos e costumava suar bastante. Ele falava em rajados, misturando várias sentenças quase sem tomar fôlego. Em reuniões, quase sempre soterrava a sua audiência sob uma avalanche de jargões militares, que frequentemente lhe deixavam em vantagem.

— Mike é muito inteligente, mas usa um vocabulário tão pesado que ninguém tem coragem de fazer perguntas, para não parecer burro e admitir não ter compreendido o que ele falava — disse um oficial militar que trabalhava com Furlong.

Ao final das reuniões, Furlong costumava sair da sala sem ser contestado, convencido de que recebera aprovação a qualquer dos esquemas exóticos que acabara de apresentar.[2]

Nativo de Miami, foi recrutado para o Exército em 1972, meses antes de o presidente Nixon abolir o recrutamento, mas ele adiou o serviço para se graduar em jornalismo e negócios na Universidade de Loyola, em Nova Orleans. Depois da faculdade, passou os seus primeiros quatro anos de serviço militar aprendendo o básico sobre o combate de infantaria no Forte Bragg, na Carolina do Norte, e então ascendeu até comandar uma unidade mecanizada de infantaria baseada no Forte Irwin, no deserto da Califórnia, onde se destacou. Ali, uma escarpa ganhou o nome de cordilheira Furlong, pelo sucesso de Michael nas artes da guerra no deserto. Ele tornou-se instrutor militar em meados da década de 1980, primeiro em West Point e depois na Real Academia Militar de Sandhurst, Inglaterra. Depois da Guerra do Golfo de 1991, Furlong retornou ao Forte Bragg como major do Exército no 4º Grupo de Operações Psicológicas.

Assim como tantos oficiais, Furlong era paranoico com a possibilidade de ser deixado de fora de qualquer aventura além-mar envolvendo as Forças Armadas norte-americanas, e ele às vezes brincava com os colegas que o seu único medo era de que o Pentágono o pusesse de lado, designando-o para fazer coisas como "explodir bolas de basquete em Dakota do Norte". De fato, ele conseguiu ficar no centro da ação. Depois que as facções beligerantes nos Bálcãs assinaram um tratado de paz em Dayton, Ohio, Furlong foi um dos primeiros americanos a ser enviado para a Bósnia, comandando um batalhão de operações psicológicas responsável pela missão de manter uma frágil paz por meio do lançamento de folhetos e de propaganda no rádio e na televisão, para que convencesse os moradores locais a colaborarem com as tropas de paz estrangeiras.

Durante os anos 1990, as missões de operações psicológicas ainda estavam em segundo plano dentro das Forças Armadas norte-americanas. Elas eram desprezadas como um componente periférico das guerras de artilharia, sendo conduzidas por gente estranha que provavelmente não havia conseguido obter sucesso em especialidades militares mais respeitadas, tais como a infantaria e a artilharia. Não era mais como no auge das operações militares psicológicas durante a Guerra do Vietnã, onde as equipes das Forças Especiais trabalhavam em conjunto com as equipes da CIA para conduzir uma guerra psicológica prolongada contra os líderes de Hanói e a população geral no Vietnã do Norte. Robert Andrews, o ex-Boina-Verde que se tornou conselheiro civil de Donald Rumsfeld e guia através do mundo das operações especiais, participou daquelas missões, tentando disseminar a confusão por meio de campanhas de cartas falsas e documentos forjados.

As operações eram, por vezes, muito mais elaboradas, como quando Andrews e o resto de sua unidade criaram um falso movimento de resistência no Vietnã do Norte — a Espada Sagrada da Liga dos Patriotas (SSPL) — para propagar a ficção sobre a existência de uma oposição armada ao Partido Comunista Vietnamita situada ao norte da zona desmilitarizada. Além de cartas e lançamento de panfletos, os agentes

JOGOS SEM FRONTEIRAS

americanos, utilizando canhoneiras não identificadas, sequestraram pescadores norte-vietnamitas, os vendaram e levaram para a ilha de Cu Lao Cham, ao largo da costa de Da Nang. O grupo fantasma construíra ali um "quartel-general", onde os detidos eram informados sobre extensivas operações de guerrilha destinadas a solapar o governo em Hanói. Alguns dos pescadores eram até sondados para integrar a "resistência".[3] Depois de várias semanas, os prisioneiros recebiam de presente bolsas com rádios sintonizados na estação A Voz da SSPL, e então eram levados de volta ao Vietná do Norte, onde podiam contar a todo mundo da sombria organização. Entre 1964 e 1968, de acordo com *A guerra secreta contra Hanói*, do professor Richard H. Shultz Jr., da Universidade de Tufts, mais de mil detidos foram levados a Cu Lao Cham e doutrinados nos modos da Espada Sagrada da Liga dos Patriotas.

Andrews e o seu pequeno grupo sonhavam com outras ideias, tais como atirar um corpo ao mar na costa do Vietná do Norte, colocando falsas mensagens codificadas no bolso do cadáver. Analistas norte-vietnamitas de inteligência decifrariam os códigos e passariam a falsa informação para os seus comandantes, acreditavam os idealizadores. Mas a ideia foi derrubada em Washington; Andrews nunca soube por quem. Washington era "aquele lugar misterioso que dizia 'sim' ou 'não' para as nossas grandes ideias. E nós todos o amaldiçoávamos".[4]

Em 11 de setembro de 2001, Furlong estava aposentado da ativa e trabalhava para a Corporação Internacional para Aplicações Científicas (SAIC), uma empreiteira do ramo rodoviário que logo se viu nadando em dinheiro graças a contratos sigilosos com o governo. Furlong passara anos estudando meios de espalhar mensagens pró-americanas a audiências hostis no outro lado do oceano, e, subitamente, ele se viu no centro de uma guerra para conquistar corações e mentes no mundo islâmico. Em outono de 2001, trabalhou juntamente com o gabinete de Donald Rumsfeld para desenvolver estratégias para operações de informação — conquistando uma medalha civil do Departamento de Defesa por seu trabalho — e, ocasionalmente, sentou-se no Gabinete de Crise da Casa Branca enquanto oficiais de Bush debatiam-se para achar maneiras de a Casa Branca se comunicar com os muçulmanos.[5]

Menos de dois anos depois, a SAIC recebeu uma injeção de dinheiro quando os militares fizeram novos contratos para tentar reconstruir um Iraque despedaçado. Furlong viajou a Bagdá para comandar um projeto de US$ 15 milhões que o Pentágono concedera à SAIC para criar uma estação de TV, a Rede de Imprensa Iraquiana. A rede era vista como um contrapeso à Al-Jazeera e outras redes árabes que Washington percebia como tendo um viés antiamericano. Mas o projeto logo enfrentou problemas. Os funcionários iraquianos desistiram após não terem sido pagos, e a rede tinha problemas técnicos para chegar até os lares iraquianos. Em meses, a SAIC gastava US$ 80 milhões do Pentágono, e o empreendimento estava à beira do colapso. Furlong foi retirado do projeto em junho de 2003, embora ex-colegas afirmem que ele dificilmente poderia ser considerado o único responsável pelas dificuldades da rede. Mas ele atraía atenção para si próprio: insistia em dirigir por Bagdá a bordo de uma picape Hummer branca — ainda com placa de Maryland — que ele trouxera de navio para o Iraque.

No entanto, ainda que o seu comportamento afastasse alguns colegas, o domínio de Furlong sobre o medieval sistema contratual do Pentágono tornava-o inestimável para as empresas do ramo de defesa. Projetos para operações de informação custavam apenas uma pequena fração do que custaria construir um tanque ou um jato, e o que Furlong sabia melhor do que a maioria era que, dentro de empresas multibilionárias como o Pentágono, pessoas inteligentes e ambiciosas podem por vezes garantir milhões de dólares identificando fontes inexploradas de dinheiro nos cantos obscuros da burocracia. Fazendo isso, são capazes de criar pequenos impérios.

Quando chegou na convenção em Las Vegas na primavera de 2005, Furlong estava para assumir um cargo civil sênior na divisão de operações psicológicas do Comando de Operações Especiais dos EUA (SOCOM). Ele carregava uma pilha de cartões de negócios identificando-o como um vendedor de produtos para escritório, de modo a se evitarem perguntas sobre o seu verdadeiro negócio: encontrar pequenas empresas com a tecnologia adequada para ajudar o Pentágono a conduzir campanhas de propaganda e coleta de inteligência no Oriente Médio.

Ao longo de dois dias, ele passou horas no estande da U-Turn Media, uma pequena firma tcheca que vinha desenvolvendo maneiras de transmitir vídeos por celular. A equipe da U-Turn percebera quase imediatamente que Furlong não estava ali para vender produtos de escritório, sendo que alguns dos membros notaram o endereço do Comando de Operações Especiais, em Tampa, listado no cartão de negócios dele. O encontro ocasional acabou sendo como receber uma herança inesperada para uma empresa esforçada que viera a Las Vegas à procura de novos negócios.

A U-Turn era presidida por Jan Obrman, um nativo da Tchecoslováquia cuja família havia fugido de Praga durante a repressão soviética no final dos anos 1960. As experiências de infância haviam feito com que Obrman fosse incondicionalmente pró-americano e um tenaz propagandista da ideia ocidental de democracia ao redor do mundo. Ele trabalhou para um *think tank* pró-americano durante os anos 1980 e depois se tornou um executivo da Rádio Europa Livre. A perspectiva de fazer dinheiro no crescente mercado de internet e celulares e o suporte financeiro de um rico investidor alemão levaram-no a criar a U-Turn Media em 2001. A empresa enfrentou dificuldades durante os seus primeiros anos, antes que os smartphones transformassem a indústria de celulares num Behemoth.

Naquela época, a U-Turn apostava numa tecnologia um tanto desajeitada para fazer dinheiro. A empresa assinou acordos com fornecedores de conteúdo e elaborou uma campanha de marketing visando a atrair o tráfego de consumidores para os websites de seus clientes. A partir deles, os consumidores podiam baixar em seus telefones celulares um ícone que serviria como um "portal" de internet. Mas, no decorrer daquela era paleolítica dos telefones celulares, a U-Turn encontrou poucos clientes prontos a desfrutar do serviço.

A empresa ampliou a sua caçada por clientes juntando forças com outras do ramo da pornografia a fim de criar maneiras de permitir o acesso a vídeos pornôs pelo celular. Uma de suas parcerias foi com uma empresa que estava produzindo um programa de baixo orçamento chamado "Tcheca" Meus Seios, que mostrava um homem andando pelas ruas de Praga oferecendo 500 coroas tchecas para que mulheres exibissem os seios para as câmeras. A U-Turn foi contratada para ajudar a viabilizar as imagens e o áudio para os celulares.[6] Bill Eldridge, um ex-executivo da empresa, relembra que o negócio com as paixões da carne era como um mapa da mina.

— Ao criar um negócio como esse, você quer mirar ou na indústria pornô ou no mundo da inteligência — disse ele. — Aquelas são as únicas pessoas com dinheiro para pagar por esse tipo de coisa.

Tendo se aventurado na pornografia, Obrman teve a chance de chamar a atenção do mercado de inteligência quando topou com Furlong em Las Vegas. Na verdade, os dois já haviam se encontrado nos Bálcás nos anos 1990 e passaram horas relembrando histórias da Guerra Fria e dos sangrentos conflitos étnicos que vieram após a queda do Muro de Berlim. Eles partilhavam visões idênticas sobre a importância de se espalharem os ideais americanos, especialmente no mundo islâmico. Mas Furlong também representava uma excelente oportunidade de negócios para a U-Turn.

Uma vez abertos os trabalhos no SOCOM, Furlong conversou com Obrman e outros executivos da U-Turn a respeito da ideia de desenvolver jogos que as pessoas em todo o Oriente Médio pudessem baixar em seus celulares. Para o SOCOM, os jogos poderiam solucionar dois problemas de uma só vez: o fato de que um grande número de pessoas no mundo islâmico não gostava dos Estados Unidos, e o fato de que os Estados Unidos sabiam muito pouco sobre quem eram essas pessoas. Furlong estava interessado em criar jogos que pudessem influenciar a percepção do usuário a respeito do país, bem como em coletar informações sobre quem fazia uso dos games. Era uma bonança em potencial para a inteligência: milhares de pessoas estariam enviando os seus números de celular e outras informações de identidade para a U-Turn, e tais informações poderiam ser armazenadas em bancos de dados militares e utilizadas em complexas operações de coleta de dados conduzidas pela Agência de Segurança Nacional e outras agências de inteligência. Os espiões não precisariam ir à caça de informações; estas chegariam até eles.

Tratava-se apenas de um dos aspectos de uma rede de programas que havia se intensificado desde os ataques de 11 de setembro de modo a alimentar com informações sofisticadas bancos de dados informatizados em busca de padrões de atividade que poderiam evidenciar futuros planos terroristas. Se grandes quantidades de informação pessoal pudessem jorrar para dentro dos bancos de dados, acreditava-se, algoritmos de computador poderiam varrer os dados e estabelecer conexões que analistas de inteligência humana jamais seriam capazes de fazer.

Mas as normas que presidiam tais atividades eram, para dizer o mínimo, obscuras. Uma iniciativa do Comando de Operações Especiais que acabaria por se tornar controversa envolvia a coleta de informações sobre cidadãos americanos suspeitos de manter ligações com grupos militantes. Os dados eram armazenados em servidores de computador na Virgínia, e alguns oficiais militares começaram a se preocupar com a possibilidade de estarem infringindo leis que regulavam como o Departamento de Defesa podia recolher informações sobre cidadãos. Buscando transportar as bases de dados para o outro lado do oceano, agentes que supervisionavam o programa para o SOCOM acabariam pedindo a Michael Furlong que abrigasse a base de dados no escritório central da U-Turn, em Praga, uma mudança que provocaria uma dramática briga entre Furlong e a CIA.

Em meados de 2006, a U-Turn havia organizado uma vistosa apresentação de 27 páginas de um programa-piloto que o Pentágono poderia usar em países do mundo islâmico. Os primeiros parágrafos da proposta enfatizavam o poder dos celulares como ferramentas para alcançar uma grande audiência:

"O que uma dona de casa em Atlanta, um comerciante beduíno, um executivo chinês, uma família americana de militar, um funcionário público kuwaitiano, um empresário bem relacionado do ramo de petróleo, um mártir da Al-Qaeda, um pacífico devoto iraniano do Islá e um rebelde sérvio têm em comum com jovens ao redor dos EUA, da Ásia, da Europa e do Oriente Médio?"

"Cada uma dessas pessoas, adultos e adolescentes por todo o mundo, provavelmente tem um telefone celular nas mãos em todos os momentos do dia."[7]

Na proposta, a U-Turn oferecia às Forças Armadas um cardápio de opções para transmitir mensagens através do mundo de forma clandestina. A proposta oferecia "notícias e conteúdo persuasivo sobre política e religião misturados a mensagens do Comando de Operações Especiais dos Estados Unidos (USSOCOM)", que poderiam "alcançar adolescentes em áreas pouco amistosas e de alto risco". E, ao longo do tempo, a mensagem do Pentágono poderia ser integrada "ao estilo de vida desses adolescentes". A proposta garantia que tudo isso podia ser oferecido sem o selo "feito na América" — uma campanha com marca oculta, que parecia ser comandada por uma empresa europeia de entretenimento.

A U-Turn venceu a competição para o programa em agosto de 2006, um contrato no valor de US$ 250 mil.[8] Mas o seu valor simbólico era ainda maior. A obscura empresa de telecomunicações de Praga, que até recentemente vinha vendendo noticiário e pornografia leve pelo celular, tinha assinado o seu primeiro contrato com um dos setores mais secretos — e crescentes — da burocracia militar. Enquanto a parceria de Furlong com a U-Turn dava frutos, a sua divisão dentro do Comando de Operações Especiais estava envolvida com a assinatura de grandes contratos sigilosos com empresas de comunicação para campanhas de propaganda no Oriente Médio e na Ásia Central. O SOCOM estava gastando centenas de milhões de dólares com a iniciativa, e uma verdadeira corrida estava em andamento. Pequenas empresas com pouca ou nenhuma experiência no mundo da propaganda começaram a se apresentar como firmas de "comunicações estratégicas", a fim de fechar novos negócios. Para a U-Turn, aquele seria o primeiro contrato de muitos e o início de uma nova era para uma empresa que cruzara com um patrão cujo orçamento era aparentemente ilimitado. A U-Turn achara a sua galinha dos ovos de ouro.

JOGOS SEM FRONTEIRAS

OS FORNECEDORES DE propaganda trabalhando no Comando de Operações Especiais em Tampa sabiam que, para que as campanhas destinadas a "influenciar" a opinião no mundo islâmico fossem efetivas, o papel da América deveria permanecer oculto. Logo depois de haver contratado a U-Turn Media para estabelecer um programa-piloto de videogames e outros serviços digitais, Furlong convenceu os executivos da firma a criar uma empresa além-mar que pudesse receber os contratos com o Pentágono sem estar ligada diretamente aos Estados Unidos. No final de 2006, Jan Obrman fundou a JD Media Transmission Systems LLC, uma empresa estabelecida nas Ilhas Seychelles, criada para receber transferências de dinheiro dos Estados Unidos através de uma conta bancária estrangeira.

Com poucas restrições em relação a como o Pentágono gastava dinheiro em programas clandestinos, Furlong não tinha ninguém de olho nele. Por vezes, ele gostava de se referir a si mesmo como "o rei das zonas nebulosas", e estava usando todas as artimanhas contratuais para garantir acordos em que as empresas do front da U-Turn conduzissem operações de propaganda. Tirando proveito de uma lei que dava vantagem a empresas pertencentes a indígenas americanos em contratos com o governo, Furlong arranjou para a U-Turn uma parceria com a Wyandotte Net Tel, uma firma localizada num pedacinho das áreas tribais no leste de Oklahoma.

O primeiro grande projeto que a U-Turn desenvolveu para o SOCOM foi um jogo de tiro ao estilo da popular série de jogos *Call of Duty*. O jogo conduzia o jogador através de uma odisseia pelas ruas de Bagdá, atirando em insurgentes que tentassem matar civis numa série de ataques terroristas. O objetivo era alcançar uma estação de polícia iraquiana e entregar os planos secretos de um futuro ataque insurgente, planos foram roubados do quartel-general de uma milícia. O título do jogo era *Herói Iraquiano*.

Aquilo fazia parte de uma ampla campanha de operações psicológicas do Pentágono, cujo codinome era Eco Nativo, programada para coincidir com a "onda" de forças americanas no Iraque, que o presidente Bush ordenara em 2007. O principal foco da Eco Nativo era inibir o fluxo de combatentes estrangeiros que entravam no Iraque a partir do Iêmen, da

Síria, da Arábia Saudita e de partes do norte da África. O jogo *Herói Iraquiano* foi criado de maneira tal que pudesse ser facilmente modificado para se adaptar a diversos países no mundo islâmico. Uma apresentação da U-Turn para o SOCOM listou treze países onde o jogo poderia ser distribuído depois de pequenas modificações, e a lista incluía Arábia Saudita, Marrocos, Egito e Jordânia. Os gráficos do jogo, que exibiam ruas repletas de mesquitas, carros velhos e palmeiras, não precisariam ser drasticamente alterados; apenas os diálogos tinham de mudar. Por exemplo, uma versão libanesa do jogo usaria diálogos que refletissem a situação política ali e seria chamada de *Maghaweer*, nomeada a partir da unidade de comando libanesa.[9]

A U-Turn desenvolveu dois outros jogos para a Operação Eco Nativo, um chamado *Magnata do Petróleo*, que permitia aos jogadores construir oleodutos e proteger a estrutura petrolífera do governo em face de constantes ataques terroristas, e o outro, *Prefeito da Cidade*, que colocava os jogadores no papel de um planejador urbano, decidindo como alocar recursos limitados para reconstruir uma cidade ficcional destruída por terroristas.

Uma equipe de programadores tchecos no escritório central da U-Turn, em Praga, criou os jogos, e Furlong impôs à empresa um acelerado quadro de horários a fim de finalizá-los o quanto antes e distribuí-los no Oriente Médio.[10]

Eles trabalharam com o SOCOM elaborando várias maneiras de disponibilizar os jogos. A mais fácil era entregá-los diretamente, colocando os jogos em milhares de cartões de memória e os vendendo ou distribuindo nos mercados e bazares. Mas o modo de conseguir uma distribuição mais ampla, no entanto, era postar os jogos em websites e blogs frequentados por jogadores no Oriente Médio. Isso também permitia ao SOCOM monitorar quantas pessoas estavam baixando os jogos e, mais importante, quem o estava fazendo.

É difícil ter ideia da extensão das operações secretas com videogames do SOCOM, ou saber exatamente quantas empresas como a U-Turn o Pentágono contratou para criar propaganda direcionada aos jovens no

JOGOS SEM FRONTEIRAS

197

mundo islâmico. Furlong pressionou a empresa tcheca para que elaborasse o maior número possível de novas iniciativas, e a U-Turn chegou a apresentar propostas para uma marca de roupas que utilizaria cantores populares e celebridades do Oriente Médio como garotos-propaganda. Houve até discussões sobre a possibilidade de deixar televisões grandes de tela plana em aldeias remotas na Ásia Central e no norte da África, televisões que seriam protegidas por placas blindadas para que não fossem destruídas. Elas teriam antenas imensas capazes de receber e transmitir mensagens pró-americanas geradas a milhares de quilômetros.

Aquela rebuscada ideia jamais foi aprovada. Mas, à medida que o Pentágono expandia as suas iniciativas de propaganda ao redor do mundo no final de 2007, a U-Turn foi contratada para apoiar um novo programa do SOCOM para controlar websites focados na Ásia Central, no norte da África, na China e em outras regiões. A Trans-Regional Web Initiative [Iniciativa Transregional de Rede] contratava repórteres freelancers para escrever matérias e postá-las em websites com nomes tais como Ásia Central Online, que exibiam notícias decididamente positivas sobre os Estados Unidos e sobre alguns de seus aliados autoritários no Uzbequistão e alhures. Uma controvérsia surgiu quando notícias sobre o programa vazaram, e o SOCOM abandonou os planos iniciais de manter oculto o papel da América nos websites, optando por colocar um pequeno rótulo no fundo de cada site, identificando-o como produto do Departamento de Defesa. Mas algumas pessoas no Congresso e no Departamento de Estado acreditavam que o Pentágono havia cruzado uma linha perigosa com os websites, a linha que separava as operações de informação conduzidas como parte de uma campanha militar e o requisito mais básico do Pentágono de fornecer informação verdadeira ao público americano.[11]

Na realidade, entretanto, essa fronteira havia sido borrada anos antes, e empresas como a U-Turn Media eram as beneficiárias. Furlong viajava frequentemente a Praga para se encontrar com Obrman e os seus programadores, e, no início de 2008, a empresa ganhara mais de US$ 5 milhões em contratos com o SOCOM, trabalhando usualmente como subcontratada ligada a uma firma maior, ou como parceira de empresas pertencentes a indígenas americanos. Obrman criou uma empresa sediada nos Estados Unidos, a International Media Ventures (IMV), com a ideia de que isso facilitaria no momento de vencer sigilosas licitações do governo. Ele ergueu o escritório da IMV próximo a outras empreiteiras a serviço da CIA e do Pentágono, num parque de negócios em São Petersburgo, Flórida, bem em frente à baía de Tampa, ao longo dos quartéis-generais do SOCOM e do Comando Central Norte-Americano, na Base Aérea de McDill.

Mas alguns dentro da CIA começaram a levantar suspeitas sobre como a U-Turn/IMV conseguia vencer licitações governamentais sigilosas. Qual era exatamente a conexão entre Furlong, um alto burocrata civil, e uma obscura empresa tcheca que empregara um pequeno exército de programadores de computador a fim de criar jogos e websites para o Pentágono? A estação da CIA em Praga começou a enviar cabogramas a Langley com questionamentos sobre o arranjo e sobre o quão fácil seria para agentes russos de inteligência infiltrar-se na operação da U-Turn.[12]

Havia um problema ainda maior. Em 2007, o SOCOM realocara discretamente para o escritório central da U-Turn, em Praga, os servidores de computador que guardavam dados coletados sobre cidadãos americanos. Enquanto oficiais militares achavam que deslocar os servidores para lá poderia deixar o Pentágono em dia com as leis referentes a escutas telefônicas e monitoramento, os Estados Unidos agora estabeleciam uma operação clandestina de informática dentro da República Tcheca, país aliado dos americanos, sem notificar o governo em Praga. Isso era incerto até mesmo em circunstâncias normais, porque os oficiais americanos teriam de avaliar o risco caso o serviço de inteligência do país aliado descobrisse a operação, encerrando-a e respondendo na forma de uma recusa em cooperar com a CIA em outras missões.

Mas aquele não era um período normal de relações diplomáticas entre os dois países. O governo Bush estava cortejando agressivamente o governo tcheco em busca de permissão para construir um radar de rastreamento a

JOGOS SEM FRONTEIRAS

199

sudoeste de Praga, como parte do programa de mísseis de defesa da Casa Branca. Obter a aprovação tcheca mostrava-se difícil, sobretudo porque o governo de Vladimir Putin em Moscou vinha, havia anos, denunciando os planos de mísseis de defesa da administração Bush, pressionando os países do Leste Europeu a negar o pedido dos Estados Unidos para construir estações de radar em seus territórios.

A tensão entre a CIA e Furlong aumentava. Em meados de 2008, Michael Furlong havia mudado de cargo, deslocando-se para a base da Força Aérea de Lackland, em San Antonio, Texas, o quartel-general de uma célula de operações psicológicas chamada Comando Conjunto de Operações de Guerra de Informação. Mas ele manteve a supervisão sobre a U-Turn/ IMV, e, em junho de 2008, decidiu de última hora parar em Praga para se encontrar com funcionários da empresa em seu caminho de volta do Afeganistão ao Texas.

O chefe de estação da CIA e outros funcionários da embaixada americana em Praga souberam, pouco antes, que o Pentágono vinha realizando a operação secreta dos bancos de dados a partir dos escritórios da U-Turn. A operação fora cancelada devido a preocupações em Washington sobre a legalidade do banco de dados, mas agora Furlong estava sentado na embaixada americana — sem ter recebido permissão adequada para viajar a Praga a negócios —, e oficiais da CIA em Praga suspeitavam que ele pudesse tentar ressuscitar o programa de armazenamento de dados. Temiam que aquele homem bombástico, fumante inveterado, estivesse planejando passar semanas no país supervisionando os seus programas clandestinos, potencialmente arruinando meses de negociações diplomáticas em torno do pacto para os mísseis de defesa.

O que se seguiu foi um festival de frenéticas ligações telefônicas entre Praga, Washington e San Antonio, com todo mundo tentando descobrir o que fazer com a situação de Furlong. Todos concordavam que a resposta era simples: retirá-lo do país o mais rápido possível. O tenente-general John Koziol, o chefe de Furlong em San Antonio, alcançou-o em Praga e entregou-lhe uma dura mensagem: "Feche a conta no hotel, vá para o aeroporto e pegue o primeiro voo para fora do país." Furlong foi efetivamente expulso da República Tcheca.

— A CIA caiu sobre ele como uma tonelada de tijolos — disse um oficial militar que trabalhava com Furlong em San Antonio.

As ambições de Furlong haviam sido frustradas, e agora ele constava na lista negra da CIA. Mas também sabia que os seus patrões nos altos escalões do Departamento de Defesa o protegeriam, e já concentrava as suas energias num novo problema: a crescente violência militante no Paquistão, que transbordava pela fronteira até o Afeganistão. Furlong estava determinado a ajudar os comandantes militares americanos com a questão, e tinha certeza de que a CIA não estava apta para a tarefa. E agora era pessoal. Depois do episódio de Praga, ele começou a se referir à CIA como "a minha nêmese".

Poucas semanas após Furlong ter sido chutado para fora da República Tcheca, um avião transportando a secretária de Estado Condoleezza Rice e vários diplomatas americanos pousou no aeroporto de Praga. Naquela noite, em um pródigo jantar comemorativo, Rice tiniu taças de champanhe com o ministro tcheco de Relações Exteriores, Karel Schwarzenberg — um brinde a um novo pacto para mísseis de defesa e a uma nova era de amistosas relações entre os Estados Unidos e a República Tcheca.

11. O RETORNO DO VELHO

"Você se lembra da primeira regra da aposentadoria, George? Nada de segundos empregos, nada de deixar pontas soltas. Nada de negócios privados, jamais."

— *John le Carré*, A vingança de Smiley

O general David McKiernan já ouvira o bastante. Passaram-se meses desde que o alto comandante no Afeganistão fora avisado de um plano desenvolvido por dois homens de negócios para fornecer relatórios regulares de uma rede de fontes espalhadas pelo país, e do outro lado da fronteira, no Paquistão. McKiernan queria saber por que o esforço havia fracassado. Ele esperava que aquilo fosse propiciar informação confiável sobre o Paquistão, em contraste com os informes da CIA, que suspeitava serem alimentados por espiões paquistaneses. Em algum lugar da burocracia do Pentágono, pensava ele, gnomos sem rosto estavam atrasando as coisas.

— Quem é o comunista que eu preciso matar para obter esse contrato? — gritou McKiernan para o seu Estado-Maior, depois de saber que o financiamento para o programa de informação ainda não havia sido aprovado.[1]

Sentado com o general McKiernan naquele dia, no outono de 2008, estava Michael Furlong, que estivera indo e vindo de Kabul a San Antonio com a esperança de iniciar uma série de projetos de operações de informação para os generais no Afeganistão, do mapeamento das estruturas tribais no sul até a realização de enquetes sobre as atitudes afegás a respeito das Forças Armadas americanas. A guerra piorava a cada dia. O Talibã havia exigido amplas porções de território nas regiões sul e leste do país, assassinado oficiais do governo afegão, e erguido governos fantasmas nas províncias de Kandahar e Helmand. Os acordos de paz de 2006 no Waziristão do Sul e do Norte permitiram que o Talibã e a Rede Haqqani florescessem e intensificassem os seus ataques lançados a partir de aldeias paquistanesas contra postos avançados americanos no Afeganistão. No final de junho de 2008, o mês em que McKiernan assumiu o comando, mais tropas americanas morreram então do que em todos os meses anteriores desde que a guerra começara em 2001.[2]

Quando chegou a Kabul, McKiernan convenceu-se imediatamente de não contar com tropas suficientes. A guerra do Iraque continuava a ser a prioridade número um do governo Bush, garantindo que o conflito negligenciado no Afeganistão continuasse a ser o que o Pentágono chamava eufemisticamente de "operação com economia de força". O predecessor de McKiernan, o general Dan McNeill, havia feito uma crítica contundente à estratégia de guerra enquanto saía do país, dizendo que os comandantes americanos careciam de mais tropas em solo, helicópteros e unidades de inteligência. Durante uma audiência no Congresso, o almirante Michael Mullen, presidente do Estado-Maior Conjunto, disse: "No Afeganistão, nós fazemos o que dá para fazer. No Iraque, nós fazemos o que deve ser feito."

O general McNeill também havia culpado o governo do Paquistão por não se esforçar para coibir o fluxo de combatentes cruzando a fronteira para o Afeganistão. De fato, o Paquistão tornara-se o alvo preferido das reclamações de generais americanos sobre o aumento da violência no país. Já em setembro de 2006, o tenente-general Karl Eikenberry — que antecedeu McNeill — tentava chamar a atenção da Casa Branca por meio da compilação de um dossiê sobre a inação paquistanesa nas áreas tribais. Ele viajou para Washington com uma apresentação de PowerPoint alegando a cumplicidade paquistanesa em fomentar a militância no país, chegando a citar o fato de que Jalaluddin Haqqani operava abertamente a sua madraça em Miranshah (a mesma madraça que Art Keller e oficiais da CIA haviam pressionado para atacar no verão de 2006), a cerca de 1 quilômetro de uma grande base militar paquistanesa.

Destarte, dois anos depois, quando dois executivos buscaram seduzir o general McKiernan com uma proposta de coletar informação dentro do Paquistão e fornecê-la ao comando militar americano em Kabul, o general ficou imediatamente intrigado. Os homens — Eason Jordan, um afável ex-executivo da CNN, e Robert Young Pelton, um iconoclasta escritor canadense, autor de uma série de livros que ajudavam os viajantes a enfrentar os lugares mais perigosos do mundo — já haviam trabalhado juntos antes. Durante os dias mais sangrentos da guerra do Iraque, Jordan e Pelton haviam lançado o IraqSlogger [o batalhador do Iraque], um website devotado aos fatos, rumores e relatos de campo de jornalistas iraquianos locais. O site tinha um pequeno, porém fiel, número de seguidores, mas debatia-se com problemas financeiros, e então Pelton e Jordan tiveram de fechá-lo. Eles queriam replicar o projeto no Afeganistão e haviam reuni-do uma rede de correspondentes locais ali e no Paquistão para um novo website, que eles chamaram de AfPax Insider. Desta vez, no entanto, eles esperavam que o Pentágono bancasse o seu novo empreendimento.

Contudo, o general McKiernan não iria pagar por um serviço iniciante de notícias. Quando se encontrou com Jordan em Kabul, em julho de 2008, ele disse querer relatórios regulares de locais aonde as suas tropas não podiam ir, e sobre os quais a CIA não vinha fornecendo informações confiáveis. As relações de McKiernan com o chefe de estação da agência em Kabul eram péssimas; os dois homens mal se comunicavam. Em reuniões de equipe, McKiernan depreciava abertamente a CIA, e, em poucas semanas desde a sua chegada a Kabul, ele concluiu que a agência de espionagem dispunha de poucas fontes nas áreas tribais do Paquistão que pudessem alertar os comandantes americanos sobre os planos maquinados ali. Apenas um dia antes do encontro dele com Jordan, atiradores do Talibã emboscaram um posto avançado do Exército americano em Wanat, no leste do Afeganistão, matando nove soldados e ferindo 27.

204 GUERRA SECRETA

Em um encontro anterior, o general impressionara-se com o fato de Jordan ter entregado a oficiais das Forças Armadas uma folha com os números de telefone de militantes suspeitos no Paquistão, que haviam sido coletados por sua equipe de correspondentes. Segundo Jordan, ele entregara apenas os números de "porta-vozes" do Talibã já amplamente acessíveis aos jornalistas. Os números de telefone haviam sido guardados num banco de dados sigiloso mantido por oficiais militares na Base Aérea de Bagram, e alguns deles correspondia a números que os militares já vinham monitorando. Isso criou expectativas no Estado-Maior de McKiernan de que a equipe pudesse fornecer informação verdadeira, em tempo real. Por fim, o general aprovou uma verba de US$ 22 milhões para o AfPax Insider e ordenou a Michael Furlong que garantisse a entrega do dinheiro.

Como sempre, Furlong mostrara a sua habilidade de se insinuar no centro das operações de guerra da América, e, durante a segunda metade de 2008, ele costumava frequentar reuniões sobre campanhas de operações de propaganda e informação no Afeganistão. McKiernan esquecia frequentemente o seu nome, referindo-se a ele para outros membros do seu Estado-Maior como "aquele gordo suarento".

Mas, se subestimou Furlong, McKiernan calculou mal. O general pode ter refletido pouco sobre as implicações de aprovar o projeto de coleta de informações de Pelton e Jordan, mas pôr Michael Furlong à frente da operação deu início a um dos episódios mais tensos das guerras secretas desde 2001. Muitos elementos que vinham se desenvolvendo em laboratório — a rivalidade das Forças Armadas com a CIA, o crescente universo da espionagem governamental, a assustadora privatização da guerra — combinaram-se num composto volátil. Mais tarde, depois de acusações e investigações, Michael Furlong iria enfrentar um destino pior do que qualquer coisa que ele pudesse temer. Ele não foi enviado para "explodir bolas de basquete na Dakota do Norte". Ele foi totalmente tirado do jogo.

De sua parte, um enfurecido McKiernan descobriria, depois de aprovar o projeto AfPax Insider, que possuir quatro estrelas no ombro não era

O RETORNO DO VELHO

garantia de obter o que se quer. Os seus esforços para obter financiamento ao projeto esbarraram em obstáculos, a maioria deles erguida pela CIA.

Em 5 de setembro de 2008, Furlong havia ido a Langley com um grupo de altos oficiais do Departamento de Defesa para apresentar o plano de coleta de informações ao Centro de Contraterrorismo da CIA.[3] Acompanhando-o estava o general de brigada Robert Holmes, o vice-oficial de operações do Comando Central Norte-Americano, e Austin Branch, um oficial civil trabalhando para o escritório de inteligência do Pentágono, que Donald Rumsfeld havia criado muitos anos antes.

Graças ao episódio de Praga meses antes, os oficiais da CIA já estavam cautelosos a respeito de Furlong, e este sabia muito bem o quão irascível podia se tornar a agência de espionagem caso notasse que o Pentágono violava o seu feudo. No encontro, ele mediu bem as palavras ao discutir a proposta de operação. Os seus empreiteiros não estavam "espionando", ou sequer "colhendo inteligência", disse ele. Estavam apenas coletando "informação atmosférica" para fornecer aos comandantes em Kabul e ajudar a proteger as tropas americanas. Como descreveria mais tarde:

— Eu tinha que lançar mão de um eufemismo para descrever o que estávamos fazendo.[4]

Sete anos após os ataques de 11 de setembro, o Pentágono fora tão fundo dentro do jogo da espionagem que toda uma nova linguagem foi criada. Assim como as tropas americanas haviam sido mandadas para países com os quais a América não estava em guerra, com o argumento de estar "preparando o campo de batalha"; sentir a "atmosfera" tornou-se um novo bordão utilizado pelo Exército para evitar despertar a ira da CIA. No encontro de setembro em Langley, Furlong tentou garantir aos oficiais da CIA que as operações seriam coordenadas com as estações da agência em Kabul e Islamabad, mas logo o clima ficou pesado. As dezenas de oficiais da CIA que ali estavam para escutá-lo suspeitaram imediatamente que a operação equivalia a uma operação clandestina de espionagem.

E ficou ainda pior três meses depois, quando ele voltou para o Afeganistão e fez uma palestra sobre o projeto para um grupo de agentes da CIA em Kabul, incluindo o chefe de estação. O encontro descambou para um festival de berros, e o chefe de estação acusou Furlong de tentar colher inteligência para uma missão letal dentro do Paquistão. "Um dos homens da CIA estava literalmente cuspindo, e Furlong começou a gritar de volta", relembra um oficial militar presente ao evento. Semanas depois, um advogado no quartel-general da CIA escreveu um memorando ao Pentágono apresentando oficialmente o protesto da agência contra um programa que esta acreditava ser pouco supervisionado e potencialmente perigoso.[5]

Furlong esperava a resistência, e, para ele, aquilo era a típica mesquinharia da CIA: proteger os seus patrimônios a qualquer custo, ignorando o fato de que a agência vinha se mostrando incapaz de prevenir os ataques que, partindo do Paquistão, estavam matando tropas americanas a cada dia. Ele estava convencido de que a agência fizera uma barganha faustiana com o Paquistão. Em troca de obter permissão para os voos de drones na região, ele acreditava que a agência fazia vista grossa enquanto o ISI discretamente apoiava o Talibã e a Rede Haqqani. Colher informações para proteger as tropas americanas, argumentava Furlong aos agentes da CIA, era algo perfeitamente alinhado às competências do Pentágono sob o Título 10, não importando onde a ação fosse ocorrer.

Enquanto a CIA tentava bloquear a aprovação para o AfPax Insider, e advogados das Forças Armadas no Comando Central Norte-Americano analisavam os detalhes da operação proposta, Furlong decidiu que não precisava esperar pela aprovação de Washington. No final de 2008, ele conseguiu que o projeto recebesse US$ 1 milhão em capital inicial de um fundo de emergência do Exército e contornou outro espinhoso entrave burocrático — o fato de que nem Eason Jordan nem Robert Young Pelton eram vendedores aprovados pelo governo. Ele concebeu uma solução simples: colocar o projeto sob o controle de uma empresa que ele conhecia bem, a International Media Ventures (IMV) de Jan Obrman, localizada em São Petersburgo, Flórida.[6] Em abril de 2009, Furlong havia assegurado mais US$ 2,9 milhões para o projeto, tudo isso fluindo através do negócio

O RETORNO DO VELHO

com sede na Flórida. Furlong, o mestre em deitar e rolar em contratos com o governo, tirava vantagem de um sistema pronto para ser explorado. O Congresso havia aprovado bilhões de dólares para as guerras no Iraque e no Afeganistão, mas havia pouca supervisão sobre como o dinheiro era gasto.

Pelton e Jordan, no entanto, mal tomavam conhecimento do dinheiro, e começaram a suspeitar que Furlong tinha outros desígnios para o montante que o general McKiernan ordenara para o AfPax Insider. Ainda assim, os dois continuaram trabalhando, e Pelton era visto frequentemente perambulando pelo Afeganistão a fim de obter informações de tribais anciões, membros do Talibá e senhores da guerra. Ele viajava com uma equipe de oficiais militares vestidos como civis, dirigindo durante horas por estradas esburacadas, rumo ao leste, para colher informações na fronteira com o Paquistão. Pelton também pegou um avião na direção contrária, rumo à fronteira do Afeganistão com o Irã, onde se encontrou com o poderoso senhor da guerra da cidade de Herat, Ismail Khan, para avaliar o seu apoio à guerra da América no país.

Em todo esse tempo, as atenções do general McKiernan estavam voltadas para outro lugar. Começaram a circular rumores de que o presidente Barack Obama, que assumiu o cargo em janeiro de 2009, estava insatisfeito com a estratégia no Afeganistão e planejava revisar o pessoal de guerra. Em maio, o secretário de Defesa Robert Gates voou a Kabul para levar as notícias até o general McKiernan: ele estava fora, e Obama decidira substituí-lo pelo tenente-general Stanley McChrystal, então comandante do Comando de Operações Especiais Conjuntas. A alteração na liderança acabou sendo uma bênção para Furlong; quando se encontrou com altos membros do Estado-Maior de McChrystal, ele apresentou o projeto de coleta de informações como um fato consumado. Durante uma reunião com o major-general Michael Flynn, veterano oficial de inteligência no Afeganistão, ele disse contar com equipes de contratados operando no Paquistão e no Afeganistão, e que os seus relatórios com informações estavam sendo "enfiados" em sigilosos bancos de dados de inteligência militar.[7]

Mas as suspeitas de Pelton e Jordan de que estavam sendo postos para escanteio provaram-se corretas, e, à medida que importunavam Furlong atrás de dinheiro, este começou a enviar-lhes e-mails comunicando haver encontrado outros contratados com melhores fontes de informação. No começo de julho, Furlong retornou de uma viagem para fora do Afeganistão e disparou um e-mail para Jordan e Pelton:

"Os dois sujeitos que se encontraram comigo em Dubai no fim de semana passado são o mais próximo que eu já encontrei da versão real e comercial de Jason Bourne. Ambos são fluentes em dari, pachto e árabe, e a cada dia constroem redes no terreno", escreveu.[8] O general McKiernan já era, disse Furlong, e os novos comandantes no Afeganistão tinham pouco interesse em pagar pelo AfPax Insider. "Sejamos honestos, rapazes", escreveu ainda, "vocês estão pedindo que o governo banque o seu negócio incipiente. Os outros caras já investiram no estabelecimento de redes de contato ao longo dos últimos quatro ou cinco anos."[9]

Quem exatamente eram esses misteriosos novos contratados, esses "Jason Bournes"? Furlong não disse nos e-mails. Falou apenas sobre uma rede de ex-tropas de operações especiais e agentes da CIA que haviam se recusado a trabalhar para a agência de espionagem por esta ser excessivamente avessa a riscos e por demais dependente de serviços estrangeiros de inteligência como o ISI.

Haviam formado o que Furlong chamou de uma "CIA oculta" e estavam ansiosos por coletar inteligência que pudesse ser utilizada em missões de operações especiais. Sobre a pessoa no comando dessa CIA oculta, Furlong referiu-se a ela apenas como "o velho".

DUANE "DEWEY" CLARRIDGE, 77 anos de idade, não sossegou com a aposentadoria. Não era o seu estilo; e, além disso, havia muitos assuntos antigos por resolver. Ele deixara a CIA em meio ao escândalo do caso Irã-Contras, convencido de que os seus patrões o haviam transformado num bode expiatório. O seu processo de dois anos antes por ter mentido

O RETORNO DO VELHO

ao Congresso a respeito de sua participação no Irã-Contras ele considerava obra de uma caça às bruxas partidária.

Quando o presidente George H. W. Bush perdoou Clarridge e outras figuras do caso Irã-Contras — incluindo o ex-secretário de Defesa Caspar Weinberger — durante os últimos dias de sua presidência, nas vésperas do Natal de 1992, Clarridge sentiu-se parcialmente vingado. Ele emoldurou o perdão presidencial, pendurando-o no corredor de sua casa. Era a primeira coisa que um visitante via ao entrar.

Ele escreveu um livro de memórias no final dos anos 1990, *Um espião para todas as estações*, fornecendo vívidos detalhes sobre muitos de seus feitos na Guerra Fria, e continuava comprometido com as causas republicanas. Como consultor privado em 1998, trabalhou com o general aposentado Wayne Downing — o ex-chefe do Comando de Operações Especiais Conjuntas — num plano para inserir milhares de exilados iraquianos e comandos americanos no Iraque visando à derrubada do regime de Saddam Hussein. A proposta foi endossada por Ahmed Chalabi, presidente do Congresso Nacional Iraquiano e o preferido dos republicanos que defendiam uma guerra no Iraque, mas foi desprezada como uma fantasia pelo Comando Central Norte-Americano. O comandante, general Anthony Zinni, referia-se ao plano de Clarridge e Downing como "a baía dos Bodes".

Quando os Estados Unidos finalmente estavam perto de derrubar Saddam Hussein, em 2003, Clarridge levantou dinheiro para vários esforços privados cujo objetivo era provar, contra toda evidência, que o ditador iraquiano possuía estoques de armas químicas e biológicas por todo o país. E, em todo esse tempo, ele continuou sendo um determinado incentivador da intervenção americana no outro lado do oceano. Numa controvérsia durante uma entrevista em 2007, defendeu furiosamente muitas das mais notórias operações da CIA, dizendo ser um dever dos Estados Unidos exercer a sua vontade além-mar.

— Interviremos sempre que julgarmos que a intervenção obedeça aos interesses da segurança nacional — disse Clarridge a um repórter.

— Quem não gostar terá de engolir. Acostume-se, mundo, pois não iremos tolerar loucuras.[10]

Mas ele também havia se encrespado com a CIA. Naquele mesmo ano, ele proferiu um discurso em Arkansas sobre o quanto as operações de inteligência humana da CIA diminuíram ao longo dos anos. A agência de espionagem não conseguia obter informações confiáveis sobre os regimes do Irã e da Coreia do Norte, disse ele, porque se tornara muito dependente dos satélites de espionagem e escutas eletrônicas. Ele acreditava que o problema era que advogados nervosos exerciam muita influência em Langley, vetando rotineiramente propostas de missões mais arriscadas de coleta de inteligência. Ele começou a sonhar com um novo modelo de espionagem, algo menor e mais enxuto do que a CIA, e sem compromissos com quaisquer governos estrangeiros. Seria como o Escritório de Serviços Estratégicos (OSS), mas atualizado para o mundo do século XXI — um mundo dominado por corporações, dispersas redes internacionais de crime e terrorismo, e instituições multinacionais.

A espionagem privada não era uma ideia inteiramente nova. Depois da Segunda Guerra, o fundador do OSS, William Donovan, estava tão melancólico por não ter sido indicado como primeiro diretor da central de inteligência pelo presidente Truman que resolveu criar uma operação de inteligência por conta própria. Durante viagens de negócios à Europa, ele colheu informações sobre atividades soviéticas com embaixadores americanos e jornalistas, além de sondar possíveis agentes secretos. Bombardeou os oficiais da CIA com ideias para operações clandestinas. Mas, quando soube das atividades de Donovan, Truman ficou furioso, chamando-o de "filho da mãe intrometido".[11] Nos anos seguintes, a CIA, de um modo geral, obteve sucesso em eliminar outros esforços similares de espionagem privada.

Clarridge havia arruinado a maioria de suas relações em Langley nos anos seguintes à sua aposentadoria. Mas continuava próximo a uma fraternidade de oficiais aposentados das operações especiais que mantinham laços com comandos da ativa no Forte Bragg e em outros postos avançados

O RETORNO DO VELHO   211

no Afeganistão e no Iraque. As suas críticas à CIA, tida por ele como desastrada e amadorística, o tornavam popular entre alguns daqueles comandos, e então ele voltou-se para um pequeno quadro dessas tropas aposentadas das operações especiais a fim de criar uma rede de agentes para operações no Afeganistão e no Paquistão.[12]

Aliando-se a Mike Taylor, um ex-Boina-Verde e, por vezes, parceiro de negócios que comandava uma empresa privada de segurança baseada em Boston, chamada Corporação Americana de Segurança Internacional, Clarridge reuniu uma rede de ocidentais, afegãos e paquistaneses que ele acreditava capazes de operar na região sem levantar suspeitas em torno de suas atividades. Eles conseguiram o seu primeiro trabalho quando Clarridge foi contratado para ajudar na libertação do repórter do *New York Times* David Rohde, que havia sido capturado pela Rede Haqqani no leste do Afeganistão e trazido pela fronteira até Miranshah, a maior cidade do Waziristão do Norte. Durante os meses de suplício, Clarridge disse aos membros da família de Rohde que os seus agentes nas áreas tribais paquistanesas seriam capazes de descobrir onde o repórter estava sendo mantido preso, e até mesmo fornecer a informação ao Exército para que se organizasse uma operação de resgate ou negociação pela soltura de Rohde.

Na escuridão da noite, em junho de 2009, Rohde e o seu tradutor afegão saltaram por cima do muro do complexo no qual eram mantidos e conseguiram fugir até um posto avançado do Exército paquistanês. Os agentes de Clarridge não haviam ajudado na fuga, mas as circunstâncias exatas do episódio dramático eram tão turvas no verão de 2009 que Clarridge viu uma oportunidade de propagandear o seu inexistente papel no caso Rohde, de modo a conseguir novos negócios. Solucionar casos privados de sequestro no Afeganistão não era um modelo de negócios que prometia um crescimento explosivo, e Clarridge estava sonhando muito mais alto. Se pudesse fazer com que o governo contratasse a sua rede, pensava, ele estaria de volta ao ramo da espionagem.

A oportunidade surgiu dentro de semanas, com as tropas americanas procurando por outra pessoa desaparecida no Afeganistão, desta vez um jovem soldado de Idaho chamado Bowe Bergdahl. O recruta Bergdahl havia desaparecido em junho de 2009, sob misteriosas circunstâncias, na província afegã de Paktika, e relatórios conflitantes sugeriam que ele havia sido capturado em patrulha ou simplesmente abandonado o serviço sem autorização. Quando ele não compareceu à lista de chamada matinal em sua base, os comandantes militares despacharam Predadores e aviões de espionagem para vasculhar a área.

Em poucas horas, as aeronaves interceptaram uma conversa entre combatentes talibãs crepitando nos dois rádios portáteis. Os combatentes discutiam planos de emboscar o grupo de busca a Bergdahl.

— Estamos esperando por eles.

— Eles sabem onde ele está, mas continuam indo para a área errada.

— Ok, facilite o trabalho para eles.

— Sim, nós temos um monte de artefatos explosivos nas estradas.

— Se Deus quiser, nós o faremos.[13]

Mas os americanos, na realidade, não sabiam onde estava Bergdahl. Ele tornara-se um prisioneiro de guerra, tendo recebido o rótulo militar SIPADES: abreviação para "situação: paradeiro desconhecido". Furlong entrou de cabeça na operação para encontrar o recruta, e ele logo se viu em Dubai para encontros com membros da equipe de Clarridge, que o haviam contatado com o argumento de possuir informações sobre o soldado desaparecido. Furlong ficou fascinado, em grande parte por ter a chance de trabalhar com o lendário Dewey Clarridge, a quem ele chamava afetivamente de "o velho".

Embora ainda estivesse batalhando pela liberação dos US$ 22 milhões originais requeridos inicialmente pelo general McKiernan, Furlong tinha ambições muito maiores para a sua operação de espionagem. Ele havia encontrado os seus "Jason Bournes", e já não precisava do que considerava ser o serviço prosaico originalmente oferecido por Eason Jordan e Robert Young Pelton. Num e-mail ornado com jargões de espionagem, ele explicou que os homens de Clarridge com quem havia se encontrado em Dubai — inclusive um que portava a alcunha de "WILLI 1" — eram "conectados como eu nunca vira antes" e haviam "colocado um agente próximo ao pacote" dentro do Paquistão.[14] O "pacote" era Bowe Bergdahl. Mas Furlong sabia que comandar uma rede secreta de espionagem dentro do Paquistão estava muito além de suas funções e tinha certeza de que os seus inimigos na CIA tentariam boicotar a operação se soubessem o que ele estava aprontando. Ele escreveu que "iria precisar de cobertura para evitar ser fritado pela nossa nêmese", referindo-se à CIA.[15]

Até que Furlong conseguisse dinheiro para a operação, Clarridge e sua equipe trabalhavam em benefício das Forças Armadas. Sem qualquer esquema pronto para incorporar os relatórios da equipe de Clarridge ao sistema de inteligência militar, Furlong acionou os bastidores para enviar despachos a amigos no Comando Central Norte-Americano e no Comando de Operações Especiais, em Tampa. Mas o arranjo *ad hoc* causou confusão, e logo o subcomandante da unidade de Bergdahl enviou um furioso e-mail para Kabul perguntando quem, exatamente, eram esses agentes de inteligência perambulando pelas áreas tribais do Paquistão? "Eu não estou confortável com este arranjo", escreveu. "Solicito que você forneça informação de contato direto para essas 'fontes', para que eu possa contar com um experiente oficial de inteligência humana e uma equipe de análise. Caso contrário, haverá um grande potencial para erros e oportunidades perdidas."[16]

No decorrer do verão de 2009, Clarridge e a sua equipe expandiram gradualmente o escopo da informação que passavam aos oficiais militares. Um detalhado dossiê que ele produzira a respeito de supostas locações, dentro do Paquistão, de líderes veteranos da Rede Haqqani foi transmitido por canais sigilosos de inteligência e usado por tropas de operações especiais para monitorar as atividades da rede.

Clarridge comandava tudo aquilo a milhares de quilômetros, de sua modesta casa nos subúrbios de San Diego. Dentro de sua casa em Escondido, na Califórnia, ele criara um centro de controle para a operação e contatava os seus agentes por meio de um computador e de um telefone celular. Alguns oficiais de operações especiais em Tampa e Kabul começaram a se referir jocosamente ao seu posto de comando como "Escondido 1". Ele andava pela casa em todos os momentos durante a noite, respondendo a e-mails de membros de sua equipe localizados em doze fusos horários mais adiantados. Por vezes, falava com os seus agentes enquanto relaxava à beira da piscina.

No fim de setembro de 2009, Furlong havia finalmente garantido um contrato para a operação privada de espionagem, um acordo de US$ 22 milhões supervisionado pela Lockheed Martin. Tinha a duração de seis meses, com opção de renovação. O extraordinário arranjo novo estabelecia procedimentos de como Clarridge poderia enviar os seus relatórios — uma mescla de rumores sobre o paradeiro de líderes do Talibã e da Al-Qaeda, fofocas em bazares de aldeia e algumas informações bem precisas sobre planos sendo tramados contra tropas americanas no Afeganistão — a bases de dados de inteligência usados por comandantes militares.

Clarridge agia como uma agência centralizadora, tomando a informação do campo e digerindo-a em analíticos "relatórios de situação". Os relatórios eram então enviados pelo Hushmail, um serviço comercial de criptografia de e-mail, para uma pequena equipe de contratados que Furlong colocara sentados dentro de um posto militar de comando em Kabul. Alguns dos contratados trabalhavam para a International Media Ventures, que havia recentemente passado por uma reviravolta gerencial. Jan Obrman despedira a maior parte da antiga liderança, contratando um grupo de grisalhos oficiais aposentados das tropas de operações especiais para conduzir a empresa. Richard Pack, o novo diretor executivo da empresa, fora um dos planejadores da fracassada missão de 1980 para resgatar os reféns em Teerã. Robert Holmes, outro membro da nova equipe executiva, era um general aposentado da Força Aérea que, apenas um ano antes, fora um oficial de operações do Comando Central Norte-Americano e viajara a Langley com Michael Furlong para vender o plano de coleta de inteligência no Afeganistão. Quando a equipe de contratados em Kabul recebeu via Hushmail as mensagens de Clarridge e de outras equipes de inteligência que Furlong supervisionava na época, ela armazenou os relatórios em sigilosos bancos de dados militares.[17]

O RETORNO DO VELHO

Uma vez que os relatórios entraram na corrente sanguínea da inteligência, era praticamente impossível distinguir entre a informação proveniente dos espiões particulares e aquela dos agentes da CIA e dos membros da inteligência militar. Alguns dos relatórios de Clarridge, segundo uma investigação do Pentágono, continham coordenadas com longitudes e latitudes específicas de postos avançados de militantes no Paquistão, bem como da movimentação de combatentes do Talibá nas zonas cultiváveis do sul do Afeganistão.[18] Às vezes os relatórios levavam à ação. Baseados ao menos parcialmente na inteligência de Clarridge, helicópteros Apache do Exército, no mínimo numa ocasião, dispararam contra combatentes talibãs concentrados perto de uma base americana a leste de Kandahar, e o Comando de Operações Especiais Conjuntas disparou, a uma elevada altitude, projéteis de artilharia num complexo militar suspeito dentro do Paquistão. Furlong vibrava, e gabava-se frequentemente com os seus colegas de que a informação colhida por sua rede de contratados fizera a CIA passar vergonha.

Dewey Clarridge também vivia para envergonhar a agência, e a sua rede era por vezes tomada pela disputa sanguinária entre as Forças Armadas e a CIA, que parecia uma espécie de cruzamento entre um romance de Graham Greene e a série *Spy vs. Spy* [Espião contra espião] publicada pela revista *Mad*. Numa ocasião, o grupo de Clarridge começou a tentar levantar sujeiras que desacreditassem Ahmed Wali Karzai ("AWK"), o meio-irmão do presidente afegão, o mais importante mediador no sul do Afeganistão e um dos principais informantes da CIA no país.

Karzai juntara milhões de dólares da agência desde o começo da guerra, e, em 2009, ele estava recrutando atiradores para um exército de afegãos treinados pela CIA com o nome de Força de Ataque de Kandahar. Mas generais americanos veteranos, incluindo McKiernan e McChrystal, viam "AWK" como uma influência corrosiva no sul do Afeganistão, como o homem no centro da crescente corrupção que estava trazendo os afegãos para o Talibá.

216 GUERRA SECRETA

Clarridge compilou num dossiê alegações contra Karzai, incluindo conexões com o tráfico de heroína, grilagem de terras e acusações de assassinato, e passou-o adiante para comandantes militares em Kabul. Os oficiais utilizaram o dossiê numa campanha para remover Ahmed Wali Karzai do poder em Kandahar, mas a CIA deu o troco e prevaleceu. Ele permaneceu no posto.

No fim das contas, entretanto, Karzai não pôde escapar de seus muitos inimigos. Ele foi assassinado quando saía do banheiro de seu palácio em Kandahar. O assassino era o seu antigo guarda-costas, que disparou duas balas em sua cabeça e em seu peito.[19]

AO ORGANIZAR A rede privada de espionagem, Michael Furlong havia violado uma regulamentação do Pentágono que proibia o Departamento de Defesa de contratar terceirizados para conduzir operações de espionagem humana. Mas ele sabia que o limite entre o trabalho de soldados e o de espiões estava tão mal definido que era relativamente fácil encontrar justificativas para o seu trabalho. Quando oficiais americanos em Kabul perguntaram a Furlong quem autorizara a sua operação, e quando os seus chefes em San Antonio começaram a receber telefonemas raivosos da CIA acusando-o de conduzir uma operação marginal de espionagem, ele contra-atacou com sua própria munição.

No momento em que o Departamento de Defesa estava aprovando o contrato com a Lockheed Martin para a operação privada de inteligência, o Comando Central Norte-Americano (CENTCOM) lançava uma ampla diretiva secreta que ampliava as atividades de espionagem militar no mundo islâmico, da Arábia Saudita ao Iêmen, do Irã ao Paquistão. A diretiva, assinada pelo comandante do CENTCOM, o general David Petraeus, ordenava novas missões cujo objetivo era "arrumar o ambiente" para futuras operações de combate no Oriente Médio, além de preparar as Forças Armadas para missões que a CIA não podia realizar.[20] A ordem dava permissão para que unidades altamente secretas, como a Força-

O RETORNO DO VELHO

-Tarefa Laranja — equipes de coleta de inteligência humana ligadas ao Comando de Operações Especiais Conjuntas, chamadas anteriormente de Gray Fox —, assim como contratados privados, "desenvolvessem uma infraestrutura operacional clandestina que servisse para localizar, identificar, isolar, dissolver/destruir" redes extremistas e líderes individuais de grupos terroristas.[21]

A diretiva, chamada de Ordem Executiva de Força-Tarefa Conjunta de Guerra Não Convencional, fazia parte de uma iniciativa mais ampla, durante o primeiro ano da administração Obama, voltada para a definição do papel das Forças Armadas americanas em países situados fora das zonas de guerra declaradas. O novo governo esperava impor alguma ordem ao caótico mundo das secretas operações militares e de inteligência, que havia se expandido dramaticamente desde 2001, e atar algumas das pontas soltas que haviam restado dos anos em que Donald Rumsfeld empurrou as Forças Armadas rumo a um maior envolvimento com a espionagem humana.

Mas, no fim das contas, as novas linhas de conduta que emergiam — incluindo a ordem secreta do general Petraeus — tiveram o efeito de reforçar muito do que fora feito durante a administração Bush. Oficiais de operações especiais contavam agora com autorizações ainda mais amplas para conduzir missões de espionagem ao redor do globo. Tais ordens transformaram-se no novo guia para as guerras secretas que o presidente Obama viria a abraçar.

A diretiva do general Petraeus veio justo quando o governo Obama intensificava a sua guerra clandestina no Iêmen, e boa parte da ordem era voltada para reforçar o pessoal e os equipamentos de operações especiais ao redor de Sana'a. Mas, quando Michael Furlong leu a diretiva de Petraeus, ele a viu como nada mais que um endosso do que ele já vinha fazendo no Paquistão e no Afeganistão. E o endosso partira do general David Petraeus, que era possivelmente o general mais influente de sua geração.[22] Aos olhos de Furlong, aquilo era como receber uma bênção do papa.

Contudo, a CIA não considerava Furlong assim tão ungido e decidiu que ele precisava ser afastado para sempre. Em 2 de dezembro de 2009, o chefe da estação da CIA em Kabul enviou a Washington um cabograma fulminante apresentando alegações detalhadas contra ele. A lista de argumentos incluía que Furlong estava comandando um círculo não supervisionado de espionagem e que mentia aos seus superiores sobre a natureza de sua operação.[23] O documento chegava a fazer referência ao episódio de Praga no ano anterior, fornecendo detalhes de por que ele havia deixado a República Tcheca às pressas durante o verão de 2008.

O memorando do chefe de estação alegava que possuir muitos contratados privados percorrendo o Paquistão e espionando para o Pentágono, sem coordenar a sua operação com a CIA, poderia gerar consequências desastrosas. O que o cabograma não mencionava, mas que alguns oficiais veteranos acreditavam, era que a inteligência obtida pelos espiões privados de Furlong havia levado diretamente a um ataque com drone a um esconderijo suspeito da Al-Qaeda no Waziristão do Norte, em fins de 2009, matando mais de uma dezena de homens de origem árabe, incluindo vários que trabalhavam como agentes duplos para o ISI do Paquistão. Os líderes do ISI ficaram furiosos com a morte dos seus agentes e reclamaram com a CIA. A agência, por sua vez, reclamou com as Forças Armadas e culpou a operação de espionagem de Furlong.

A CIA estava agora em guerra aberta contra ele, e mesmo os seus apoiadores já não podiam protegê-lo. O cabograma do chefe de estação suscitou uma onda de investigações sobre as atividades de Furlong. Na primavera de 2010, oficiais de segurança da base da Força Aérea de Lackland, em San Antonio, haviam bloqueado o seu acesso às redes sigilosas de computador e o removido do seu escritório.

Ele estava no limbo — não fora acusado de nenhum crime, mas era incapaz de se defender, porque não podia ter acesso a nenhum de seus registros secretos. Ele passava praticamente todo o tempo dentro do seu condomínio esparsamente mobiliado, num insosso conjunto de apartamentos em San Antonio, tentando preparar a sua defesa e se escondendo de repórteres televisivos que haviam se aglomerado em frente ao seu portão quando as notícias sobre a operação de espionagem vazaram.

O RETORNO DO VELHO

219

O relatório final do Pentágono sobre o assunto colocou quase toda a culpa em Furlong, qualificando a sua operação de espionagem como "não autorizada" e acusando-o de enganar altos comandantes americanos sobre a legalidade do trabalho dos contratados. Mas ele evitou quaisquer processos criminais e retirou-se discretamente do Departamento de Defesa.

Certamente ele tomara atalhos, e as suas tentativas de burlar os procedimentos burocráticos padrões criaram confusão de cima a baixo na cadeia de comando das Forças Armadas. Porém, na visão de mundo dele, estas eram questões menores enquanto as tropas americanas estavam morrendo e a CIA não ajudava os militares a ganhar a guerra no Afeganistão. A sua operação de espionagem era essencial, disse ele mais tarde, "quando há vidas em jogo e a CIA confia exclusivamente em serviços estrangeiros para toda a sua informação".

E Furlong não era exatamente um operador desonesto. Todo o episódio nascera a partir das frustrações de um general americano no Afeganistão que não confiava na CIA e que deu corda para ele. Se, como concluía a investigação do Pentágono sobre a operação, ninguém "ligara os pontos" a respeito do que ele estivera fazendo, era porque ninguém queria fazê-lo.

— Os meus chefes queriam tudo isso — disse Furlong, fumando o quinto cigarro de uma longa entrevista. — E eu fiz acontecer.[24]

O CONTRATO COM a Lockheed Martin assegurado por Michael Furlong expirou no final de maio de 2010, e a fonte de dinheiro que financiava a rede de agentes de Dewey Clarridge no Paquistão e no Afeganistão secou. Clarridge ficou furioso com o fato de os militares optarem por não renovar o contrato, e ainda mais furioso por saber que a CIA fora a provável razão para que a operação fosse encerrada. Ele enviara centenas de relatórios de inteligência a comandantes militares no Afeganistão; também mandou uma mensagem a Kabul em 15 de maio informando que pararia de fornecer os relatórios para que pudesse "preparar aproximadamente duzentas pessoas no local para o fim dos trabalhos".[25]

Clarridge, no entanto, não tinha a intenção de desmanchar a sua rede. Logo no dia seguinte, criou um website protegido por senha que permitiria a oficiais das Forças Armadas continuar vendo os seus despachos, e ele confiou em alguns amigos ricos para ajudá-lo a manter a sua rede no ar. Clarridge criou uma empresa de fachada para a sua operação, o Grupo Eclipse, e, no seu website, postou os mesmos tipos de relatórios de inteligência que outrora fornecera aos militares. Havia relatórios específicos sobre como o ISI paquistanês treinava atiradores para lançar ataques no Afeganistão e sobre como os espiões paquistaneses estavam secretamente mantendo o líder do Talibã, o mulá Mohammed Omar, em prisão domiciliar, para que pudessem instalá-lo como o seu fantoche no sul do Afeganistão assim que as tropas americanas deixassem o país. Outro relatório especulava que o mulá Omar havia sofrido um ataque cardíaco e fora levado às pressas ao hospital por agentes do ISI.

Ele bolou esquemas ainda mais exóticos para derrubar aqueles que ele acreditava estarem minando o esforço de guerra americano. Por exemplo, estava convencido de que o presidente afegão, Hamid Karzai, negociava secretamente com o Irã como parte de uma tentativa desesperada de vender os americanos e permanecer no poder em Kabul, e então Clarridge fomentou um plano para buscar evidências que confirmassem antigos rumores de que Karzai era viciado em heroína.

O plano seguia o velho manual de truques sujos da CIA: ele infiltraria um agente dentro do palácio presidencial em Kabul para coletar restos de barba do presidente, realizaria testes de drogas e então entregaria a prova aos comandantes americanos em Kabul, que poderiam confrontar Karzai com a evidência incriminadora e converter o presidente afegão num aliado mais flexível. Ele desistiu do plano depois que o governo Obama deu sinais de estar comprometido a reforçar o governo e não a retirá-lo do poder.

Mesmo quando as notícias da operação privada de espionagem vieram a público e oficiais das Forças Armadas ficaram preocupados em aceitar informações da rede de Clarridge, ele achou outras maneiras de levar a sua informação até o público. Amigos de Clarridge enviaram os relatórios a escritores pró-militares, tais como Brad Thor, um bem-sucedido autor de *thrillers* de espionagem, que espalhou algumas dessas informações em posts de blog. Chegou também a fornecer informação a Oliver North, seu velho compatriota dos dias do caso Irã-Contras, agora uma celebridade na emissora Fox News.

Era como nos velhos dias, quando Dewey e Ollie faziam o trabalho que, pensavam eles, ninguém mais tinha a coragem de fazer.

12. O FIO DO BISTURI

"Continuaremos a dizer que as bombas são nossas, não suas."[1]
— *Presidente Ali Abdullah Saleh*

O encontro foi organizado visando a uma rendição, a um gesto simbólico de paz planejado para coincidir com o Ramadá, o mês sagrado dos muçulmanos. O ministro saudita chegara até a enviar o seu jatinho particular para apanhar o frágil jovem e transportá-lo até Jeddah, a segunda cidade da Arábia Saudita, erguida no litoral do mar Vermelho. Ali, o príncipe Muhammad bin Nayef cumpria o costume do Ramadá de dar as boas-vindas em sua casa, ordenando ao seu séquito de assessores que Abdullah al-Asiri fosse dispensado dos procedimentos regulares de segurança e que não o revistassem em sua entrada no palácio.

Dias antes, Al-Asiri havia entrado em contato com o príncipe Bin Nayef, com o ministro do Interior e com um membro da família que governava a Arábia Saudita, anunciando a sua intenção de render-se ao serviço de espionagem saudita e fornecer informações sobre o grupo ao qual se juntara dois anos antes, um braço da rede terrorista de Osama bin Laden que recentemente renomeara a si mesmo de Al-Qaeda na Península Arábica (AQAP). O grupo considerava o príncipe Bin Nayef a sua *bête noire*, um homem comprometido em aniquilar o extremismo sunita tanto na Arábia Saudita quanto no Iêmen, o vizinho pobre ao sul do país. Em 2003, quando militantes no Iêmen lançaram durante vinte meses uma campanha de violência dentro da Arábia Saudita — explodindo prédios e instalações petrolíferas do governo, bombardeando complexos residenciais habitados por estrangeiros e decapitando ocidentais —, Bin Nayef ordenou uma sangrenta repressão, que envolveu a prisão e a tortura de milhares de suspeitos reunidos dentro do país. Ele colocou informantes dentro de mesquitas que ele acreditava haverem sido infiltradas por extremistas.[2]

A agressão de Bin Nayef à Al-Qaeda fizera dele um amigo da administração Bush, e, no verão de 2009, um novo presidente americano e os seus assessores já consideravam o príncipe um aliado indispensável. Ele recebia regularmente dignitários de Washington, incluindo uma visita, em maio de 2009, de um diplomata veterano que Obama encarregara de tentar conduzir um encerramento aceitável para a guerra no Afeganistão. Mas, quando Richard Holbrooke encontrou-se com o príncipe em Riad para solicitar a ajuda da família real em uma guerra que a América estava perdendo, o príncipe alertou que os Estados Unidos poderiam ter uma preocupação muito maior do que a escalada da violência no Afeganistão.

— Temos um problema chamado Iêmen — disse Bin Nayef a Holbrooke.[3]

O príncipe listou uma série de preocupações ao enviado americano. As tribos do Iêmen eram mais simpáticas à Al-Qaeda do que os afegãos, e o país estava mais perto do que o Afeganistão de alvos da rede terrorista na Arábia Saudita. O Iêmen era um Estado falido, disse ele, com um líder fraco e corrupto na figura de Ali Abdullah Saleh, cuja visão para o país "reduzia-se a Sana'a" — mantendo a capital e a sua base seguras. Saleh conseguira sempre manter as tribos iemenitas sob controle, disse ele, mas o presidente estava perdendo esse controle, transferindo poder ao seu filho, que não tinha laços fortes com as tribos. Pagamentos em dinheiro para o governo de Saleh eram inúteis, disse o saudita, porque o presidente e aqueles ao seu entorno retiravam o dinheiro do país assim que este chegava.

— O dinheiro acaba em contas bancárias na Suíça — disse o príncipe Bin Nayef a Holbrooke.

Em vez disso, o governo saudita começara a financiar projetos de desenvolvimento em áreas do Iêmen onde os militantes da Al-Qaeda se fixaram, na esperança de que os projetos pudessem esvaziar o apoio aos extremistas e "persuadir os iemenitas a vê-los como criminosos em vez de heróis". Ao fim do encontro, Holbrooke prometeu ao príncipe que o presidente Obama trabalharia em conjunto com a família real para desmantelar a crescente rede da Al-Qaeda no Iêmen.

Foi um golpe de sorte, pensou Bin Nayef, quando Abdullah al-Asiri contatou os sauditas três meses depois com sua proposta de rendição. Al-Asiri era um dos 85 militantes associados aos "grupos desviantes" caçados pelos sauditas, assim como o seu irmão mais velho, Ibrahim. Este fora preso tentando ingressar na insurgência no Iraque em 2003, e a sua temporada na prisão na Arábia Saudita havia acendido nele um ódio pela família real e por sua aliança com os Estados Unidos, que ele equiparava à relação entre mestre e escravo. Dos dois irmãos, era Ibrahim que os sauditas consideravam o mais perigoso; ele fora treinado como fabricante de bombas, com um sinistro dom de inventar maneiras criativas de esconder explosivos. Consciente de que os sauditas poderiam suspeitar que a "rendição" planejada fosse um elaborado subterfúgio para que os irmãos Al-Asiri se vingassem do príncipe Bin Nayef, Ibrahim concebeu uma bomba que poderia passar despercebida pelas precauções usuais de segurança. Logo antes do mais jovem Al-Asiri embarcar no jatinho real saudita para o voo até Jeddah, Ibrahim implantou uma bomba de tetranitrato de pentaeritritol — um tipo de explosivo plástico — no reto de Abdullah.

Mas, apesar de toda a genialidade de Ibrahim na arte de fazer bombas, os seus planos letais eram frequentemente desfeitos graças à incompetência dos seus homens-bomba. O seu irmão viajara com o explosivo oculto do Iêmen até Jeddah e chegara sem incidentes ao palácio do príncipe Bin Nayef. Depois que o nervoso Abdullah al-Asiri entrou na sala onde o príncipe recebia os visitantes, ele enfiou a mão por baixo de sua túnica para acionar os explosivos, mas disparou a bomba cedo demais, antes de chegar perto o bastante do príncipe. A explosão partiu Al-Asiri em dois, deixando uma cratera fumegante no chão ladrilhado e manchas de sangue por toda a sala.[4] O príncipe Bin Nayef saiu da explosão apenas com pequenos ferimentos.

O ataque foi um fracasso. Mas a Al-Qaeda na Península Arábica conseguira realizar a sua primeira operação fora do Iêmen. Se o grupo estava envergonhado pela falta de jeito de seu assassino, ele não deu qualquer indício disso numa mensagem arrogante divulgada logo após o ataque. Eram os sauditas que deveriam estar envergonhados, lia-se no pronunciamento, porque o rompimento da segurança realizado por Abdullah al-Asiri era inédito na história da Arábia Saudita, e o grupo militante estava em vias de extirpar uma rede de espionagem saudita no Iêmen que a família real havia estabelecido para se infiltrar na AQAP.[5]

Para aqueles em Riad que agora viviam com medo, e aqueles em Washington que agora prestavam atenção, o pronunciamento prometia mais ataques vindouros:

— Ó tiranos, tenham a certeza de que irão sofrer, pois sua fortaleza não será capaz de protegê-los de nós. Em breve os alcançaremos.[6]

UM DIA DEPOIS de o presidente Obama ter sido declarado o 44º presidente dos Estados Unidos, o príncipe Bin Nayef recebeu uma ligação de um velho amigo de Washington. O homem do outro lado da linha era John Brennan, um ex-alto oficial da CIA que havia aconselhado o senador Obama durante a campanha e fora indicado como assessor sênior deste na Casa Branca para contraterrorismo. Não era o cargo de que Brennan gostaria. Ao fim da campanha presidencial, esperava-se que ele fosse o principal candidato a assumir a CIA caso Obama se elegesse. Com as credenciais certas: filho de imigrantes irlandeses, Brennan foi criado em Nova Jersey e cursou a Universidade de Fordham; passara décadas como analista da CIA e falava árabe fluentemente. Ele tinha até a rara experiência de servir como chefe de estação da agência em Riad durante os anos 1990, apesar de ser um analista, e não um agente secreto. Homem grande, com um rosto que parecia ter sido esculpido

O FIO DO BISTURI   227

numa placa de calcário, Brennan tinha a aparência de um boxeador dos tempos da Grande Depressão.

Mas o seu sonho de assumir a CIA foi frustrado durante a transição de Obama, quando comentários feitos por ele — parecendo endossar os brutais métodos de interrogatório utilizados pela CIA nas prisões secretas — foram desencavados e criticados por ativistas dos direitos humanos. Brennan estivera entre os principais assessores de George Tenet quando o programa prisional foi estabelecido, em 2002, e, portanto, ficou intimamente associado a um programa que Obama frequentemente qualificava como uma mancha negra na história da América desde os atentados de 11 de setembro. Temendo uma longa e diversionista batalha por confirmação no Senado, Brennan retirou o seu nome entre os candidatos ao cargo da CIA.[7]

O posto na Casa Branca pode ter sido um prêmio de consolação, mas em pouco tempo Brennan iria transformar o seu escritório sem janelas no porão na Asa Oeste num centro de operações para as guerras clandestinas que Barack Obama encamparia enquanto presidente. O desejo de Obama de gerenciar aspectos do programa de assassinatos dirigidos diretamente da Casa Branca deu a Brennan um papel inédito na história do governo americano: em parte executor, em parte principal confessor do presidente e em parte porta-voz público designado para justificar a doutrina presidencial de eliminar inimigos da América em partes remotas do mundo.

Quando Brennan ligou para Bin Nayef naquele dia em janeiro de 2009, ele garantiu ao homem, que já conhecia bem desde os seus dias em Riad, que o presidente Obama estava tão comprometido em caçar e matar terroristas quanto Bush fora.[8] Durante a transição, após a eleição, Brennan e os outros membros veteranos da equipe de segurança nacional do presidente haviam, ao longo de dois dias, recebido informações no quartel-general da CIA, onde altos oficiais da agência recapitularam a lista de programas de ação secreta contidos nos registros. O chefe do Centro de Contraterrorismo, o agente secreto cujo primeiro nome era Mike, informou ao grupo que o presidente Bush havia acelerado o ritmo dos ataques com drones no verão anterior e que a CIA estava tentando colocar mais espiões no Paquistão. Em sua campanha presidencial, Obama prometeu frequentemente concentrar as atenções no Paquistão, no Afeganistão e na caçada a Osama bin Laden — uma ênfase renovada na chamada "boa guerra" que Bush havia ignorado ao dar início à "má guerra" no Iraque. Nas reuniões, Brennan disse a Mike e Stephen Kappes, o vice-diretor da CIA, que Obama pedira que permanecesse no cargo em Langley, que as mortes via drones no Paquistão provavelmente iriam continuar sob a supervisão do presidente.[9]

Havia outra razão para que Obama, Brennan e outros membros seniores da nova administração viessem a confiar nos assassinatos direcionados como um importante instrumento para o contraterrorismo. Durante a campanha, Obama falara frequentemente sobre como as detenções secretas e as técnicas de interrogatório da era Bush macularam a imagem da América, e, em sua primeira semana no cargo, ele anunciou um plano para fechar a prisão de Guantánamo e banir todos os métodos coercitivos de interrogatório usados pela CIA desde o 11 de Setembro. A decisão foi imediatamente denunciada por Dick Cheney, o ex-vice-presidente, como uma cínica manobra de um presidente imaturo fazendo política à custa da segurança nacional. Se houvesse um grande ataque terrorista durante a presidência de Obama, Cheney alertava, a culpa seria dele, por negar à CIA as ferramentas de que precisava para manter o país em segurança.

Os vitupérios de Cheney, vindos logo após ele haver deixado a Casa Branca, eram uma quebra significativa do protocolo padrão segundo o qual uma administração que saía não criticava o presidente que entrava — ao menos nos primeiros meses. Mas a crítica de Cheney serviu de alerta, um sinal de que qualquer evidência de que Barack Obama fosse "fraco" em assuntos de segurança nacional seria munição para ataques partidários ao novo presidente.

Ao participar das reuniões com a nova equipe, John Rizzo, advogado de carreira da CIA que havia conquistado uma má fama por seu papel na obtenção da aprovação do Departamento de Justiça para o programa de

O FIO DO BISTURI
229

detenção e interrogatório da CIA, ficou impressionado com o tom linha-
-dura dos assessores de Obama.

— Eles nunca chegaram a dizer que começariam a matar pessoas por
não mais poderem interrogá-las, mas a implicação era inequívoca — disse
Rizzo. — Uma vez proibidos os interrogatórios, tudo o que restava eram
os assassinatos.[10]

A opção de interrogar prisioneiros não estava, como disse Rizzo,
"proibida". Mas o programa de detenção e interrogatório tornara-se, sem
dúvida, um terreno espinhoso para a nova administração: além da decisão
de fechar Guantánamo dentro de um ano, também havia preocupações
da equipe de Obama de que capturar prisioneiros e entregá-los a governos
estrangeiros poderia fomentar críticas esquerdistas de que o governo estava
terceirizando a tortura. Ao mesmo tempo, nenhum membro proeminente
do próprio partido do presidente Obama criticou os ataques com drones, e
os republicanos dificilmente estavam em posição de questionar o presidente
por lançar uma campanha *por demais* agressiva contra os terroristas. As
condições políticas estavam propícias a uma escalada de guerras secretas.

As reuniões de dois dias de duração em Langley eram um primeiro
sinal de que o presidente Obama planejava confiar na CIA e no Comando
de Operações Especiais Conjuntas, num nível que nem mesmo George
W. Bush e Dick Cheney haviam alcançado, como a principal ferramenta
da América para conduzir operações letais. Sete anos após os ataques de
11 de setembro, as guerras no Iraque e no Afeganistão haviam exaurido
o público americano e sugado o erário do país. Mais importante, no entanto, era que os instrumentos da guerra secreta haviam sido calibrados e
refinados durante aquele período, e a equipe de Obama vislumbrou uma
oportunidade de fazer guerra sem os assombrosos custos das grandes
campanhas militares que derrubam governos, exigem anos de ocupação
e catalisam a radicalização por todo o mundo islâmico. Como Brennan
descreveu a abordagem da administração Obama durante um discurso,
os Estados Unidos podiam usar um "bisturi", em vez de um "martelo",
para conduzir guerras para além das zonas de guerra.[11]

Obama não foi o primeiro presidente de esquerda e do Partido Democrata a abraçar as operações clandestinas. John F. Kennedy deu a aprovação final para a operação na baía dos Porcos e intensificou as operações secretas no Vietnã. E, a despeito de todo o tempo em que passou se queixando das aventuras da CIA enquanto candidato à presidência, Jimmy Carter acabou autorizando uma série de ações secretas durante os seus dois últimos anos na Casa Branca.

Mas Barack Obama era também o primeiro presidente a entrar na Casa Branca que virara adulto depois da Guerra do Vietnã e dos turvos eventos dos anos 1960 e 1970 que haviam fomentado o ceticismo de uma geração anterior em relação à CIA e, de modo geral, ao uso do poder americano além-mar. Numa entrevista em 2010, Obama disse ao repórter Bob Woodward ser "provavelmente o primeiro presidente jovem o bastante para que a Guerra do Vietnã não estivesse no centro do seu desenvolvimento", e então ele cresceu "sem toda aquela bagagem que surgiu da disputa da Guerra do Vietnã".[12] Foi uma resposta a uma pergunta sobre as tensões entre civis e militares durante a era Vietnã, mas claramente Obama também tinha uma visão da CIA que era geracionalmente distinta daquela de *baby boomers* como Bill Clinton.

A ascendência da agência durante o governo Obama não se devia apenas à idade do homem sentado no Salão Oval ou à natureza das ameaças das quais o presidente tomava conhecimento diariamente no decorrer de seus encontros com a equipe de inteligência. Também tinha a ver com o fato de que o primeiro diretor da CIA de Obama calhava de ser, em termos de sua habilidade de fazer avançar os interesses da agência dentro do ramo executivo, o mais influente diretor da CIA desde William Casey, durante a administração Reagan.

Leon E. Panetta parecia, de início, uma opção extremamente improvável para assumir a CIA. Ele não tinha qualquer histórico profissional no ramo da inteligência ou dos assuntos militares, afora um período de dois anos no Exército nos anos 1960. Durante os seus anos como congressista democrata representando uma região costeira no norte da Califórnia, nunca serviu nos comitês que supervisionavam o Pentágono ou a CIA. Aparentemente, era gentil e paternal, mas também um feroz negociador e guerreiro nos bastidores, que soltava palavras de baixo calão pela sala com tanta frequência quanto empregava preposições. Ele travara contato indireto com o mundo da inteligência no seu tempo de chefe do Estado--Maior do presidente Clinton, mas aquela havia sido uma época muito distinta, e a CIA era outra.

Quando Panetta assumiu como diretor da CIA, ele não fazia ideia de que a agência estivesse matando gente ao redor do mundo. No começo de 2009, a campanha da CIA de assassinatos direcionados por meio de drones no Paquistão estava sendo extensivamente noticiada na imprensa. E ainda assim, incrivelmente, ficou chocado ao descobrir, nas suas primeiras palestras de preparação para o cargo, que ele seria, na verdade, um comandante militar para uma guerra secreta.[13]

— Ele era totalmente virgem nos assuntos de inteligência quando entrou pela porta de Langley — disse Rizzo, que havia ajudado a preparar uma série de palestras preparatórias para Panetta antes de suas audiências de confirmação no Senado. Mas o que lhe faltava em experiência tangível nos assuntos de vida e morte era compensado pela malícia de Washington. Panetta tinha duas qualidades que a sempre paranoica CIA queria ver num diretor: influência e respeito dentro da Casa Branca, e disposição para defender o feudo da agência contra os seus pretensos inimigos em Washington.

Ambas as qualidades foram testadas imediatamente, depois que oficiais da Casa Branca decidiram encerrar uma batalha legal de longa data e divulgar os memorandos internos que autorizavam os métodos de interrogatório da CIA durante os primeiros anos da administração Bush.[14] Nas suas audiências de confirmação, Panetta já havia tornado públicas as suas opiniões sobre os métodos de interrogatório, dizendo de forma inequívoca que eles eram nada menos que "tortura". A afirmação provocou choque em partes do serviço clandestino da CIA, criando a suspeita de que o novo diretor da agência viria a ser a reencarnação de Stansfield Turner, um forasteiro que um presidente esquerdista enviou para Langley para que reinasse naquilo que a Casa Branca julgava ser uma agência de espionagem fora do controle.

Mas aconteceu exatamente o contrário. Panetta tornou-se um campeão da CIA, amado por muitos em Langley, embora criticado por outros, que diziam que, assim como tantos outros diretores anteriores, ele fora cooptado pelo braço clandestino da agência. Um mês após a sua chegada, conseguira atrasar a entrega dos memorandos sobre os interrogatórios e forçar um debate dentro da Casa Branca sobre a pertinência de vazar todos os detalhes do falecido programa prisional.

Panetta já havia, à época, experimentado em primeira mão a influência que o Diretório de Operações da CIA exercia sobre os chefes da espionagem em Langley. Stephen Kappes e oficiais do Centro de Contraterrorismo alertaram-no de que a liberação dos memorandos devastaria o moral dentro do CTC. O alerta veio com uma ameaça implícita: ele arriscava perder permanentemente o apoio da mão de obra clandestina da agência antes mesmo que pudesse descobrir como ir do seu escritório à cafeteria da CIA. Panetta passara tempo suficiente em Washington para saber das implicações do que ele estava ouvindo. Corria o risco de se tornar outro John Deutch ou Porter Goss, homens que confrontaram o Diretório de Operações e viram o seu mandato na agência tornar-se sujo, brutal e abreviado. Panetta estava vendido.

Ele estava na sua primeira viagem além-mar como diretor da CIA quando soube dos planos da Casa Branca para revelar e liberar os memorandos sobre os interrogatórios — obedecendo à ordem de um juiz federal num processo movido pela União Americana pelas Liberdades Civis com base na Lei da Liberdade de Informação (FOIA). Panetta ligou imediatamente para o chefe do Estado-Maior de Obama, Rahm Emanuel, a fim de impedir a divulgação. Os dois homens conheciam-se dos tempos da Casa Branca de Clinton, e foi Emanuel quem pressionou pela indicação de Panetta para a CIA. Ele concordou com o pedido de Panetta, que, nas semanas seguintes, argumentou apaixonadamente na Casa Branca para que os memorandos permanecessem secretos, atraindo Emanuel para o seu lado.[15] Foi um momento curioso, quase de outro mundo: um homem que acusara publicamente a CIA de violar as leis americanas ao cometer atos de tortura argumentava de forma rigorosa naquele momento que tais atos deveriam ser mantidos em segredo do público.

Panetta acabou perdendo o debate, e o presidente Obama ordenou que os memorandos fossem liberados. Mas pouco importava para o novo diretor da CIA. Ao insistir para que a Casa Branca ao menos discutisse o assunto, ele provara para os subalternos que tinha influência sobre a nova administração. Mais importante, ele fora ao cerne de uma questão profundamente importante para o serviço clandestino. Mostrara, como notaram muitos dentro da CIA, fazer parte da equipe.

A COISA ERA inteiramente diferente para o homem que, pelo menos no papel, era o chefe de Leon Panetta. O almirante Dennis Blair, que fora colocado na CIA durante o governo Clinton para servir de mediador com o Pentágono, havia galgado as altas patentes da Marinha desde então; ele encerrou a sua carreira militar como um almirante de quatro estrelas à frente do Comando Norte-Americano do Pacífico. O cargo fornecera-lhe uma visão panorâmica de mais de um terço da superfície da Terra, e as suas ordens eram obedecidas por tropas espalhadas ao longo de centenas de milhares de quilômetros quadrados. Mas Blair, agora aposentado das Forças Armadas, estava assumindo um cargo que permanecia mal definido quatro anos depois de o governo Bush haver criado a posição de diretor de Inteligência Nacional, sob pressão do Congresso e da Comissão 11/9 para avaliar as falhas que antecederam os ataques de 11 de setembro e a guerra do Iraque. Alguns vislumbravam a posição de inteligência como um cargo poderoso, no comando de uma turbulenta coleção de agências de espionagem abrigadas em diferentes departamentos. Mas os aliados de Donald Rumsfeld no Congresso foram bem-sucedidos em neutralizar a nova posição, e o Pentágono reteve a maior parte do orçamento da comunidade de inteligência. Essas brigas de foice burocráticas significaram que, quando Blair assumiu o posto no começo de 2009, tanto o Pentágono quanto a CIA haviam garantido que ele não passasse de um testa de ferro.

Para piorar, Blair logo se deu conta de ser um forasteiro num grupo muito fechado de assessores que haviam acompanhado o presidente Obama durante grande parte da extenuante campanha — um grupo ao qual Blair referia-se depreciativamente como "os Grandes Marchadores", em referência à retirada militar de milhares de quilômetros dos comunistas chineses em 1934. As suas suspeitas foram confirmadas num entrevero com Panetta nos primeiros dias. Blair começou a reivindicar a autoridade para indicar o espião americano sênior em cada país no outro lado do oceano, uma designação que, por tradição, cabia automaticamente ao chefe de estação da CIA. Era um assunto relativamente menor, mas Panetta e o seu vice, Stephen Kappes, viram aquilo como uma ameaça à autoridade da CIA e pressionaram a Casa Branca para rejeitar o plano de Blair. Com a proposta mofando na Casa Branca durante o verão de 2009, Blair resolveu não esperar pela decisão da Casa Branca e lançou uma ordem dirigindo a mudança. Ele informou a Panetta sobre a sua decisão numa breve e tensa ligação telefônica. Panetta bateu o telefone com força.

— Esse sujeito é um grande babaca — disse ele a um grupo de assessores reunidos em seu escritório.

No dia seguinte, um cabograma secreto de Panetta circulou por todas as estações da CIA além-mar. O cabograma trazia uma mensagem simples: ignorem a diretiva de Blair.[16]

Pouco acostumado a ter suas ordens desobedecidas, Blair reclamou com James Jones, assessor para Segurança Nacional de Obama, que Panetta estava sendo insubordinado e deveria ser despedido. A Casa Branca tomou partido da CIA.

Havia muito que Blair tinha uma visão turva sobre a história do programa de ações secretas da CIA. Ele acreditava que muitos presidentes, com bastante

O FIO DO BISTURI

frequência ao longo da história americana, usavam a agência como muleta quando os seus assessores não chegavam a um acordo sobre como lidar com algum assunto de política externa particularmente espinhoso. E, achava ele, os programas de ações secretas geralmente duravam muito além da conta.[17]

Quando, pois, no seu primeiro ano de governo, o presidente Obama ordenou uma revisão de aproximadamente uma dezena de programas de ação secreta que a CIA realizava naquele momento, dos ataques com drones no Paquistão à campanha de sabotagem do programa nuclear iraniano, Blair imaginou que o processo pudesse significar a oportunidade de inspecionar o esquema de cada programa e decidir se fazia sentido continuar com eles. Em vez disso, as reuniões do verão de 2009 efetivamente avalizaram todos os empreendimentos secretos da CIA. Nas reuniões, Stephen Kappes argumentou vigorosamente sobre o porquê de cada programa ter sido bem-sucedido e precisar de continuidade. Na ocasião em que um encontro do "comitê de diretores" estava agendado para o outono, quando os principais assessores de segurança nacional do presidente Obama tomariam as decisões finais sobre os programas de ação secreta, nenhum destes estava para ser cancelado.

Blair observava frustrado o desenrolar do processo. Ele abordou Robert Gates, o secretário de Defesa que passara a maior parte de sua carreira em Washington dentro da CIA. Gates vira a sua cota de ações secretas ir pelos ares, e Blair sabia que ele tinha influência dentro da Casa Branca. Gates concordou com Blair que eles deviam elaborar uma lista de princípios básicos para guiar as decisões a respeito dos programas de ação secreta. A lista de seis princípios improvisada por eles era completamente inócua: incluíram uma cláusula determinando que os programas de ação secreta fossem constantemente avaliados de modo a migrar para atividades não secretas, e outra determinando que os programas não deveriam solapar o "desenvolvimento de governos representativos, não corruptos e estáveis, que respeitam os direitos humanos de seus cidadãos".[18]

Quando os principais assessores do presidente Obama reuniram-se na Casa Branca para discutir os programas de ação secreta, Blair fez circular a lista. Ele e Gates esperavam converter o encontro num fórum para discutir a razoabilidade da ação secreta da agência, e a reunião arrastou-se por horas enquanto Blair tentava forçar um debate sobre cada programa secreto. Ele relembrou que "a CIA quis simplesmente impor os programas [de ação secreta]", e, a cada pergunta levantada por ele, Leon Panetta e o vice-conselheiro de Segurança Nacional, Tom Donilon, ficavam mais e mais irritados.[19]

Não era simplesmente que Panetta achasse que Blair estava querendo chamar a atenção; acreditava que ele queria tomar da CIA algo que a agência de espionagem guardava invejavelmente desde a sua fundação em 1947 — uma linha direta com o presidente a fim de obter aprovação para ações secretas. Panetta julgou que aquela lista organizada impunha restrições desnecessárias à capacidade do presidente Obama de autorizar operações secretas.

Os esforços de Blair fracassaram, e o governo aprovou cada um dos programas de ações secretas que haviam sido herdados do presidente Bush. A CIA havia assegurado mais uma vitória, e a situação de Blair dentro da Casa Branca ficou permanentemente abalada.

Mesmo enquanto a administração Obama discutia o futuro dos programas de ação secreta da CIA, não havia menção a se encerrarem os esforços de assassinato direcionado. Pelo contrário. Nos primeiros meses do novo governo, o assessor para Segurança Nacional, James Jones, coordenou um projeto de compilar uma "lista negra" centralizada para operações letais além das zonas de guerra declaradas. O que veio a ser conhecido como o Memorando Jones era uma primeira tentativa da administração Obama de estabelecer procedimentos para a condução de uma guerra secreta que, muitos acreditavam, duraria para além da estada do presidente Obama na Casa Branca.[20] A lista era mantida pelo Conselho de Segurança Nacional, e, enquanto alguns oficiais tentavam manter critérios estritos a respeito de quem poderia ser acrescentado à lista de marcados para morrer, tais critérios foram por vezes afrouxados.

No início desse governo, por exemplo, a CIA não estava autorizada a matar Baitullah Mehsud, que emergira como líder incontesto do

O FIO DO BISTURI 237

Talibã paquistanês desde os dias em que Art Keller ouviu o seu nome pela primeira vez, enquanto servia numa das bases da agência nas áreas tribais.[21] O Talibã paquistanês, conhecido dentro do país como Tehrik--i-Taliban Pakistan (TTP), estava atacando as instalações militares paquistanesas e prédios do governo num terrível espasmo de violência. O governo civil do Paquistão, que subiu ao poder depois que o presidente Musharraf se afastou, começou a pressionar a administração Obama para que matasse Mehsud por meio de um ataque com drone armado, assim como a CIA matara o seu antecessor, Nek Muhammad. Mas a resposta foi não. Durante um encontro privado no começo de 2009, o vice-diretor da CIA, Stephen Kappes, disse a Husain Haqqani, embaixador do Paquistão em Washington, que, uma vez que Mehsud e os seus seguidores não haviam atacado os Estados Unidos, a CIA não poderia obter aprovação legal para matá-lo.

Alguns teóricos da conspiração no Paquistão tinham uma visão mais cínica da razão pela qual os Estados Unidos se recusavam a matar Mehsud: que ele era, de fato, um agente secreto da Índia, e os Estados Unidos haviam prometido a Nova Délhi que Mehsud não seria ferido. Mas, enquanto os paquistaneses continuavam a pressionar, advogados da CIA começaram a circular memorandos legais argumentando que, uma vez que o Talibã paquistanês abrigava membros da Al-Qaeda, sendo cada vez mais difícil distinguir entre os grupos determinados a atacar dentro do Paquistão e aqueles determinados a atingir o Ocidente, antigos líderes do TTP poderiam, justificadamente, ser incluídos na lista de marcados para morrer. Para além da racionalização legal, alguns acreditavam haver benefícios diplomáticos caso a CIA eliminasse o inimigo mais perigoso do Paquistão.

Numa noite quente de início de agosto de 2009, um drone da CIA que pairava sobre a aldeia de Zanghara, no Waziristão do Sul, apontou a sua câmera para um terraço onde Baitullah Mehsud e vários membros de sua família estavam ao ar livre. Mehsud, diabético, recebia uma dose intravenosa de insulina quando o drone disparou um míssil que matou todos no terraço. Oficiais paquistaneses aplaudiram o assassinato, e alguns em Washington descreveram o ataque com drone como uma "morte benevolente".

Leon Panetta assumira o seu novo papel de comandante militar, e o seu período em Langley seria conhecido pela agressiva — alguns diriam temerária — campanha da CIA de assassinatos direcionados. Ao término de seu serviço na agência, ele, um católico devoto, brincou alegando ter "dito mais Ave-Marias nos últimos dois anos do que em toda a minha vida".[22]

Dois meses depois do assassinato de Baitullah Mehsud, Panetta chegou à Casa Branca com uma longa lista de pedidos para as operações paramilitares da CIA. Ele queria mais drones armados e aprovação para solicitar ao Paquistão que permitisse o sobrevoo dos drones por porções maiores das áreas tribais, o que a agência chamava de "caixas de voo". O presidente Obama, por solicitação do vice-presidente, Joe Biden, já concordara em aumentar o número de agentes secretos dentro do Paquistão, muitos dos quais operavam no país sem o conhecimento do ISI.

Os pedidos da CIA para expandir a sua frota de drones deixou muitos com a pulga atrás da orelha, e alguns oficiais questionaram abertamente por que uma agência de espionagem afastava-se tanto de sua missão original de coletar e analisar inteligência. O general James Cartwright, vice-presidente do Estado-Maior Conjunto, perguntou em diversas ocasiões: "Vocês podem me dizer por que estamos criando uma segunda força aérea?"[23] Outros achavam que a CIA se enamorara tanto de seus drones assassinos que se esquecera de fazer com que os seus analistas levantassem uma questão básica: em que medida os ataques com drones não gerariam mais terroristas do que os estariam eliminando? Ao fim da reunião no Gabinete de Crise, no entanto, o presidente Obama havia concedido cada um dos pedidos de Panetta.

— A CIA terá o que ela quer — disse o presidente.[24]

CONTUDO, MESMO COM os novos recursos, a guerra da CIA nas montanhas do Paquistão ainda consumia o grosso dos drones, satélites de espionagem e agentes da comunidade de inteligência. Com isso, pouco sobrou para uma guerra diferente, mais de 3 mil quilômetros para oeste, que os assessores do presidente Obama expandiam silenciosamente. A tentativa de assassinato do príncipe Bin Nayef, em agosto de 2009, criou uma nova urgência em Washington de voltar-se para o grupo afiliado à Al-Qaeda no Iêmen, que anunciara as suas intenções de atacar o Ocidente.

No fim de 2009, havia apenas um pequeno grupo de soldados e espiões americanos posicionados dentro da embaixada norte-americana em Sana'a. Além da estação da CIA no país, o Pentágono mantinha um conjunto de tropas de operações especiais no Iêmen desde 2002, mas as guerras no Iraque e no Afeganistão vinham sendo, havia anos, uma prioridade maior do que a missão no Iêmen. Porém, como a guerra no Iraque não cedia, o Comando de Operações Especiais Conjuntas contava com mais SEALs da Marinha para deslocar rumo a novas missões.

O general David Petraeus, comandante das forças americanas no Oriente Médio, estava preocupado com a crescente influência da Al-Qaeda na Península Arábica desde que assumira o controle do Comando Central Norte-Americano no ano anterior.[25] No final de setembro de 2009, Petraeus assinou a ordem secreta para expandir a espionagem militar americana no Iêmen e alhures, a mesma ordem que Michael Furlong usara para justificar a sua operação de coleta de inteligência no Paquistão. Ela autorizava as Forças Armadas a executar um sem-número de missões não convencionais no Iêmen, de amplas atividades de escuta até o pagamento de habitantes locais como informantes.

O almirante William McRaven, comandante do JSOC, queria usar no Iêmen o mesmo plano que os comandos haviam usado no Iraque para combater a Al-Qaeda na Mesopotâmia: conduzir frequentes incursões noturnas para capturar membros da Al-Qaeda, interrogá-los em busca de informações e usar essas informações em novas operações de captura. Esse modelo, baseado no que os comandantes chamavam de "ciclo de inteligência", já estava sendo replicado no Afeganistão, e McRaven achava que introduzir mais tropas no Iêmen poderia abalar a força da AQAP antes que ela pudesse atacar os Estados Unidos com sucesso.[26]

Entretanto, as ambiciosas ideias de McRaven para o Iêmen foram rejeitadas em Washington como irrealistas. O presidente Saleh, do Iêmen, jamais permitiria que tropas americanas em solo estabelecessem um centro de detenção e interrogatório dentro do país, muito menos que operações de captura e assassinato fossem conduzidas por todo o território. A Casa Branca já se empenhara numa feroz oposição política contra os planos de McRaven de fechar a prisão na baía de Guantánamo, e os assessores do presidente não apreciavam a perspectiva de aceitar um bando de novos prisioneiros apanhados no Iêmen. McRaven foi informado de que deveria pensar em outro jeito de conduzir a guerra naquele país.

O que se seguiu foi uma campanha estranha e mal alinhavada: uma guerra quase secreta abalada por tentativas, não raro absurdas, de ocultar a mão da América nas operações militares. Com pouca informação precisa sobre o paradeiro dos líderes militantes, e com a recusa do presidente iemenita, desde 2002, de permitir os drones armados, os planejadores da guerra foram forçados a confiar em mísseis disparados de navios da Marinha ao longo da costa do Iêmen e bombardeios ocasionais realizados por jatos Marine Harrier. Os resultados foram feios de se ver, e, ao longo dos meses seguintes, os ataques americanos no Iêmen causaram mais baixas entre civis do que entre membros veteranos da Al-Qaeda na Península Arábica.

O primeiro ataque americano deu-se em 17 de dezembro de 2009. Os americanos haviam interceptado comunicações de um acampamento terrorista na província de Abyan, uma remota porção de deserto e aldeias costeiras que se estendia ao sul até a cidade portuária de Aden. A AQAP estava nas fases finais do preparo de um grupo de homens-bomba destinados a atacar a embaixada americana em Sana'a. Numa teleconferência no dia anterior, o almirante McRaven fez um resumo para oficiais da Casa Branca, do Pentágono e do Departamento de Estado detalhando o seu plano de atacar o acampamento. Enquanto a CIA normalmente

O FIO DO BISTURI

241

recebia carta branca para conduzir ataques com drone no Paquistão sem a autorização da Casa Branca, as Forças Armadas precisavam do sinal verde proveniente de uma pequena equipe em Washington — um grupo apelidado de "Conselho de Diretores de Contraterrorismo", com John Brennan atuando como presidente.[27] O grupo decidiria sobre um plano e, então, levaria a sua recomendação até o presidente Obama, que autorizaria pessoalmente cada ataque.

Obama aprovou a operação. No dia seguinte, uma mensagem cifrada chegou até uma pequena frota de navios americanos que patrulhavam o mar Arábico, e, em algumas horas, vários mísseis Tomahawk atingiram o acampamento no deserto em Abyan. No fim do dia, o governo do Iêmen lançou um material de imprensa saudando o sucesso da operação, alegando que um ataque da força aérea iemenita havia matado "cerca de 34" combatentes da Al-Qaeda.

No dia seguinte, o presidente Obama telefonou para Ali Abdullah Saleh a fim de agradecer-lhe por sua cooperação, muito embora as tropas iemenitas houvessem desempenhado um papel irrelevante na operação americana. Vídeos filmados no acampamento por habitantes locais revelavam fragmentos de mísseis com marcas americanas e também provavam que os Tomahawk haviam sido munidos com bombas de fragmentação — armamento destinado a abrir um vasto caminho de destruição ao espalhar pequenas munições por sobre uma ampla área. A maioria dos mortos era de civis, e imagens sangrentas de mulheres e crianças mortas tornaram-se virais no YouTube. Durante um protesto de rua ocorrido depois do ataque, transmitido pela Al-Jazeera, um combatente da Al-Qaeda empunhando uma AK-47 fez um apelo direto às tropas iemenitas.

— Soldados, vocês deveriam saber que não queremos enfrentá-los — disse ele. — Não há problemas entre nós e vocês. O problema é com a América e os seus agentes. Tomem cuidado para não ficar do lado da América![28]

TRÊS SEMANAS APÓS o ataque americano, o general Petraeus chegou a Sana'a para se reunir com o presidente Saleh e os seus assessores a respeito da próxima fase da guerra. Havia uma nova urgência: no Natal de 2009, um jovem nigeriano embarcou em Amsterdã num avião com destino a Detroit, e, costurada na sua cueca, estava a última criação diabólica de Ibrahim al-Asiri, o grande fabricante de bombas do Iêmen. Quando o avião preparava-se para o pouso, Umar Farouk Abdulmutallab tentou ativar a bomba — feita com 80 gramas de explosivo plástico — mediante uma seringa repleta de ácido. Mais uma vez, a obra de Asiri foi desfeita pela incompetência de seu homem-bomba. Abdulmutallab só conseguiu incendiar uma das pernas, e outros passageiros rapidamente o imobilizaram no chão. O terrorista azarado foi mantido sob custódia em Detroit, e os Estados Unidos evitaram por pouco o primeiro incidente terrorista de larga escala na administração Obama.

Se a tentativa de assassinato do príncipe Bin Nayef fora o primeiro indício das ambições da AQAP de atacar para além das fronteiras do Iêmen, o ataque frustrado no Natal provou que o grupo mostrava-se fortemente comprometido a continuar o trabalho iniciado por Osama bin Laden e o seu então reduzido bando de membros da Al-Qaeda escondidos no Paquistão. Quando o avião do general Petraeus aterrissou na capital do Iêmen no início de janeiro de 2010, o governo Obama já havia decidido aumentar as incursões americanas no país.

O presidente Saleh havia muito mostrava-se irritado com a ideia de permitir que o Iêmen se tornasse um quintal para operações americanas secretas, e, por isso, as reuniões entre o presidente iemenita e oficiais americanos frequentemente terminavam em sessões de negociação. Petraeus deu início à reunião de noventa minutos apaziguando o ânimo do presidente iemenita: elogiou-o por suas bem-sucedidas operações militares contra a AQAP e informou haver solicitado que os pagamentos em dinheiro ao Iêmen por ações de contraterrorismo praticamente dobrassem de valor, de US$ 67 milhões para US$ 105 milhões ao ano.[29]

Porém o ardiloso autocrata pressionou por mais. Puxando o assunto dos recentes ataques aéreos americanos, Saleh alegou que "erros haviam sido cometidos" na morte de civis em Abyan. Mísseis Tomahawk seriam impróprios para o combate contra o terrorismo, e as baixas de civis só seriam evitadas se os Estados Unidos fornecessem a ele uma dezena de helicópteros armados para atacar os acampamentos terroristas. Isso, disse Saleh, permitiria a ele poupar os inocentes e matar os culpados. Se Washington não aprovasse tal pedido, insistiu Saleh, talvez o general Petraeus pudesse pressionar a Arábia Saudita e os Emirados Árabes Unidos para que contribuíssem, cada qual, com seis helicópteros. Petraeus também fez um pedido: a permissão para que as tropas de operações especiais e espiões americanos se aproximassem das linhas de frente no Iêmen. Assim, argumentou Petraeus, os americanos poderiam extrair informações colhidas por drones e satélites, utilizando tal inteligência para atingir esconderijos terroristas com maior velocidade e precisão.

Saleh rejeitou totalmente o pedido, dizendo a Petraeus que os americanos deveriam permanecer dentro do centro de operações que a CIA e o JSOC haviam recém-estabelecido fora da capital. No entanto, disse ele, a guerra aérea poderia continuar. Ele permitiria que jatos e bombardeiros americanos sobrevoassem a costa e adentrassem o espaço aéreo iemenita para missões específicas, caso surgissem informações sobre o paradeiro de líderes da AQAP. Prometeu manter a farsa de que os Estados Unidos não estavam em guerra dentro do Iêmen.

— Continuaremos a dizer que as bombas são nossas, não suas — afirmou Saleh.

Os Estados Unidos aprofundavam-se lentamente numa guerra dentro de um país que Washington havia muito ignorava e pouco compreendia. Era uma guerra contra um bando de fanáticos que lutavam quixotescamente contra a única superpotência do mundo, e o governo Obama tinha ainda uma noção muito vaga sobre o quanto de apoio gozavam os militantes e onde estavam escondidos. Era difícil diferenciar entre a inteligência real e a desinformação entregue aos americanos por fontes iemenitas que propagavam seus próprios interesses.

Cinco meses após o encontro de Petraeus com Saleh, mísseis americanos explodiram o carro de Jaber al-Shabwani, vice-governador da província de Ma'rib e o homem designado pelo presidente Saleh para ser intermediário entre o governo iemenita e a facção da Al-Qaeda. Quando Al-Shabwani e os seus guarda-costas foram mortos, eles estavam a caminho de se encontrar com membros da AQAP para discutir uma trégua. Mas os rivais políticos de Al-Shabwani haviam contado uma história diferente para as tropas de operações especiais atuando no país: que o político iemenita estava em conluio com a Al-Qaeda. Os americanos apenas haviam sido usados para conduzir um ataque de alta tecnologia de modo a resolver uma querela tribal.

O ataque de maio de 2010 provocou revolta em todo o Iêmen, e o presidente Saleh demandou uma interrupção nos ataques aéreos. Moradores locais de Ma'rib incendiaram um oleoduto, e o fogo estendeu-se por dias. A guerra americana no Iêmen ficou em suspenso, indefinidamente.

Em Washington, os maiores presidentes da América são lembrados por meio de grandiosos monumentos, as suas principais frases gravadas em blocos de mármore branco. Os presidentes medíocres ganham salas de conferência com o seu nome em hotéis do centro da cidade. Em 6 de abril de 2010, Dennis Blair desceu as escadas até o subsolo do hotel Willard, um labirinto de salas de conferência com os nomes de Millard Fillmore, Zachary Taylor, Franklin Pierce e James Buchanan. Lá, ele proferiu aquele que seria o seu último discurso como diretor de Inteligência Nacional.

As frustrações de Blair com o cargo haviam aumentado, e ele sabia que o apoio de que dispunha vinha definhando tanto dentro da Casa Branca quanto entre os membros da *intelligentsia* de segurança nacional de Washington. Blair chegara naquela manhã determinado a transmitir as suas preocupações sobre a CIA e as operações secretas que ele acreditava terem saído do controle. Embora as suas palavras tenham sido envoltas em linguagem diplomática, a sua mensagem era clara.[30]

O FIO DO BISTURI

Os Estados Unidos, disse ele, confiavam frequentemente nas ações clandestinas num mundo em que os segredos eram difíceis de ser mantidos e a mão do governo americano dificilmente permaneceria oculta.

"Há muitas outras ferramentas explícitas de poder nacional para lidar com problemas em regiões do mundo onde, anteriormente, apenas as ações secretas podiam ser aplicadas."

Ele não mencionou a CIA nenhuma vez durante o discurso, mas não havia dúvidas de que as suas palavras dirigiam-se à agência, que ele observara adquirir um enorme poder dentro do governo Obama. Ao tornar públicas as suas preocupações, Blair violara uma das regras cardinais daquela administração: manter as disputas sobre assuntos de segurança nacional em família. Mais importante ainda, ele estava desafiando um dos pilares centrais da política externa do presidente Obama: usar a CIA como instrumento de guerra secreta. Previsivelmente, Leon Panetta e outros oficiais veteranos da agência ficaram enfurecidos quando souberam do discurso de Blair. Apenas um mês depois, o presidente Obama demitiu Dennis Blair.

A CIA conseguiu o que queria.

13. A DISPUTA PELA ÁFRICA

"Isto é maná do céu!"
— *Amira*

O MV *Faina*, um navio mercante ucraniano, navegava próximo à costa da Somália enquanto se movia rumo a Mombasa, no Quênia, em setembro de 2008. Ele não chegaria até o seu destino final. Ao passar por um trecho de águas particularmente traiçoeiras, mais de uma dezena de homens armados avançaram sobre o navio em botes motorizados, fazendo refém a tripulação de dezessete ucranianos, três russos e um letão.

Quando desceram até o compartimento de carga do navio, os piratas não puderam acreditar na sua sorte: o navio levava uma carga clandestina de 33 tanques russos T-72, dezenas de caixas com granadas e um arsenal de armamento antiaéreo. Os piratas não tinham como saber, mas a carga fazia parte de um esforço secreto do governo do Quênia para armar as milícias do Sudão do Sul na sua luta contra o governo em Khartum — uma violação do embargo às armas da ONU.[1] Os piratas somalis haviam se especializado em cobrar resgates baseados no valor de sua carga, e, logo após a captura do navio, eles começaram a exigir US$ 35 milhões por uma devolução segura da tripulação, do navio e de sua carga tão importante.

Embarcações da Marinha americana rodearam o navio por dias, e helicópteros sobrevoaram o convés do navio a fim de se inteirar sobre a saúde da tripulação. Mas as negociações em torno dos reféns arrastaram--se por semanas, uma vez que os donos do navio ucraniano recusavam-se a ceder às demandas dos piratas. Frustrados pela falta de avanço, os piratas decidiram optar por um novo mediador nas negociações. Eles rabiscaram uma mensagem numa folha de papel e a penduraram na balaustrada do *Faina*.

A mensagem trazia apenas uma palavra: AMIRA.

Dentro de alguns dias, Michele "Amira" Ballarin estava no centro da tensa negociação de reféns com o grupo de piratas no controle do navio carregado de tanques russos. Quando os piratas fizeram as suas demandas, Ballarin já vinha trabalhando com um grupo de anciões clânicos somalis para negociar o resgate e encerrar o impasse, ainda que, mais tarde, ela viesse a negar que tinha qualquer interesse financeiro nas negociações. O seu interesse era puramente humanitário, disse ela, qual seja: o de fornecer telefones por satélite para que os piratas pudessem se comunicar com os anciões somalis em terra, e a tripulação do *Faina* com os seus familiares.[2] Mas os ucranianos donos do navio ficaram irritados com a intromissão daquela estranha mulher da Virgínia. A presença dela era indesejável; eles perceberam que ela estava apenas elevando o preço pela liberação de sua tripulação e carga. "Ela precisa entender que oferecer a criminosos uma grande quantia em dinheiro — que, por sinal, ela não possui — apenas lhes dará falsas esperanças", disse um porta-voz da companhia.[3]

O governo da Ucrânia chegou a intervir. No início de fevereiro de 2009, semanas após a administração Obama ter assumido, o ministro de Relações Exteriores da Ucrânia, Volodymyr Ohryzko, escreveu uma carta para a secretária de Estado Hillary Clinton sobre a mulher que, disse ele com um floreio, "se tornara intermediária dos corsários".[4] As ações de Ballarin, continuou o ministro ucraniano, "incitam os piratas a aumentar irracionalmente o valor do resgate", e então ele pediu a Clinton que "facilitasse a exclusão de Ballarin do processo de negociações com os piratas".[5]

Hillary Clinton não tinha motivos para saber quem era Michele Ballarin antes de receber a carta do ministro ucraniano, mas muitos outros oficiais americanos tinham. Quando o presidente Obama assumiu o cargo, Ballarin assinara um contrato com o Pentágono para coletar inteligência dentro da Somália, apenas um dentre uma miríade de projetos para os quais ela esperava obter a aprovação do governo dos Estados Unidos, com variados graus de sucesso.

Os seus esforços em 2006 para organizar uma resistência sufi que lutasse contra a Al-Shabaab não vingaram, mas ela não desistia. Usando um sem-número de empresas de fachada com nomes vagos e portentosos, tais como Blackstar, Archangel e Grupo de Segurança do Golfo, planejou uma série de novos empreendimentos destinados a fazer dela uma parceira indispensável para as Forças Armadas americanas e os serviços de inteligência. Ballarin transformou um hotel histórico na zona rural da Virgínia numa instalação de segurança — com paredes reforçadas e trancas com código — que, ela esperava, o Pentágono ou a CIA poderiam usar para armazenar informação sigilosa. Contudo, não conseguiu fazer com que nenhuma agência governamental alugasse o espaço.

Ela contratou uma série de oficiais militares e espiões aposentados — incluindo o ex-agente da CIA Ross Newland, que deixara a agência para se tornar consultor — para ajudá-la a marcar reuniões com membros veteranos do establishment da segurança nacional em Washington. Trabalhando com um ex-sargento-mor do Exército chamado Perry Davis, um corpulento Boina-Verde aposentado, com anos de serviço militar no Sudeste Asiático, Ballarin chegou a considerar brevemente a ideia de instalar bases nas ilhas remotas nas Filipinas e na Indonésia, bases que ela julgava poderem ser utilizadas no treinamento de tropas nativas para missões clandestinas de contraterrorismo, mas acabou mantendo o seu foco na África.

Em agosto de 2007, ela escreveu uma carta para a CIA na qual se apresentava como presidente do Grupo de Segurança do Golfo, uma empresa sediada nos Emirados Árabes Unidos com um "objetivo único": caçar e eliminar "redes de terroristas, infraestrutura e pessoal da Al-Qaeda no Chifre da África".

A carta prosseguia:

"O Grupo de Segurança do Golfo é controlado pelos cidadãos americanos abaixo assinados, sem quaisquer influências ou interesses estrangeiros. Temos relações profundas com clás nativos e líderes políticos na Somália, Quênia, Uganda e em todo o Chifre da África, inclusive no Conselho Supremo das Cortes Islâmicas, e com aqueles que controlam as suas atividades militantes e jihadistas. Tais relações podem propiciar bons resultados nas missões, sem deixar impressões digitais, pegadas ou bandeira, permitindo total negabilidade."[6]

Àquela proposta de tirar o fôlego, um advogado da CIA enviou uma resposta sucinta. "A CIA não está interessada em vossa proposta não solicitada e não vos autoriza a realizar quaisquer atividades em seu nome. Estou devolvendo vossa proposta", escreveu John L. McPherson, assessor para assuntos gerais da agência. A proposta de Ballarin de formar esquadrões da morte nativos, afirmou McPherson, poderia violar a Lei da Neutralidade, que proíbe cidadãos de montar exércitos privados no exterior.[7]

Por mais extravagante que parecesse a sua oferta, o problema de Ballarin talvez tivesse sido um mau senso de oportunidade. Apenas um ano antes, a CIA ainda estava pagando Erik Prince e Enrique Prado por sua participação no programa de extermínio que havia sido terceirizado a funcionários da Blackwater. Mas a agência decidira, em meados de 2006, que o programa devia ser encerrado, graças exatamente às preocupações levantadas na carta de McPherson a respeito da pertinência de se contratarem cidadãos para tomar parte em operações de assassinato direcionado. A CIA não estava disposta a considerar uma proposta equivalente de uma mulher misteriosa, sem qualquer registro de experiência prévia em operações clandestinas.

Tendo lhe sido negada a oportunidade de matar para a CIA, Ballarin sugeriu, ato contínuo, espionar para as Forças Armadas. Nisso, ela obteve grande sucesso. Na primavera de 2008, Ballarin e Perry Davis foram até um edifício comercial discreto em frente ao Pentágono, onde tiveram um encontro no quartel-general do Escritório para Suporte Técnico do Combate ao Terrorismo (CTTSO).[8] O CTTSO é uma pequena firma, com orçamento modesto, destinada a fornecer capital inicial para programas militares sigilosos de contraterrorismo; e um contato dentro do Pentágono ajudou Ballarin na marcação desse encontro. Mas poucos dentro do CTTSO sabiam algo a respeito daquela mulher bem-vestida diante deles. Apresentando-se como a presidente de uma empresa chamada Blackstar, Ballarin foi direta.

— Eu vou consertar a Somália — disse ela.

Ballarin e Davis esboçaram um plano para estabelecer um programa de ajuda humanitária que serviria de disfarce à coleta de inteligência. Carregamentos de comida chegariam de navio até algum porto somali, seriam colocados em caminhões e transportados até estações de ajuda humanitária que a sua equipe pretendia construir por todo o país. De acordo com o plano, os somalianos que chegassem nas estações deveriam fornecer os seus nomes e demais informações e, em troca, receberiam cartões de identificação. As informações colhidas nas estações de distribuição de alimento, informou Ballarin aos oficiais militares, poderiam alimentar os bancos de dados do Pentágono e ser utilizadas tanto para mapear a complexa estrutura tribal da Somália, quanto para, possivelmente, ajudar os Estados Unidos a caçarem os líderes da Al-Shabaab.

Ballarin disse que bancaria boa parte do projeto com dinheiro de seu próprio bolso, mas que buscava a bênção do Pentágono e verba adicional. Ballarin e Davis forneceram poucos detalhes sobre como pretendiam levar adiante a operação, mas conseguiram vender o plano. Pouco tempo depois, o Pentágono prometeu à Blackstar o montante inicial de aproximadamente US$ 200 mil, com a garantia de mais caso o programa começasse a dar resultados promissores. Pela primeira vez, Michele Ballarin havia recebido a assinatura do governo americano para um projeto clandestino na África.

VÁRIOS FATORES CONVERGIRAM para pavimentar o caminho de Michele Ballarin rumo à operação de coleta de inteligência na Somália. O primeiro, e mais óbvio, foi a falta de qualquer informação sólida sobre o país que alguns em Washington temiam poder vir a se tornar um Estado terrorista nos moldes do que era o Afeganistão antes dos atentados de 11 de setembro.

A CIA estava consumida com a guerra de drones no Paquistão e com o suporte a operações militares no Iraque e no Afeganistão, o que deixava a agência com poucos recursos para a espionagem dentro da Somália. Além disso, estando ainda chamuscada pela desastrosa campanha secreta com os senhores da guerra locais, em 2006, poucos em Langley tinham interesse em voltar a chafurdar no lodo somali. E também não tinham a certeza de que valia a pena: durante a sua entrevista coletiva de despedida, ao final da administração Bush, o diretor da CIA, Michael Hayden, descartou o movimento Al-Shabaab como insignificante.

Ao mesmo tempo, no entanto, o Pentágono dava início a um movimento para intensificar as atividades clandestinas na África: desde o Chifre, passando pelos Estados árabes da porção norte do continente, até países da costa oeste como a Nigéria. A criação do Comando Africano Norte--Americano no outono de 2008, o primeiro quartel-general do Pentágono destinado exclusivamente a operações na África, era mais um sinal da crescente atenção com o segundo maior e segundo mais populoso continente do mundo, após anos de relativa negligência. O Pentágono tinha um novíssimo posto de comando militar em Stuttgart, Alemanha — mas não a inteligência requerida para dar suporte a quaisquer operações.

Tampouco havia uma ideia clara sobre quem apoiar dentro da Somália. Meses após o presidente Obama assumir, a nova administração anunciou a decisão de embarcar 40 toneladas de armas e munição para o sitiado Governo Federal de Transição (TFG), apoiado pelas Nações Unidas e considerado pelos somalianos tanto corrupto quanto fraco. Em 2009, o TFG já controlava poucos territórios para além dos vários quilômetros quadrados dentro de Mogadíscio, e a equipe do presidente americano estava em pânico com a possibilidade de que uma ofensiva da Al-Shabaab na capital pudesse expulsar o governo do centro de Mogadíscio. Vigorando o embargo que proibia a entrada de armas estrangeiras na Somália, o governo tinha de obter a aprovação da ONU para os carregamentos de armas. A primeira remessa de armamentos chegou em junho de 2009, mas as tropas do governo somali não a mantiveram por muito tempo. Em vez

A DISPUTA PELA ÁFRICA

disso, venderam as armas que Washington adquirira para elas em lojas de armamentos de Mogadíscio. O mercado de armas quebrou, e um novo carregamento de armas baratas tornou-se acessível aos combatentes da Al-Shabaab. No fim do verão, M16s de fabricação americana podiam ser encontrados no mercado por apenas 95 dólares, e uma cobiçada AK-47, por 5 dólares a mais.[9]

Claramente, a campanha no Chifre da África estava sendo conduzida de modo confuso e desorganizado, com os Estados Unidos empreendendo uma guerra terceirizada, utilizando forças e chefes militares que atuavam por procuração. A Somália era considerada uma ameaça, mas não o bastante para que merecesse uma arriscada campanha militar americana no local. Portanto, as portas se abriram para empreiteiros como Ballarin, que se ofereciam para preencher o vácuo da inteligência, tal qual Dewey Clarridge fizera no Paquistão.

A Somália convertia-se lentamente num paraíso para toda sorte de operações clandestinas: de missões secretas de contraterrorismo de governos ocidentais até esquemas selvagens de contratos para perseguir piratas. Um desses planos foi elaborado com a ajuda de Erik Prince, ex-presidente da assediada Blackwater Worldwide, que deixara os Estados Unidos para começar um novo capítulo nos Emirados Árabes Unidos. Lá, dizia ele, seria difícil para os "chacais" — promotores e investigadores do Congresso — persegui-lo e rastrear o seu dinheiro.[10] Além de um projeto secreto para ajudar os Emirados Árabes Unidos a criarem um exército mercenário de soldados colombianos — que oficiais emiradenses sonhavam em utilizar a fim de solucionar distúrbios internos e, até mesmo, deter ataques do Irã —, Prince começou a trabalhar com um grupo de mercenários sul-africanos para auxiliá-lo na construção de uma força de combate à pirataria no norte da Somália.[11]

Os Emirados Árabes Unidos mostravam-se cada vez mais preocupados com os piratas da costa do Chifre da África, que assaltavam navios indo e vindo do golfo Pérsico, e, junto com Prince, os oficiais emiradenses se esforçavam por desenvolver uma nova estratégia de combate aos piratas:

em vez de desafiá-los em alto-mar, uma nova milícia faria ataques aos covis dos piratas em terra.[12] Jamais se esquivando de uma controvérsia, Prince encontrou-se com oficiais de uma empresa sul-africana chamada Saracen International, uma firma de segurança privada comandada à época por Lafras Luitingh, um ex-oficial do Escritório de Cooperação Civil da África do Sul (CCB) nos tempos do apartheid. O CCB tinha um histórico brutal de assassinar e intimidar sul-africanos negros, e, após a queda do apartheid, muitos de seus ex-membros tornaram-se soldados de aluguel na miríade de guerras do continente africano. A operação de combate à pirataria era apenas a mais recente aventura extraoficial para Luitingh e os mercenários sul-africanos numa parte do mundo ainda bastante ignorada.

Além dos esforços das empresas privadas, o Comando de Operações Especiais Conjuntas das Forças Armadas começou a prestar maior atenção à guerra dissimulada contra os militantes na Somália. Assim como havia proposto para o Iêmen, o almirante William McRaven do JSOC discutiu com oficiais em Washington um plano para uma verdadeira força-tarefa de operações especiais para a Somália, nos moldes da força-tarefa que, no Iraque, desarticulara a afiliada local da Al-Qaeda: operações de captura e interrogatório conduzidas pelos SEALs da Marinha em todos os territórios controlados pela Al-Shabaab, a fim de desmantelar o grupo.

Comparada ao Paquistão e ao Iêmen, a Somália era, ao mesmo tempo, um ambiente mais difícil e mais propício para uma guerra clandestina. Diferente deles, não havia um governo central com o qual os americanos pudessem cooperar, ou um serviço local de inteligência que pudesse penetrar na Al-Shabaab. Por outro lado, a Somália estava livre da dor de cabeça que era ter de pedir autorização antes que os Estados Unidos pudessem conduzir operações de assassinato direcionado. Não havia um Alı Abdullah Saleh ou um Pervez Musharraf a cortejar, e tampouco pagamentos secretos em dinheiro vivo em troca do direito de conduzir a guerra em outro país. A Somália era, nas palavras de um oficial veterano envolvido no planejamento das operações no Chifre da África, "uma zona completamente livre para o combate".

A DISPUTA PELA ÁFRICA   255

As propostas do JSOC, porém, contaram com pouco apoio. A bagagem do episódio Falcão Negro em Perigo ainda pesava sobre qualquer discussão a respeito de operações de contraterrorismo na Somália, e a Casa Branca acabou rejeitando as propostas ambiciosas do almirante McRaven, insistindo que cada operação militar dentro do país fosse aprovada pessoalmente pelo presidente.[13] Advogados da administração Obama chegaram a debater se a Al-Shabaab, que não havia realizado atos de terrorismo contra os Estados Unidos, poderia ser um alvo. O grupo era uma ameaça à América ou apenas uma milícia local que Washington deveria simplesmente ignorar?

Por vezes, era difícil levar o grupo a sério. Ainda que tentasse vestir o Mogadíscio com o manto da sharia, ordenando que ladrões tivessem as mãos amputadas e que adúlteras fossem apedrejadas, a Al-Shabaab também incorria num comportamento errático e até mesmo cômico. Líderes do grupo faziam estranhos pronunciamentos, na tentativa desesperada de atrair novos recrutas. Eles mantinham um show de talentos no estilo do programa televisivo *American Idol* e um jogo de conhecimentos gerais para crianças entre 10 e 17 anos, onde os participantes deviam responder questões tais como: "Em que guerra o nosso líder Xeique Timajilic foi morto?" O vencedor ganhava um fuzil AK-47.[14] Depois que o Departamento de Estado norte-americano ofereceu recompensas em dinheiro pelo paradeiro dos líderes da Al-Shabaab, um membro da alta hierarquia do grupo disse a milhares de somalianos reunidos após as orações de sexta-feira que a Al-Shabaab oferecia a sua própria recompensa por informações a respeito dos "esconderijos" de altos oficiais americanos. A pessoa que ajudasse a levar os militantes até "aquele idiota do Obama" seria recompensada com dez camelos. Dez galinhas e dez galos iriam para quem tivesse informação sobre o esconderijo "daquela velha, Hillary Clinton".[15]

Com escassas chances de deter suspeitos de terrorismo, e pouco apetite para extensas operações de solo na Somália, matar era, às vezes, uma opção mais atraente do que capturar. Em setembro de 2009, o JSOC marcou um ponto com a inteligência: informação precisa sobre o paradeiro de Saleh Ali Saleh Nabhan, membro queniano da célula da Al-Qaeda no leste da

África, que havia conduzido os ataques de 1998 à embaixada americana, e possivelmente um mediador entre a Al-Qaeda e a Al-Shabaab. A inteligência indicava que, após meses de deslocamento por dentro de cidades e vilas que tornavam impossíveis os ataques aéreos americanos, Nabhan viajaria num comboio de caminhões de Mogadíscio até a cidade litorânea de Barawa. Durante uma videoconferência, conectando a Casa Branca, o Pentágono, a CIA e o quartel-general do JSOC em Forte Bragg, o almirante McRaven apresentou ao grupo uma série de opções de ataque. A opção menos arriscada era disparar mísseis Tomahawk a partir de um navio posicionado na costa, ou mísseis de um avião militar. Alternativamente, disse McRaven, SEALs da Marinha em helicópteros AH-6 poderiam arremeter contra o comboio, matar Nabhan e coletar material genético suficiente para confirmar a sua morte. Finalmente, o almirante apresentou uma variação da opção dois: em vez de matar Nabhan, os SEALs poderiam apanhá-lo, enfiá-lo num dos helicópteros e levá-lo a algum lugar para interrogatório.[16] O presidente Obama escolheu o que parecia ser a opção menos arriscada: um ataque a míssil contra o comboio.

Porém, as coisas não saíram conforme o planejado. Quando o JSOC fazia os ajustes finais para a operação, codinomeada Balanço Celestial, o lança-mísseis do avião designado para a missão deu defeito. Com o tempo passando e Nabhan em movimento, McRaven ordenou que os comandos executassem o plano alternativo: os SEALs que aguardavam num navio fora da costa somali embarcaram em helicópteros e seguiram rumo a oeste, para dentro do espaço aéreo da Somália. Os helicópteros metralharam o comboio, matando Nabhan e três membros da Al-Shabaab.

A operação foi considerada um sucesso na Somália, mas, para alguns dos envolvidos no planejamento da missão, todo o episódio suscitava perguntas desconfortáveis. Porque o Plano A havia falhado, os Estados Unidos foram forçados a dar o extraordinário passo de utilizar tropas num dos países mais hostis do mundo. Mas, uma vez que as tropas lá estavam, por que não capturaram Nabhan em lugar de simplesmente eliminá-lo? Parte da resposta era que uma operação de captura foi considerada por demais

A DISPUTA PELA ÁFRICA

arriscada. Mas essa não era a única razão. Matar era o curso preferido de ação na Somália, e, como sugeriu uma pessoa envolvida no planejamento da missão, "não o capturamos porque não seria fácil encontrar um local onde colocá-lo".

O PENTÁGONO HAVIA originalmente contratado Michele Ballarin e Perry Davis para fornecer o tipo de informação que resultara na morte de Nabhan. Isso deu influência a Ballarin durante as suas frequentes viagens ao leste da África, onde alardeava os seus laços com o governo americano durante encontros privados com várias facções somalis. Cada viagem oferecia novas oportunidades de negócios, e, à medida que a Somália surgia no mundo como o epicentro da pirataria internacional, ela percebeu a mina de ouro que poderia advir de sua atuação como mediadora nas negociações de resgate. O primeiro contato de Ballarin no escritório do Pentágono, que lhe premiara com o contrato, a pressionara para que desenvolvesse relações com clãs na Somália que tivessem laços estreitos com as redes de piratas, e, quando os piratas exibiram a palavra AMIRA no cartaz preso ao casco do navio, ela vislumbrou a chance de se tornar a negociadora do resgate. Disse publicamente que o seu interesse em negociar era puramente humanitário, mas, em particular, Ballarin confessou a alguns de seus empregados que arrecadar parte do valor dos resgates poderia ser lucrativo, caso o flagelo da pirataria piorasse. "Ela tinha o sonho de lidar com todas as negociações e ficar rica", disse Bill Deininger, um ex-colega. Numa entrevista, ela contou a um repórter que o seu objetivo era "liberar todos os dezessete navios e todas as 450 pessoas" que os piratas somalis detinham naquele momento.[17]

Deininger era um dos muitos ex-funcionários descontentes que se decepcionaram com Ballarin e desistiram de trabalhar com ela quando as suas promessas não foram cumpridas.[18] Alguns oficiais militares aposentados que ela havia contratado para trabalhar nas suas várias empresas investiram dinheiro de seu próprio bolso ao ingressar no negócio e se sentiram traídos quando não recuperaram o investimento. Embora o Pentágono, em 2008, houvesse lhe concedido um capital inicial para esse projeto de coleta de informações, ela batalhava para obter um fluxo permanente de verba de contratos com o governo, tendo rompido com muitos de seus parceiros.

E, no entanto, Ballarin mantinha a aparência de um estilo de vida extravagante nas colinas da Virgínia, fora da malha viária de Washington. Continuava cortejando militares americanos veteranos e oficiais de inteligência, frequentemente na imensa mansão de tijolos alugada por ela, que lembrava uma antiga loja de antiguidades e que restava sobre 110 acres que, outrora, havia sido uma região de fazendas de cavalo e, mais recentemente, tornara-se parte da região semirrural de Washington. Ela entretinha oficiais americanos e africanos na sala de jantar da mansão, um espaço decorado com vasos antigos, gravuras de caçadas e uma ampla galeria com fotos de Ronald Reagan e do papa João Paulo II. Enfeitada com joias e, por vezes, segurando um terço, comandava os encontros da cabeceira de uma grande mesa antiga. A intervalos regulares, Perry Davis levantava-se e enchia as xícaras de chá dos visitantes com uma suave mistura de chá preto do Quênia, cardamomo, cravo e outras especiarias.

Ballarin continuava realizando viagens ao leste da África, construindo laços com facções dentro da Somália unidas por sua adesão ao sufismo. E acabou elaborando uma frase de efeito para se referir ao seu trabalho na Somália: estava providenciando "soluções orgânicas" a problemas que persistiam por décadas, soluções que não podiam ser promulgadas por governos estrangeiros ou por grupos externos intervencionistas, como ela via, a exemplo das Nações Unidas. Durante uma entrevista para a Voz da América, falou a respeito de uma abordagem "flexível", que evitava a violência.

— Os somalianos já presenciaram conflitos demais, já viram empresas militares privadas, sangue, pólvora e balas o bastante — disse ela. — Todas essas coisas terríveis criaram uma geração de jovens que não conhecem nada além disso. Por que alguém que se importa profundamente com

A DISPUTA PELA ÁFRICA

essa cultura iria querer perpetuar tal realidade? Não é o caminho a seguir; realmente não é.[19]

A sua definição de "solução orgânica", no entanto, era claramente elástica. Em 2009, por exemplo, ela tentou ajudar um esquadrão da morte somali a matar cinco proeminentes membros da Al-Shabaab que estavam reunidos para um encontro em Mogadíscio. Tudo de que precisavam, disse ela, era silenciadores para as armas.[20]

Na sua versão da história, cujos detalhes foram confirmados por um ex-oficial do governo americano, ela estava sentada na sua suíte no Djibouti Palace Kempinski, o único hotel de cinco estrelas na minúscula e empobrecida nação. O hotel abrigava uma conferência internacional para selecionar os próximos líderes do enfraquecido governo de transição da Somália — um encontro de clãs, literalmente. Depois de negociações nas salas de conferência e à beira da piscina, Sharif Sheikh Ahmed, um moderado ex-comandante do Conselho Supremo das Cortes Islâmicas, foi escolhido para governar o país.

No meio da noite, um grupo de somalianos bateu na porta da suíte de Ballarin e levou-a para um encontro com um antigo oficial do novo governo de transição da Somália. O oficial somali contou-lhe, então, que estivera em contato com um membro veterano da Al-Shabaab interessado em mudar de lado e integrar o governo. O informante sabia sobre uma reunião futura de líderes da Al-Shabaab e se oferecia — com a bênção da América — para matá-los todos.

A sua lista de necessidades era curta: os seus homens precisariam de algum treino com armas portáteis e de silenciadores para garantir que a operação fosse realizada o mais discretamente possível. E o desertor queria que os Estados Unidos dessem dinheiro para ajudar as viúvas e filhos dos líderes da Al-Shabaab assassinados.

Quando Ballarin retornou aos Estados Unidos, ela e Perry Davis entraram em contato com um pequeno grupo de oficiais militares que haviam conhecido no Pentágono. Para ela, aquela não era uma decisão difícil, e, mais tarde, recordaria com um tanto de raiva o que disse aos oficiais militares com quem se encontrara.

"Isto é maná do céu! Aproveitem!", ela se lembra de ter dito aos homens.

Mas os americanos recusaram. Se o JSOC iria abençoar a operação, eles próprios a colocariam em prática. Ballarin achava que contar com somalianos — em lugar de comandos americanos ou outras milícias estrangeiras — na eliminação do alto escalão da Al-Shabaab com um só golpe seria altamente danoso para a organização terrorista local.

— Esta é uma solução orgânica — disse ela. — Você não precisa enviar equipes de SEALs. Este é o estilo somali, e não estamos falando de coisas agradáveis aqui.

Quando relembrou o episódio muitos anos depois, ela falou melancolicamente do que poderia ter sido.

— Tudo o que queriam eram silenciadores.

Ballarin não estava satisfeita em desempenhar o papel de mera coletora passiva de inteligência. A sua ideia era estar no centro de um grande despertar sufi, supervisionando a unificação de vários grupos sufis do norte e do leste da África numa vigorosa campanha contra o wahabismo. Quando militantes da Al-Shabaab tomaram de assalto estações de rádio em Mogadíscio, banindo a música e obrigando os programadores a introduzir o noticiário com sons de disparos de armas, balido de cabras e cacarejo de galinhas, Ballarin escreveu uma canção de resistência para os sufis da Somália. A canção, escrita em inglês e cantada por uma cantora pop brasileira, trazia o grito de resistência: "A vida sufi eles jamais irão derrotar!"

Ergam as suas vozes... Reajam!
Lutem por nossa honra e por nossa terra
Tomados por poderes estrangeiros e mãos interventoras.
Irmãos e irmãs, reajam!
Ergam as suas vozes... Reajam!
Contra fileiras regionais e proibições internacionais.
Venha comigo, irmão... Um homem para cada homem.
Irmãos e irmãs, reajam!

A DISPUTA PELA ÁFRICA   261

Ballarin acreditava que o grande despertar deveria começar na Somália, onde já mantinha contato com o Ahlu Sunna Waljama'a (ASWJ), um grupo sufi com controle de vastas porções de território no centro da Somália. O ASWJ tinha uma história um tanto padrão. Durante a guerra civil somaliana travada nos anos 1990, o grupo era alinhado ao mesmo senhor da guerra que liderou os atiradores somalis em combate contra os Rangers e a Força Delta durante o episódio Falcão Negro em Perigo. Antes da ascensão da Al-Shabaab, o ASWJ não havia conseguido exercer influência significativa sobre a guerra de clãs na Somália. Mas, à medida que combatentes da Al-Shabaab começavam a tomar cidades no sul e no centro da Somália, os atiradores wahabita fizeram questão de destruir cemitérios e mesquitas sufis onde quer que os encontrassem. Ossos eram exumados e deixados para descolorir ao sol, e zeladores dos cemitérios eram presos ou ordenados a não voltar ao trabalho. Os combatentes da Al-Shabaab diziam que as sepulturas eram memoriais exuberantes — idolatria banida pelo Islã. O xeique Hassan Yaqub Ali, o porta-voz da Al-Shabaab na cidade portuária de Kismayo, no sul do país, disse à BBC: "É proibido transformar túmulos em santuários."[21]

A profanação das sepulturas incendiou uma vertente militante dentro do majoritariamente pacífico ASWJ, e esta começou a mobilizar-se em grupo armado com o objetivo de funcionar como contrapeso à Al-Shabaab. Reconhecendo o potencial de um despertar armado sufi, Ballarin começou a encorajar líderes sufis a desenvolver uma estratégia que freasse o avanço da Al-Shabaab. Ela e Perry Davis conversaram repetidamente com xeiques sufis e líderes militares do ASWJ, viajando para a Somália central para falar sobre a sua campanha militar, agindo como um Estado-maior composto por duas pessoas. Ballarin e Davis gabaram-se para os americanos que o ASWJ era como a sua própria milícia particular, e que haviam instruído os combatentes sufis sobre como recuperar armas do campo de batalha e armazenar munição.

Então, depois de meses de impasse, colunas maltrapilhas de combatentes do ASWJ, com armas nas mãos, deslocaram-se para El Buur, uma fortaleza da Al-Shabaab na Somália central. Ballarin relembra, radiante, uma mensagem de texto que conta ter recebido de comandantes do ASWJ no meio da noite.

"Tomamos El Buur!"

SENTADA EM FRENTE à televisão na sua mansão de tijolos na Virgínia do Norte, em 2011, observando as imagens veiculadas pela Fox News sobre as revoltas árabes no norte da África, Michele Ballarin não enxergou uma esperançosa "primavera" árabe. Ela viu desenrolar-se um pesadelo: o radical Islá wahabita atravessando o norte da África direto até a costa oeste do continente. Na sua cabeça, os governos autoritários em locais como o Egito e a Líbia haviam sido um baluarte contra a expansão do wahabismo, e as fortificações estavam agora ruindo. Estava certa de que os ricos patronos do wahabismo na Arábia Saudita iriam se deslocar até a região com dinheiro para construir mesquitas e escolas religiosas, e de que os Estados Unidos estavam perdendo os seus únicos parceiros na luta contra o Islá radical. Na sua visão, Muamar Kadafi pode ter sido um bandido cruel e inimigo de seu herói Ronald Reagan, mas, para ela, o ditador líbio acabou ficando do lado dos justos, à época, no decisivo combate do bem contra o mal.[22]

Assim como uma tempestade de areia no deserto, as revoltas populares que se espalhavam pelos Estados do norte da África estavam no processo de enterrar décadas de governo autoritário. Mas elas também pegaram a CIA de calças curtas, e os oficiais da Casa Branca estavam cientes de que, com todos os bilhões de dólares gastos pelos Estados Unidos a cada ano na coleta de informações e de previsões sobre os eventos mais catastróficos do mundo, as agências de espionagem americanas encontravam-se muitos passos atrás dos levantes populares. "A CIA perdeu a Tunísia. Eles perderam o Egito. Perderam a Líbia. Perderam-nos individual e coletivamente", disse um veterano da administração Obama. Nas frenéticas semanas após o início das revoltas árabes, centenas de analistas de inteligência da CIA

A DISPUTA PELA ÁFRICA

e de outras agências americanas de espionagem foram designados para compreender o sentido daquele turbilhão. Era um jogo de superação.[23]

Tratava-se do primeiro levante de massa na era das redes sociais, e as revoluções eram exibidas nas mensagens do Twitter e atualizações do Facebook. Era diferente de tudo o que os oficiais em Langley já haviam visto, e precursores históricos como a queda do comunismo eram de pouca serventia para os líderes da CIA, que lutavam para informar à Casa Branca e ao Departamento de Estado qual ditador árabe provavelmente cairia em seguida. Numa reunião de veteranos da equipe, o diretor da agência, Leon Panett, pressionou os seus assessores para que dessem sentido ao vendaval de mensagens digitais. "Ninguém consegue reunir todas essas mensagens num só lugar?", perguntou ele, claramente confuso com os meios da geração mais nova.

E o problema agravou-se para a CIA, uma agência de espionagem que experimentava rapidamente o lado ruim de sua reorientação para o contraterrorismo. Fundada em 1947 sob a premissa de que os presidentes e os gestores públicos precisavam de informações antecipadas sobre a dinâmica que moldava os eventos mundiais, em vez disso tanto o presidente George W. Bush quanto Barack Obama decidiram que a prioridade da agência deveria ser caçar e matar terroristas. Esta, então, não contava com espiões suficientes nos trabalhos de espionagem propriamente dita, nem com agentes secretos suficientes, em países como a Tunísia e o Egito, cujo ofício deveria ser o da coleta da inteligência sobre a agitação nas ruas e os temores de líderes estrangeiros de perder o poder.

A CIA havia se aliado a implacáveis serviços de inteligência ao redor do Oriente Médio e do norte da África, formando parcerias com serviços estrangeiros de espionagem comandados por tipos como Hosni Mubarak e Muamar Kadafi. Tais parcerias haviam ajudado a CIA a obter vantagens para a guerra ao terror. Os diretores da CIA tinham uma relação de proximidade com Moussa Koussa, chefe do brutal serviço de espionagem de Kadafi, e espiões americanos e líbios trabalharam juntos na caçada de homens suspeitos de ligação com a Al-Qaeda, capturando-os e enfiando-os na famosa prisão líbia de Abu Salim. Depois que Kadafi caiu e os rebeldes saquearam o quartel-general da inteligência líbia, documentos preciosos foram encontrados, detalhando os laços íntimos entre os americanos e a inteligência da Líbia. Havia até uma carta de Porter Goss para Moussa Koussa, na qual o ex-diretor da CIA agradecia ao mestre líbio da espionagem pelas laranjas frescas de presente de Natal.[24]

Nisto residia grande parte do problema: espiões líbios ou egípcios dificilmente seriam francos com oficiais americanos a respeito da fragilidade de seus próprios governos. E eles mantinham pesada vigilância sobre líderes dissidentes, dificultando que agentes americanos em cidades como Cairo se encontrassem com grupos de oposição e coletassem informações sobre perturbações domésticas nos países do norte da África. Mike Hayden, ex-diretor da CIA, admitiria mais tarde que a decisão da agência de associar-se a regimes autoritários no mundo árabe prejudicara a sua capacidade de coletar inteligência política e social naqueles países. Nas suas palavras: "O quanto se pode obter de informações sobre a Irmandade Muçulmana no Egito se você tem que alienar Omar Suleiman [chefe de inteligência de Mubarak] e ele deixa de ser um bom parceiro de contraterrorismo?"

Líderes de governo de vários países do mundo saudaram o fim das calcificadas ditaduras no norte da África. Mas, para os oficiais insones e frequentemente neuróticos do Centro de Contraterrorismo da CIA, os eventos do início de 2011 dificilmente eram motivo de otimismo. Não era apenas o fato de estarem testemunhando os seus mais próximos aliados estrangeiros sendo alijados do poder sem nenhuma cerimônia. O mais preocupante era que grupos islâmicos que, por décadas, estiveram sob o jugo de ditadores — da Irmandade Muçulmana no Egito aos grupos radicais na Líbia, que a CIA e a inteligência líbia haviam se esforçado conjuntamente para debelar — ganhavam poder político. O CTC temia que o furacão no mundo árabe pudesse lançar as sementes para um ressurgimento da Al-Qaeda e de seus afiliados.

Tal era a perspectiva animadora para o líder da Al-Qaeda, enfurnado no andar mais alto de um complexo em Abbottabad, Paquistão. Escrevendo alucinadamente para os seus subordinados, durante aquela que seria a sua última semana de vida, Osama bin Laden sugeria, nos primeiros meses de 2011, que as revoltas árabes eram a realização de uma visão que ele tivera originalmente nos anos 1990, quando fundou a Al-Qaeda. Na verdade, as revoltas não se pareciam em nada com o que ele previra, e os governos no Egito e na Tunísia foram derrubados não pela Al-Qaeda ou por aqueles que desejavam um califado pan-muçulmano, mas pelo esforço de uma população jovem que utilizou as mídias sociais para fazer avançar a revolução.

Bin Laden ainda viu esperança no caos. Ele escreveu alegremente para um de seus substitutos que a secretária de Estado Hillary Clinton havia expressado a preocupação de que "a região caísse nas mãos de islamistas armados". O que o mundo testemunhava naqueles "dias de revoluções consecutivas", escreveu ele, "é um grande e glorioso evento" que, provavelmente, irá "cobrir a maior parte do mundo islâmico com a vontade de Alá".[25]

14. O DESENLACE

"Foram os americanos!
Foi a Blackwater!
Foi mais um Raymond Davis!"
— *Hafiz Muhammad Saeed*

O espião americano ocupou por semanas o interior de uma cela escura na prisão de Kot Lakhpat, na periferia industrial de Lahore, uma cadeia com a repugnante reputação de ter tido detentos mortos em circunstâncias obscuras. Ele havia sido separado do restante dos prisioneiros, mantido num setor da decadente instalação no qual os guardas não portavam armas, uma concessão pela sua segurança que oficiais americanos haviam conseguido obter junto à administração prisional. O consulado dos Estados Unidos em Lahore negociara outra salvaguarda: uma pequena equipe de cães provava a comida de Raymond Davis, checando se não fora envenenada.[1]

Para muitos espiões veteranos paquistaneses, o homem sentado na cela parecia ser a primeira prova concreta que confirmava as suas suspeitas de que a CIA havia erguido um pequeno exército dentro do Paquistão, um grupo de caubóis rápidos no gatilho realizando uma série de atividades nefandas. Para a CIA, a revelação do papel de Davis na agência lançava luz desfavorável sobre um fenômeno do pós-11 de Setembro: a forma como a CIA delegara algumas de suas tarefas mais delicadas a empreiteiros e outros terceirizados sem a experiência e o temperamento requeridos para operar nas zonas de guerra no mundo islâmico.

Terceiro filho de um pedreiro e uma cozinheira, Raymond Allen Davis cresceu numa pequena casa de madeira no povoado de Strawberry Patch em Big Stone Gap [A Fenda da Grande Pedra], uma cidade de 6 mil habitantes no condado carvoeiro de Virgínia, cujo nome deriva da fenda nas montanhas por onde o rio Powell forma um canal.[2] Tímido e reservado, Davis era excepcionalmente forte, tornando-se um astro do futebol e da luta greco-romana na escola local. Depois de se formar, em 1993, ele se alistou na infantaria do Exército e fez um tour pela Macedônia em 1994, como membro das tropas de manutenção da paz das Nações Unidas. Quando o seu tempo de serviço de cinco anos se encerrou, em 1998, ele tornou a se alistar, dessa vez no 3º Grupamento de Forças Especiais do Exército, baseado no Forte Bragg. Deixou o Exército em 2003 e, assim como centenas de outros SEALs e Boinas-Verdes aposentados, foi contratado pela companhia de Erik Prince, a Blackwater EUA, e logo se viu no Iraque, trabalhando como segurança para a CIA.

Pouco se sabe sobre o seu trabalho com a Blackwater, mas, em 2006, ele havia abandonado a empresa e, junto com a sua esposa, fundou uma empresa de segurança privada em Las Vegas. Logo foi contratado pela CIA como funcionário privado, o que a agência chama de "distintivo verde", devido à cor dos cartões de identificação que os contratados apresentam na entrada do quartel-general da CIA em Langley. Tal qual Davis, muitos dos contratados eram empregados para preencher as vagas do Pessoal de Resposta Global da agência — guarda-costas que viajavam até as zonas de guerra para proteger agentes secretos, verificar a segurança de potenciais locais de encontro e até mesmo travar um primeiro contato com fontes, de modo a garantir que os agentes não sofressem emboscadas. Eram membros do setor de segurança da CIA que ficariam sob fogo pesado no ano seguinte, no telhado da base da agência em Benghazi, Líbia. As demandas das guerras no Iraque e no Afeganistão consumiram tanto o quadro próprio de funcionários de segurança da agência que esta foi forçada a gastar muito dinheiro com segurança terceirizada. A primeira vez que Davis foi enviado pela CIA ao Paquistão, em 2008, ele trabalhou na

O DESENLACE 269

base da agência em Peshawar, acumulando mais de US$ 200 mil por ano, incluindo benefícios e despesas.[3]

Davis já estivera preso por várias semanas em meados de fevereiro de 2011, e era improvável que ele fosse solto em pouco tempo. O caso do assassinato havia inflado as paixões antiamericanas dentro do Paquistão, com protestos de rua e acalorados editoriais de jornal exigindo que o governo paquistanês não cedesse às demandas de Washington pela libertação do preso e que, em vez disso, ele fosse condenado à morte. A evidência, à época, indicava que o homem morto por Davis realizara uma série de pequenos roubos naquele dia, mas havia um problema extra: um terceiro homem morto pela caminhonete americana sem placa que fugia do local.

Complicando ainda mais as coisas, havia o fato de que ele fora preso em Lahore, onde a família de Nawaz Sharif dominava a cultura política. O ex-presidente não fazia segredo a respeito de suas intenções de voltar a governar o Paquistão, tornando-o o principal concorrente do presidente Asif Ali Zardari e de sua máquina política em Islamabad, a 400 quilômetros de distância. Como a embaixada americana na capital paquistanesa dependia do governo Zardari para livrar Davis da cadeia, os diplomatas logo perceberam que o presidente tinha pouca influência sobre os oficiais de polícia e juízes da cidade de seu implacável rival.

Contudo, o fator mais significativo que determinaria com que Davis mofasse na prisão era o fato de que a administração Obama tinha ainda que contar ao governo paquistanês aquilo que este já suspeitava, e que a excelente pontaria de Raymond Davis na rotatória em Lahore deixara claro: ele não era apenas mais um diplomata lidando com questões burocráticas. Seu trabalho no Paquistão era mais sombrio, envolvendo a sondagem de um nervo exposto na já hipersensível relação entre a CIA e o ISI.

Desde que o grupo militante paquistanês Lashkar-e-Taiba, "o Exército dos Puros", enviou equipes de assassinos para cercar hotéis luxuosos em Mumbai, Índia, em novembro de 2008, matando e ferindo mais de quinhentas pessoas em quatro dias de caos, analistas da CIA já alertavam que o grupo buscava incrementar o seu perfil global mediante ataques espetaculares realizados para além do sul da Ásia. Isso impulsionou a agência a destinar cada vez mais o seu crescente quadro de funcionários no Paquistão para a coleta de inteligência sobre as operações do Lashkar — uma decisão que pôs os interesses da CIA e os do ISI em conflito direto. Uma coisa era ter os espiões americanos à espreita nas áreas tribais, a fim de caçar membros da Al-Qaeda; outra coisa era a CIA entrar nas cidades paquistanesas em missões de espionagem contra um grupo que o ISI considerava uma força auxiliar valiosa.

O Lashkar foi fundado em 1990 como uma aliança de vários grupos que o serviço de espionagem paquistanês nutrira para enfrentar a União Soviética no Afeganistão. O foco do grupo deslocou-se quase imediatamente do Afeganistão para a Índia, e o presidente paquistanês, Muhammad Zia-ul--Haq, começou a enviar combatentes do Lashkar à Caxemira para servir de contrapeso aos grupos de independência caxemiras que o presidente temia pudessem forçar a criação de um Estado separado na disputada região montanhosa reivindicada tanto pela Índia quanto pelo Paquistão. O ISI havia fomentado o grupo durante anos, como um ativo útil contra a Índia, e o fato de seus líderes operarem a olhos vistos tornou motivo de piada o "banimento" do grupo, decretado pelo presidente Musharraf em 2002 depois de um insolente assalto ao prédio do parlamento indiano em Nova Délhi. O vasto quartel-general do Lashkar em Muridke, um subúrbio de Lahore ao longo da famosa Grand Trunk Road [Estrada do Grande Tronco], abrigava uma madraça radical, um mercado, um hospital e até mesmo uma fazenda pesqueira. O complexo havia sido construído com as contribuições de doadores ricos da Arábia Saudita e outros países do golfo Pérsico, mas o Lashkar também realizava bem-sucedidas campanhas de arrecadação de verba e oferecia uma variedade de serviços sociais aos pobres usando uma organização aliada, a Jammat-ud-Dawah ["O Partido da Verdade"], como fachada.[4]

O carismático líder do grupo, Hafiz Muhammad Saeed, fora posto em prisão domiciliar ao longo dos anos, mas, em 2009, a Suprema Corte de Lahore revogou todas as acusações de terrorismo contra o homem de 59 anos, deixando-o livre. Homem robusto, de barba selvagem, Saeed

O DESENLACE

pregava abertamente em muitas sextas-feiras, cercado por guarda-costas e lançando a multidões de seguidores os seus sermões a respeito do imperialismo dos Estados Unidos, da Índia e de Israel. Mesmo depois que o país americano oferecera uma recompensa de US$ 10 milhões por informações que ligassem Saeed aos ataques em Mumbai, ele continuou a circular livremente em público, sedimentando ainda mais a sua lenda como uma versão paquistanesa do Robin Hood.

Na época em que Raymond Davis havia se mudado para um esconderijo junto com alguns outros agentes e contratados da CIA, em fins de 2010, o grosso dos oficiais da agência em Lahore estavam envolvidos com a coleta de informações sobre o crescimento do Lashkar. Com muitos dos agentes trazidos para o país disfarçados e, assim, ocultando as suas movimentações, os oficiais de inteligência paquistaneses só podiam especular sobre o que estariam fazendo os americanos.

Para introduzir mais espiões no Paquistão, a CIA explorara as velhas regras em vigor a fim de obter vistos para americanos. O Departamento de Estado, a CIA e o Pentágono tinham, cada qual, canais independentes para solicitar vistos para o seu pessoal, e todos eles acabavam na mesa de Husain Haqqani, o embaixador pró-americano do Paquistão em Washington.[5] Haqqani, um ex-político e professor da Universidade de Boston, tinha ordens de Islamabad para ser leniente na aprovação dos vistos, uma vez que muitos americanos em viagem ao Paquistão iam — pelo menos oficialmente — para administrar milhões de dólares em ajuda estrangeira ao país. Por ocasião das mortes em Lahore, no começo de 2011, havia tantos americanos operando dentro do Paquistão, sob identidades legítimas ou falsas, que até mesmo a embaixada americana no país não dispunha de registros precisos para rastrear as suas identidades e paradeiros.[6]

A EMBAIXADA AMERICANA em Islamabad é essencialmente uma fortaleza dentro de uma fortaleza, uma pilha de construções cercadas por muros cobertos por arame farpado e câmeras de vigilância e rodeadas por um anel exterior de muros que separavam uma área arborizada, chamada de o Enclave Diplomático, do restante da cidade. Se parecia exagerado, e um tanto quanto antidiplomático, ter o governo norte-americano enclausurado detrás de tanto concreto e aço, os americanos tinham ao menos uma boa razão: a antiga embaixada havia sido incendiada em 1979 num protesto estudantil inflamado por falsos relatos de que os Estados Unidos estavam por trás da ocupação da Grande Mesquita, em Meca. Na verdade, um grupo islâmico separatista radical havia tomado a mesquita e feito reféns entre centenas de milhares de pessoas que vieram a Meca para o Haj.[7] Dentro da embaixada americana, o trabalho de diplomatas e espiões é mantido nitidamente separado, com a estação da CIA ocupando um corredor de escritórios na sua própria ala da embaixada, acessada apenas através de portas com senhas de segurança.

Porém, depois que Raymond Davis foi preso pela polícia de Lahore, a embaixada tornou-se um lugar dividido não só geograficamente. Apenas dois dias antes dos disparos em Lahore, a CIA enviara um novo chefe de estação para Islamabad, o último a passar pelo que se tornara uma verdadeira porta giratória no principal posto avançado da agência no Paquistão. As suas posições anteriores haviam sido na Rússia, para onde a CIA enviara os seus agentes mais ardilosos e capazes durante a Guerra Fria, e, mais recentemente, um pessoal firme o suficiente para bater de frente com o SVR, a encarnação pós-soviética da KGB. Antiquado e teimoso, o novo chefe não chegou ao Paquistão para ser amigável com o ISI.[8] Em vez disso, ele queria recrutar mais agentes paquistaneses para trabalhar para a CIA sob as barbas do ISI, expandir a vigilância eletrônica sobre membros do ISI e partilhar pouca informação com os oficiais de inteligência paquistaneses. Tal abordagem linha-dura da arte da espionagem havia muito recebera um nome dentro da CIA: Regras de Moscou. A estratégia era agora aplicada ao Paquistão, fazendo com que o novo chefe de estação se sentisse em casa.

Essa atitude insolente logo o colocou em rota de colisão com o embaixador americano em Islamabad, Cameron Munter. Um erudito diplomata de carreira da Califórnia, com um doutorado em História pela Univer-

O DESENLACE 273

sidade John Hopkins, Munter havia galgado posições na burocracia do Departamento de Estado dedicada à Europa. Então, aceitou vários postos no Iraque e acabou assumindo a missão americana em Islamabad, no fim de 2010. A tarefa era considerada uma das mais importantes e difíceis designações do Departamento de Estado, e Munter carregava o peso da responsabilidade de substituir Anne Patterson, uma agressiva diplomata que, nos três anos anteriores à chegada dele, cultivara laços estreitos com oficiais de ambas as administrações Bush e Obama. Ela era louvada dentro da CIA pela impávida defesa dos ataques com drones nas áreas tribais.

Munter, entretanto, via as coisas de maneira diferente; era cético a respeito da importância a longo prazo das operações de contraterrorismo no Paquistão.[9] Chegando em Islamabad num período em que as relações entre os Estados Unidos e o Paquistão deterioravam-se rapidamente, ele se perguntava se o ritmo da guerra com drones não estaria solapando relações com um importante aliado em troca da solução fácil da eliminação de terroristas de médio porte. Munter logo aprenderia que as suas opiniões sobre o programa de drones pouco importavam, no fim das contas. Na administração Obama, quando se tratava de questões sobre a guerra e a paz no Paquistão, o que importava era a visão da CIA.

Com Raymond Davis na prisão, Munter argumentou ser essencial ir imediatamente ao chefe do ISI, o tenente-general Ahmad Shuja Pasha, para costurar um acordo. Os Estados Unidos admitiriam que Davis estava trabalhando para a CIA, as famílias das vítimas em Lahore seriam secretamente compensadas e Davis seria silenciosamente subtraído do país para jamais voltar. Mas a CIA objetou. O agente estivera espionando um grupo militante que mantinha amplos laços com o ISI, e a agência não queria ser cobrada por isso. Altos oficiais da corporação temiam que apelar para a misericórdia do ISI poderia condenar o prisioneiro. Ele poderia ser morto na prisão antes que a administração Obama tivesse a oportunidade de pressionar Islamabad em favor de sua soltura, alegando ser ele um diplomata estrangeiro imune às leis locais — mesmo aquelas que proibiam o assassinato. No dia da prisão de Davis, o chefe de estação da CIA entrou no escritório de Munter e anunciou a tomada de uma decisão para embromar os paquistaneses. Não faça um acordo, alertou ele, acrescentando: o Paquistão é o inimigo.

A estratégia era que os oficiais americanos, de alto a baixo, tinham de ofuscar, tanto em público quanto em particular, o que exatamente Raymond Davis estava fazendo no país. Em 15 de fevereiro, mais de duas semanas após os disparos, o presidente Obama fez os seus primeiros comentários sobre o caso durante uma coletiva de imprensa. A questão era simples, disse Obama: Davis, "nosso diplomata no Paquistão", deveria ser solto imediatamente sob o "princípio básico" da imunidade diplomática. "Se os nossos diplomatas estão numa terra estrangeira", afirmou o presidente, "então eles não estão sujeitos à ação penal local."[10]

Chamar Davis de "diplomata" era, tecnicamente, correto. Ele fora admitido no Paquistão com um passaporte diplomático, o que, em circunstâncias normais, o protegeria de ser processado numa nação estrangeira. Mas, depois dos tiros em Lahore, os paquistaneses não estavam propriamente dispostos a discutir pormenores de direito internacional. Na visão destes, Davis era um espião americano que não fora declarado ao ISI e sobre quem os agentes da CIA insistiam em negar comando. Logo antes da coletiva de imprensa de Obama, o general Pasha, chefe do ISI, viajara até Washington para se encontrar com Leon Panetta e obter maiores informações sobre o assunto. Ele estava quase convencido de que Davis era um funcionário da CIA, e sugeriu a Panetta que as duas agências de espionagem lidassem com o problema discretamente. Sentado no escritório de Panetta, ele fez uma pergunta direta.

— Davis estava trabalhando para a CIA? — perguntou Pasha.

— Não, ele não é um dos nossos — respondeu Panetta.

Panetta seguiu dizendo que a questão não estava em suas mãos e que o assunto era resolvido dentro de canais do Departamento de Estado. Pasha estava furioso quando saiu do quartel-general da CIA, e decidiu deixar o destino de Raymond Davis nas mãos dos juízes em Lahore. Os Estados Unidos haviam simplesmente perdido a chance, disse ele a terceiros, de encerrar rapidamente a disputa.[11]

O DESENLACE 275

O FATO DE o diretor da CIA supervisionar uma vasta rede clandestina de espiões americanos no Paquistão e dissimular para o diretor do ISI a respeito da guerra secreta da América no país, mostrava o quanto a relação havia se desenrolado desde a época de 2002, quando Asad Munir se juntou à CIA em Peshawar para caçar Osama bin Laden no oeste do Paquistão. As coisas eram piores ainda que no período de 2006, quando o ISI permitiu que Art Keller e outros agentes trabalhassem fora das bases militares paquistanesas, nas áreas tribais. Como as coisas saíram tão mal?

Se as agências de espionagem haviam tido uma relação tensa desde o início da guerra afegã, o verdadeiro rompimento deu-se em julho de 2008, quando agentes da CIA em Islamabad fizeram uma visita ao general Ashfaq Parvez Kayani, o chefe do Exército paquistanês, para informar-lhe que o presidente Bush havia assinado um conjunto de ordens secretas autorizando uma nova estratégia na guerra de drones. A CIA não iria mais avisar o Paquistão com antecedência antes de lançar mísseis dos drones Predador ou Reaper sobre as áreas tribais. Dali em diante, disseram os oficiais a Kayani, a campanha letal da agência no Paquistão seria uma guerra unilateral.

A decisão fora tomada em Washington após meses de acirrados debates sobre o crescimento da militância nas áreas tribais do Paquistão; uma avaliação interna da CIA ligava-a ao refúgio da Al-Qaeda no Afeganistão nos anos anteriores aos atentados de 11 de setembro. O documento altamente sigiloso da agência, datado de 1º de maio de 2007, concluía que a Al-Qaeda estava em seu momento mais perigoso desde 2001, graças à base de operações que os militantes haviam estabelecido no Waziristão do Norte, no Waziristão do Sul, em Bajaur e nas outras áreas tribais.[12]

Aquela avaliação tornara-se a pedra de toque de uma discussão, que durou o ano todo, sobre o problema do Paquistão. No Departamento de Estado, alguns especialistas em Paquistão alertaram que expandir a guerra da CIA no país iria futuramente atiçar o ódio antiamericano nas ruas, podendo empurrar o país para o abismo. Mas oficiais dentro do Centro de Contraterrorismo argumentaram em favor da escalada dos ataques com drones sem a bênção do ISI. Desde o assassinato de Nek Muhammad em 2004, eles diziam, haviam ocorrido menos de 25 ataques com drones no Paquistão, e apenas três destes mataram militantes incluídos na lista de "alvos muito valiosos" da CIA. Outros ataques potenciais haviam sido abortados no último minuto graças ao atraso em obter aprovação paquistanesa, ou porque os alvos pareciam ter sido avisados e fugido. Os que determinavam os alvos dentro do CTC tentavam reunir evidências de que membros do Diretório S do ISI — o braço historicamente ligado a grupos militantes — haviam avisado os militantes, mas não existiam provas concretas sobre isso.

Ao contrário do que se passara em anos anteriores, quando alguns agentes da CIA zombaram dos membros do CTC, tachando-os de filisteus e "garotos com brinquedos", em 2008, várias facções na agência haviam se unido em prol da intensificação da campanha com os drones. Desde o final de 2005, a CIA conseguira criar mais fontes dentro das áreas tribais, que podiam fornecer informações precisas sobre o paradeiro de líderes da Al-Qaeda. Além disso, a empresa do ramo de defesa General Atomics elevara a produção de drones Predador e Reaper, permitindo a manutenção da vigilância quase permanente de pretensos complexos e acampamentos de treino da Al-Qaeda. Na divisão de análises da CIA, o Diretório de Inteligência, analistas haviam decidido que lançar operações unilaterais no Paquistão não levaria, como os oficiais de Bush temeram por anos, à expulsão do governo secular do Paquistão e à ascensão do governo islâmico. Os analistas concluíram que o governo civil em Islamabad, liderado por Asif Ali Zardari, eleito depois que o general Musharraf cedeu às pressões para deixar o cargo, era forte o bastante para resistir a qualquer onda de descontentamento público resultante do aumento dos ataques com drones.

A mudança na liderança do Pentágono também havia contribuído para que a administração Bush adotasse uma abordagem mais agressiva no Paquistão. A despeito de todos os seus esforços de expandir a sua au-

O DESENLACE

toridade para enviar tropas de operações especiais para fora das zonas de guerra, Donald Rumsfeld fora, de fato, cauteloso em relação ao excesso de operações "botas no solo" dentro do Paquistão, temendo uma reação pública que pudesse prejudicar o presidente Musharraf. Mas, com a saída de Rumsfeld, o seu sucessor, Robert Gates, achou que os Estados Unidos poderiam correr mais riscos naquele país. Gates, que era ex-diretor da CIA, havia ajudado a organizar a campanha secreta desta agência contra os soviéticos no Afeganistão durante os anos 1980 e via benefícios na parceria com o Paquistão. Mas ele também tinha uma visão negativa de como os paquistaneses lidavam com a segurança e sabia que Islamabad não tomaria medidas enérgicas contra grupos militantes nas áreas tribais se não tivesse interesse ou capacidade para tanto. Na sua primeira viagem ao Afeganistão como secretário de Defesa, Gates sentou-se numa resguardada sala de reuniões na Base Aérea de Bagram, onde o contra-almirante Robert Harward, vice-comandante do Comando de Operações Especiais Conjuntas, fez uma palestra sigilosa sobre todos os complexos nas áreas tribais nos quais, acreditava-se, os agentes da Al-Qaeda estavam escondidos.

— Bem, por que você não invade e os captura? — perguntou Gates.[13]

Então, em julho de 2008, quando o diretor da CIA Michael Hayden e o seu vice, Stephen Kappes, foram à Casa Branca apresentar ao presidente Bush e ao seu gabinete de guerra o plano da agência de lançar uma guerra unilateral nas montanhas do Paquistão, Bush, que havia muito andava frustrado, logo comprou a ideia.

— Vamos parar com esse joguinho — disse ele. — Esses desgraçados estão matando americanos. Para mim, chega.[14]

Isso deu início aos virulentos e duradouros ataques de drone nas áreas tribais, continuados pelo presidente Obama quando este assumiu o cargo. À medida que as relações entre a CIA e o ISI azedavam, Langley enviava chefes de estação a Islamabad que, em comparação com os seus antecessores, gastavam bem menos tempo e energia atraindo a boa vontade dos espiões paquistaneses. Richard Blee, ex-chefe da unidade de caça a Bin Laden da agência e ex-chefe de estação em Islamabad, lamentava que, na

CIA, "a escola do 'dane-se' assumira o controle". De 2008 em diante, lançaram mão de uma sucessão de agentes experientes em Islamabad, e cada um deixou o Paquistão mais amargurado do que o anterior.

Um dos chefes de estação, John Bennett, era um agente secreto de longa data que comandara operações da CIA na Somália a partir da estação em Nairóbi e que, mais recentemente, chefiara a estação na África do Sul. Oficial da geração pós-Comitê Church, Bennett chegou ao Paquistão com algumas das mesmas preocupações partilhadas por seus pares a respeito das operações de assassinato direcionado, mas o seu período no país mudou gradativamente a sua visão. Ele enxergou os drones como o único meio confiável de extirpar a Al-Qaeda dali, especialmente depois que a maior parte do compartilhamento de inteligência entre a CIA e o ISI enfraquecera. O seu relacionamento com o ISI tornou-se distante quando começou a examinar o papel da agência paquistanesa em suscitar oposição doméstica à campanha de drones, e, quando deixou Islamabad, em 2010, Bennett tinha uma visão cética a respeito do ISI. Aos seus colegas, lembraria o seu tempo no Paquistão lidando com o ISI como "anos de sua vida que ele jamais iria recuperar". O seu sucessor como chefe de estação, que cavou ainda mais fundo no que Bennett via como uma campanha de propaganda do ISI para fomentar ódio aos ataques com drones, teve que deixar o país às pressas quando a sua identidade foi revelada na imprensa paquistanesa. A CIA suspeitou que o vazamento tivesse origem no ISI, em retaliação ao fato de que o general Pasha fora indiciado como réu num processo em Nova York, movido por vítimas dos atentados de Mumbai, em 2008.

Até mesmo as muitas operações que, à primeira vista, pareciam indicar uma nova era de boa vontade entre as agências americana e paquistanesa terminaram em recriminações e acusações. Em janeiro de 2010, durante o mandato de Bennett como chefe de estação, uma equipe americana clandestina de oficiais da CIA e tropas de operações especiais atuando em Karachi rastrearam um celular até uma casa em Baldia Town, uma favela na parte ocidental da cidade. A agência não conduzia operações unilaterais

O DESENLACE

279

dentro de grandes cidades paquistanesas, então os americanos notificaram o ISI sobre a informação. Tropas e policiais paquistaneses lançaram um ataque surpresa à casa.[15]

Embora a CIA não soubesse com antecedência, escondido dentro da casa estava o mulá Abdul Ghani Baradar, considerado o comandante militar do Talibã afegão e segundo em comando do mulá Mohammed Omar. Só depois que os suspeitos na casa foram presos e interrogados, a CIA soube que Baradar estava entre os detidos. O ISI levou-o a uma casa de detenção num setor industrial de Islamabad e recusou à CIA acesso ao homem.

— Naquele momento, as coisas ficaram realmente complicadas — disse um ex-agente dos EUA.

O episódio teria sido uma grande tramoia? Rumores circularam dentro do Paquistão dando conta de que Baradar queria costurar um acordo com os americanos e trazer o Talibã para a mesa de negociações no Afeganistão. Teria o ISI, de algum modo, arranjado a prisão, fornecendo inteligência à CIA para que Baradar pudesse ser retirado das ruas e as emergentes conversas de paz, frustradas? O ISI teria usado a CIA? Meses depois, oficiais veteranos em Langley ainda não sabiam responder a essas questões.

A FORTE SUSPEITA da CIA de que o ISI continuava a fazer um jogo duplo com o Talibã afegão era um peso constante na relação de espionagem, e, no entanto, havia algumas operações conjuntas que resultavam num maná de informações. Em junho de 2010, oito meses antes que o mundo tomasse conhecimento do nome de Raymond Davis, as duas agências de espionagem implementaram uma operação de vigilância monitorando os celulares de um grupo de árabes suspeitos de dar apoio logístico a líderes da Al-Qaeda escondidos no Paquistão. Mas a operação era "conjunta" só até certo ponto: a CIA não informou aos paquistaneses que um dos números de telefone pertencia a Abu Ahmed al-Kuwaiti, o pseudônimo de um homem que membros da Al-Qaeda capturados identificaram, anos antes, como o mensageiro pessoal de Osama bin Laden.[16] Desde o primeiro conhecimento sobre Al-Kuwaiti, a trilha do mensageiro havia

280 GUERRA SECRETA

conduzido a uma série de becos sem saída, e não foi antes de 2007 que a CIA conseguiu uma pista de um serviço estrangeiro de inteligência sobre o seu nome verdadeiro, Ibrahim Saeed Ahmed. Este não era um nome incomum no mundo islâmico, mas a nova informação permitiu à Agência Nacional de Segurança (NSA) gradualmente rastrear um número de celular usado pelo mensageiro e fornecê-lo à CIA.

Era o verão de 2010 quando uma chamada chegou ao telefone grampeado de Al-Kuwaiti. Quem ligava era um amigo seu, contatando-o de um país da região do golfo Pérsico, e os bisbilhoteiros americanos estavam ouvindo.

— Estamos sentindo a sua falta. Por onde tem andado? — perguntou o homem.

A resposta de Al-Kuwaiti foi vaga, mas perturbadora.

— Estou novamente com as pessoas que eu estava antes — disse ele.[17]

A mensagem em código parecia ser significativa: sugeria que Al-Kuwaiti continuava a trabalhar para a Al-Qaeda, tendo ainda, possivelmente, contato direto com Osama bin Laden. Utilizando tecnologia geolocal para identificar a localização do telefone dele, a NSA delimitou um perímetro em torno de Peshawar. Isso fazia sentido caso o mensageiro estivesse indo e vindo das áreas tribais, onde as principais lideranças da Al-Qaeda estavam supostamente escondidas, ainda que, na época, um pequeno grupo de analistas dentro da CIA suspeitasse que Bin Laden se escondia em algum outro lugar, talvez mesmo nas áreas assentadas do Paquistão. Era uma intuição, informada em algum grau pelo método de eliminação: a inteligência passara anos focada nas áreas tribais sem quaisquer evidências de que o líder da Al-Qaeda ali estivesse. A certa altura, era sensato começar a procurar fora dali.

A intuição provou-se correta. Dois meses após a ligação telefônica, um paquistanês trabalhando para a CIA avistou Al-Kuwaiti em Peshawar, atrás do volante de um jipe Suzuki Potohar branco, com o estepe preso à porta traseira. Ele seguiu Al-Kuwaiti para fora da cidade — mas não rumo a oeste, para as áreas tribais e as montanhas. Em vez disso, o jipe seguiu mais de 190 quilômetros para o leste, até um povoado tranquilo

O DESENLACE

ao norte de Islamabad, sede da academia de treinamento militar do Paquistão e popular refúgio de oficiais aposentados, que passam os seus dias ensaiando tacadas num dos melhores circuitos de golfe do Paquistão. Lá, em Abbottabad, o Suzuki parou em frente a uma vasto complexo rodeado por muros de concreto de 3,5 metros de altura. Erguendo-se acima dos muros despontavam os andares superiores de uma casa grande — o último andar distinto dos outros por possuir somente fendas pequenas e opacas no lugar de janelas.[18] A casa não dispunha de linha telefônica ou conexão de internet. Quem quer que vivesse ali dentro tentava manter-se apartado do mundo exterior.

Nos meses seguintes, Leon Panetta pressionou o Centro de Contraterrorismo da agência a considerar um número de planos extravagantes para determinar quem poderia estar escondido na casa, alguns remanescentes do período anterior ao uso de Predadores, quando a agência considerava o uso de balões de ar quente para espionar os campos de treinamento de Bin Laden no Afeganistão. Oficiais do CTC levaram uma gigantesca teleobjetiva ao escritório de Panetta, a maior disponível, e propuseram colocá-la nas montanhas a muitos quilômetros de distância. O esconderijo que a CIA havia discretamente instalado não muito distante do complexo não contava com um campo de visão direto para a casa, e a teleobjetiva seria inútil daquele ponto.[19] Durante semanas, satélites de espionagem tiraram milhares de fotografias da casa, mas os olhos no céu não produziram qualquer prova definitiva de que Bin Laden estivesse escondido ali.

A CIA observava e aguardava por um fragmento de prova concreta que pudesse pôr fim a uma caçada humana de quase uma década de duração.

Com a CIA perseguindo a sua mais promissora pista de Bin Laden desde que o líder terrorista escapou de seu covil em Tora Bora, no Afeganistão, e entrou pela fronteira com o Paquistão em 2001, era mais do que inconveniente que um dos seus agentes secretos estivesse na cadeia em Lahore enfrentando uma dupla acusação de assassinato. Os partidos islâmicos do

Paquistão organizaram protestos de rua e ameaçaram promover violentos quebra-quebras se Raymond Davis não fosse condenado e, por fim, enforcado pelos seus crimes. Diplomatas americanos no local visitavam Davis regularmente, mas a administração Obama continuava a embromar o governo do Paquistão sobre a natureza do trabalho dele no país. E o episódio fez uma nova vítima.

Em 6 de fevereiro, a enlutada viúva de uma das vítimas de Davis engoliu uma quantidade letal de veneno de rato e foi levada às pressas ao hospital em Faisalabad, onde os médicos fizeram-lhe uma lavagem estomacal. A mulher, Shumaila Faheem, estava certa de que os Estados Unidos e o Paquistão costurariam um acordo nos bastidores para livrar o assassino do seu marido da prisão, uma opinião que ela expressou aos seus médicos na cama do hospital.

— Eles já estão tratando o assassino do meu marido como um VIP sob custódia policial, e estou certa de que o deixarão ir devido à pressão internacional — disse ela. — O homem assassinou o meu marido e eu exijo justiça. Não me importa se ele é americano. Não podem deixá-lo sair dessa assim.[20]

Ela morreu pouco depois e, instantaneamente, tornou-se uma mártir para os grupos dentro do Paquistão que haviam feito do episódio Davis uma *cause célèbre*.

O furor sobre o incidente com o agente aumentava rapidamente, ameaçando encerrar a maior parte das operações da CIA no país e, possivelmente, arruinar até mesmo a operação de coleta de inteligência em Abbottabad. Mas a CIA manteve-se firme e enviou altos oficiais a Islamabad, que disseram ao embaixador Munter que se aferrasse à estratégia. Forçar os paquistaneses a soltar Davis, ameaçando-os de consequências terríveis caso não obedecessem. Aperte-os e eles cederão. Essa era a ideia.

Porém, Munter percebera então que a estratégia da CIA não havia funcionado, e ele e diversos outros oficiais americanos começaram a bolar um novo plano. Depois de discussões entre oficiais da Casa Branca, do Departamento de Estado e da CIA, em Washington, Munter abordou o general Pasha, o chefe do ISI, e contou-lhe a verdade. Davis estava com a CIA, disse, e os Estados Unidos precisavam retirá-lo do país o mais rápido possível.

Pasha não estava disposto a deixar os americanos se livrarem tão facilmente do problema. Ainda estava furioso porque Panetta mentira para ele, e iria fazer com que os americanos se debatessem enquanto mantinha Davis na cadeia até decidir — no seu próprio tempo — o melhor jeito de resolver a situação.

Mais de uma semana depois, Pasha foi até Munter com a sua resposta. Era uma solução puramente paquistanesa, baseada numa antiga tradição que deixava o assunto ser resolvido fora do imprevisível sistema judicial. Pasha havia elaborado o plano em conjunto com vários oficiais paquistaneses, incluindo o embaixador Haqqani em Washington. O pagamento pelas ações de Davis viria na forma de "dinheiro de sangue", ou *diyat*, um costume regido pela sharia, que compensa as famílias das vítimas pelos seus parentes mortos. A questão deveria ser tratada discretamente, a CIA faria os pagamentos secretos, e Davis seria solto.[21]

O ISI assumiu o controle. Pasha ordenou que agentes do serviço de inteligência em Lahore se encontrassem com as famílias dos três homens mortos no episódio de janeiro e negociassem um acordo. Alguns dos parentes resistiram de início, mas os negociadores do ISI não permitiram que as conversas fossem por água abaixo. Depois de semanas de discussão, as partes acordaram um valor de 200 milhões de rupias, aproximadamente US$ 2,34 milhões, para garantir "perdão" ao oficial da CIA encarcerado.[22]

Apenas um pequeno grupo de oficiais da administração Obama sabia das conversas, e, enquanto estas se arrastavam, o ponteiro do relógio girava rumo a uma decisão da Suprema Corte de Lahore sobre se Davis receberia ou não imunidade diplomática, uma decisão que a CIA esperava ser desfavorável aos Estados Unidos e temia que pudesse abrir um precedente para casos futuros no Paquistão.

Raymond Davis permanecia sem saber sobre tudo aquilo. Quando chegou para a sua audiência na corte em 16 de março, ele esperava ouvir que o julgamento prosseguiria e que o juiz fosse determinar uma nova data. Ele foi escoltado até o tribunal, as mãos algemadas em frente ao corpo, e trancado dentro de uma cela de aço ao lado do assento do juiz.[23] No fundo do tribunal, sentou-se o general Pasha, o chefe de espionagem paquistanês, que sacou o seu celular e começou a mandar uma série de mensagens tensas ao embaixador Munter, atualizando-o sobre os procedimentos no tribunal. Pasha era um dos homens mais poderosos no Paquistão, mas o ISI tinha pouco controle sobre as cortes marciais em Lahore, e ele não estava totalmente certo de que as coisas sairiam conforme o planejado.

A primeira parte da audiência transcorreu como todos esperavam. O juiz, dizendo que o caso prosseguiria, notou que a sua decisão sobre a imunidade diplomática sairia em questão de dias. Os repórteres paquistaneses começaram, freneticamente, a escrever suas matérias sobre o quanto aquilo parecia um golpe nas pretensões americanas, e que provavelmente Davis não sairia da prisão num curto prazo. Mas, então, o juiz ordenou que todos os repórteres saíssem do tribunal, e, lá do fundo, o general Pasha observou o desenrolar do seu plano secreto.

Por uma porta lateral, dezoito parentes das três vítimas entraram na corte, e o juiz anunciou que um tribunal civil fora trocado por um tribunal da sharia. Cada um dos membros das famílias aproximou-se de Davis, alguns deles com lágrimas nos olhos e fungando, e anunciou que o perdoava. Pasha enviou uma nova mensagem de texto para Munter: a questão foi resolvida. Davis era um homem livre. Num tribunal de Lahore, as leis de Deus haviam prevalecido sobre as leis dos homens.

O drama transcorrera integralmente em urdu, e, ao longo de todo o processo, um perplexo Raymond Davis permaneceu sentado e em silêncio dentro da cela. Foi ainda mais estupefaciente quando agentes do ISI levaram-no para fora do tribunal através de uma porta dos fundos e o puseram num carro que acelerou rumo ao aeroporto de Lahore.

A ação fora orquestrada para que o ex-prisioneiro fosse tirado do país o mais rápido possível. Mas oficiais americanos que esperavam por Davis

O DESENLACE

285

no aeroporto, inclusive Munter, começaram a se preocupar. Afinal de contas, havia atirado em dois homens que acreditava o estarem ameaçando. Se achasse que estava sendo levado para a morte, ele poderia tentar uma fuga, ou mesmo matar os agentes do ISI dentro do carro. Mas, quando o carro chegou ao aeroporto e dirigiu-se ao avião pronto para retirar Davis do Paquistão, o agente da CIA estava mentalmente perturbado. Pareceu aos americanos que o aguardavam que ele mal percebera que estava livre.[24]

Raymond Davis entrou no avião e voou para o oeste, sobre as montanhas, até o Afeganistão, onde foi entregue a oficiais da CIA em Kabul. Pela primeira vez desde o fim de janeiro, ele pôde contar a sua versão sobre as mortes em Lahore, a sua prisão e o seu encarceramento — sem medo de que espiões paquistaneses pudessem ouvi-lo.

Tentou retomar a vida nos Estados Unidos, mas, no fim das contas, não conseguiu ficar fora da prisão. Em 1º de outubro de 2011, sete meses após a sua saída abrupta do Paquistão, Davis estava de olho numa vaga de estacionamento em frente a uma padaria em Highlands Ranch, Colorado, um subúrbio de Denver. O mesmo fazia Jeff Maes, um pastor de 50 anos de idade, que dirigia com a esposa e as suas duas filhas pequenas.[25] Quando Maes conseguiu a vaga, Davis parou o seu carro atrás do veículo do pastor e gritou obscenidades através do vidro aberto. Então, saiu do carro e confrontou Maes, dizendo que estivera aguardando por aquela vaga.

— Relaxe — disse Maes — e pare de agir como um estúpido.[26]

Davis atingiu Maes no rosto, derrubando-o no asfalto. Maes testemunhou que, ao se reerguer da queda, Davis continuou a agredi-lo. Davis foi enfim preso, acusado pelos crimes de lesão corporal e conduta desordeira, mas as acusações foram agravadas para tentativa de homicídio quando os ferimentos de Maes se mostraram piores do que pareciam inicialmente. A esposa do pastor, relembrando o episódio, disse nunca antes em sua vida ter visto um homem tão cheio de ódio.

O caso Davis fizera com que Langley retirasse dezenas de agentes do Paquistão, na esperança de baixar a temperatura no relacionamento CIA-ISI. O embaixador Munter lançou um comunicado público logo após o estranho procedimento judicial, dizendo estar "grato pela generosidade das famílias" e expressando pesar por todo o incidente e pelo "sofrimento que causou".

Contudo a negociação secreta apenas intensificou a raiva dentro do Paquistão, e protestos antiamericanos irromperam nas principais cidades, incluindo Islamabad, Karachi e Lahore. Manifestantes incendiavam pneus, entravam em confronto com o batalhão de choque da polícia paquistanesa e brandiam cartazes com slogans tais como EU SOU RAYMOND DAVIS, ALIVIA PARA MIM, SOU SÓ UM MATADOR DA CIA.

Ele se tornara um bicho-papão no Paquistão, um assassino americano assombrando o subconsciente de uma nação profundamente insegura. Era tema de desvairadas teorias conspiratórias, e o seu nome era frequentemente ouvido nos protestos antiamericanos. Depois que a CIA recuou com as operações no Paquistão, um jornal paquistanês chegou a citar a retirada do exército clandestino americano como a razão pela qual, nos últimos meses, houvera uma redução da violência terrorista no país.[27]

Numa abafada noite de verão no ano seguinte, Hafiz Muhammad Saeed — o chefe do Lashkar-e-Taiba, motivo pelo qual Raymond Davis e a sua equipe haviam sido enviados a Lahore, para começo de conversa — ergueu-se na boleia de um caminhão e falou para milhares de apoiadores entusiasmados a menos de um quilômetro do prédio do Parlamento em Islamabad. Uma recompensa de US$ 10 milhões ainda pairava sobre a cabeça de Saeed, parte de uma ampla pressão sobre as finanças do Lashkar-e-Taiba. Mas lá estava ele a céu aberto, incitando a fúria da multidão mediante o apelo de "livrar o Paquistão da escravidão americana". A manifestação era o auge de uma marcha, de Lahore a Islamabad, organizada por Saeed para protestar contra a presença americana no país. Na noite anterior à chegada da marcha à capital, seis soldados paquistaneses haviam sido mortos por atiradores em motocicletas, não muito longe de

O DESENLACE

onde os manifestantes passavam a noite, levando à especulação de que Saeed ordenara os ataques.

Naquela noite, Saeed insistiu não ter sido ele o culpado pelas mortes.[28] Os assassinos eram estrangeiros, disse ele à multidão, um grupo de assassinos com uma agenda secreta para desestabilizar o Paquistão e roubar o seu arsenal nuclear. Com um floreio dramático, disse que sabia exatamente quem havia matado os seis homens.

— Foram os americanos! — gritou ele para uma ruidosa aclamação.

— Foi a Blackwater! — o clamor popular tornou-se ainda mais alto.

E ele guardou a maior salva de palmas para o final:

— Foi mais um Raymond Davis!

15. O MÉDICO E O XEIQUE

"Eu não quero ser o embaixador."
— *Chefe de estação da CIA em Islamabad*

O dr. Shakil Afridi já vinha trabalhando para a CIA há mais de um ano quando o seu contato americano transmitiu-lhe um novo conjunto de instruções. Era janeiro de 2011, o mês da prisão de Raymond Davis, e o cirurgião paquistanês acabara de enfrentar o extenso protocolo exigido pela CIA para que ele conhecesse o seu contato. Dois homens apanhavam-no em local determinado — às vezes um posto de gasolina, às vezes um mercado ao ar livre e cheio de gente —, revistavam-no e ordenavam-lhe que se deitasse no banco traseiro do carro, com um cobertor por cima. Naquele dia, o carro ziguezagueou pelas ruas de Islamabad até parar e deixar Afridi sair. No local, uma mulher americana que ele conhecia simplesmente como Sue o aguardava num Toyota Land Cruiser.[1]

Sue disse ao médico que ele devia se preparar para lançar uma campanha de vacinação destinada a imunizar mulheres entre 15 e 45 anos contra a hepatite B. Ela instruiu-o a começar por duas cidades na Caxemira — Bagh e Muzaffarabad — e na região de Khyber Pakhtunkhwa, focando na fortificada e pastoral cidade de Abbottabad. A campanha duraria seis meses, disse ela, sendo realizada em três fases. Afridi logo fez os cálculos sobre os custos da campanha, superfaturando, como sempre fazia, ao dar o preço para uma operação da CIA. Ele precisaria de 5,3 milhões de rupias, disse a Sue, o equivalente a US$ 55 mil.

Afridi passara a se sentir confortável com os americanos, e sabia que a CIA não começaria a pechinchar por causa de dinheiro. Ele era exatamente o que os americanos desesperadamente buscavam — um agente que podia se mover facilmente por cidades e aldeias no Paquistão, sem levantar suspeitas de militantes ou do serviço de inteligência paquistanês. Ele era o espião perfeito, e os americanos pagaram generosamente por isso.

Sue era apenas a mais recente numa sucessão de oficiais da CIA designados para trabalhar com Afridi desde 2009, quando o médico foi abordado pela primeira vez pelos americanos. Atualmente na casa dos 40 anos, ele viera de origem humilde até se tornar o principal médico para a Agência Khyber nas regiões tribais do Paquistão, apesar de ter sido acusado de aceitar propina de fornecedores de materiais hospitalares, ordenava procedimentos cirúrgicos desnecessários e vendia medicamentos no mercado negro.[2]

Poucos duvidavam de sua dedicação à melhora das condições de saúde numa das regiões mais pobres do mundo, mas ele era também um tagarela, que gostava de contar piadas de mau gosto para colegas do sexo feminino e era um tanto quanto ávido por esticar os limites da ética médica de modo a ganhar um dinheiro extra. As alegações contra ele acabaram chamando a atenção de Mangal Bagh, um ex-motorista de ônibus convertido em senhor da guerra e traficante de drogas na Agência Khyber, que era líder de um grupo obscuro chamado Lashkar-e-Islã. Os soldados de Bagh recebiam regularmente tratamento médico de Afridi. O senhor da guerra chamou Afridi até a sua casa e exigiu que o médico pagasse uma multa de 1 milhão de rupias, cerca de US$ 10 mil, por suas transgressões. Quando ele se recusou, Bagh o sequestrou e o manteve por uma semana, até que pagasse.

Afridi participava de um workshop de medicina em Peshawar, em novembro de 2009, quando, de acordo com o relato que deu posteriormente a investigadores paquistaneses, um homem o abordou alegando ser o diretor no país da Save the Children, uma organização internacional de caridade. O homem, Mike McGrath, interessou-se imediatamente pelo trabalho dele

O MÉDICO E O XEIQUE

e o convidou para um jantar e uma conversa em Islamabad. Não se sabe se Afridi desconfiava ou não de uma segunda intenção no convite, mas, ao chegar à capital paquistanesa na data marcada, ele foi jantar na casa de McGrath, situada num bairro elegante de Islamabad. Lá, disse, encontrou uma mulher loura e alta, na casa dos 30 anos, que ele descreveria mais tarde como tendo "aparência britânica". Referia-se a si própria como Kate e seria o primeiro contato do dr. Shakil Afridi na CIA.

A Save the Children negou que McGrath ou quaisquer de seus funcionários trabalhassem para a CIA. Oficiais americanos também se opuseram à ideia de que a organização de caridade fosse utilizada para espionagem, alegando que, se a agência lançasse mão de grandes instituições internacionais de ajuda humanitária para auxiliar no recrutamento de agentes, isso faria com que os funcionários de tais instituições corressem risco de sofrer represálias. No entanto, quando um relatório investigativo paquistanês sobre o trabalho de Afridi para a inteligência e o seu encontro com McGrath vieram a público, oficiais em Islamabad agiram para encerrar todas as operações do grupo dentro do Paquistão.[3]

O que os oficiais americanos não questionavam, no entanto, é que, ao longo da última década, a CIA começara a enviar para o Paquistão oficiais disfarçados de uma série de profissões que permitissem a eles circular livremente. Durante o "surto" de oficiais dentro do país, começando em 2005 e 2006, quando Art Keller foi enviado às regiões tribais, espiões americanos chegavam ao país numa busca desesperada por pistas de Osama bin Laden, forçando os limites das regras usualmente aceitas para a espionagem internacional.

Depois das revelações do Comitê Church na década de 1970, a agência implementou uma política de não recrutar jornalistas, clérigos ou voluntários do Corpo da Paz para espionar, algo rotineiro até então. Mas líderes veteranos da agência diziam que as regras pós-Comitê Church não eram pétreas. Testemunhando perante o Comitê de Inteligência do Senado, em 1996, o diretor da CIA John Deutch alegou haver casos de "ameaça extrema à nação" em que a agência precisaria abandonar a política. Sob certas circunstâncias, disse Deutch, "eu acredito não ser razoável impedir o uso consciente de quaisquer fontes de informação".[4] A CIA nunca se impôs restrições para recrutar jornalistas e voluntários estrangeiros, mas os oficiais americanos havia muito, entenderam os riscos de usar pessoal de ajuda humanitária como espiões. Ainda assim, a agência conduziria toda sorte de atividades nos anos subsequentes aos atentados de 11 de setembro — do quase afogamento de detentos nas prisões secretas até o assassinato de militantes suspeitos via drones armados —, com a desculpa de que as operações se faziam necessárias para manter o país em segurança. Expandir a categoria daqueles que poderiam ser recrutados como espiões era apenas mais uma tática de uma corporação metida até o pescoço numa guerra duradoura.

Durante os dois anos após o primeiro encontro do dr. Afridi com a agente loura e alta, o médico paquistanês realizaria uma série de campanhas de saúde pública como artifício para a coleta de inteligência a respeito da atividade militante nas áreas tribais. Campanhas de vacinação eram consideradas uma boa fachada para a espionagem: amostras de DNA podiam ser recolhidas das agulhas usadas nas crianças e analisadas na busca de pistas sobre o paradeiro de membros da Al-Qaeda dos quais a CIA já contava com material genético. Naquele período, o médico conduziu meia dúzia de campanhas de vacinação na Agência Khyber, e a agência de espionagem reembolsou-o com 8 milhões de rupias.[5] Segundo o seu relato, em poucos meses ele foi repetidamente encaminhado a diferentes contatos da CIA, de "Kate" a "Toni", passando por "Sara", até, finalmente, "Sue", que assumiu o seu caso em dezembro de 2010. Ele recebeu um laptop e um transmissor para se comunicar com esses tutores, e, sempre que os americanos queriam contatá-lo, o transmissor emitia um som.[6]

COM UM MÊS de campanha de vacinação em Abbottabad, Sue disse ao dr. Afridi para concentrar as suas atividades em Bilal Town, um bairro de classe média alta não muito distante do quartel-general da academia

O MÉDICO E O XEIQUE

militar do Paquistão, o equivalente no país à West Point. O programa de prevenção à hepatite B já estava sendo conduzido de maneira descuidada, ignorando protocolos consolidados que prescreviam uma estratégia cuidadosa, de bairro a bairro, para campanhas de vacinação. Afridi nem mesmo comprara seringas suficientes para garantir que todos da sua população--alvo, mulheres de 15 a 45 anos, recebessem as múltiplas doses requeridas. Alguns oficiais locais haviam se recusado a cooperar com ele, sob a alegação de que não tinha permissão para realizar o trabalho.[7] Shaheena Mamraiz, uma agente pública de saúde em Abbottabad, disse ter ficado surpresa com a agressividade do médico quando este adentrou o seu escritório, em março de 2011, vestindo um terno preto e explicando-lhe os detalhes sobre os seus planos para a campanha de vacinação. Foi somente após os pedidos do seu supervisor que ela concordou em cooperar com Afridi.

É claro que os detalhes sobre quem exatamente iria ser vacinado na grande área de Abbottabad eram irrelevantes para os contatos do médico na CIA. Na primavera de 2011, um pequeno grupo de oficiais dentro do Centro de Contraterrorismo de Langley e na estação da agência em Islamabad estava interessado apenas em Bilal Town e, mais especificamente, no grande complexo murado na rua Pathan, que os satélites de espionagem americanos passaram meses observando. Os contatos de Afridi nunca disseram ao médico quem eles suspeitavam estar escondido na casa. Se Osama bin Laden e a sua comitiva viviam ou não ali dentro era ainda matéria de intensa especulação, e os oficiais americanos esperavam que, entrando na casa, a questão fosse resolvida. Com a campanha de vacinação como disfarce, a CIA queria que o médico colocasse um de seus ajudantes dentro do complexo, a fim de que obtivesse o que os soldados e espiões americanos ainda não tinham conseguido após quase uma década de busca frenética: uma evidência concreta de onde estava Osama bin Laden.

Mas nem Afridi nem qualquer membro de sua equipe foram capazes de fazer aquilo. No dia em que o doutor vacinou residentes da rua Pathan, as únicas pessoas que recusaram a vacina foram as que viviam no misterioso complexo, que raramente se aventuravam fora da casa e que queimavam o lixo em vez de destiná-lo para coleta. Afridi foi informado de que dois irmãos reclusos do Waziristão, junto com suas famílias, ocupavam a casa e que os homens não tinham interesse em conhecer ninguém na vizinhança. Depois de investigar mais a fundo, uma funcionária da equipe dele conseguiu obter o número do celular de um dos "irmãos" que viviam na casa. Ela ligou para o número usando o telefone do dr. Afridi e falou com um homem, que disse estar ausente da casa e que ela deveria ligar novamente à noite.[8]

A equipe de vacinação jamais entrou no complexo, e o médico decidiu que forçar a barra poderia levantar suspeitas, fazendo com que os moradores da casa alterassem a sua rotina ou mesmo fugissem. Tendo completado o trabalho em Bilal Town, dr. Afridi foi a Islamabad com os seus kits de vacinação vazios, até o local designado em que Sue e o seu Toyota Land Cruiser o estavam aguardando. Ele contou a ela tudo o que pôde saber sobre as pessoas no complexo. Entregou-lhe os kits de vacinação, e ela lhe deu os 5,3 milhões de rupias em dinheiro vivo.

DE UMA BASE improvisada no leste do Afeganistão, quatro helicópteros americanos levantaram voo, guinaram para leste de encontro a um céu sem lua, levando dezenas de jovens fortemente armados para uma batalha num país contra o qual os Estados Unidos não estavam oficialmente em guerra. O grupo de SEALs da Marinha havia se preparado para um sangrento combate contra homens ferozmente leais a Osama bin Laden, ou mesmo contra tropas paquistanesas: uma década de operações americanas secretas no Paquistão havia fragilizado tanto as relações entre os dois pretensos aliados que uma batalha cruenta entre os americanos e as tropas locais no bairro de classe média era um risco que os SEALs contemplaram logo ao tocar o solo do complexo murado de Bin Laden.

Houve vários sinais de mau agouro enquanto os helicópteros chegavam até o seu destino. Um dos helicópteros foi pego num redemoinho e teve de fazer um pouso forçado depois que a sua cauda esbarrou no muro do

O MÉDICO E O XEIQUE

complexo, uma situação que lembrava o fracasso da missão de 1980 de resgate de reféns americanos no Irã. Mas, uma vez que os SEALs entraram na casa na rua Pathan com explosivos C-4 e subiram as escadas, o fim de Bin Laden veio depressa. Os americanos avistaram o líder da Al-Qaeda no alto das escadas no terceiro andar, espiando de seu quarto, e um dos comandos atirou no lado direito do seu rosto. Ele caiu de costas no quarto e contorceu-se no chão numa poça de sangue. Os SEALs tiraram fotos do cadáver do terrorista, colocaram-no dentro de um saco e o levaram pelas escadas até o lado de fora.[9]

Menos de quarenta minutos depois que os helicópteros chegaram em Abbottabad, a mais cara e exasperante caçada humana da história chegara ao fim. Os SEALs destruíram o helicóptero avariado para impedir que os paquistaneses tivessem acesso ao sigiloso equipamento de navegação, restando, da destruição planejada, apenas a traseira. Eles subiram na aeronave restante, o Blackhawk e num Chinook que havia sido mandado de reserva. Voaram para o oeste, de volta ao Afeganistão, levando Bin Laden e dezenas de discos rígidos, celulares e outras mídias de computador espalhadas pelo complexo.

Os detalhes desse ataque não vazaram no Paquistão até bem mais tarde naquele dia. Quando aconteceu, Asad Munir sentou-se hipnotizado em frente à televisão na sua sala de estar. Estava convencido de que aquela não era toda a história. O ex-chefe de estação do ISI em Peshawar, o homem que falava com reverência sobre os seus dias de cooperação com a CIA depois dos atentados de 11 de setembro, estava certo de que a agência americana jamais conduziria uma operação militar no interior do seu país sem a ajuda de soldados ou espiões paquistaneses. "Como poderiam?", ele lembrou ter pensado. "A CIA não possui tropas."

Mas, naquela noite, a CIA possuía tropas.

Nos meses antes de a missão ser lançada, enquanto satélites espiões que observavam do espaço tiravam fotos da casa na rua Pathan e o dr. Afridi e sua equipe tentavam ingressar no complexo, oficiais militares e de inteligência americanos apresentaram à Casa Branca uma série de opções de ataque. A opção tida por menos arriscada, usando um avião bombardeiro Stealth B-2 para passar despercebido pelos radares paquistaneses e mandar o complexo pelos ares, foi descartada porque não forneceria à administração Obama qualquer prova definitiva de que Bin Laden fora mesmo morto na operação. As autoridades paquistanesas isolariam a área e vasculhariam os destroços, sendo que os únicos detalhes conhecidos pelos Estados Unidos seriam os que o ISI decidisse contar.

Em vez disso, o presidente Obama escolheu a opção mais arriscada, enviando os SEALs para dentro do Paquistão. Para além dos perigos óbvios daquele tipo de operação, os oficiais temiam enviar tropas de solo tão para dentro do país. Até então, as únicas missões de combate que as Forças Armadas americanas haviam realizado em solo paquistanês desenrolaram-se nas áreas tribais. As missões ocorreram a alguns quilômetros da fronteira afegã, permitindo uma rápida fuga de volta ao Afeganistão caso algo desse errado.

Havia também a questão com a qual os líderes americanos se debatiam havia anos. Sob que autoridade os Estados Unidos poderiam enviar tropas para um país com o qual não estavam em guerra? Era a pergunta feita por Donald Rumsfeld nos dias seguintes aos ataques de 11 de setembro, quando ele olhava com inveja para a capacidade da CIA de ir para a guerra em qualquer parte do mundo. Nos anos seguintes, advogados e políticos minaram recorrentemente o muro que separava o trabalho de soldados daquele de espiões. As rivalidades entre o Pentágono e a CIA durante a primeira metade da década deram lugar a uma *détente* e a um novo arranjo no qual as tropas de operações especiais em combate ou em missões de espionagem eram "imunizadas": convertidas temporariamente em agentes da CIA.

Então, enquanto o presidente Obama tomava as decisões finais a respeito da operação Bin Laden, uma década de evolução na maneira pela qual a América podia fazer a guerra deu a ele mais opções do que as disponíveis para presidentes anteriores. Seria uma missão das Forças Armadas americanas, conduzida por equipes de SEALs da Marinha. Mas toda a equipe

O MÉDICO E O XEIQUE

foi "imunizada" para a missão, colocada sob o Título 50, a autorização da CIA para lançar ações clandestinas. O presidente pôs o diretor da agência, Leon Panetta, à frente da operação.

Do momento em que os helicópteros Blackhawk decolaram da base em Jalalabad, no Afeganistão, passando pelos minutos de tensão nos quais os SEALs subiram as escadas escuras na casa da rua Pathan, até os momentos finais em que os helicópteros subiram ao céu carregando o cadáver de Bin Laden, Panetta foi atualizando os extasiados oficiais de Obama, que se aglomeravam no Gabinete de Crise da Casa Branca. O congressista de esquerda do Partido Democrata da Califórnia, um homem que soube apenas pouco tempo antes de chegar a Langley que muito do seu trabalho seria expedir sentenças de morte contra inimigos da América ao redor do mundo, tinha o comando da máquina letal. Enquanto a operação se desenrolava, Panetta mantinha uma das mãos no bolso, segurando as contas de um terço.[10]

A tensão sufocante dentro do Gabinete de Crise da Casa Branca só se desfez quando todos os SEALs haviam subido nos helicópteros e escapado do espaço aéreo paquistanês sem provocar um confronto com a força aérea paquistanesa. Mas, em Abbottabad, os destroços de um dos Blackhawks ainda queimavam e vários corpos jaziam no chão da casa onde os SEALs haviam feito o seu violento trabalho.

Alguém teria de dizer aos paquistaneses o que acabara de ocorrer.

A tarefa coube ao almirante Mike Mullen, o presidente do Estado-Maior Conjunto, que vinha sendo uma espécie de apaziguador enquanto os Estados Unidos e o Paquistão chafurdavam de crise em crise. Filho de um agente de imprensa de Hollywood, e uma pessoa que, desde cedo, compreendera a importância de se cultivarem boas relações pessoais, Mullen estabelecera um relacionamento próximo com o general Kayani — ex-chefe do ISI, que se tornara chefe das Forças Armadas — durante jantares intermináveis na casa do general em Islamabad. Os dois homens conversavam até tarde sobre a segurança precária do Paquistão numa região dominada pela Índia, pela China e pela Rússia, enquanto Kayani fumava feito uma chaminé ao longo dos encontros. Mullen passara o tempo durante os voos para Islamabad lendo *Freedom at Midnight* [Liberdade à meia-noite], o clássico de 1975 sobre a independência da Índia e a partição indo-paquistanesa. Um membro da comitiva de viagem de Mullen notou que, de costas, os dois homens até se pareciam — aproximadamente o mesmo peso, a mesma cor de cabelo, o mesmo uniforme cáqui um pouco amarrotado, o mesmo andar desajeitado —, distinguindo-se apenas pela fumaça de cigarro que subia do general paquistanês.

Falando de um telefone do lado de fora do Gabinete de Crise, Mullen ligou para Kayani e informou-o do que acabara de acontecer.

Kayani já sabia o básico. Horas antes, ele recebera uma ligação de um dos assessores, que lhe contou sobre vagos relatos de que um helicóptero havia caído em Abbottabad. O primeiro pensamento dele foi que o Paquistão estava sendo atacado pela Índia, então ordenou imediatamente aos seus comandantes da força aérea que despachassem jatos F-16 para repelir a invasão.[11] Mas as preocupações com um ataque indiano logo cederam, e, no instante em que Mullen telefonou, o general paquistanês soube que os americanos haviam estado em seu país.

Durante uma tensa ligação, Mullen disse que tropas americanas estiveram no complexo em Abbottabad e mataram Bin Laden. Havia um helicóptero americano destruído no cenário.[12] Em seguida, Mullen tocou num assunto que os oficiais de Obama estiveram debatendo desde que a morte de Bin Laden se confirmara: deveria o presidente dos EUA fazer um comunicado público naquela noite ou esperar até o dia seguinte? O sol já raiara em Islamabad, e Kayani respondeu que o presidente Obama deveria fazer um comunicado o quanto antes, ao menos para explicar por que havia um helicóptero militar americano em chamas no interior do Paquistão. Depois de mais alguns minutos, a conversa cessou e os dois homens desligaram.

Kayani, cuja posição de chefe das forças armadas paquistanesas fazia dele a figura mais poderosa do país, enfrentava a crise mais aguda de sua longa carreira. Dali a dias, altos generais paquistaneses o esfolariam vivo

O MÉDICO E O XEIQUE

por permitir que os Estados Unidos violassem a soberania paquistanesa. Mas, durante a ligação com Mullen, ele havia adotado um tom conciliatório, porque Bin Laden acabara de ser morto a cerca de 1 quilômetro da academia militar paquistanesa. Açoitar Mullen naquela noite, refletiu o chefe militar, poderia alimentar as suspeitas americanas de que o governo do Paquistão estivesse dando abrigo a terroristas, o que poderia provocar uma ruptura permanente entre os dois países. Homem orgulhoso, que alcançara o ápice de sua carreira militar, ele enfrentava um dilema desagradável. Ou pareceria cúmplice em esconder Osama bin Laden, ou incompetente, por ser incapaz de impedir que o homem mais caçado do mundo buscasse refúgio no meio do seu país. Ele escolheu a última.

NA VERDADE, QUAISQUER pálidos resquícios de relações produtivas entre os Estados Unidos e o Paquistão já haviam sido amplamente extintos quando Bin Laden foi morto. O episódio Raymond Davis havia envenenado o relacionamento de Leon Panetta com o general Pasha, chefe do ISI, e o já pequeno número de oficiais de Obama desejosos de melhores relações entre Washington e Islamabad minguou ainda mais. O embaixador Cameron Munter relatava diariamente a Washington o impacto negativo da campanha com drones armados, e o almirante Mullen em geral concordava com Munter que a CIA parecia estar realizando uma guerra isolada, alheia às ramificações que os ataques com drone estavam causando nas relações da América com o governo paquistanês.

A CIA tinha a aprovação da Casa Branca para conduzir ataques com mísseis no Paquistão mesmo quando os investigadores da agência não tinham plena certeza de quem estavam matando. Sob as regras dos chamados ataques por assinatura, decisões sobre o lançamento de mísseis a partir de drones podiam ser tomadas com base em padrões de atividade tida por suspeita. Os parâmetros para as ações letais haviam sido rebaixados mais uma vez.

Por exemplo, se um grupo de jovens "homens em idade militar" fosse observado indo e vindo de um pretenso campo de treinamento e parecesse carregar armas, eles poderiam ser considerados alvos legítimos.[13] Oficiais americanos admitem ser difícil avaliar a idade de uma pessoa a milhares de pés de altura, e, nas áreas tribais do Paquistão, um "homem em idade militar" poderia ter 15 ou 16 anos. Usar definições tão amplas para determinar quem era um "combatente" e, portanto, um alvo legítimo permitia aos oficiais da administração Obama alegar que os ataques com drones na região não mataram nenhum civil. Era uma espécie de truque de lógica: numa área de reconhecida atividade militante, todos os homens em idade militar eram considerados combatentes inimigos. Portanto, quem ali fosse morto num ataque de drone seria categorizado como combatente, a não ser que houvesse inteligência explícita provando postumamente que era inocente.

Os riscos de tal abordagem foram desnudados em 17 de março de 2011, dois dias depois que Raymond Davis foi solto da prisão sob o arranjo do "dinheiro de sangue" e retirado do país. Os drones da CIA atacaram um encontro do conselho tribal na aldeia de Datta Khel, no Waziristão do Norte, matando dezenas de homens. O embaixador Munter e alguns dentro do Pentágono julgaram desastroso o momento do ataque, e alguns oficiais americanos suspeitaram que o pesado ataque era um sinal da CIA extravasando a sua raiva pelo episódio Davis. Munter achava que o general Pasha, o chefe do ISI, havia dado um braço para ajudar a encerrar o caso Davis e que o ataque a Datta Khel poderia ser percebido como um ultraje. O mais importante, no entanto, era que muitos oficiais acreditavam que o ataque fora malfeito, matando dezenas de pessoas que não deveriam morrer.

Outros saíram em defesa da CIA, alegando que o encontro tribal era, de fato, uma reunião de militantes veteranos e, portanto, um alvo legítimo. Mas o ataque de drone suscitou uma reação furiosa no Paquistão. O general Kayani lançou um raro comunicado público, dizendo que a operação fora conduzida "com total desrespeito pela vida humana", e protestos de rua em Lahore, Karachi e Peshawar forçaram o fechamento temporário dos consulados americanos naquelas cidades.

O MÉDICO E O XEIQUE

Munter não se opunha ao programa dos drones, mas achava que a CIA estava sendo implacável e que a sua posição como embaixador estava ficando insustentável. O seu relacionamento com o chefe de estação em Islamabad, já estremecido graças aos desentendimentos em torno da condução do caso Raymond Davis, deteriorou-se ainda mais quando o embaixador exigiu que a agência o notificasse antes de cada ataque com mísseis e lhe desse a chance de cancelar a operação.[14] Durante uma discussão acalorada entre os dois homens, Munter fez questão de garantir que o chefe de estação soubesse quem estava no comando, apenas para ser lembrado de quem, de fato, detinha o poder no Paquistão.

— Você não é o embaixador! — berrou Munter.

— Você está certo, e eu não quero ser o embaixador — retrucou o chefe de estação da CIA.

Essa batalha por território estendeu-se até Washington, e, um mês após Bin Laden ter sido morto, os principais assessores do presidente Obama discutiam abertamente numa reunião do Conselho de Segurança Nacional sobre quem realmente estava no comando no Paquistão. Na reunião de junho de 2011, Munter, que participava por videoconferência, começou a argumentar que ele deveria ter o poder de veto sobre ataques de drone específicos. Usando uma terminologia futebolística, disse que deveria contar com o "cartão vermelho" para anular ataques propostos.

Leon Panetta interrompeu o diplomata no meio da frase, dizendo--lhe que a CIA tinha a autorização para fazer o que bem entendesse no Paquistão. Não precisava da aprovação dele para nada.

— Eu não trabalho para você — disse Panetta, segundo várias pessoas presentes.

Mas a secretária de Estado Hillary Clinton saiu em defesa de Munter. Ela virou-se para Panetta e disse que ele estava errado em pensar poder ignorar o embaixador e lançar ataques contra a sua aprovação.

— Não, Hillary — respondeu Panetta —, você é quem está redondamente enganada.[15]

Fez-se um silêncio espantoso, e o assessor de Segurança Nacional, Tom Donilon, tentou retomar o controle da reunião, pedindo silêncio aos assessores em confronto. Nas semanas seguintes ao episódio, Donilon negociou um acordo entre as partes: Munter teria permissão para objetar contra ataques de drone específicos, mas a agência de espionagem continuaria podendo apelar para a Casa Branca em busca de autorização para ataques, mesmo que passando por cima das objeções do embaixador. Ele ganhou o direito de usar, no máximo, um "cartão amarelo". A CIA de Obama ganhara mais uma batalha.

Nos meses subsequentes, o diplomata percebeu-se cada vez mais isolado. Mesmo o almirante Mullen, outrora o advogado mais proeminente da manutenção de relações no mínimo funcionais com Islamabad, começou a defender uma visão mais sombria sobre o Paquistão após o ataque a Bin Laden. Ele não apenas suspeitava que alguém importante dentro das forças armadas paquistanesas ou do ISI pudesse ter escondido Bin Laden; ele também tomara conhecimento de uma impressionante peça de inteligência. Espiões americanos haviam interceptado telefonemas que pareciam provar que a morte de Syed Saleem Shahzad, um jornalista paquistanês que investigava ligações entre o ISI e grupos militantes no Paquistão, fora ordenada por espiões paquistaneses. Shahzad fora espancado até a morte e jogado num canal de irrigação 130 quilômetros ao sul de Islamabad. De acordo com informações sigilosas de agências americanas de espionagem, o assassinato fora uma ordem vinda dos altos escalões do ISI, do próprio general Ahmad Shuja Pasha.

Não muito depois, outra pista da inteligência alertou que dois caminhões de adubo suspeitos trafegavam pela rota de suprimentos da Otan, do Paquistão ao Afeganistão. A pista era vaga e sugeria apenas que os caminhões poderiam ser usados como bombas, conduzidos até o Afeganistão para um ataque contra uma base americana.[16] Oficiais norte-americanos no país telefonaram para o general Kayani no Paquistão a fim de alertá--lo, e Kayani prometeu que os caminhões seriam parados antes de cruzar a fronteira afegã.

O MÉDICO E O XEIQUE

Mas os paquistaneses não agiram. Os caminhões permaneceram no Waziristão do Norte por dois meses, onde militantes da rede Haqqani os converteram em poderosas bombas suicidas capazes de matar centenas de pessoas. A inteligência americana quanto à localização dos caminhões permanecia turva, mas o almirante Mullen estava certo de que, devido ao histórico de contatos do ISI com os Haqqani, os espiões paquistaneses seriam capazes de impedir qualquer ataque. Em 9 de setembro de 2011, os caminhões dirigiam-se rumo ao Afeganistão, e o mais alto comandante americano na região, o general John Allen, implorou ao general Kayani, durante uma viagem a Islamabad, que ele detivesse os caminhões. Kayani disse a Allen que "daria um telefonema" para prevenir qualquer ataque iminente, uma oferta que causou espanto, uma vez que sugeria uma relação particularmente próxima entre a rede Haqqani e o aparato de segurança do Paquistão.[17]

Então, na véspera do décimo aniversário dos atentados ao World Trade Center e ao Pentágono, um dos caminhões estacionou próximo ao muro externo de uma base militar norte-americana na província de Wardak, no leste do Afeganistão. O motorista detonou os explosivos dentro do veículo, e o estouro abriu um buraco no muro da base. A explosão feriu mais de setenta fuzileiros navais dentro da base, e um estilhaço matou uma menina afegã de 8 anos parada a pouco mais de 1 quilômetro do local.[18]

O ataque enfureceu Mullen, convencendo-o de que o general Kayani não tinha interesse sincero em cessar os seus laços militares com grupos militantes como a Rede Haqqani. Outros altos oficiais americanos se convenceram disso anos antes, mas Mullen acreditara que Kayani pertencia a uma safra diferente de generais paquistaneses, um homem que via as ligações do ISI com o Talibã, com a Rede Haqqani e com o Lashkar-e--Taiba como nada menos que um pacto suicida. Mas a bomba em Wardak foi, para Mullen, a prova de que o Paquistão estava jogando um jogo sujo e mortal.

Dias após o ataque a bomba — e imediatamente depois que a Rede Haqqani lançou outro ataque insolente, desta vez ao complexo da embaixada americana em Kabul — o almirante Mullen foi até a Colina do Capitólio para dar o seu testemunho final ao Congresso, na condição de chefe do Estado-Maior Conjunto. Ele foi ali para transmitir uma mensagem simples e direta, que os oficiais do Departamento de Estado tentaram, sem sucesso, atenuar horas antes da sua aparição no Comitê de Serviços Armados do Senado.

Espiões paquistaneses estavam dirigindo a insurgência dentro do Afeganistão, disse Mullen ao painel de congressistas, e levavam nas mãos o sangue das mortes de tropas americanas e de civis afegãos.

— A Rede Haqqani age como um verdadeiro braço da agência paquistanesa para Interserviços de Inteligência — disse Mullen.

Mesmo após uma década de relações tumultuadas entre a América e o Paquistão, nenhum alto oficial americano fizera, até então, tal acusação direta em público. O pronunciamento tinha ainda mais peso por vir do almirante Michael Mullen, considerado pelos oficiais paquistaneses um dos seus últimos aliados em Washington. Os generais no Paquistão sofreram um baque com os comentários dele, e ninguém mais que o seu velho amigo, o general Ashfaq Parvez Kayani.

A relação estava aniquilada; os dois homens não voltaram a se falar depois desse testemunho. Cada um sentia ter sido traído pelo outro.

DIAS DEPOIS DE Osama bin Laden ter sido assassinado, o dr. Shakil Afridi recebeu um telefonema urgente de Sue, o seu contato na CIA.[19] Os efeitos colaterais da operação americana ainda se faziam sentir no Paquistão, e o médico não falara com ninguém da agência desde que os SEALs invadiram a casa em Abbottabad. Quando os detalhes da operação começaram a pipocar, Afridi finalmente compreendeu por que ele estivera em Abbottabad, por que a CIA lhe pedira que concentrasse os trabalhos em Bilal Town e por que houvera tanto interesse pela casa na rua Pathan. Sue disse a ele para ir imediatamente para Islamabad — e encontrá-la num dos pontos de encontro usuais.

O MÉDICO E O XEIQUE

"Não é seguro para você permanecer no Paquistão", disse ela ao médico. O ISI já estava caçando quem quer que possa ter ajudado os americanos a achar Bin Laden, e era apenas questão de tempo até que o seu trabalho para a CIA fosse descoberto. Ela disse-lhe que tomasse um ônibus e seguisse rumo a oeste, atravessando a fronteira para o Afeganistão. Forneceu-lhe um número de celular e ordenou que ligasse para o número assim que chegasse à parada de ônibus em Kabul. Lá, ele receberia novas instruções.

Ele nunca foi. Afridi supôs que, se a CIA jamais informou que ele estava envolvido na caçada a Bin Laden, estaria seguro no seu próprio país e não seria apanhado na rede que os serviços de segurança paquistaneses haviam armado depois do ataque em Abbottabad. Foi um erro de cálculo grosseiro. No fim de maio, o dr. Afridi foi preso pelo ISI e encarcerado

Após anos de tumulto entre a Agência Central de Inteligência e o Diretório para Interserviços de Inteligência do Paquistão, após o jogo duplo de ambos os lados e após as recriminações quando o contratado da CIA matou duas pessoas em Lahore e ergueu a cortina sobre o novo front da guerra secreta da América no Paquistão, o caso do dr. Shakil Afridi mostrou o quanto as coisas tinham decaído para os dois países. O ISI prendera uma fonte crucial da CIA, um homem que desempenhou um papel importante no esforço para rastrear o terrorista mais procurado do mundo, e o metera numa cela em Peshawar.

Por certo, nenhum país encara com gentileza um de seus cidadãos quando ele é pego trabalhando para um serviço estrangeiro de espionagem. Mas, estranhamente, Afridi não foi acusado de traição e espionagem, nem jamais foi processado pela lei paquistanesa. Em vez disso, esteve num tribunal em Peshawar por violar o obscuro Regulamento de Crimes de Fronteira, dos tempos do Império Britânico, que rege as áreas tribais do Paquistão. Ele integrara uma "conspiração para fazer guerra contra o Estado", decidiu o tribunal, graças às suas ligações com o Lashkar-e-Islã, o grupo militante comandado pelo motorista de ônibus-traficante de drogas que o sequestrara em 2008.[20] Pelo fato de Afridi oferecer tratamento médico aos combatentes de Bagh, e graças ao que o tribunal descreveu como "o seu amor por Mangal Bagh", ele foi condenado a 33 anos de prisão.[21]

Quando a sentença foi expedida, o Lashkar-e-Islá emitiu um comunicado público negando veementemente quaisquer laços com "táo vergonhoso homem".

Afridi náo era amigo do grupo, dizia o pronunciamento, devido ao seu histórico de cobrar uma fortuna dos pacientes.[22]

16. FOGO DO CÉU

"Está tudo às avessas."
— *W. George Jameson*

Numa manhã de fins de verão em 2011, dias antes de assumir como diretor da Agência Central de Inteligência, o general David Petraeus fez uma visita a Michael Hayden, o terceiro e último diretor da CIA durante a administração Bush. Os dois homens haviam subido na hierarquia militar na mesma época, mas escolheram seguir rumos muito diferentes e nunca foram particularmente próximos. Hayden fora um especialista em inteligência militar e comandara a ultrassecreta Agência de Segurança Nacional anos antes de assumir o cargo em Langley. Petraeus passara a carreira nas unidades de combate, conduzindo as guerras no Iraque e no Afeganistão e liderando o Comando Central Norte-Americano. Ele emergira como um dos generais mais enaltecidos da história americana.

Os homens partilharam um cordial café da manhã na casa de Hayden, e este deu conselhos a Petraeus sobre como administrar a dinâmica tribal em Langley. Como Hayden havia aprendido, os agentes secretos e analistas podiam ser devotados, porém irritadiços, não aquiescer com elegância e, por vezes, demonstrar pouca tolerância à cadeia de comando. No meio do café da manhã, a discussão tornou-se séria, e Hayden deu um alerta a Petraeus.

A CIA havia mudado, quiçá permanentemente, disse ele, e havia um perigo real de que a agência de espionagem se convertesse numa versão menor e mais sigilosa do Pentágono.

— Nunca antes a CIA pareceu-se tanto com o OSS — disse Hayden, referindo-se ao grupo de homens de capa e espada de William Donovan. Depois de uma década de guerra secreta, continuou ele, operações de caçada humana e assassinato direcionado estavam consumindo a agência, e, se isso continuasse, a CIA poderia um dia vir a se tornar incapaz de executar aquela que deveria ser a sua missão principal: a espionagem.

— A CIA não é o OSS — prosseguiu Hayden. — É o serviço de inteligência global da nação. E você precisa se disciplinar para aproveitar o tempo fazendo algo além de contraterrorismo.[1]

É claro que Hayden fizera bastante para acelerar tal transformação. Uma agência de espionagem que, em 11 de setembro de 2001, fora descrita como atabalhoada e avessa a riscos havia, sob o olhar cuidadoso de quatro diretores sucessivos, ingressado numa matança descontrolada. No decorrer do longo verão paquistanês que se seguiu à morte de Osama bin Laden, a CIA assassinou uma série de membros da Al-Qaeda, incluindo Atiyah Abd al-Rahman, que fora a ligação de Bin Laden com o mundo exterior durante o período de reclusão em Abbottabad. Alguns em Washington associavam o presidente Obama ao Michael Corleone dos minutos finais de *O poderoso chefão*, ordenando friamente a tenentes que despachassem inimigos numa onda calculada de violência.

Trinta e cinco anos antes, depois que vieram a público detalhes venenosos sobre os esforços da CIA para matar líderes estrangeiros, o presidente Gerald Ford ordenou a proibição dos assassinatos, esperando com isso evitar que futuros presidentes fossem tão facilmente seduzidos por operações clandestinas. Mas, na década dos ataques de 11 de setembro, legiões de advogados do governo norte-americano escreveram opiniões detalhadas sobre por que as operações de assassinato direcionado conduzidas pela CIA e pelo Comando de Operações Especiais Conjuntas longe das zonas de guerra declaradas não violavam a proibição do presidente Ford. Assim como advogados do presidente Bush haviam redefinido a tortura para permitir interrogatórios extremos por parte da CIA e das Forças Armadas, os advogados do presidente Obama deram às agências secretas da América a liberdade de ação para conduzir extensivas operações de assassinato.

Um deles era Harold Koh, que chegara a Washington vindo da Faculdade de Direito de Yale, onde fora decano. Ele havia sido um crítico feroz, no campo da esquerda, da guerra ao terror promovida pela administração Bush e qualificara publicamente os métodos de interrogatório da CIA — incluindo o *waterboarding* — como tortura ilegal. Mas, ao ingressar no governo como o mais alto advogado do Departamento de Estado, viu a si próprio passando horas debruçado sobre volumes de inteligência secreta de modo a decidir se homens deviam viver ou morrer. Nos discursos, fazia uma vigorosa defesa das operações de assassinato direcionado da administração Obama, dizendo que, numa época de guerra, o governo americano não tinha qualquer obrigação de conceder aos suspeitos o devido processo legal antes de colocá-los na lista negra.

Ainda assim, nos momentos de reflexão pública, ele falou sobre o fardo psicológico de passar tempo lendo as biografias de jovens sobre quem os Estados Unidos debatiam se iriam ou não morrer.

— Como decano da Faculdade de Direito de Yale, passei muitas e muitas horas analisando os resumos de jovens estudantes na casa dos 20 anos, tentando decidir quem deveria ser admitido. Agora, eu gasto uma quantidade comparável de tempo estudando os resumos de terroristas, da mesma idade. Lendo sobre como foram recrutados. A sua primeira missão. A sua segunda missão. Frequentemente, conheço o seu histórico tão bem quanto conhecia o dos meus estudantes — disse ele durante um discurso.[2]

No meio da onda de ataques com drones, o presidente Obama ordenou uma reformulação de sua equipe de segurança nacional. O resultado foi uma espécie de chave de ouro para fechar uma década durante a qual o trabalho de soldados e espiões tornou-se amplamente indistinto. Leon Panetta, que, como diretor da CIA, fizera a agência se parecer mais com as Forças Armadas, estava assumindo o Pentágono. Petraeus, o general de quatro estrelas que assinara ordens secretas em

2009 para expandir as operações de espionagem militar por todo o Oriente Médio, comandaria a CIA.

Nos seus catorze meses em Langley, antes de se demitir de maneira vergonhosa devido a um caso extraconjugal com a sua biógrafa, Petraeus acelerou as tendências para as quais Hayden o havia alertado. Ele pressionou a Casa Branca por dinheiro para que expandissem os voos de drones e disse aos membros do Congresso que, sob a sua supervisão, a CIA estava realizando mais operações secretas do que em qualquer outro período de sua história. Nas semanas dentro da agência, Petraeus chegou a ordenar uma operação que, àquela altura, nenhum diretor da CIA havia feito antes: o assassinato direcionado de um cidadão americano.

NA ÉPOCA EM que Petraeus assumiu a corporação, um pastor de óculos, com aparência de coruja, vasta barba negra e uma mensagem de ódio havia subido ao topo da lista negra da América, a lista coordenada no escritório subterrâneo de John Brennan, o assessor de contraterrorismo da Casa Branca. Com Bin Laden morto e a campanha punitiva de drones minguando as fileiras da Al-Qaeda no Paquistão, oficiais de contraterrorismo em Washington começaram a dedicar maior atenção à ameaça do Iêmen e à Al-Qaeda na Península Arábica. Isso significava caçar e matar Anwar al-Awlaki.

Al-Awlaki seguira um estranho caminho para ser designado como inimigo dos Estados Unidos. Nascido no Novo México em 1971, ele passou os primeiros anos nos Estados Unidos enquanto o pai, Nasser al-Awlaki, um proeminente iemenita que seria o ministro da Agricultura do presidente Saleh, estudava economia agrícola na Universidade Estadual do Novo México. Nasser mudou-se com a família de volta ao Iêmen sete anos depois, onde Anwar viveu até retornar aos Estados Unidos para a faculdade no começo dos anos 1990.

Na Universidade Estadual do Colorado, Anwar conquistou a presidência da Associação de Estudantes Islâmicos da faculdade, mas não estava

FOGO DO CÉU

confortável com o rígido e conservador ramo do Islá — com as suas proibições de sexo e álcool — que alguns dos seus colegas praticavam. Ele permaneceu no Colorado após a formatura e, para a decepção de seu pai, começou a pregar na mesquita de Fort Collins. Nasser queria que o seu filho seguisse uma profissão mais lucrativa, mas, dentro de alguns anos, Anwar mudara-se para San Diego a fim de assumir posição como imã numa mesquita na extremidade da cidade.

Os seus pontos de vista tornaram-se gradualmente mais conservadores, e ele pregava sobre viver uma vida de pureza. Contudo, na sua vida privada, às vezes desviava-se dos seus próprios ensinamentos; ele foi apanhado pela polícia de San Diego várias vezes solicitando os serviços de prostitutas.[3] Mais significativamente, em 1999 o FBI começou uma investigação sobre os laços de Al-Awlaki com militantes suspeitos na região de San Diego, desconfiança surgida, em grande parte, graças à sua atuação numa pequena instituição islâmica de caridade. Ele chegaria a travar contato com dois futuros sequestradores do 11 de Setembro, Khalid al-Mihdhar e Nawaf al-Hazmi, ambos os quais rezavam na sua mesquita e participavam de conferências com os clérigos.[4]

No entanto, as investigações do FBI sobre a sua atuação não desencavaram qualquer atividade criminosa, e, na época dos atentados de 11 de setembro, Al-Awlaki havia se estabelecido na Virgínia do Norte, onde pregava numa grande mesquita no subúrbio de Washington, D.C. Ele recheava os seus sermões com referências à cultura pop e à história americana, e logo sentiu o gostinho do estrelato midiático quando começou a receber telefonemas de repórteres pedindo-lhe que explicasse as bases do Islá para os leitores dos jornais americanos. Chegou a ser considerado uma voz moderada — tendo participado de um bate-papo on-line sobre o Ramadá para o *Washington Post* e estando presente a uma oração matinal no Pentágono.

— Viemos aqui para construir, não para destruir — disse ele durante um sermão, chamando a si próprio e a outros imãs na América de "a ponte entre a América e 1 bilhão de muçulmanos mundo afora".[5]

Aquela mensagem, porém, logo se tornaria sinistra. Após uma batida da polícia nas instituições islâmicas de caridade e outras organizações islâmicas em 2002, Al-Awlaki protestou publicamente que a guerra ao terrorismo promovida pela administração Bush convertera-se numa guerra contra os muçulmanos. Pouco tempo depois, ele se mudou para Londres, onde cativava jovens muçulmanos frequentadores de seus inflamados sermões e aqueles que ouviam as suas lições em CD, que ele vendia em coletâneas. Mas, mesmo com o crescimento de sua fama, ele tinha problemas para permanecer no Reino Unido e, em 2004, regressou ao Iêmen, onde usava salas de bate-papo na internet ou, eventualmente, o YouTube para a transmissão global dos seus sermões.[6]

O fato de os seus sermões serem transmitidos em inglês limitava a sua influência no mundo islâmico, mas a sua virulenta retórica antiamericana estimulava uma parcela dos seus seguidores à ação. Um deles era Umar Farouk Abdulmutallab, o jovem estudante nigeriano que tentaria detonar uma bomba escondida na cueca num avião que descia em Detroit no Natal de 2009. Meses antes, Abdulmutallab escrevera um ensaio sobre as suas razões para querer lançar o jihad e o enviara para Al-Awlaki.[7] À medida que os investigadores americanos começavam a juntar as peças da fracassada trama do Natal, eles passaram a ter uma melhor compreensão do papel que Al-Awlaki desempenhava dentro da Al-Qaeda na Península Arábica. O cidadão americano de 38 anos, que outrora falara em ser a "ponte" da América com o mundo islâmico, não era apenas um profeta inspirador na era digital ou um promotor de ódio na internet; ele passara das palavras aos atos e começara a ajudar o grupo terrorista no planejamento de uma onda de terror contra os Estados Unidos.

John Brennan, que mantinha laços estreitos com oficiais de inteligência sauditas e que, da Casa Branca, já comandava boa parte da guerra clandestina da América no Iêmen, acreditava que Al-Awlaki era o principal responsável pela mudança na estratégia da filial da Al-Qaeda. Se o grupo, havia muito, pensava globalmente, ele vinha agindo localmente, concentrando os seus ataques nos alvos dentro da Arábia Saudita. Mas,

FOGO DO CÉU   313

quando Bin Laden e os seus seguidores no Paquistão ficaram sob cerco, a AQAP viu a oportunidade de ocupar o papel de principal tormento para a América. Brennan achava que Al-Awlaki empurrava cada vez mais o grupo nessa direção.[8]

Aquilo podia ou não ser verdade, mas, dentro do Conselho de Segurança Nacional, oficiais começaram uma discussão sobre um tema extraordinário: autorizar ou não o assassinato secreto de Al-Awlaki, um cidadão americano, sem capturá-lo ou levá-lo a julgamento. Harold Koh e outros advogados do governo começaram a estudar a inteligência crua sobre o papel do investigado no grupo militante iemenita, e, meses após a fracassada tentativa de Abdulmutallab de explosão do avião de passageiros, o Escritório de Consultoria Jurídica do Departamento de Justiça produziu um memorando sigiloso dando à administração Obama aprovação para matar o renegado clérigo americano. Por Al-Awlaki ter uma posição consolidada na Al-Qaeda na Península Arábica e por ter declarado guerra aos Estados Unidos, dizia o memorando, ele deixara de ter direito constitucional ao devido processo legal.

E, no entanto, os Estados Unidos ainda não tinham sequer uma pista de onde ele e os outros altos membros da AQAP estavam escondidos. O Comando de Operações Especiais Conjuntas mal havia começado a acelerar os esforços para coleta de inteligência no Iêmen, e a administração Obama dependia quase totalmente dos espiões que o presidente Ali Abdullah Saleh e o serviço de inteligência da Arábia Saudita haviam plantado dentro do país. E, após o malfadado ataque americano em maio de 2010, que matara acidentalmente um vice-governador no Iêmen, Saleh impusera restrições ainda maiores às atividades americanas no local, deixando a guerra clandestina num impasse.

Aos poucos, no entanto, o homem forte no Iêmen começou a perder poder. O presidente Saleh mantivera o poder durante anos por meio da astuta manipulação de várias facções dentro do país, frequentemente

314   GUERRA SECRETA

atiçando-as umas contra as outras de modo tal que um oficial do governo Bush comparou o gesto a "dançar no ninho da serpente".[9] Mas, no começo de 2011, o Iêmen foi apanhado pela onda de protestos de rua que se espalharam pelo mundo árabe, e um governo que já mal podia controlar o território para além da capital agora não podia manter a ordem nem mesmo ali. Então, durante um ataque ao palácio presidencial em junho, uma barragem de foguetes atingiu a sala onde se escondia o presidente Saleh, atirando-o ao solo. Ele sofreu uma hemorragia interna no cérebro, e o fogo do ataque queimou 40% do seu corpo. Os guarda-costas do presidente puseram-no ferido num voo de emergência para a Arábia Saudita, onde ele passou por uma cirurgia de várias horas.[10] Ele sobreviveu, mas os seus dias como presidente tinham acabado. Ali Abdullah Saleh já não estava por perto para ditar o que os Estados Unidos podiam ou não fazer no seu país.

A CIA e o JSOC aproveitaram-se da trégua de um ano na guerra aérea no Iêmen, depois da morte do vice-governador, Jaber al-Shabwani, para erguer uma rede de espiões e uma teia de escutas eletrônicas ao redor do Iêmen. Na Agência de Segurança Nacional, em Forte Meade, Maryland, mais analistas foram designados para monitorar celulares naquele país e penetrar redes de computador na esperança de interceptar e-mails.[11] E, muito discretamente, a CIA começou a construir uma base de drones no deserto ao sul da Arábia Saudita, para servir de centro de caça à Al-Qaeda no Iêmen. A Arábia Saudita dera permissão à agência para construir essa base, com a condição de que o papel da monarquia fosse ocultado. Como disse um oficial americano envolvido na decisão de construí-la:

— Os sauditas não queriam que o seu rosto aparecesse na operação.

Até que a base da CIA estivesse pronta, a guerra no Iêmen pertencia ao JSOC. Em maio de 2011, o Pentágono começou a enviar drones munidos ao país, decolando da Etiópia e do Campo Lemonnier, em Djibuti, a desgraçada ex-base da Legião Estrangeira Francesa, onde um pequeno grupo de fuzileiros navais e tropas de operações especiais operavam desde 2002. O zumbido dos drones tornou-se um som regular em algumas das

FOGO DO CÉU 315

porções mais remotas de deserto no Iêmen, e teve início um jogo de gato e rato entre os jihadistas e as máquinas mortíferas.

Um jornalista iemenita, depois de passar duas semanas com líderes da AQAP, descreveu os procedimentos de segurança que o grupo adotava para evitar que fosse atingido do céu. Se um jato de combate iemenita se aproximava, eles permaneciam no lugar porque, como disse um militante ao repórter, "os aviões iemenitas sempre erram os seus alvos". Mas, se um drone americano começasse a zumbir acima de suas cabeças, eles faziam o contrário. Desligavam os celulares, subiam nos em caminhões e começavam a se mexer, porque os drones "não conseguem acertar alvos em movimento".[12] Os militantes haviam descoberto um dos pontos fracos dos drones, um problema criado pelo controle via satélite das aeronaves. Porque os pilotos estavam distantes, a milhares de quilômetros das aeronaves, o que viam nos seus monitores apresentava frequentemente segundos de atraso em relação ao que o drone estava mirando. O problema, conhecido como latência, havia anos vinha dificultando para oficiais da CIA e do Pentágono descobrir onde mirar o míssil disparado do drone, o que explica algumas das baixas civis e erros de alvo nessa guerra.

Estar num caminhão em movimento permitiu a Al-Awlaki escapar por um triz da morte em maio de 2011, dias após o ataque que matou Bin Laden no Paquistão. Um espião a serviço dos americanos forneceu informação de que Al-Awlaki estava trafegando num caminhão na província de Shabwa, e a equipe do JSOC enviou drones e jatos Marine Harrier para a área. Mas o primeiro míssil americano errou o caminhão, e quando nuvens cobriram o céu, obscurecendo a visão dos aviões, Al-Awlaki conseguiu pular para outro caminhão e dirigir na direção oposta. Os aviões americanos continuaram a seguir o primeiro veículo, e um ataque a míssil matou dois membros locais da Al-Qaeda. Al-Awlaki refugiou-se numa caverna. Segundo o acadêmico iemenita Gregory Johnsen, o fugitivo contou posteriormente a amigos que o incidente "aumentou a minha certeza de que nenhum ser humano morrerá até ter completado a sua vida e chegado o momento predeterminado".[13]

Na Casa Branca, o presidente Obama e John Brennan estavam cada vez mais frustrados pelo fato de o JSOC perder seguidamente Al-Awlaki e outros líderes importantes. Um ano e meio depois de Obama ter expandido as atividades clandestinas americanas no Iêmen, nenhum líder veterano da AQAP fora morto e um grande número de ataques foram realizados com inteligência deficiente. Mais civis morreram do que líderes militantes. Sobrevoar o Iêmen com drones armados era um progresso em relação aos mísseis de longa distância, mas o governo do Djibuti não permitiria que os Estados Unidos lançassem quaisquer missões letais a partir do Campo Lemonnier sem, antes, dar a sua aprovação. Os líderes do JSOC irritaram--se com as restrições.

A CIA operava sem as mesmas restrições e, em setembro de 2011, a base de drones que a agência de espionagem construíra no deserto saudita estava completa e pronta para uso. David Petraeus, então diretor, ordenou alguns dos voos de aeronaves modelo Predador e Reaper do Paquistão para a Arábia Saudita. Agências de espionagem também reposicionaram satélites e reconfiguraram redes de dados para permitir que os drones se comunicassem com os pilotos nos Estados Unidos e realizaram o restante do trabalho tecnológico requerido para abrir uma nova frente na guerra de drones.

A CIA ainda dispunha de algo além dos drones, parado próximo à fronteira do Iêmen: uma fonte dentro da Al-Qaeda na Península Arábica, que começou a fornecer informações regulares sobre os passos de Al-Awlaki. A agência já havia colhido inteligência sobre a estrutura da AQAP e conseguira visualizar com antecedência, antes de publicada, a destacada revista do grupo na internet, chamada *Inspire*. A AQAP usava a revista, publicada em inglês, para melhorar o seu perfil e incitar futuros jihadistas nos Estados Unidos e Reino Unido a lançar a guerra perto de casa. O major Nidal Hassan — um psiquiatra do Exército, que matara treze pessoas numa instalação militar apinhada de gente no Forte Hood, Texas, em novembro de 2009 — era um leitor da *Inspire*. Assim como Faisal Shahzad, um jovem analista financeiro vivendo em Connecticut,

FOGO DO CÉU   317

que, sete meses mais tarde, tentaria detonar uma van cheia de explosivos no meio da Times Square. Um artigo da *Inspire*, escrito pelo editor americano-paquistanês da revista, Samir Khan, levava o título "Fazendo uma bomba na cozinha da sua mãe".

A cada vez que tomavam conhecimento de uma futura edição da *Inspire*, oficiais de Obama discutiam se deviam sabotar a revista antes de ela entrar on-line ou inserir no texto mensagens que poderiam constranger a AQAP, disparando o alarme dentro do grupo de que um espião americano ou saudita poderia ter se infiltrado nas suas fileiras. Mas eles decidiram não seguir esse caminho, em parte por temor de que alguém suspeito de ajudá--los viesse a ser executado.[14] E também havia outra razão. Já que a *Inspire* podia ser lida on-line nos Estados Unidos, quaisquer esforços da CIA em manipular o seu conteúdo poderiam violar leis, proibindo a agência de conduzir operações de propaganda contra americanos. Essas mesmas preocupações haviam levado os agentes a abandonar quase todas as suas operações de propaganda desde o advento da internet, quando americanos sentados em frente ao laptop passaram a poder ler notícias e informações escritas a milhares de quilômetros de distância. O vácuo possibilitou ao Pentágono, e a pessoas como Michael Furlong, ocupar o espaço com um novo tipo de guerra de informação talhada para a era digital.

Impressionados com o histórico da CIA de assassinatos direcionados no Paquistão, oficiais da Casa Branca retiraram a caçada a Anwar al-Awlaki da alçada do Pentágono e entregaram-na à CIA. Em 30 de setembro, uma frota de drones americanos decolou da base na Arábia Saudita, cruzou a fronteira com o Iêmen e começou a rastrear um grupo de homens trafegando em comboio pela província de Al-Jawf, uma extensão de deserto próxima à fronteira saudita, outrora famosa pelas criações de cavalos árabes. Os homens haviam parado para tomar o café da manhã quando, segundo testemunhas, avistaram os drones e correram de volta para os seus carros. Mas os drones haviam firmado os alvos, e o que se seguiu foi uma sinfonia de destruição cuidadosamente orquestrada. Dois drones Predador apontaram laser para os carros, uma tática que aumentava a precisão dos ataques com míssil, e um drone Reaper disparou mísseis que acertaram em cheio o alvo. Todos os homens do comboio foram mortos, incluindo os cidadãos americanos Anwar al-Awlaki e Samir Khan, um propagandista diabólico e a força criativa por trás da *Inspire*.

ABDULRAHMAN AL-AWLAKI — o filho magricela do imã, com 16 anos de idade e nascido em Denver — havia escapado pela janela da cozinha de casa, em Sana'a, duas semanas antes. Era o único lar que conhecera desde que se mudara para o Iêmen bem novo, depois que o seu pai ficara famoso nos Estados Unidos e no Reino Unido por seus inflamados sermões. Nos anos seguintes, o seu pai tornou-se o homem mais procurado pela administração Obama e fugiu de Sana'a para a relativa segurança das províncias remotas do Iêmen, embora Abdulrahman levasse, a maior parte do tempo, a vida de um adolescente normal. Ele entrou no ensino médio interessado em esportes e música e mantinha a sua página no Facebook regularmente atualizada.

Em meados de setembro de 2011, ele decidiu que precisava encontrar o pai, onde quer que estivesse escondido. Antes de escapulir de casa, ele deixou um bilhete para os seus parentes:

"Perdoem-me por partir", escreveu, "estou indo encontrar o meu pai."[15]

O rapaz foi até a província de Shabwa, a região do Iêmen onde, acreditava-se, Anwar al-Awlaki estava escondido e onde jatos e drones americanos quase o haviam acertado no mês de maio. O que Abdulrahman não sabia era que o seu pai já havia deixado Shabwa rumo a Al-Jawf. Ele vagou um tempo, sem saber o que iria fazer. Logo depois, ouviu a notícia sobre o ataque com míssil que havia matado o seu pai, e então telefonou para a sua família em Sana'a. Disse-lhes estar voltando para casa.

Ele não voltou para Sana'a imediatamente. Em 14 de outubro, duas semanas depois que os drones da CIA mataram o seu pai, Abdulrahman estava sentado com amigos num restaurante ao ar livre próximo a Azzan, uma cidade na província de Shabwa.[16] À distância, inicialmente fraco,

FOGO DO CÉU   319

surgiu o zumbido familiar. Então, mísseis rasgaram o ar e atingiram o restaurante. Em segundos, quase uma dezena de corpos jaziam sobre o chão de terra. Um deles era o de Abdulrahman al-Awlaki. Horas depois de veiculadas as notícias de sua morte, a página do adolescente no Facebook foi convertida num memorial.

Oficiais americanos nunca discutiram a operação publicamente, mas reconheceram em privado que Abdulrahman fora morto por engano. O nome do adolescente não constava em qualquer lista de alvos potenciais. O alvo pretendido do ataque com drone era Ibrahim al-Banna, líder egípcio da AQAP. Oficiais americanos haviam obtido informações de que Al-Banna comia no restaurante na hora do ataque, mas a inteligência confirmou-se equivocada. Ele não estava nem perto do local do ataque. Abdulrahman al-Awlaki estava no lugar errado, na hora errada.

Embora o ataque permaneça sigiloso, vários oficiais americanos dizem que os drones que mataram o garoto não foram, como os que mataram o seu pai, operados pela CIA. Em vez disso, Abdulrahman foi vítima do programa paralelo de drones conduzido pelo Comando de Operações Especiais Conjuntas do Pentágono, que prosseguiu mesmo após a CIA haver ingressado na caçada humana no Iêmen. Ambas as agências convergido para a matança num dos países mais pobres e desolados do mundo, comandando duas guerras de drones distintas. A CIA mantinha uma lista de alvos, e o JSOC mantinha outra. Ambos estavam no Iêmen realizando quase a mesma missão. Dez anos após Donald Rumsfeld haver inicialmente tentado tomar o controle da nova guerra das mãos dos espiões americanos, o Pentágono e a CIA conduziam as mesmas missões secretas nos confins do planeta.

Dois meses depois que o seu filho e o seu neto foram mortos, o dr. Nasser al-Awlaki chorou as suas mortes num tributo em vídeo postado no YouTube. O dr. Al-Awlaki falou por quase sete minutos num inglês claro e direto. Os muçulmanos leais deveriam manter viva a mensagem de seu filho Anwar, disse ele, e espalhá-la a todos aqueles ainda não tocados por suas palavras. Ele prometeu, soturnamente e sem maiores detalhes, que o sangue do seu filho "não seria em vão".[17]

O dr. Al-Awlaki descreveu a América como um "Estado enlouquecido", seduzido por uma estratégia de assassinatos nos cantos mais obscuros do mundo. As operações haviam se tornado tão rotineiras, disse ele, que os ataques que mataram o seu filho e neto quase não foram notados dentro dos Estados Unidos. Isso era parcialmente correto. No dia em que Anwar al-Awlaki foi morto, o presidente Obama fez breve menção ao ocorrido durante um discurso, chamando-o de "mais um significativo marco no amplo esforço para derrotar a Al-Qaeda e os seus aliados". Mas, no dia seguinte, o assassinato do enérgico pregador — um cidadão americano cuja morte fora autorizada por um memorando secreto do Departamento de Justiça — não recebeu qualquer menção nos noticiários de TV da noite. Duas semanas depois, não se prestou nenhuma atenção ao assassinato de Abdulrahman al-Awlaki, o adolescente magricela americano.

OS ATAQUES COM drone permanecem um segredo, ao menos oficialmente. A administração Obama foi aos tribunais para se posicionar contra a publicação de documentos ligados aos drones da CIA e do JSOC e às secretas opiniões legais sustentando as operações. No fim de setembro de 2012, uma comissão de três juízes sentou-se diante de uma parede de mármore verde numa corte federal em Washington e ouviu as exposições orais num processo movido pela União Americana pelas Liberdades Civis (ACLU) exigindo que a CIA entregasse os documentos sobre o programa de assassinatos direcionados. Um advogado representando a agência recusou-se a admitir que a corporação tivesse algo a ver com drones, mesmo sendo indagado por juízes céticos, que o questionaram sobre declarações públicas dadas pelo ex-diretor, Leon Panetta. Certa vez, Panetta dissera em tom de brincadeira, para com um grupo de tropas americanas posicionadas em Nápoles, Itália, que, embora como secretário

FOGO DO CÉU   321

de Defesa ele tivesse "muito mais armas disponíveis... do que... na CIA", os "Predadores não eram nada mau".

A certa altura dos procedimentos na corte, um exasperado juiz Merrick Garland apontou o absurdo daquela posição da CIA, à luz do fato de que tanto o presidente Obama quanto o assessor de contraterrorismo da Casa Branca, John Brennan, haviam falado publicamente sobre os drones.

— Se a CIA é o imperador — disse ele ao advogado —, você está nos pedindo para dizer que o imperador está vestido mesmo quando os chefes do imperador dizem que ele não está.

Apesar de todo o sigilo, a guerra de drones fora institucionalizada, garantindo que as missões da CIA e do Pentágono seguissem adiante, enquanto as duas organizações lutavam por mais recursos para a guerra secreta. Inclusive, às vezes, as duas agências conduziam operações de drone paralelas e conflitantes como no Iêmen. Noutras vezes, elas repartiam o mundo e cada uma assumia o comando de partes diferentes da guerra executada por controle remoto — a CIA no Paquistão, por exemplo, e o Pentágono na Líbia.

Era julho de 2004 quando a Comissão 11/9 concluiu que a CIA devia abandonar as suas funções paramilitares. Fazia pouco sentido, decidiu a comissão, que duas agências tivessem ambas a tarefa de travar guerras clandestinas. "Seja o preço estimado em dinheiro ou em pessoal", afirmava o relatório final da comissão, "os Estados Unidos não podem arcar com o custo da manutenção de duas forças independentes para conduzir operações militares secretas, operando secretamente mísseis e treinando secretamente grupos estrangeiros militares ou paramilitares".

A administração Bush rejeitou tais recomendações, e, nos anos seguintes, os Estados Unidos foram justamente na direção oposta. A CIA e o Pentágono, hoje, guardam ciosamente partes distintas da arquitetura sombria da guerra — uma base de drones na Arábia Saudita, uma ex-base da Legião Estrangeira Francesa no Djibuti e outros postos avançados distantes — e relutam em ceder comando num momento em que políticos abraçam as operações de assassinato direcionado como o futuro das guerras americanas. Enquanto isso, o Pentágono continua a sua incursão pela espionagem humana. A Agência de Inteligência de Defesa espera criar um novo quadro de espiões disfarçados, centenas deles, para missões de espionagem na África, no Oriente Médio e na Ásia.

— Está tudo trocado. Você tem uma agência de inteligência combatendo numa guerra e uma organização militar colhendo inteligência no terreno — disse W. George Jameson, um advogado que passou 33 anos na CIA.[18]

Ao longo da extenuante eleição presidencial de 2012, o presidente Obama aludia frequentemente aos assassinatos direcionados como sinal de sua força, empregando um estilo de bravatas semelhante àquele usado pelo presidente Bush nos primeiros dias após os atentados de 11 de setembro. Numa ocasião, um repórter perguntou-lhe sobre acusações feitas por candidatos republicanos à presidência de que a sua política externa tendia para uma estratégia de apaziguamento.

— Pergunte a Osama bin Laden e aos 22 líderes da Al-Qaeda retirados do jogo se eu proponho apaziguamento. Ou aos sobreviventes, pergunte-lhes sobre isso — respondeu Obama.[19]

Com todas as suas diferenças políticas durante a campanha presidencial de 2012, Obama e o governador Mitt Romney não tinham nada para discordar quando o assunto eram os assassinatos direcionados, e Romney disse que, se eleito presidente, daria continuidade à campanha de ataques de drones incrementada por Obama. Temendo tal perspectiva, oficiais do governo Obama correram, durante as últimas semanas antes da eleição, para implementar regras claras para o caso de perderem o controle das guerras de drones. O esforço para codificar os procedimentos dos assassinatos direcionados revelava o quanto as operações secretas permaneciam como uma iniciativa *ad hoc*. Questões fundamentais sobre quem podia ser morto, onde e quando podiam ser mortos ainda não foram respondidas. A pressão pelas respostas a tais questões diminuiu em 6 de novembro de 2012, quando uma eleição decisiva garantiu que o presidente Obama ficaria no cargo por mais quatro anos. O esforço por trazer clareza às guerras secretas esmoreceu.[20]

FOGO DO CÉU 323

Uma nação fatigada pelas longas, sangrentas e custosas guerras no Iraque e no Afeganistão, ao fim do primeiro mandato do presidente Obama, parecia pouco preocupada com a escalada da guerra clandestina por parte do governo. Muito pelo contrário. Segundo uma enquete conduzida por Amy Zegart, da Universidade de Stanford, o país tornara-se, em larga medida, linha-dura nas questões de contraterrorismo. Uma vasta maioria — 69% dos entrevistados — disse apoiar o governo americano no assassinato secreto de terroristas.[21]

Os assassinatos direcionados haviam tornado a CIA indispensável para a administração Obama, chegando a melhorar a imagem da agência em outros assuntos. Segundo aquela mesma enquete, 69% dos entrevistados expressaram confiança de que as agências americanas de espionagem possuíam informações acuradas sobre o que se passava dentro do Irã e da Coreia do Norte. Isso representava vinte pontos a mais do que fora constatado numa pesquisa similar no ano de 2005, quando a CIA estava sendo massacrada devido às equivocadas avaliações a respeito do programa de armas do Iraque. Curiosamente, a enquete de 2012 foi conduzida poucos meses após a morte do ditador norte-coreano Kim Jong-il — e os oficiais da CIA não souberam da sua morte até que ela fosse anunciada vários dias depois nas televisões norte-coreanas.[22]

Porém, gradualmente, os riscos e os custos de uma agência tão robusta tornam-se evidentes. Depois de ter sido surpreendida durante as primeiras semanas da Primavera Árabe, a CIA realocou dezenas de agentes e analistas para pesquisar o que estava ocorrendo no Oriente Médio e norte da África. E, novamente, a administração Obama voltou-se para esses agentes a fim de que desempenhassem o papel de soldados mais que de espiões. Enquanto a revolução na Líbia evoluía para uma guerra civil aberta, a CIA enviou ao país oficiais paramilitares e contratados privados para que estabelecessem contato com grupos rebeldes e garantissem que as toneladas de metralhadoras e artilharia antiaérea que jorravam para a Líbia fossem canalizadas para as mãos certas, ou seja, as dos líderes rebeldes. O presidente Obama insistiu que nenhuma tropa americana fosse usada em terreno para retirar Kadafi do poder, confiando, em vez disso, na fórmula com a qual o seu governo se acostumara: drones, agentes clandestinos e um quadro de contratados que haviam sido fortalecidos para usar os rebeldes líbios como exército substituto.

A CIA, no entanto, dispunha de pouca inteligência efetiva sobre os grupos rebeldes, e alguns dos rebeldes líbios fortalecidos pelos Estados Unidos viraram-se contra os seus patronos.

Logo depois das 22 horas de 11 de setembro de 2012, uma pequena base da agência na Líbia recebeu uma ligação desesperada do complexo diplomático americano situado a pouco mais de 1 quilômetro, numa parte diferente de Benghazi, a cidade portuária no mar Mediterrâneo, no leste da Líbia, onde o governo americano instalara uma cabeça de ponte depois da queda de Muammar Kadafi. O complexo diplomático estava sob ataque, disse o oficial do Departamento de Estado no outro lado da linha, e invasores portando fuzis AK-47 começavam a entrar pelo portão principal do edifício.[23] A multidão já usara galões de gasolina para incendiar um dos prédios do complexo.

Os agentes da base, que foram para Benghazi tentar impedir que o arsenal de lança-mísseis de Kadafi chegasse às mãos dos grupos militantes que se apartaram dos rebeldes agora no comando da Líbia, reuniram suas armas e partiram num comboio de dois carros rumo ao complexo diplomático. Eles fracassaram em convencer um grupo de milicianos líbios a acompanhá-los no esforço de resgate, e, quando chegaram ao complexo, o incêndio já se instalara. J. Christopher Stevens, o embaixador americano na Líbia, estava preso dentro de um dos prédios. O teto desabara, e a equipe da CIA foi incapaz de chegar até Stevens, que sufocou com a fumaça intensa. Circulando acima, um drone militar desviado de outra missão, transmitia as imagens do ataque para o quartel-general do Comando Africano Norte-Americano, na Alemanha. Mas o Predador estava desarmado e incapaz de prover qualquer ajuda para a minoritária equipe de americanos.

FOGO DO CÉU   325

Impossibilitados de manter a sua posição, os agentes da CIA e oficiais de segurança do Departamento de Estado evacuaram o complexo diplomático e correram para a base a cerca de 1 quilômetro dali. Mas, logo que chegaram, a base ficou sob uma barragem de disparos de AK-47 e lança-granadas. Só às 5 horas da manhã, um grupo de reforços americanos chegou de Tripoli e juntou-se aos agentes no topo da base. Àquela altura, os agressores já preparavam um novo ataque, e morteiros começaram a explodir no telhado. Os agentes da CIA Tyrone Woods e Glen Doherty, ambos ex-SEALs da Marinha, foram mortos. Ao alvorecer, os americanos haviam evacuado o local e se dirigiam para o aeroporto, e o Predador seguiu acompanhando o comboio do alto. Todo o pessoal, bem como os corpos das quatro pessoas mortas no ataque, foi levado de avião para Tripoli. As operações americanas em Benghazi, a primeira base de coleta de inteligência da CIA na Líbia, foram encerradas.

QUASE QUE LITERALMENTE, o ataque havia deixado a CIA às cegas dentro da Líbia. E, com o giro dado pela agência na última década rumo às operações paramilitares, há preocupação entre as fileiras de espiões, de ontem e de hoje, de que a agência possa ficar às cegas também em outros lugares, por uma razão diferente. A sociedade fechada da CIA sofrera uma mudança fundamental, e uma geração de oficiais agora está socializada na guerra. Assim como, numa geração anterior, Ross Newland e a sua turma de treinamento foram informados de que a agência de espionagem deveria abster-se de matar a qualquer custo, muitos oficiais que ingressaram depois do 11 de Setembro de 2001 haviam experimentado *somente* operações de caçada humana e assassinatos. Essa nova geração sentira mais a adrenalina e a correria da frente de batalha do que o paciente, "gentil" trabalho de coleta de informação e espionagem. Este pode ser tedioso, até mesmo chato, e, como sugeriu um ex-alto oficial da CIA:

— Como você vai manter essas pessoas na fazenda agora que elas viram as luzes brilhantes da cidade?

Alguns oficiais veteranos falam com orgulho sobre como os ataques com drone no Paquistão haviam dizimado a Al-Qaeda, forçando o reduzido bando de seguidores de Osama bin Laden a buscar novos esconderijos — no Iêmen, no norte da África, na Somália ou em alguma outra parte desgovernada do mundo. Muitos acreditam que o programa de drones é o mais efetivo programa de ação secreta da história da CIA.

Contudo, nos anos de matança desde 2001, alguns daqueles que estiveram presentes na criação desse programa — e que comemoraram as autorizações legais recebidas pela agência depois dos ataques de 11 de setembro — tornaram-se profundamente ambivalentes. Ross Newland ainda celebra uma arma que permite aos Estados Unidos fazer guerra sem bombardear territórios inimigos ou lançar indiscriminadamente cápsulas de artilharia em aldeias remotas no Paquistão, mas ele acha que a CIA deveria ter desistido dos drones Predador e Reaper anos atrás. O fascínio de matar pessoas por controle remoto, disse ele, é como "um vício", e os drones fizeram da agência a vilã em países como o Paquistão, onde o objetivo deveria ser o de nutrir boas relações com o propósito de colher inteligência. O Predador, disse Newland, "acaba ferindo a CIA. Esta simplesmente não é uma missão de inteligência".[24]

Richard Blee desempenhou um papel ainda mais crítico na aurora da era dos drones. Como chefe da Estação Alec da CIA, a unidade dentro do Centro de Contraterrorismo com a missão específica de encontrar Osama bin Laden, Blee estava entre o pequeno grupo de contraterroristas fanáticos irritados com as restrições impostas à agência de espionagem nos anos anteriores aos atentados de 11 de setembro. Junto com o seu chefe, J. Cofer Black, Blee pressionou para que a CIA recebesse autorização legal para matar Bin Laden e os seus subordinados. No verão de 2001, ele estivera no meio do deserto de Mojave, Califórnia, observando os mísseis disparados de um Predador destruindo uma maquete do campo de treino de Bin Laden na fazenda Tarnak. Semanas depois, viu, agoniado, quando milhares de pessoas

FOGO DO CÉU

morreram nos atentados de 11 de setembro, imaginando que ele e os seus colegas poderiam ter feito mais para evitar os ataques. Na sua mesa, ainda guarda um pedaço de borracha da réplica destruída da fazenda Tarnak.

Ele deixou a CIA e, nos anos seguintes à aposentadoria, tem sido atormentado por dúvidas a respeito da pertinência das missões de assassinato direcionado. À medida que foi rebaixado o limite para a realização de ações letais e que a agência recebeu permissão para lançamento de mísseis no Paquistão, mesmo quando os espiões americanos não estavam certos sobre quem estava morrendo — nos assim chamados ataques por assinatura —, ele foi ficando consternado. O que fora inicialmente concebido como uma ferramenta para uso seletivo dos Estados Unidos — Blee passou a achar — estava agora sendo usado de maneira abusiva.

— Nos primeiros dias, queríamos saber, em benefício de nossa consciência, quem estávamos matando antes de apertar o gatilho — disse Blee.

— Agora, estamos mandando pessoas pelos ares em todo lugar.

Os pistões da máquina de matar, disse ele, operavam inteiramente sem atrito.

— Cada ataque de drone é uma execução — disse. — E, se vamos expedir sentenças de morte, tem de haver alguma prestação pública de contas e algum debate público sobre tudo isso.

Fez uma pausa.

— E deve ser um debate que os americanos possam compreender.

CERCA DE UMA hora distante de Las Vegas, quando as casas de estuque nos subúrbios da cidade desaparecem e a paisagem converte-se em porções de creosoto e espinhosas árvores de Josué [*Yucca brevifolia*], a rodovia curva para oeste e desce até um vale. Um conjunto de prédios baixos, de cor bege, surge à distância, e, acima dele, uma pequena aeronave com aparência de inseto traça círculos lentos e preguiçosos no céu. Ela ergue-se por sobre um punhado de colinas à direita da rodovia e pousa numa pista esculpida na areia do deserto.

A cidade de Indian Springs, Nevada, a 950 metros de altitude, poderá ser vista dali a três minutos de viagem. Trata-se basicamente de uma coleção de locais para acampamento e estacionamentos de trailer, servidos por dois postos de gasolina, um motel e o Armazém da Tia Moe. O cartaz em cima dos correios faz propaganda das facilidades mais próximas: "Denny's, Subway e Motel 6 — 1 hora à frente." O pequeno cassino onde Curt Hawes e a sua equipe tomaram um café da manhã comemorativo em fevereiro de 2001, depois de fazerem história disparando o primeiro míssil de um Predador, ainda repousa na extremidade da cidade. Mas, como o restante de Indian Springs, está quase sempre vazio; graças a uma nova estrada alternativa, ele não é mais ponto de parada para turistas em seu trajeto de Las Vegas até o Vale da Morte.[25]

A solitária cidade não colheu nenhum dos benefícios do robusto crescimento ocorrido bem do outro lado da rodovia, por trás de quilômetros de cercas e guaritas, onde soldados armados proíbem a entrada de curiosos. Foi em meados da última década que o Campo Auxiliar da Força Aérea em Indian Springs passou a se chamar Base Aérea de Creech, e a periclitante base exposta às intempéries, onde os primeiros pilotos de teste do Predador brincaram com um novo jeito de fazer guerra, começou a sua metamorfose até se tornar o ponto zero das operações letais americanas no exterior. Assentada sobre 330 acres de deserto, Creech está agora tão ocupada que a força aérea espera expandir a base mediante a compra de terras de negociantes locais, uma ação que pode fazer de Indian Springs uma cidade ainda mais fantasma.

Tanto o Pentágono quanto a CIA lançam missões de drones a partir de Creech, e militares e contratados civis envolvidos no programa de drones ainda viajam diariamente até a base saindo dos subúrbios de Las Vegas, cumprindo o seu turno em grandes trailers cor de areia, alinhados em filas impecáveis. Por vezes, eles conduzem missões de treinamento em Creech, navegando os drones Predador e Reaper perto da base, aprimorando as suas habilidades letais através do rastreamento de carros e caminhões civis que percorrem as solitárias estradas. Mas, na maior parte do tempo, os pilotos

FOGO DO CÉU 329

travam uma guerra a milhares de quilômetros dali — no Afeganistão, no Paquistão, no Iêmen e ao longo da grande vastidão de deserto no norte da África. Nas semanas seguintes aos ataques de setembro de 2012 ao complexo diplomático americano na Líbia, os céus sobre Benghazi encheram-se do zumbido característico dos drones americanos, para lá enviados em busca dos perpetradores do ataque.

Na extremidade da base em Nevada, barreiras de cimento vermelho esmaecido levam uma orgulhosa mensagem:

"Base Aérea de Creech: lar de caçadores."

EPÍLOGO:
UM ESPIÃO NO RETIRO DOS APOSENTADOS

"Aqui é para onde o negócio caminha."
— *Dewey Clarridge*

Dewey Clarridge caiu. Um ano após o Pentágono haver encerrado a sua operação privada de espionagem, Clarridge tropeçou em casa, nas proximidades de San Diego, e quebrou vários ossos. O acidente levou-o para o hospital, tendo ficado mais genioso do que nunca, e forçou-o a se mudar para a costa leste, para perto da família. O ex-agente da CIA de 79 anos de idade — fundador do Centro Contraterrorista da agência, um dos principais vilões públicos do escândalo Irã-Contras e homem que, outrora, gabava-se de ter tido a ideia de colocar minas nos portos da Nicarágua enquanto bebia gim — mudou-se para Leisure World [Mundo do Ócio].

Ele alugou um apartamento numa das torres altas que se impõem sobre o campo arborizado de Leisure World, a 40 quilômetros de Washington, D.C., um retiro de aposentados tentando fisgar *baby boomers* com o slogan: "O destino para a geração atemporal." Ianque republicano nascido durante a Grande Depressão, Clarridge não era um *boomer* e, de modo geral, detestava muito do que aquela geração veio a representar.

Dirigi para encontrá-lo em junho de 2012, sem saber que tipo de recepção eu teria. Eu escrevera um bocado sobre Clarridge e, desse bocado, sabia que ele não gostava de muita coisa. Mas ele recebeu-me calorosamente quando estacionei no restaurante italiano dentro do retiro, onde Clarridge parecia ser o único cliente e escolhera uma mesa que lhe permitisse aproveitar o sol de fim de tarde. Ele tinha a aparência de um aposentado qualquer. Vestia uma camisa de cor salmão, desabotoada no alto para permitir a exibição da corrente de ouro no pescoço. Calçava tênis e meias brancas e, de algum modo, achava-se mais bronzeado do que quando morava em San Diego. Disse-me que se adaptara ao novo ambiente, mas reclamou que os seus gatos não eram bem-vindos:

— Todos aqui têm cachorro. Esses cachorros pequenos.

Era algo irônico que Clarridge estivesse vivendo agora a poucos quilômetros da CIA, uma agência que ele via sobremaneira com desdém, mas parecia que não sentia falta da Califórnia ou lamentava a sua mudança para a costa leste.

— Aqui é para onde o negócio caminha — disse.

Por "negócio", ele se referia ao ramo da inteligência privada. E tinha razão. A estrada que saía de Washington até o retiro na periferia da cidade atravessava as torres de vidros reluzentes e os vastos complexos comerciais da Virgínia do Norte que, ao longo da última década, haviam surgido quase do nada. A indústria de defesa e inteligência da América, outrora espalhada pelo país, em lugares como o sul da Califórnia e o Meio-Oeste, havia gradualmente se consolidado e se realocado para a área de Washington. As empresas optaram por se deslocar para mais perto do que chamavam de "o cliente": o Pentágono, a CIA, a Agência de Segurança Nacional e outros serviços de inteligência. Empresários contratados pelo governo, pequenos ou grandes, formavam agora um anel em torno da capital, tal qual uma muralha em torno de uma cidade medieval.

O mercado privado da inteligência e da força militar estava aquecido. Em 2012, o campo de batalha global havia forçado o exército secreto da América além de suas capacidades. A CIA e outros serviços de inteligência haviam terceirizado algumas de suas missões mais essenciais para funcionários privados, contratados para a realização de missões de espionagem e análises de inteligência. Foram contratados para dar apoio às operações

EPÍLOGO   333

de drones da CIA: da presença nas estações de controle em Nevada até o abastecimento dos drones com mísseis e bombas em bases secretas no Afeganistão e no Paquistão.

Jeffrey Smith, um ex-consultor-geral para a CIA e agora sócio de um prestigiado escritório de advocacia em Washington, representa algumas das empresas que fecharam contratos clandestinos para a realização de trabalhos militares e de inteligência. É espantoso, disse-me Smith, o quanto o governo americano terceirizou as funções básicas da espionagem a empresas privadas (muitas das quais, presididas por ex-oficiais da CIA e de tropas de operações especiais), que prometem fazer um trabalho melhor que o de funcionários federais. Erik Prince vendeu a Blackwater e mudou-se para os Emirados Árabes, mas outras empresas ocuparam o seu lugar, empresas que fazem um trabalho bem melhor estando fora das manchetes, ao contrário da Blackwater. Tendo o modo de fazer guerra americano se afastado do confronto entre colunas de tanques, das zonas declaradas de guerra, e passado a mover-se nas sombras, uma nova indústria materializara-se, tornando-se parte indispensável do novo complexo militar e de inteligência.

Por vezes, Smith fica irritado com a implacável imagem negativa pintada dos contratados privados, mas ele também enxerga potencial para problemas, caso as necessidades da missão se choquem com o imperativo do lucro da empresa.

— Há uma tensão inevitável sobre para onde se volta a lealdade do contratado. Volta-se para a bandeira? Ou para a lucratividade? — indaga ele.

Em meados de 2012, Michele Ballarin ainda se esforçava para conseguir um novo contrato de longo prazo com o governo pelo seu trabalho na África, e viu uma oportunidade no caos que se espalhava pelo norte do continente. Depois que radicais islâmicos ocuparam uma vasta porção do deserto no norte do Mali, e após ficar claro que Washington lutava novamente pela obtenção de inteligência de um país que sempre ignorara, Ballarin disse-me que estava fazendo contatos com rebeldes tuaregues na parte oriental do Mali e elaborando um plano para expulsar os islâmicos do país. Mas não deu detalhes.

O seu plano não se limitava à África. Ballarin buscava investidores para um novo projeto de formar uma frota de hidroaviões modelados segundo o Grumman G-21 Goose original, aviões que, ela acreditava, as forças armadas americanas poderiam usar para levar tropas a locais remotos onde não houvesse pistas de pouso habilitadas. Ela farejava, inclusive, oportunidades de negócios em Cuba, que poderiam deixá-la rica quando Fidel Castro finalmente morresse e o comunismo na ilha tivesse fim.

Naquele dia de verão em 2012, parecia pouco provável que Dewey Clarridge voltasse a mergulhar a sua caneca no fluxo de dinheiro jorrando do governo para serviços de inteligência. A sua operação com Michael Furlong encerrara-se de maneira vergonhosa, e Furlong havia sido discretamente aposentado à força. Clarridge ainda estava furioso pela maneira como o episódio terminara. Na sua visão, aquele era mais um exemplo de burocratas em Washington protegendo o seu feudo às custas dos soldados no campo de batalha, que careciam desesperadamente da inteligência que ele podia fornecer, quando não para evitar ter de confiar na CIA. Mas ele disse estar determinado a se manter no jogo. Contou-me ainda que mantinha a sua rede de informantes no Afeganistão e no Paquistão, alguns dos quais podiam ser sustentados por uma bagatela. Se em Washington havia estupidez demais para dispensar o seu pessoal, disse ele, talvez um novo governo amigável viesse a ser mais sábio.

Ele acendeu um cigarro e ficou filosófico:

— Penso que o Tratado de Westfália chegou ao fim — disse.

Referia-se aos acordos de paz do século XVII na Europa, que puseram fim à Guerra dos Trinta Anos, três décadas sangrentas de conflitos entre reis e imperadores que, às vezes, usavam mercenários como bucha de canhão nas principais batalhas. O Tratado de Westfália, a maioria dos historiadores concorda, levou ao surgimento das nações modernas, dos exércitos permanentes e das identidades nacionais.

— Os Estados-nação já não têm o monopólio da força militar — afirmou. Eram as corporações e os interesses privados, continuou, o futuro das guerras da América. — Apenas olhe para o nosso próprio sistema. A única coisa não terceirizada é o sujeito que dispara a arma.

EPÍLOGO   335

Num raro momento no qual Dewey Clarridge, de fato, compreendia a situação. Por vezes, desde os ataques de 11 de setembro de 2001, chegaram a terceirizar o dedo que aperta o gatilho. Fossem Erik Prince, Enrique Prado e a Blackwater contratados pela CIA para caçar terroristas, ou brutamontes como Raymond Davis dirigindo pelas ruas de Lahore com uma Glock semiautomática no porta-luvas, ou soldados privados se esquivando de morteiros num ataque que varou a noite no telhado da base da CIA, os caóticos primeiros anos da guerra clandestina americana testemunharam que os Estados Unidos estavam dispostos a delegar a terceiros a função mais elementar do governo: proteger o Estado.

Estava ficando tarde, e eu me levantei para ir embora. Clarridge decidiu ficar e terminar o seu cigarro. Cumprimentamo-nos e eu caminhei para o carro. Começando a me afastar, vi no retrovisor a imagem de Dewey, sentado ali, sozinho na mesa de um restaurante vazio no retiro para aposentados. Uma rarefeita fumaça de cigarro desaparecia no entardecer.

AGRADECIMENTOS

Escrever um livro envolve a tomada de centenas de decisões, e, sendo um primeiro livro, é muito difícil saber quantas dessas decisões são acertadas. Eu sou extraordinariamente afortunado porque uma das primeiras decisões que tomei revelou-se das melhores: a contratação de Adam Ahmad para ser o meu assistente de pesquisa. Desde o nosso primeiro encontro, tomando um café em Chicago, onde ele terminava o seu mestrado, eu já pude perceber que Adam era inteligente, interessado e dedicado. E provou ser tudo isso e muito mais. Ele foi uma parte absolutamente integrante do livro em todas as suas fases. Pesquisou documentos, escreveu textos de base, organizou notas e, em várias ocasiões, conseguiu arrumar um fluente em urdu para traduzir documentos e gravações que nenhum de nós podia compreender. Quando cheguei ao Centro Internacional de Acadêmicos Woodrow Wilson, Jessica Schulberg juntou-se ao projeto e forneceu auxílio tão valioso à pesquisa quanto o de Adam. Jessica tem um interesse particular na África e a sua habilidade em desenterrar informações sobre a Somália e o norte da África era uma grande inspiração. Uma intelectual notável, muito sábia para a sua idade. Durante a escrita deste livro, eu vim a valorizar não somente o aporte técnico de Adam e Jessica, mas também a sua amizade. Ambos têm uma longa e brilhante carreira à sua frente, seja em que ramo for.

Foi um privilégio passar quinze meses no Centro Wilson, o melhor instituto de pesquisa de Washington. O instituto forneceu-me um endereço profissional, colegas fascinantes e prestativos, além de acesso a uma vasta biblioteca coordenada por uma equipe de craques. Agradeço a Jane

Harman e Michael van Dusen por me aceitar como bolsista de políticas públicas e por conduzir tal terrível operação. Um agradecimento especial para Robert Litwak, por ser uma constante fonte de ideias e humor quando eu sofria com a escrita do primeiro esboço deste livro.

É uma grande honra ser repórter do *New York Times*, e sou grato a Jill Abramson, Dean Baquet e David Leonhardt por permitirem que eu me afastasse um tempo do jornal para me dedicar a este projeto. Quando foi o meu chefe em Washington, Dean encorajou-me a examinar os aspectos inexplorados das guerras secretas — escrever as matérias que outros não estavam escrevendo. Alguns dos assuntos sobre os quais escrevi para o jornal naquele período são explorados em maior profundidade neste livro. Meus amigos e colegas Helene Cooper, Scott Shane e Eric Schmitt me encorajaram e guiaram durante todo o processo, e Scott e Eric fizeram bastante de trabalho extra enquanto eu estava ausente, ocupado com o livro. Não tenho como agradecer-lhes o bastante. Além desses três, a equipe de segurança nacional na sucursal de Washington é uma coleção dos melhores repórteres — e de pessoas divertidas — de todo o jornalismo. Agradeço em especial a Peter Baker, Elisabeth Bumiller, Michael Gordon, Bill Hamilton, Mark Landler, Eric Lichtblau, Eric Lipton, Steve Myers, Jim Risen, David Sanger, Charlie Savage e Thom Shanker. Sou um felizardo por trabalhar com eles e com toda a equipe de Washington. Meus agradecimentos vão também para Phil Taubman e Douglas Jehl, dois ex-chefes do jornal com vasta experiência nas matérias sobre inteligência, que me ajudaram enormemente quando eu começava a cobrir um campo novo.

Este livro nunca teria saído sem Scott Moyers, que, na sua última encarnação como agente literário, me cobrou para que eu olhasse mais profundamente para os temas sobre os quais eu estava escrevendo no *New York Times*. Então, depois que Scott se tornou o editor da Penguin Press, tive a sorte de tê-lo como editor do meu livro. Ele via o panorama mais amplo e me pressionou para escrever o máximo possível sobre a mudança de natureza da guerra americana e o seu impacto. Agradeço pelo tempo que ele me concedeu, de modo a garantir que o trabalho jornalístico feito

AGRADECIMENTOS

para este livro estivesse correto, e ele teve mão firme durante o processo de edição. Provou que ótimas edições são possíveis mesmo com prazos apertados. Agradeço também a Ann Godoff, a presidente e editora-chefe da Penguin Press, por abraçar o projeto e assegurar que o livro fosse publicado rapidamente, num momento em que estes assuntos careciam de maior debate público. Mally Anderson fez com que as várias partes do livro fossem entregues no prazo, e sou muito grato por ela ter pacientemente me guiado por um processo deveras misterioso. Era bom ouvir a sua voz calma no outro lado da linha.

Rebecca Corbett, amiga e editora no *New York Times*, provavelmente não tem ideia do quão melhor ficou este livro graças à sua orientação, paciência e sagacidade. Ela se debruçou sobre vários rascunhos, pressionando-me a ir mais fundo na reportagem e me explicar melhor na escrita. Teve um olhar apurado para os detalhes e sabia como fazer os personagens ganharem vida. Nossos almoços no The Bottom Line não apenas ajudaram a organizar a minha reportagem, mas também a aprimorar enormemente a narrativa do livro. A discussão era muito melhor do que a comida.

O meu agente, Andrew Wylie, foi um confidente desde as fases iniciais de escrita da proposta, e agradeço-lhe por ter me aceitado como cliente. Ele é um verdadeiro profissional e brindou-me com um conselho particularmente sábio durante um dia tenso em Nova York, quando eu tinha que decidir sobre a editora: disse-me ele que eu seguisse os meus instintos.

— Pare de se preocupar. A vida é muito curta — disse. E ele tinha razão.

Meu colega do *New York Times*, Declan Walsh, em Islamabad, teve a gentileza de me acolher durante a minha estada no Paquistão. Além de ser um baita repórter e fonte de vasta sabedoria a respeito daquele que talvez seja o país mais complicado do mundo, Declan é dono da melhor pensão do Paquistão. Agradeço a todos na sucursal de Islamabad por tornarem tão produtiva aquela minha viagem.

Devo muito aos meus amigos que cobrem assuntos de segurança nacional para outros veículos de imprensa. O trabalho que fazem de lançar luz sobre cantos obscuros guiou fortemente este livro. Agradecimentos especiais para Greg Miller, Joby Warrick, Peter Finn, Julie Tate e Dana Priest, do *Washington Post*; Adam Goldman, Matt Apuzzo e Kimberly Dozier, da Associated Press; e Siobhan Gorman, Julian Barnes e Adam Entous, do *Wall Street Journal*. Podemos competir ferozmente uns contra os outros e amaldiçoar-nos mutuamente quando temos de lidar com uma matéria rival às 10 horas da noite, mas no fim estamos todos do mesmo lado.

O que devo à minha família é algo que não poderia nem começar a pagar. Os meus pais, Joseph e Jeanne Mazzetti, ensinaram-me a ser curioso e humilde. Mas, principalmente, ensinaram-me a ser honesto, e espero que eles estejam tão orgulhosos de mim quanto eu sou deles. As minhas irmãs, Elise e Kate, são as duas melhores amigas que alguém poderia ter e — junto com os seus maridos, Sudeep e Chris — modelos para mim de como levar a vida e criar a família.

A pessoa que mais contribuiu para este livro foi Lindsay, a minha maravilhosa esposa. Desde as nossas primeiras discussões sobre a possibilidade de que eu escrevesse o livro, caminhando no Riverside Park em Nova York, o apoio de Lindsay foi inabalável. Ela leu e editou rascunhos, fez sugestões, suportou a minha insônia e forneceu estímulo nos momentos em que achei que estava assumindo mais do que podia suportar. Jamais teria feito tudo isso sem ela, e eu a amo muito.

E a Max, o meu filho. Max nasceu quando eu estava nas fases iniciais do projeto e mudou a minha vida de maneira que estou começando ainda a compreender. Mal posso esperar que ele tenha idade bastante para ler o livro. Guardo com carinho na memória as manhãs que passávamos juntos durante os primeiros meses, e os risinhos que ele me mandava quando eu voltava para casa ao fim de dias particularmente frustrantes de escrita. Eles colocavam tudo em perspectiva. Há bastante dor e sofrimento no mundo, mas ele é um lugar bem melhor com Max.

NOTA SOBRE AS FONTES

É um grande desafio escrever um relato sobre uma guerra em andamento que, pelo menos oficialmente, permanece um segredo. Este livro é o resultado de centenas de entrevistas nos Estados Unidos e no exterior, realizadas tanto durante os meus anos de repórter de segurança nacional quanto durante a minha licença no *New York Times* para escrever o livro. Tentei, o máximo possível, convencer os meus entrevistados a que falassem no gravador, e aqueles que concordaram são citados nominalmente tanto no texto principal quanto nas notas finais. Também realizei uma série de entrevistas de "bastidores", em que permiti que as fontes falassem anonimamente em troca de seus relatos sobre operações militares ou de inteligência americanas, a grande maioria das quais continua sigilosa. Embora não seja o ideal, creio que se trata de um mal necessário para garantia de que fontes confiáveis tenham a chance de falar francamente.

Usar fontes anônimas é sempre um risco, e, como repórter de segurança nacional, aprendi que algumas fontes são muito mais confiáveis que outras. Para este livro, baseei-me amplamente em pessoas cujas informações eu vim a confiar ao longo dos anos. Até onde posso, usei as notas finais para fornecer mais detalhes sobre quem fornecera informações específicas, mesmo sem citar seus nomes. Em certas ocasiões, usualmente porque o material é particularmente delicado, forneci informações que não constituíram notas finais. Nesses casos, assegurei-me de verificar a informação com múltiplas fontes. Quando reconstruí diálogos entre duas ou mais pessoas, usei travessão apenas quando tinha a certeza de que as minhas fontes haviam fornecido uma versão fidedigna da conversa.

Tentei, o máximo possível, lançar mão de material público e documentos de governo não sigilosos. Neste esforço, fui ajudado pelo trabalho de diversas organizações. O Arquivo de Segurança Nacional, na Universidade George Washington, trabalha incansavelmente, com base na Lei de Acesso à Informação, para a suspensão do sigilo de documentos governamentais, e eu sou muito grato ao esforço deles. O site Intelligence Group é a melhor fonte para acompanhar os escritos e comunicados públicos de grupos militantes no Paquistão, na Somália, no Iêmen e em outros países, e fiz amplo uso desse material. Muitos dos documentos do governo americano citados neste livro foram primeiro tornados públicos pela WikiLeaks, a organização antissigilo. A base de dados da WikiLeaks tornou-se uma importante fonte para jornalistas e historiadores que buscam uma melhor compreensão do funcionamento interno do governo americano.

Sou profundamente grato a todas as pessoas nos muitos países que cederam horas de seu tempo para que eu as entrevistasse. Elas confiaram em mim para que contasse as suas histórias, e este livro é tanto delas quanto meu.

Mark Mazzetti
Washington, D. C.
Dezembro de 2012

NOTAS

PRÓLOGO: A GUERRA ALÉM

1. O interrogatório de Raymond Davis pela polícia de Lahore provém de vídeo feito por telefone celular durante os questionamentos. O vídeo pode ser visto em: <http://www.youtube.com/watch?v=o10sPS6QPXk>.
2. Mark Mazzetti et al., "American Held in Pakistan Worked With CIA", *The New York Times* (21 de fevereiro de 2011).
3. Coletiva de imprensa dada pelo presidente Barack Obama em 15 de fevereiro de 2011.
4. Entrevista do autor com dois oficiais americanos.
5. As reflexões do oficial a respeito do OSS citadas em Douglas Waller, *Wild Bill Donovan: The Spymaster Who Created the OSS and Modern American Espionage* (Nova York: Free Press, 2011, p. 188-189).
6. Os detalhes da viagem do sr. Richard Dearlove ao quartel-general da CIA provêm de Ross Newland, um ex-alto oficial da agência que esteve ao lado dele durante o ataque do Predador.

1. PERMISSÃO PARA MATAR

1. Cabograma secreto da embaixadora americana no Paquistão, Wendy Chamberlin, ao Departamento de Estado, em 14 de setembro de 2001. O cabograma foi revelado e posteriormente publicado pelo Arquivo de Segurança Nacional.
2. A apresentação da CIA no Gabinete de Crise da Casa Branca foi descrita por um participante da reunião e um segundo ex-oficial americano com conhecimento direto do que transcorreu durante o encontro.

344   GUERRA SECRETA

3. Jose A. Rodriguez Jr., *Hard Measures: How Aggressive CIA Actions After 9/11 Saved Lives* (Nova York: Threshold Editions, 2012, p. 75).

4. George J. Tenet, *At the Center of the Storm* (Nova York: HarperCollins, 2007, p. 165).

5. Entrevista com Cofer Black, *60 Minutes*, 13 de maio de 2012.

6. Bob Woodward, *Bush at War* (Nova York: Simon & Schuster, 2002, p. 52).

7. Essa ideia é explorada com mais profundidade em Philip Zelikow, "Codes of Conduct for a Twilight War", *Houston Law Review* (16 de abril de 2012).

8. "Intelligence Policy", Comissão Nacional sobre Ataques Terroristas aos Estados Unidos, Pronunciamento nº 7 da Comissão 11/9 (2004).

9. Black e Pavitt mal falavam um com o outro. No começo de 2002, de acordo com vários ex-oficiais da CIA, a popularidade de Black na Casa Branca fez com que o chefe do CTC ignorasse os seus patrões em Langley, alegando frequentemente "trabalhar para o presidente". Depois do período de Black no Departamento de Estado, ele assumiu um cargo administrativo na Blackwater EUA.

10. Rodriguez Jr., p. 20.

11. David Wise, "A Not So Secret Mission", *Los Angeles Times* (26 de agosto de 2007).

12. David Johnston e Mark Mazzetti, "A Window into CIA's Embrace of Secret Jails", *The New York Times* (12 de agosto de 2009).

13. Detalhes da operação de exploração de Zhawar Kili provêm da história da missão dos SEALs da Marinha, de julho de 2002. A história intitula-se "The Zhawar Kili Cave Complex: Task Force K-Bar and the Exploitation of AQ008", Província de Paktika, Afeganistão.

14. Especificidades da Operação Hazar Qadam provêm do relato interno do Comando de Operações Especiais dos Estados Unidos, assim como de entrevistas com membros da força-tarefa de operações especiais baseados em Kandahar.

15. Memorando de Donald H. Rumsfeld a George Tenet, "JIFT-CT". 26 de setembro de 2001.

16. Donald H. Rumsfeld, "Memorandum for the President", 30 de setembro de 2001.

17. Detalhes da perseguição e captura do mulá Khairkhwa provêm de um relato sigiloso do Comando de Operações Especiais dos Estados Unidos, assim como de entrevistas com membros da força-tarefa de operações especiais baseados em Kandahar.

18. Memorando para o comandante, Comando-Sul dos Estados Unidos, 6 de março de 2008, "Recommendation for Continued Detention Under DoD Control for

NOTAS 345

Guantánamo Detainee, ISN US9AF-000579DP(S)". Disponível em http://projects.nytimes.com/guantanamo/detainees/579-khirullah-said-wali-khairkhwa.

2. UM CASAMENTO ENTRE ESPIÓES

1. Mahmud Ahmed para Richard Armitage, "Deputy Secretary Armitage's Meeting with Pakistan Intel Chief Mahmud: You're Either with Us or You're Not", cabograma do Departamento de Estado, 12 de setembro de 2001. Este e outros documentos citados no capítulo foram revelados e publicados em 11 de setembro de 2011 pelo Arquivo de Segurança Nacional.
2. Donald H. Rumsfeld para George W. Bush, "Memorandum for the President: My Visits to Saudi Arabia, Oman, Egypt, Uzbekistan, and Turkey" (6 de outubro de 2001).
3. Cabograma da embaixada norte-americana em Islamabad para a Secretaria de Estado norte-americana, "Usama bin Ladin: Pakistan seems to be leaning against being helpful", cabograma do Departamento de Estado, 18 de dezembro de 1998.
4. John R. Schmidt, *The Unraveling: Pakistan in the Age of Jihad* (Nova York: Farrar, Straus e Giroux, 2011, p. 109).
5. Entrevista do autor com Shaukat Qadir.
6. Entrevista do autor com Porter Goss.
7. Cabograma secreto do Departamento de Estado detalhando a reunião entre Richard Armitage e Mahmud Ahmed, "Deputy Secretary Armitage's Meeting with Pakistan Intel Chief Mahmud", 12 de setembro de 2001.
8. Cabograma da Secretaria de Estado norte-americana para a embaixada norte-americana em Islamabad, "Deputy Secretary Armitage's Meeting with General Mahmud: Actions and Support Expected of Pakistan in Fight Against Terrorism", 13 de setembro de 2001.
9. Pervez Musharraf, *In the Line of Fire* (Nova York: Simon & Schuster, 2006, p. 206).
10. Ibid., 202.
11. Pervez Musharraf, Transcrição de discurso, 19 de setembro de 2001.
12. Cabograma da embaixada norte-americana em Islamabad para a Secretaria de Estado norte-americana, "Mahmud Plans 2nd Mission to Afghanistan", cabograma do Departamento de Estado, 24 de setembro de 2001.
13. John F. Burns, "Adding Demands, Afghan Leaders Show Little Willingness to Give Up Bin Laden", *The New York Times*, 19 de setembro de 2001.

14. George J. Tenet, *At the Center of the Storm* (Nova York: HarperCollins, 2007, p. 140-141).
15. Henry A. Crumpton, *The Art of Intelligence: Lessons from a Life in the CIA's Clandestine Service* (Nova York: Penguin Press, 2012, p. 194).
16. Cabograma da Secretaria de Estado norte-americana para a embaixada norte-americana em Islamabad, "Message to Taliban", cabograma do Departamento de Estado, 5 de outubro de 2001.
17. Colin L. Powell ao presidente George W. Bush, "Memorandum to the President: Your Meeting with Pakistan President Musharraf", 5 de novembro de 2001.
18. Entrevista do autor com o general Ehsan ul-Haq.
19. Uma descrição dos cabogramas do ISI provém de um ex-alto oficial paquistanês que leu a análise do ISI.
20. Entrevista do autor com Asad Durrani.
21. O relato da conversa provém da entrevista do autor com Ehsan ul-Haq.
22. Ibid.
23. As impressões de Churchill foram posteriormente compiladas no seu primeiro livro, Winston Churchill, *The Story of the Malakand Field Force: An Episode of Frontier War* (Nova York: W. W. Norton, 1989).
24. Mark Mazzetti e David Rohde, "Amid U.S; Policy Disputes, Qaeda Grows in Pakistan", *The New York Times* (30 de junho de 2008).
25. Christina Lamb, "Bin Laden Hunt in Pakistan Is 'Pointless'", *London Sunday Times* (23 de janeiro de 2005).
26. Entrevista do autor com Asad Munir.
27. Ibid.
28. A informação de que Al-Jaza'iri fora agente britânico provém do dossiê de informações compiladas sobre o seu passado nos interrogatórios na baía de Guantánamo. O dossiê fazia parte de uma série de documentos tornados públicos pelo grupo WikiLeaks e está disponível em: <http://www.guardian.co.uk/world/guantanamo-files/PK9AG-001452DP>.

3. OS HOMENS DE CAPA E PUNHAL

1. "National Security Act of 1947", Congresso dos Estados Unidos (U.S.C.), 26 de julho de 1947. A NSA de 1947 foi codificada em 50 U.S.C., Capítulo 15, Subcapítulo I § 403-4a. As opiniões do presidente Truman sobre a CIA são descritas em Tim Weiner, *Legacy of Ashes: The History of the CIA* (Maine: Anchor, 2008, p. 3).

NOTAS   347

2. Richard H. Shultz Jr., *The Secret War Against Hanoi* (Nova York: HarperCollins, 1999, p. 337).

3. Douglas Waller, *Wild Bill Donovan: The Spymaster Who Created the OSS and Modern American Espionage* (Nova York: Free Press, 2011, p. 316).

4. L. Britt Snider, *The Agency and the Hill: CIA's Relationship with Congress, 1946--2004* (CreateSpace, 2008, p. 275).

5. Senado dos Estados Unidos, "Final Report of the Select Committee to Study Governmental Operations", 26 de abril de 1976.

6. Ibid.

7. Entrevista do autor com Ross Newland.

8. T. Rees Shapiro, "Nestor D. Sanchez, 83; CIA Official Led Latin American Division", *Washington Post* (26 de janeiro de 2011).

9. Duane R. Clarridge com Digby Diehl, *A Spy for All Seasons* (Nova York Scribner, 1997, p. 23-39).

10. Ibid., p. 26.

11. Entrevista de Duane Clarridge à CNN, guardada no Arquivo de Segurança Nacional, 1999.

12. Richard N. Gardner, *Mission Italy: On the Front Lines of the Cold War* (Maryland: Rowman & Littlefield, 2005, p. 291).

13. Clarridge com Diehl, p. 197.

14. Ibid., p. 234.

15. Richard A. Best Jr., "Covert Action: Legislative Background and Possible Policy Questions", *Congressional Research Service* (27 de dezembro de 2011). As restrições que vieram a ser conhecidas como "Casey Accords" foram assinadas em 1986, meses depois de o presidente Reagan ter assinado uma medida secreta autorizando a transferência sigilosa de mísseis para o Irã.

16. Robert Chesney, "Military-Intelligence Convergence and the Law of the Title 10/Title 50 Debate", *Journal of National Security Law and Policy* (2012). Esse é um excelente estudo sobre como as leis apoiaram o trabalho da CIA e do Pentágono e como as atividades de soldados e espiões passaram a se confundir desde os ataques de 11 de setembro.

17. Joseph Persico, *Casey: From the OSS to the CIA* (Nova York: Penguin, 1995, p. 429).

18. Timothy Naftali, *Blind Spot: The Secret History of American Counterterrorism* (Nova York: Basic Books, 2005, p. 152).

19. Ibid., p. 50.

20. Vincent Cannistraro, um oficial de operações, disse que "Casey chegou à CIA acreditando que a maligna União Soviética estava por trás de todo o terrorismo no mundo". Por essa lógica, disse Cannistraro durante uma entrevista, Moscou poderia acionar ataques terroristas sempre que quisesse.

21. Naftali, 180. Naftali cita o futuro vice-presidente do Centro de Contraterrorismo, Fred Turco, descrevendo as opiniões de Casey a respeito da violência terrorista.

22. Casey vinha sendo pressionado pela Casa Branca para "fazer alguma coisa" contra o terrorismo e disse a Clarridge que bolasse uma nova estratégica secreta para a CIA. E, como de costume, Clarridge queria comandar o máximo possível. Ele pressionou por novas autorizações legais que lhe permitiriam montar duas equipes para caçar e matar terroristas ao redor do globo, caso isso pudesse evitar um ataque iminente. Uma das equipes seria formada por estrangeiros que sabiam se mover facilmente nos bazares e mercados de cidades do Oriente Médio, e a outra seria formada por americanos. Os membros dessas equipes eram escolhidos pelo critério da capacidade de falar idiomas estrangeiros, facilidade com armas e outras habilidades especializadas. Um era mercenário que lutara nas guerras civis africanas. Outro era ex-SEAL da Marinha. Ver Steve Coll, *Ghost Wars: The Secret History of the CIA, Afghanistan and Bin Laden, from the Soviet Invasion to September 10, 2001* (Nova York: Penguin Press, 2005, p. 139-140); ver também Clarridge com Diehl, *A Spy for All Seasons* (Nova York: Scribner, 1997, p. 325 e 327).

23. Naftali, p. 183.

24. Ibid., p. 199-200.

25. Entrevista do autor com um veterano oficial de inteligência americano.

26. Comentários públicos de R. James Woosley na Universidade George Mason, 13 de setembro de 2012.

27. Comitê de Superintendência de Inteligência, "Report on the Guatemala Review", 28 de junho de 1996.

28. Entrevista do autor com Dennis Blair.

29. Ibid.

4. OS ESPIÕES DE RUMSFELD

1. Frank C. Carlucci, "Memorandum to the Deputy Under Secretary for Policy Richard Stillwell", Washington, D.C., 26 de maio de 1982, aberto em 2001 via

NOTAS 349

um pedido do Arquivo de Segurança Nacional, com base na Lei de Acesso à Informação. Jeffrey T. Richelson e Barbara Elias, do Arquivo de Segurança Nacional, compilaram outros documentos saídos do sigilo utilizados neste capítulo. Também inestimável para o capítulo, Robert Chesney, "Military-Intelligence Convergence and the Law of the Title 10/Title 50", *Journal of National Security Law and Policy* (2012).

2. Donald H. Rumsfeld, "SECRET Memo to Joint Chiefs Chairman General Richard Meyers", 17 de outubro de 2001.

3. Entrevista do autor com Robert Andrews. Também, Rowan Scarborough, *Rumsfeld's War: The Untold Story of America's Anti-Terrorist Commander* (Distrito de Colúmbia: Regnery, 2004, p. 8-10).

4. Entrevista do autor com Thomas O'Connell.

5. Richard H. Shultz Jr., *The Secret War Against Hanoi: Kennedy's and Johnson's Use of Spies, Saboteurs, and Covert Warriors in North Vietnam* (Nova York: HarperCollins, 1999, p. ix).

6. Entrevista do autor com Robert Andrews.

7. Donald H. Rumsfeld, *Known and Unknown: A Memoir* (Nova York: Sentinel, 2011, p. 392).

8. Mark Bowden, *Guests of the Ayatollah: The Iran Hostage Crisis: The First Battle in America's War with Militant Islam* (Nova York: Grove Press, 2006, p. 122). O sucesso da CIA antes da operação foi um golpe de sorte, quando um oficial da agência, num voo saindo de Teerã, calhou de estar sentado ao lado de um cozinheiro paquistanês, que trabalhara recentemente dentro do complexo da embaixada americana. O cozinheiro forneceu aos americanos a peça de informação crucial segundo a qual todos os reféns estavam sendo mantidos no mesmo local, dentro do prédio da chancelaria.

9. Tenente-general Philip C. Gast, "Memorandum for Director, Defense Intelligence Agency", Washington, D.C., 10 de dezembro de 1980.

10. Steven Emerson, *Secret Warriors: Inside the Covert Military Operations of the Reagan Era* (Nova York: Putnam, 1988, p. 39).

11. A mais significativa de tais operações era uma unidade secreta da Marinha chamada Força-Tarefa 157. Utilizando uma frota de navios-escuta-eletrônica disfarçados de iates luxuosos, a Força-Tarefa 157 espionava se posicionando na entrada do Canal do Panamá, dentro do Estreito de Gibraltar, e em outros pontos marítimos a fim de rastrear os navios soviéticos. O Pentágono nunca falou da atividade do grupo em público, e quando, em 1973, o subchefe de

operações navais prestou testemunho ao Congresso, fez apenas uma referência indireta a como "o programa de coleta de inteligência humana da Marinha está expandindo operações para áreas sensíveis". Quando era o chefe de estação da CIA em Istambul, Dewey Clarridge trabalhou com espiões da Força-Tarefa 157 que monitoravam o tráfego de navios no Estreito de Bósforo. Para o melhor tratamento da Força-Tarefa 157, ver Jeffrey T. Richelson, "Truth Conquers All Chains: The U.S. Army Intelligence Support Activity, 1981-1989", *International Journal of Intelligence and Counterintelligence* 12, nº 2 (1999).

12. Ibid., p. 171.

13. Ibid., p. 172.

14. Emerson, p. 78.

15. Ibid., p. 79.

16. Seymour H. Hersh, "Who's In Charge Here?", *The New York Times* (22 de novembro de 1987).

17. Emerson, p. 81.

18. Frank C. Carlucci, "Memorandum to the Deputy Under Secretary for Policy Richard Stillwell".

19. Citado em Tim Weiner, *Legacy of Ashes: The History of the CIA* (Nova York: Doubleday, 2007, p. 454).

20. Duane Clarridge com Digby Diehl, *A Spy for All Seasons: My Life in the CIA* (Nova York: Scribner, 2002, p. 229).

21. Entrevista do autor com Robert Andrews.

22. Embora qualquer agência do governo possa tecnicamente conduzir uma ação secreta, tais atividades têm sido geralmente aceitas como sendo privilégio da CIA, porque a agência de espionagem é vista como mais capaz na realização de missões oficialmente negadas pelo governo norte-americano.

23. Jennifer D. Kibbe, "The Rise of the Shadow Warriors", *Foreign Affairs* (março/abril de 2004).

24. Bradley Graham, *By His Own Rules: The Ambitions, Successes, and Ultimate Failures of Donald Rumsfeld* (Nova York: Public Affairs, 2009, p. 584).

25. Entrevista do autor com Thomas O'Connell.

26. Graham, p. 585.

27. Ibid.

28. Thomas W. O'Connell, "9/11 Commission Recommendation for Consolidated Paramilitary Activities", 30 de agosto de 2004.

NOTAS

29. Stephen A. Cambone, "Memorandum for Secretary of Defense", 30 de setembro de 2004.
30. Entrevista do autor com Edward Gnehm.

5. O PÁSSARO BRAVO

1. O envio de tropas americanas ao Iêmen foi autorizado numa "Ordem Executiva" assinada por Donald Rumsfeld e pelo presidente do Estado-Maior, o general Richard Myers. A ORDEX é discutida numa cronologia secreta de operações, obtida pelo autor, cobrindo o período de 11 de setembro de 2001 a 10 de julho de 2002.
2. O relato da reunião com Saleh provém de um ex-oficial americano veterano.
3. James Bamford, "He's in the Backseat!", *The Atlantic* (abril de 2006).
4. Rowan Scarborough, *Rumsfeld's War: The Untold Story of America's Anti-Terrorist Commander* (Distrito de Colúmbia: Regnery, 2004, p. 25), e Michael Smith, *Killer Elite* (Grã-Bretanha: Weidenfeld e Nicolson, 2006, p. 237).
5. Bamford, "He's in the Backseat!".
6. "U.S. Missile Strike Kills al Qaeda Chief", *CNN World* (5 de novembro de 2002).
7. "Intelligence Policy", Comissão Nacional sobre Ataques Terroristas aos Estados Unidos, Pronunciamento nº 7 da Comissão 11/9 (2004).
8. Ibid. O pronunciamento da comissão afirma apenas que "um ex-chefe do CTC" disse que teria recusado a ordem para matar Bin Laden. Um membro da comissão identificou o ex-chefe do CTC como Geoff O'Connell.
9. "The 9-11 Commission Report: National Commission on Terrorist Attacks Upon the United States" (2004).
10. Entrevista do autor com Richard Clarke.
11. Ibid., e entrevista do autor com ex-oficial veterano da CIA.
12. Comentários públicos de R. James Woolsey na Universidade George Mason, 13 de setembro de 2012.
13. Ibid.
14. Entrevista do autor com Curt Hawes.
15. Ver Henry Crumpton, *The Art of Intelligence*, e Steve Coll, *Ghost Wars: The Secret History of the CIA, Afghanistan and Bin Laden, from the Soviet Invasion to September 10, 2001*, para relatos completos sobre a viagem de Blee ao Afeganistão em 1999. Em ambos os livros, ele é identificado apenas como "Rico".

352 GUERRA SECRETA

16. James Risen, "David H. Blee, 83, CIA Spy Who Revised Defector Policy", *The New York Times* (17 de agosto de 2000).
17. Entrevista do autor com Richard Clarke.
18. Entrevista do autor com um oficial da Casa Branca durante a administração Clinton.
19. Crumpton, *The Art of Intelligence, p.* 154.
20. Entrevista do autor com Curt Hawes.
21. Richard Whittle, "Predator's Big Safari", *Mitchell Institute for Airpower Studies*, Paper 7 (agosto de 2011).
22. Entrevista do autor com Curt Hawes.
23. Material de Imprensa da Força Aérea, 27 de fevereiro de 2001. Disponível em: <http://www.fas.org/irp/program/collect/docs/man-ipc-predator-010228.htm>.
24. Jane Mayer, "The Predator War", *The New Yorker*, 26 de outubro de 2009.
25. Comissão Nacional sobre Ataques Terroristas aos Estados Unidos "9-11 Commission Report" (2004).
26. Entrevista do autor com Ross Newland.
27. Entrevista do autor com um ex-oficial americano veterano.

6. UM VERDADEIRO PACHTUN

1. Zahid Hussain, *The Scorpion's Tail* (Nova York: Free Press, 2010, p. 73).
2. Shaukat Qadir, "Understanding the Insurgency in FATA". Disponível em http://shaukatqadir.info/pdfs/FATA.pdf.
3. Muhammad I. Khan, "Nek Muhammad Wazir", *The Herald* (16 de setembro de 2005).
4. Syed Saleem Shahzad, "The Legacy of Nek Mohammed", *Asia Times Online* (20 de julho de 2004).
5. Christine C. Fair e Seth Jones, "Pakistan's War Within", *Survival* 51, nº 6 (dezembro de 2009 - janeiro de 2010, p. 168).
6. Ibid., p. 169.
7. Hussain, *The Scorpion's Tail*, p. 71.
8. "Making Deals with the Militants", parte 4 de *Return of the Taliban, PBS Frontline*, 3 de outubro de 2006.
9. Ibid.
10. Iqbal Khattak, "I Did Not Surrender to the Military", *FridayTimes* (30 de abril - 6 de maio de 2004).

NOTAS

11. Entrevista do autor com Asad Munir.
12. Dilawar K. Wazir, "Top Militant Vows to Continue Jihad", *Dawn* (26 de abril de 2004).
13. Entrevista do autor com ex-chefe de estação da CIA em Islamabad.
14. Entrevista do autor com oficial veterano de inteligência americano.
15. Hussain, *The Scorpion's Tail*, p. 73.
16. Syed Shoaib Hasan, "Rise of Pakistan's Quiet Man", *BBC News* (17 de junho de 2009).
17. Entrevista do autor com ex-oficial da CIA.
18. Major Ashfaq Parvez Kayani, "Strengths and Weakness of the Afghan Resistance Movement". Tese apresentada para o mestrado de Kayani em Arte e Ciência Militar no Comando e Estado-Geral, Forte Leavenworth, 1988.
19. A passagem final da tese de Kayani, uma seção com o título "Arranjo Político", é particularmente esclarecedora se substituirmos "americanos" por "soviéticos", e "Washington" por "Moscou": "Não é provável que os soviéticos estejam dispostos a negociar sobre o Afeganistão, mas a sua presença lá pode ser uma moeda de troca ou um trunfo para exigir concessões em outras áreas como parte de um pacote de acordos. Se isso acontecer, o problema central para Moscou será a incapacidade do regime afegão de sobreviver na ausência de tropas soviéticas. Logicamente, os soviéticos exigirão concessões que garantam a continuação de sua influência sobre o governo afegão. O máximo que eles podem ceder é a partilha do poder armado com o regime de Kabul, mas este como um parceiro mais fraco."

7. CONVERGÊNCIA

1. Quatro ex-oficiais da CIA descreveram os eventos em torno do encontro e planejamento da Al-Qaeda de uma operação militar no Paquistão.
2. Peter L. Bergen, *The Ten-Year Search for Bin Laden — from 11/9 to Abbottabad* (Nova York: Crown, 2012, p. 160).
3. Entrevista do autor com ex-chefe de estação da CIA em Islamabad.
4. Memorando de Stephen Bradbury para John Rizzo, 30 de maio de 2005.
5. Inspetor-geral da CIA, "Special Review: Counterterrorism Detention and Interrogation Activities (September 2001-October 2003)", 7 de maio de 2004, p. 102.
6. David Johnston e Mark Mazzetti, "A Window into CIA's Embrace of Secret Jails", *The New York Times* (12 de agosto de 2009).

7. Ibid.
8. Entrevista do autor com oficial veterano da administração Bush.
9. Inspetor-geral da CIA, "Special Review: Counterterrorism Detention and Interrogation Activities (September 2001-October 2003)", p. 101.
10. Entrevista do autor com dois oficiais aposentados da CIA.
11. Henry A. Crumpton, *The Art of Intelligence: Lessons from a Life in the CIA's Clandestine Service* (Nova York: Penguin Press, 2012, p. 173).
12. Detalhes sobre o papel da Blackwater no programa de assassinatos provêm de três ex-oficiais da CIA. Ver também Adam Ciralsky, "Tycoon, Contractor, Soldier, Spy", *Vanity Fair* (janeiro de 2010).
13. Entrevista do autor com dois ex-oficiais veteranos da CIA.
14. Ciralsky.
15. Entrevista do autor com dois ex-oficiais da CIA.
16. E-mail de Enrique Prado, datado de outubro de 2007, publicado durante a investigação do Comitê de Serviços Armados do Senado.
17. Ciralsky.
18. Ibid.
19. Jose A. Rodriguez Jr., *Hard Measures: How Aggressive CIA Actions After 9/11 Saved Lives* (Nova York: Threshold Editions, 2012, p. 194).
20. Detalhes sobre a troca entre Hadley e Goss provêm de dois ex-oficiais da CIA e um oficial da Casa Branca durante a administração Bush.
21. Três oficiais da CIA presentes à reunião com Andrew Card descreveram a cena na sala de conferências.
22. Dana Priest e Ann Scott Tyson, "Bin Laden Trail 'Stone Cold'", *The Washington Post* (10 de setembro de 2006). Ver também Wayne Downing, "Special Operations Forces Assessment" (Memorando para o secretário de Defesa, presidente do Estado-Maior Conjunto, 9 de novembro de 2005).
23. Stanley A. McChrystal, "It Takes a Network", *Foreign Policy* (março/abril de 2011).
24. Dana Priest e William M. Arkin, "'Top Secret America': A Look at the Military's Joint Special Operations Command", *The Washington Post* (2 de setembro de 2011).
25. Downing.
26. Ibid.
27. Entrevista do autor com dois ex-oficiais veteranos do Pentágono e um oficial aposentado da CIA.

NOTAS

28. Detalhes sobre as negociações entre a CIA e o Pentágono provêm de dois ex--oficiais da CIA e de Robert Andrews, entrevistados pelo autor.
29. Informação sobre o ataque a míssil nas Filipinas provém de quatro oficiais e ex-oficiais da CIA.
30. Entrevista do autor com oficial veterano das Forças Armadas, que participou das missões de observação.
31. Informação sobre a operação de Damadola em 2006 provém de dois ex-oficiais da CIA.

8. UMA GUERRA POR PROCURAÇÃO

1. Entrevista do autor com oficiais da CIA, do Departamento de Estado e com congressistas. Ver também Mark Mazzetti, "Efforts by CIA Fail in Somalia, Officials Charge", *The New York Times* (8 de junho de 2006).
2. Diretor de Inteligência Nacional, "Trends in Global Terrorism: Implications for the United States" (juízos centrais revelados ao público da Estimativa da Inteligência Nacional, abril de 2006).
3. Robert Worth, "Is Yemen the Next Afghanistan?", *The New York Times* (6 de julho de 2010).
4. A notícia da Interpol é citada em Bill Roggio, "Al Qaeda Jailbreak in Yemen", *Long War Journal* (8 de fevereiro de 2006).
5. David H. Shinn, "Al-Qaeda in East Africa and the Horn", *The Journal of Conflict Studies* 27, nº 1 (2007).
6. Bronwyn Bruton, "Somalia: A New Approach", *Council of Foreign Relations*, Relatório Especial nº 52 (março de 2010, p. 7).
7. Entrevista do autor com três ex-oficiais veteranos da CIA.
8. Clint Watts, Jacob Shapiro e Vahid Brown, "Al Qa'ida's (Mis)Adventures in the Horn of Africa", *Harmony Project Combating Terrorism Center at West Point*, 2 de julho de 2007, p. 19-21.
9. Entrevista do autor com oficiais do Departamento de Estado e congressistas, que descreveram os cabogramas de Nairóbi.
10. Cabogramas da embaixada americana na Tanzânia para o Departamento de Estado, "CT in Horn of Africa: Results and Recommendantions from May 23-24 RSI", 3 de julho de 2006.
11. "Miscellaneous Monongalia County, West Virginia Obituaries: Edward Robert Golden", Genealogybuff.com. Também, Edgar Simpson, "Candidates Promise

356   GUERRA SECRETA

to Liven Last Days Before Election", *The Charleston Gazette* (26 de outubro de 1986).

12. United Press International, "Braille Playboy Criticized", 27 de setembro de 1986. Também, "Debate em Fayetteville", *The Charleston Gazette* (19 de agosto de 1986).

13. Ellen Gamerman, "To know if you're anybody, check the list: In Washington, the snobby old Green Book is relished as a throwback to less-tacky times", *The Baltimore Sun* (22 de outubro de 1997).

14. Entrevista do autor com Michele Ballarin.

15. Os e-mails foram noticiados inicialmente por Patrick Smith em 8 de setembro de 2006, matéria da respeitada publicação *Africa Confidential*. Novos trechos de e-mails foram incluídos numa matéria publicada no dia 10 de setembro de 2006 em *The Observer*, do Reino Unido.

16. Ibid.

17. Ibid.

18. Entrevista do autor com Bronwyn Bruton.

19. Detalhes da visita de Abizaid a Addis Ababa provêm de um oficial americano à época lotado na embaixada.

20. Escritório das Nações Unidas para a Coordenação de Ações Humanitárias (OCHA), "OCHA Situation Report No. 1: Dire Dawa Floods — Ethiopia occurred on August 06, 2006", 7 de agosto de 2006.

21. Detalhes sobre os carregamentos clandestinos para Dire Dawa provêm de dois ex-oficiais das Forças Armadas envolvidos na operação. Os mesmos oficiais descreveram a feitura da Força-Tarefa 88.

22. Michael R. Gordon e Mark Mazzetti, "U.S. Used Base in Ethiopia to Hunt al Qaeda", *The New York Times* (23 de fevereiro de 2007).

23. *Human Rights Watch*, "So Much to Fear: War Crimes and the Devastation of Somalia", 8 de dezembro de 2008. Ver também Bronwyn Bruton, "Somalia: A New Approach", p. 9.

9. A BASE

1. A informação, neste capítulo, a respeito da experiência de Art Keller no Waziristão do Norte e do Sul provém das entrevistas do autor com Keller.

2. Entrevista do autor com Arthur Keller.

3. Amir Latif, "Pakistan's Most Wanted", *Islam Online* (29 de janeiro de 2008).

NOTAS
357

4. Lisa Myers, "U.S. Posts Wrong Photo of 'al-Qaida Operative'", *MSNBC* (26 de janeiro de 2006).

5. Também surgiam conflitos entre oficiais da CIA no Afeganistão e no Paquistão, batalhas que refletiam as animosidades entre os dois países em ambos os lados de uma fronteira porosa. Grande parte do ano de 2005, o chefe de estação em Kabul, Greg, passara escrevendo relatórios sobre surtos de violência no Afeganistão e culpando a incapacidade do Paquistão de controlar os militantes que entravam no Afeganistão vindos das regiões tribais. Oficiais da CIA em Kabul também receberiam relatos alarmantes sobre a cumplicidade do Paquistão nos ataques de Amrullah Saleh, o diretor do serviço de espionagem afegão, um ex-combatente da Aliança do Norte que desprezava o Paquistão e os seus laços históricos com o Talibã. Greg tinha uma relação particularmente próxima com o presidente Hamid Karzai, e este pensava, inclusive, que deveria a vida a Greg. Em 2001, quando Greg fazia parte de uma equipe das Forças Especiais inserida no Afeganistão no começo da invasão americana, ele salvou Karzai de ser mandado pelos ares por uma bomba do Talibã. O chefe de estação da CIA em Islamabad, Sean, achava que o estreito relacionamento entre esses dois atrapalhara as análises da CIA no Afeganistão, e acusou Greg de ter "virado nativo" por aceitar teorias da conspiração espalhadas pela inteligência afegã a respeito da intervenção do Paquistão no Afeganistão. Sean também acreditava que missões secretas nas áreas tribais do Paquistão, conduzidas tanto pelo JSOC quanto por milícias afegãs treinadas pela CIA, que a agência nomeara de Equipes de Caça e Contraterrorismo, eram um risco desnecessário e ameaçavam provocar a expulsão da CIA do Paquistão. O tribalismo agravou-se a tal ponto que Porter Goss interveio, convocando Sean e Greg para uma reunião no quartel-general do Comando Central Norte-Americano, em julho, no Qatar, como uma maneira de ter os dois homens numa mesma sala e aplacar as tensões entre os dois postos avançados da CIA rivais.

6. Greg Miller, "At CIA, a Convert to Islam Leads the Terrorist Hunt", *The Washington Post* (24 de março de 2012).

7. Instituto de Pesquisa e Engenharia de Terremotos (EERI), "EERI Special Earthquake Report", fevereiro de 2006.

8. Relato de viagem do chefe do Estado-Maior Conjunto, general Peter Pace, 30 de março de 2006.

9. Entrevista do autor com Michael Hayden.

10. Jose A. Rodriguez Jr., *Hard Measures: How Aggressive CIA Actions After 9/11 Saved American Lives* (Nova York: Threshlod Editions, 2012, p. 8).

358 GUERRA SECRETA

11. A descrição de Hayden da caçada ao mensageiro como uma "tacada de tabela" está em Peter L. Bergen, *Manhunt: The Ten-Year Search for Bin Laden — from 11/9 to Abbottabad* (Nova York: Crown, 2012, p. 104).

12. Bergen, p. 100.

13. Entrevistas do autor com cinco oficiais e ex-oficiais americanos de inteligência e um oficial paquistanês.

14. Em 2008, logo depois que a Agência de Segurança Nacional interceptou comunicações que ligavam agentes do ISI ao bombardeio da embaixada indiana em Kabul realizado pela Rede Haqqani, o presidente paquistanês, Asif Ali Zardari, prometeu que o ISI seria "controlado". Ele garantiu aos oficiais americanos que, ao contrário do seu antecessor, não adotava a política de usar o ISI para cultivar laços com grupos terroristas. "— Nós não damos uma no cravo e outra na ferradura, que é o que Musharraf fazia —", disse ele.

15. David E. Sanger, *The Inheritance: The World Obama Confronts and the Challenges to American Power* (Nova York: Crown, 2009, p. 248).

16. Mark Mazzetti e David Rohde, "Amidst U.S. Policy Disputes, Qaeda Grows in Pakistan", *The New York Times* (30 de junho de 2008).

17. Ibid.

18. Ibid.

19. Pir Zubair Shah, "US Strike Is Said to Kill Qaeda Figure in Pakistan", *The New York Times* (17 de outubro de 2008).

10. JOGOS SEM FRONTEIRAS

1. Frank Wisner, citado em Richard H. Shulz, *The Secret War Against Hanoi: Kennedy's and Johnson's Use of Spies, Saboteurs, and Covert Warriors in North Vietnam* (Nova York: HarperCollins, 1999, p. 129). A citação original da menção a "Wurlitzer" acha-se em John Ranelagh, *The Agency: The Rise and Decline of the CIA* (Nova York: Touchstone, 1986, p. 218).

2. Muito do material para este capítulo baseia-se nas entrevistas com mais de uma dezena de ex-executivos da U-Turn Media/IMV, centenas de páginas de documentos corporativos e discussões com oficiais e ex-oficiais de inteligência e das Forças Armadas. A maior parte dos funcionários da U-Turn/IMV não concordou em ter os seus nomes revelados devido a acordos sigilosos com a já extinta companhia. Michael Furlong também foi entrevistado sobre os seus projetos de operações de informação para o Pentágono.

NOTAS 359

3. Entrevista do autor com Robert Andrews. A Espada Sagrada da Liga dos Patriotas é discutida mais a fundo em Richard H. Schultz, *A guerra secreta contra Hanói*, p. 139-148.

4. Entrevista do autor com Robert Andrews.

5. Esforços anteriores foram vacilantes, e, em 2004, um relatório do Comitê de Ciência de Defesa do Pentágono — um painel que assessora o secretário de Defesa — concluiu que havia uma "crise" nos esforços da América de levar a sua mensagem para o exterior. A guerra ao terrorismo, concluía o relatório, não podia consistir apenas em soltar bombas sobre cabanas de barro, prender suspeitos de terrorismo e matar pessoas com mísseis Hellfire lançados por controle remoto. Tinha de haver um aspecto mais suave da guerra, um esforço para "conter o extremismo violento" naquelas partes do mundo onde os Estados Unidos eram profundamente impopulares. O Congresso deu dinheiro ao Pentágono para que tentasse resolver o problema.

6. U-Turn Media (apresentação de PowerPoint para o SOCOM).

7. U-Turn Media (Proposta ao SOCOM, 8 de maio de 2006).

8. Contrato SOCOM H92222-06-6-0026.

9. Media (apresentação para o SOCOM, 29 de maio de 2007).

10. Michael D. Furlong, mensagem por e-mail a oficiais do SOCOM, 22 de junho de 2007.

11. Joseph Heimann e Daniel Silverberg, "An Ever Expanding War: Legal Aspects of Online Strategic Communication", *Parameters* (verão de 2009).

12. Informação sobre os cabogramas da estação da CIA em Praga provém de dois oficiais de inteligência americanos.

11. O RETORNO DO VELHO

1. Detalhes sobre o desejo de McKiernan pelo contrato da AfPax provêm de cinco oficiais e ex-oficiais das Forças Armadas lotados à época no Afeganistão, assim como de três contratados privados. A cronologia dos eventos relatados neste capítulo vem em grande parte de uma investigação no Pentágono sobre uma operação privada de espionagem conduzida por Michael Furlong. O relatório final da investigação, "Inquiry into Possible Questionable Intelligence Activities by DoD Personnel and Contractors", por M. H. Decker, foi finalizado e entregue ao secretário de Defesa Robert Gates em 25 de junho de 2010. O relatório,

360 GUERRA SECRETA

doravante chamado de "Relatório Decker", permanece secreto, mas uma cópia foi obtida pelo autor.

2. Mark Mazzetti, "Coalition Deaths in Afghanistan Hit a Record High", *The New York Times* (2 de julho de 2008).

3. Relatório Decker, A-2.

4. Entrevista do autor com Michael Furlong.

5. Relatório Decker, A-3.

6. Ibid.

7. Relatório Decker, A-7.

8. E-mail de Michael Furlong.

9. E-mail de Michael Furlong.

10. *The War on Democracy*, dirigido por Christopher Martin e John Pilger, 2007.

11. Douglas Waller, *Wild Bill Donovan: The Spymaster Who Created the OSS and Modern American Espionage* (Nova York: Free Press, 2011, p. 353).

12. Alguns dos agentes da rede de Clarridge ainda trabalham clandestinamente no Paquistão e no Afeganistão, ocasionalmente para o governo norte-americano, e o autor concordou em não revelar as identidades ou profissões dos agentes.

13. Conversa interceptada contida nos relatórios de situação das forças armadas afegãs, publicados pela WikiLeaks.

14. E-mail de Michael Furlong.

15. Ibid.

16. Relatório Decker, A-5.

17. Ibid, A-6.

18. Ibid., A-9.

19. "Afghan President's Brother, Ahmed Wali Karzai Killed", *BBC News* (12 de julho de 2011).

20. Comando Central Norte-Americano, "Joint Unconventional Warfare Task Force Execute Order", 30 de setembro de 2009. A ordem permanece secreta, mas uma cópia foi obtida pelo autor.

21. Ibid.

22. Relatório Decker, A-6.

23. Três ex-oficiais das Forças Armadas e dois contratados com conhecimento direto do conteúdo do memorando o descreveram.

24. Entrevista do autor com Michael Furlong.

25. Relatório Decker, A-9.

NOTAS

12. O FIO DO BISTURI

1. Cabograma da embaixada norte-americana em Sana'a para o Departamento de Estado, "General Petraeus Meeting with President Saleh on Security Assistance", 4 de janeiro de 2010.
2. Michael Slackman, "Would-Be Killer Linked to al Qaeda, Saudis Say", *The New York Times* (28 de agosto de 2009).
3. Cabograma da embaixada norte-americana em Riad para o Departamento de Estado, "Special Advisor Holbrooke's Meeting With Saudi Assistant Interior Minister Prince Mohammed Bin Nayef", 17 de maio de 2009.
4. "Profile: Al Qaeda 'Bomb Maker' Ibrahim al-Asiri", *BBC* (9 de maio de 2012).
5. "Al Qaeda Claims Attempted Assassination of Saudi Prince Nayef", *Fundação NEFA* (28 de agosto de 2009).
6. Ibid.
7. Brennan denunciou o programa de prisões da CIA depois de se juntar à campanha de Obama. No entanto, vários oficiais da agência que serviram com Brennan em 2002 não se lembram de tê-lo visto expressando suas objeções ao programa na época.
8. Cabograma da embaixada norte-americana em Riad para o Departamento de Estado, "Special Advisor Holbrooke's Meeting with Saudi Assistant Interior Minister Prince Mohammed Bin Nayef", 17 de maio de 2009.
9. Entrevista com dois oficiais da administração Obama presentes nas reuniões da CIA.
10. Entrevista do autor com John Rizzo.
11. Discurso de John Brennan em 26 de maio de 2010, no Centro de Estudos Estratégicos e Internacionais em Washington.
12. Bob Woodward, *Obama's Wars* (Nova York: Simon & Schuster, 2010, p. 377).
13. A reação de Panetta ao saber dos ataques de drone da CIA foi relatada por dois oficiais veteranos do governo americano.
14. As discussões de Panetta com oficiais veteranos da CIA a respeito da divulgação dos memorandos provêm de entrevistas com dois oficiais americanos envolvidos.
15. As discussões na Casa Branca e a decisão de Emanuel de ficar ao lado de Panetta provêm de dois participantes das discussões. Os debates envolvendo a liberação dos memorandos são abordados extensamente em Daniel Klaidman, *Kill or Capture: The War on Terror and the Soul of the Obama Presidency* (Nova York: Houghton Mifflin Harcourt, 2012).

16. O relato da conversa entre Blair e Panetta provém de dois oficiais do escritório de Panetta na CIA.

17. Entrevista do autor com Dennis Blair.

18. Uma lista completa dos princípios Blair/Gates foi obtida pelo autor. A lista foi publicada inicialmente nas notas finais de *Obama's Wars*, de Bob Woodward.

19. Entrevista do autor com Dennis Blair.

20. Detalhes do Memorando Jones provêm de dois ex-oficiais veteranos da administração Obama.

21. Entrevista do autor com ex-oficial do governo paquistanês.

22. Leon Panetta, entrevista não publicada para o *The New York Times*.

23. Entrevista do autor com ex-oficial veterano da administração Obama.

24. Daniel Klaidman, *Kill or Capture*, p. 121.

25. Petraeus buscou conselhos de Edmund Hull, ex-embaixador americano no Iêmen. Hull acompanhara o crescimento da militância no país por muitos anos e estava irritado porque, após os sucessos do contraterrorismo nos anos imediatamente seguintes aos atentados de 11 de setembro, o país parecia rumar para o caos. Ele disse a Petraeus que se o Iêmen continuasse a ser ignorado poderia vir a se tornar outro Afeganistão, um local seguro para ataques em outros países; a tentativa de assassinato do príncipe Nayef meses depois tornou a previsão sinistramente acurada.

26. Entrevista do autor com um ex-comandante de operações especiais americanas envolvido nas discussões sobre operações militares no Iêmen.

27. Ibid.

28. Scott Shane com Mark Mazzetti e Robert Worth, "Secret Assault on Terrorism Widens on Two Continents", *The New York Times* (14 de agosto de 2010).

29. Cabograma da embaixada norte-americana em Sana'a para o Departamento de Estado, "General Petraeus Meeting with President Saleh on Security Assistance, AQAP Strikes", 4 de janeiro de 2010. O relato do encontro provém integralmente do cabograma.

30. O conteúdo da fala de Blair no hotel Willard está disponível em dni.gov/speeches/20100406_5_speech.pdf.

13. A DISPUTA PELA ÁFRICA

1. Cabograma da embaixada norte-americana para o quartel-general do Departamento de Estado, "Whither the M/V Faina's Tanks?", 2 de outubro de 2008.

NOTAS   363

O cabograma descrevia a rota pela qual as armas chegaram ao Sudão do Sul. Depois de chegar em Mombasa, elas foram enviadas por ferrovia para Uganda, e de lá para o Sudão do Sul.

2. Entrevista de Harun Maruf com Michele Ballarin para o *Voice of America* (2 de agosto de 2010).

3. "Ukraine Ship Owners Object to U.S. Woman's Role in Pirate ", *Russian News Room*, 19 de dezembro de 2008.

4. Cabograma da embaixada americana na Ucrânia para o quartel-general do Departamento de Estado, "Faina: Letter from Foreign Minister Ohryzko", 5 de fevereiro de 2009.

5. Ibid.

6. Carta do Grupo de Segurança do Golfo à Agência Central de Inteligência, 17 de agosto de 2007. Cópia da carta obtida pelo autor.

7. Carta de John L. McPherson para Michele Ballarin, 27 de agosto de 2007. Cópia da carta obtida pelo autor.

8. A descrição da reunião de Ballarin no CTTSO provém de um oficial militar envolvido nos programas de contraterrorismo que participou da reunião.

9. Peter J. Pham, "Somali Instability Still Poses Threat Even After Successful Strike on Nabhan", *World Defense Review* (17 de setembro de 2009).

10 Robert Young Pelton, "An American Commando in Exile", *Men's Journal* (dezembro de 2010).

11. O envolvimento de Prince na milícia antipirataria em Puntland está documentado em dois relatórios do Grupo de Monitoramento das Nações Unidas para a Somália e a Eritreia.

12. A informação sobre a milícia de Puntland provém de três pessoas diretamente envolvidas nas operações. Separadamente, o Grupo de Monitoramento das Nações Unidas fez uma extensiva investigação sobre a Saracen e a Sterling, confirmando as ligações das duas empresas com Erik Prince e os Emirados Árabes Unidos.

13. As propostas do JSOC de atacar os acampamentos da Al-Shabaab foram confirmadas por um oficial aposentado das Forças Armadas e um ex-funcionário civil da administração Bush. Detalhes sobre discussões dentro da administração Obama sobre os custos e benefícios de atacar os acampamentos podem ser encontrados em Eric Schmitt e Tom Shanker, *Counterstrike: The Untold Story of America's Secret Campaign Against Al Qaeda* (Nova York: Times Books, 2011). De acordo com o livro, a maior parte dos oficiais acreditava que atingir os

364 GUERRA SECRETA

acampamentos não valeria a pena, tendo em vista o possível benefício de atingir um pequeno número de antigos líderes da Al-Shabaab.

14. "Kids Awarded Guns in Somali Recruitment Game", *Der Spiegel* (26 de setembro de 2011).

15. Grupo de Inteligência SITE, "Shabaab Official Offers Rewards for Information on Obama and Clinton", 9 de junho de 2011.

16. Daniel Klaidman, *Kill or Capture: The War on Terror and the Soul of the Obama Presidency* (Nova York: Houghton Mifflin Harcourt, 2012, p. 123-124), detalha as primeiras discussões sobre as várias opções apresentadas pelo almirante William McRaven. A teleconferência e as opções discutidas por McRaven foram confirmadas de maneira independente por oficiais do governo americano.

17. A tripulação do *Faina* foi libertada dias após o ministro ucraniano ter mandado a carta para a secretária de Estado Hillary Clinton, mas não há evidências de que a participação de Ballarin nas discussões tenha levado os piratas a liberarem a tripulação. Os piratas acabaram embolsando mais de US$ 3 milhões em dinheiro de resgate dos donos dos navios. A entrevista na qual ela discutiu "relaxadamente" tudo sobre o caso dos reféns apareceu num artigo no Military.com em 25 de novembro de 2008. É difícil discernir o quanto de dinheiro, se é que houve algum, Ballarin ganhou por seu envolvimento nas negociações.

18. Entrevista do autor com oito ex-funcionários das empresas de Ballarin.

19. Entrevista do *Voice of America* com Michele Ballarin.

20. A história provém de uma entrevista do autor com Michele Ballarin. A versão dela foi corroborada por um ex-oficial americano que conhecia os esforços de Ballarin para fazer com que o Pentágono abraçasse o plano de usar matadores de aluguel somalianos para matar membros da Al-Shabaab.

21. *BBC World Service*, "Somali Rage at Grave Destruction", 8 de junho de 2009.

22. Entrevista do autor com Michele Ballarin.

23. "Hundreds of intelligence analysts" provêm de um ex-oficial americano veterano de inteligência com conhecimento direto dos movimentos dos analistas dentro da comunidade de inteligência depois do começo da Primavera Árabe.

24. Ben Wedeman, "Documents Shed Light on CIA, Gadhafi Spy Ties", CNN.com, 3 de setembro de 2011.

25. Carta de Osama bin Laden a Atiyah Abd al-Rahman, datada de 26 de abril de 2011. O conteúdo da carta foi divulgado pelo Centro de Combate ao Terrorismo em West Point.

NOTAS   365

14. O DESENLACE

1. A descrição das condições provém de um oficial americano com conhecimento da situação de Davis na prisão.
2. Matthew Teague, "Black Ops and Blood Money", *Men's Journal* (1º de junho de 2011) e Mark Mazzetti et al., "American Held in Pakistan Worked with CIA", *The New York Times* (21 de fevereiro de 2011).
3. A informação sobre o salário de Davis na CIA provém de documentos divulgados pelo Serviço Exterior do Paquistão depois que Davis foi preso.
4. Informações de bastidores das operações da Lashkar-e-Taiba provêm de uma entrevista com C. Christine Fair, da Universidade de Georgetown, uma especialista no grupo.
5. O sistema de vistos americanos para o Paquistão foi descrito por um oficial americano em Islamabad com conhecimento direto do processo.
6. Ibid.
7. Para o melhor registro do incêndio da embaixada em 1979, ver Steve Coll, *Ghost Wars: The Secret History of the CIA, Afghanistan, and Bin Laden, from the Soviet Invasions to September 10, 2001*.
8. O chefe de estação da CIA em Islamabad permanece disfarçado.
9. A dinâmica entre o chefe de estação da CIA em Islamabad e o embaixador Cameron Munter foi descrita por cinco oficiais americanos. Muito dos relatos das brigas entre os dois homens, e da descrição mais ampla sobre as deliberações em torno do episódio Raymond Davis, provém desses oficiais.
10. Conferência de imprensa do presidente Barack Obama, 15 de fevereiro de 2011.
11. Detalhes do encontro entre Panetta e Pasha provêm de dois oficiais paquistaneses e do conteúdo de um memorando interno da firma de inteligência privada Stratfor, tornado público pela WikiLeaks. O memorando está disponível em http://wikileaks.org/gifiles/docs/1664671_re-alpha-insight-afghanistan-pakistan-isi-chief-not-for.html.
12. Documento sigiloso da CIA descrito por dois oficiais veteranos de inteligência americanos.
13. Entrevista do autor com um oficial veterano das Forças Armadas presente na palestra.
14. A resposta de Bush à palestra da CIA pode ser encontrada em Bob Woodward, *Obama's Wars* (Nova York: Simon & Schuster, 2010): 4-5. O mais detalhado relato da palestra da CIA em julho de 2008 está em Eric Schmitt e Tom Shanker,

Counterstrike: The Untold Story of America's Secret Campaign Against Al Qaeda (Nova York: Times Books, 2011).

15. O relato da captura do mulá Baradar provém de cinco oficiais de inteligência americanos e paquistaneses.

16. Entrevista do autor com dois oficiais de inteligência americanos, e também Peter L. Bergen, *Manhunt: The Ten-Year Search for Bin Laden — from 11/9 to Abbottabad* (Nova York: Crown, 2012, p. 122-124).

17. Peter Bergen, *Manhunt*, 123.

18. Peter Bergen, *Manhunt*, 4.

19. Entrevista do autor com dois veteranos oficiais de inteligência americanos.

20. Ahtishamul Haq, "Raymond Davis Case: Wife of Man Killed Commits Suicide", *The Express Tribune* (7 de fevereiro de 2011).

21. Detalhes das discussões entre Munter e Pasha, e a narrativa subsequente dos eventos que levaram à soltura de Davis, provêm de entrevistas com oficiais americanos e paquistaneses.

22. Enquanto as conversas se arrastavam, oficiais americanos desenvolveram um plano B: levar a matéria para um painel de arbitragem internacional na Suíça. Oficiais americanos em Genebra começaram a consultar advogados suíços, mas era uma aposta alta achar que um painel na Suíça pudesse livrar Ray Davis da prisão.

23. Carlotta Gall e Mark Mazzetti, "Hushed Deal Frees CIA Contractor in Pakistan", *The New York Times* (16 de março de 2011).

24. Entrevista do autor com dois oficiais americanos.

25. Sara Burnett, "Charges Upgraded Against Ex-CIA Contractor in Pakistan-Spot Dispute", *The Denver Post* (4 de outubro de 2011).

26. "CIA Contractor in Court Over Felony Assault Charges", *CBS Denver* (4 de outubro de 2011). Quando da publicação deste livro, os procedimentos legais do caso ainda estavam em andamento.

27. "Getting Rid of US Saboteurs", *The Nation* (11 de agosto de 2011).

28. O autor esteve presente à manifestação de julho de 2012 em Islamabad.

15. O MÉDICO E O XEIQUE

1. A maioria dos detalhes sobre os encontros do dr. Shakil Afridi com contatos da CIA provém das declarações dele a um grupo paquistanês de investigação que examinava a sua participação na operação Osama bin Laden. Outras informações

NOTAS

foram complementadas por oficiais do governo americano com conhecimento do trabalho de Afridi para a CIA, de 2008 a 2011.

2. Aryn Baker, "The Murky Past of the Pakistani Doctor Who Helped the CIA", *Time* (13 de junho de 2012).

3. Declan Walsh, "Pakistan May Be Expelling Aid Group's Foreign Staff", *The New York Times* (6 de setembro de 2012).

4. A declaração de John Deutch está disponível em http://intellit.muskingum.edu/cia_folder/ciarelations_folder/ciareldcistmt.html.

5. Pronunciamento de Afridi para o grupo paquistanês de investigação.

6. Ibid.

7. Sami Yousafzai, "The Doctor's Grim Reward", *Newsweek* (11 de junho de 2012).

8. Pronunciamento de Afridi para o grupo paquistanês de investigação.

9. Mark Bissonette (também conhecido como Mark Owen), *No Easy Day: The Firsthand Account of The Mission That Killed Osama Bin Laden* (Nova York: Dutton, p. 254).

10. Leon Panetta, entrevista não publicada para o *The New York Times*.

11. Peter Bergen, *Manhunt*, 235.

12. Detalhes da conversa de Mullen com Kayani provêm de dois oficiais americanos com conhecimento direto do que se passou durante o telefonema.

13. As regras que presidiam os "ataques por assinatura" da CIA foram descritas por quatro oficiais do governo americano.

14. Entrevista do autor com dois oficiais do governo americano.

15. Detalhes do conflito durante a reunião do Conselho de Segurança Nacional provêm de dois participantes do encontro.

16. Entrevista do autor com dois oficiais americanos das Forças Armadas.

17. Declan Walsh, "US Bomb Warning to Pakistan Ignored", *The Guardian* (22 de setembro de 2011).

18. Ray Rivera e Sangar Rahimi, "Deadly Struck Bomb Hits NATO Outpost in Afghanistan", *The New York Times* (11 de setembro de 2011).

19. Pronunciamento de Afridi para o grupo paquistanês de investigação. O relato dele foi confirmado de modo independente por um oficial americano com conhecimento direto dos contatos de Afridi com a CIA depois do cerco a Abbottabad.

20. Documentos processuais incluídos num memorando de um agente político assistente do superintendente sênior de polícia da Agência Khyber, JIT, Braço Especial, Peshawar. Documentos obtidos pelo autor.

21. Ibid.
22. Agência France Press, "Lashkar-I-Islami Denies Links with Shakil Afridi", 31 de maio de 2012.

16. FOGO DO CÉU

1. Entrevista do autor com ex-oficial americano veterano.
2. Harold Koh, Discurso no Comitê sobre Direito e Segurança Nacional da Associação Americana de Advogados, dezembro de 2011.
3. Scott Shane e Souad Mekhennet, "From Condemning Terror to Preaching Jihad", *The New York Times* (8 de maio de 2010).
4. Ibid.
5. Ibid.
6. Ibid.
7. Gregory Johnsen, *The Last Refuge: Yemen, al-Qaeda, and America's War in Arabia* (Nova York: W. W. Norton, 2012, p. 257).
8. Johnsen, 262.
9. "U.S. Intelligence on Arab Unrest Draws Criticism", *Associated Press* (6 de fevereiro de 2011).
10. *BBC News*, "Yemen: Saleh 'Gravely Wounded' in Rocket Attack", 7 de junho de 2011.
11. Entrevista do autor com um oficial veterano do Pentágono e um oficial aposentado de contraterrorismo.
12. SITE Grupo de Inteligência, "Yemeni Journalist Documents Experience with AQAP in Abyan", 21 de outubro de 2011.
13. Johnsen, p. 276.
14. Entrevista do autor com um oficial e dois ex-oficiais americanos com conhecimento direto de como a CIA lidou com a informação prévia sobre a *Inspire*.
15. Entrevista do autor com Jameel Jaffer e Hina Shamsi, advogados da família Al-Awlaki.
16. Arquivo do Tribunal Distrital dos Estados Unidos para o Distrito de Colúmbia no caso de *Nasser al-Aulaqui* et al. *v. Leon C. Panetta* et al., p. 13.
17. A mensagem em vídeo de Nasser al-Awlaki pode ser vista em: <http://www.youtube.com/watch?v=9GHP5Rf7dbE>.
18. Os comentários de Jameson foram feitos durante uma sessão aberta da conferência da Associação Americana de Advogados.

NOTAS 369

19. Presidente Barack Obama, conferência presidencial de imprensa, 8 de dezembro de 2011.
20. Scott Shane, "Election Spurred a Move to Codify U.S. Drone Policy", *The New York Times* (24 de novembro de 2012).
21. A enquete de Amy Zegart foi conduzida pelo YouGov. O autor é grato à professora Zegart por partilhar os dados da pesquisa.
22. Mark Landler e Choe Sang-Hun, "In Kim Jogn-Il Death, an Extensive Intelligence Failure", *The New York Times* (19 de dezembro de 2011).
23. A descrição do ataque em Benghazi provém originalmente de uma detalhada cronologia incluída no relatório investigativo do Comitê de Revisão e Fiscalização do Departamento de Estado. Detalhes adicionais provêm de entrevistas com vários oficiais americanos.
24. Entrevista do autor com Ross Newland.
25. O autor é grato a Timothy Pratt por seus relatos de Indian Springs, Nevada.

BIBLIOGRAFIA

LIVROS

Bergen, Peter L. *The Longest War: The Enduring Conflict Between America and Al-Qaeda*. Nova York: Free Press 2011.

———. *Manhunt: The Ten-Year Search for Bin Laden – from 9/11 to Abbottabad*. Nova York: Crown, 2012.

Bissonnette, Matt (aka Mark Owen). *No Easy Day: The Firsthand Account of the Mission That Killed Osama Bin Laden*. Nova York: Dutton, 2012.

Boucek, Christopher, and Marina Ottaway. *Yemen on the Brink*. Washington, D.C.: Carnegie Endowment for International Peace, 2010.

Bowden, Mark. *Guests of the Ayatollah: The Iran Hostage Crisis: The First Battle in America's War with Militant Islam*. Nova York: Grove Press, 2006.

Clarke, Richard. *Against All Enemies: Inside America's War on Terror*. Nova York: Simon & Schuster, 2004.

Clarridge, Duane R., com Digby Diehl. *A Spy for All Seasons: My Life in the CIA*. Nova York: Scribner, 1997.

Coll, Steve. *Ghost Wars: The Secret History of the CIA, Afghanistan, and Bin Laden, from the Soviet Invasion to September 10, 2001*. Nova York: Penguin Books, 2004.

Crumpton, Henry A. *The Art of Intelligence: Lessons from a Life in the CIA's Clandestine Service*. Nova York: Penguin Press, 2012.

Emerson, Steven. *Secret Warriors: Inside the Covert Military Operations of the Reagan Era*. Nova York: Putnam, 2008.

Gardner, Richard N. *Mission Italy: On the Front Lines of the Cold War*. Nova York: Rowman & Littlefield Publishers, 2005.

Graham, Bradley. *By His Own Rules: The Ambitions, Successes, and Ultimate Failures of Donald Rumsfeld*. Nova York: Public Affairs, 2009.

Gunaratna, Rohan, e Khuran Iqbal. *Pakistan: Terrorism Ground Zero*. Londres: Reaktion Books, 2011.

Hussain, Zahid. *Frontline Pakistan: The Struggle with Militant Islam*. Nova York: Columbia University Press, 2008.

_____. *The Scorpion's Tail: The Relentless Rise of Islamic Militants in Pakistan – and How It Threatens America*. Nova York: Free Press, 2010.

Johnsen, Gregory D. *The Last Refuge: Yemen, al-Qaeda, and America's War in Arabia*. Nova York: W. W. Norton & Company, 2012.

Jones, Seth. *Hunting in the Shadows: The Pursuit of al Qa'ida Since 9/11*. Nova York: W. W. Norton & Company, 2012.

Kean et al. *The 9/11 Commission Report*. Washington, D.C.: U.S. Government Printing Office, 2004.

Klaidman, Daniel. *Kill or Capture: The War on Terror and the Soul of the Obama Presidency*. Nova York: Houghton Mifflin Harcourt, 2012.

Martin, Matt J., and Charles W. Sasser. *Predator: The Remote-Control Air War over Iraq and Afghanistan: A Pilot's Story*. Minneapolis: Zenith Press, 2010.

Mayer, Jane. *The Dark Side: The Inside Story of How the War on Terror Turned into a War on American Ideals*. Nova York: Doubleday, 2008.

Musharraf, Pervez. *In the Line of Fire: A Memoir*. Nova York: Simon & Schuster, 2006.

Naftali, Timothy. *Blind Spot: The Secret History of American Counterterrorism*. Nova York: Basic Books, 2005.

Nawaz, Shuja. *Crossed Swords: Pakistan, Its Army, and the Wars Within*. Oxford: Oxford University Press, 2008.

Norris, Pat. *Watching Earth from Space: How Surveillance Helps Us – and Harms Us*. Nova York: Praxis, 2010.

Persico, John. *Casey: The Lives and Secrets of William J. Casey: From the OSS to the CIA*. Nova York: Penguin, 1995.

Pillar, Paul R. *Intelligence and U.S. Foreign Policy: Iraq, 9/11, and Misguided Reform*. Nova York: Columbia University Press, 2011

Priest, Dana, and William M. Arkin. *Top Secret America: The Rise of the New American State*. Nova York: Little, Brown, and Company, 2011.

Ranelagh, John. *The agency: The Rise and Decline of the CIA*. Nova York: Simon & Schuster, 1986.

Rashid, Ahmed. *Taliban: Militant Islam, Oil and Fundamentalism in Central Asia*. Londres: Yale Univertsity Press, 2001.

BIBLIOGRAFIA 373

_____. *Descent into Chaos: The U.S. and the Disaster in Pakistan, Afghanistan, and Central Asia*. Nova York: Viking, 2008.

Riedel, Bruce. *Deadly Embrace: Pakistan, America, and the Future of the Global Jihad*. Washington, D.C.: Brookings, 2011.

Rodriguez Jr., Jose A., and Bill Harlow. *Hard Measures: How Aggressive CIA: Actions After 9/11 Saved American Lives*. Nova York: Threshold Editions, 2012.

Rohde, David, and Kristen Mulvihill. *A Rope and a Prayer: A Kidnapping from Two Sides*. Nova York: Viking, 2010.

Rumsfeld, Donald. *Known and Unknown: A Memoir*. Nova Iorque: Sentinel, 2011.

Sange, David E. *The Inheritance: The World Obama Confronts and the Challenges to American Power*. Nova York: Crown, 2009.

_____. *Confront and Conceal: Obama's Secret Wars and Surprising Use of American Power*. Nova York: Crown, 2012.

Scarborough, Rowan. *Rumsfeld's War: The Untold Story of America's Anti-Terrorist Commander*. Nova York: Regnery, 2004.

Schmidt, John. *The Unraveling: Pakistan in the Age of Jihad*. Nova York: Farrar, Straus and Giroux, 2011.

Schimtt, Eric, and Thom Shanker. *Counterstrike: The Untold Story of America's Secret Campaign Against Al Qaeda*. Nova York: Times Books, 2011.

Shultz, Richard. *The Secret War Against Hanoi: The Untold Story of Spies, Saboteurs, and Covert Warriors in North Vietnam*. Nova York: HarperCollins, 1999.

Singer, Peter W. *Wired for War: The Robotics Revolution and Conflict in the 21st Century*. Nova York: Penguin Books, 2009.

Smith, Michael. *Killer Elite: The Inside Story of America's Most Secret Special Operations Team*. Nova York: St. Martin's Press, 2007.

Snider, L. Britt. *The Agency and the Hill: CIA's Relationship with Congress 1946-2004*. Washington, D.C.: Center for the Study of Intelligence, 2008.

Tenet, George. *At the Center of the Storm: My Years at the CIA*. Nova York: Harper-Collins, 2007.

Waller, Douglas. *Wild Bill Donovan: The Spymaster Who Created the OSS and Modern American Espionage*. Nova York: Free Press, 2011.

Warrick, Joby. *The Triple Agent: The al-Qaeda Mole Who Infiltrated the CIA*. Nova York: Vintage Books, 2011.

Weiner, Tim. *Legacy of Ashes: The History of the CIA*. Nova York: Anchor Books, 2007.

Woodward, Bob. *Veil: The Secret Wars of the CIA, 1981-1987*. Nova York: Simon & Schuster, 1987.

_____. *Bush at War*. Nova York: Simon & Schuster, 2002.

_____. *Obama's Wars*. Nova York: Simon & Schuster, 2011.

Wright, Lawrence. *The Looming Tower: Al-Qaeda and the Road to 9/11*. Nova York: Ramdon House, 2006.

ARTIGOS DE JORNAIS E REVISTAS

Baker, Aryn. "The Murky Past of the Pakistan Doctor Who Helped the CIA." *Time* (13 de junho de 2012).

Bamford, James. "He's in the Backseat!" *The Atlantic* (abril de 2006).

Chesney, Robert. "Military-Intelligence Convergence and the Law of the Title 10/ Title 50 Debate." *Journal of National Security and Law and Policy* (2012).

Ciralsky, Adam. "Tycoon, Contractor, Soldier, Spy." *Vanity Fair* (janeiro de 2010).

Fair, Christine C., and Seth Jones. "Pakistan's War Within." *Survival 51*, nº 6 (dezembro de 2009 – janeiro de 2010).

Kibbe, Jennifer D. "The Rise of the Shadow Warriors." *Foreign Affairs* (março/abril de 2004).

Mayer, Jane. "The Predator War." *The New Yorker* (26 de outubro de 2009).

McChrystal, Stanley A. "It Takes a Network." *Foreign Policy* (março/abril de 2011).

Peltom, Robert Young. "Erik Prince, an American Commando in Exile." *Men's Journal* (novembro de 2010)

Pham, J. Peter. "Somali Instability Still Poses Threat Even After Successful Strike on Nabhan." *World Defense Review* (17 de setembro de 2009).

Richelson, Jeffrey T. "Truth Conquers All Chains: The U.S. Army Intelligence Support Activity, 1981- 1989." *Internationl Journal of Intelligence and Counter-intelligence* 12, nº 2 (1999).

_____. "Task Force 157: The US Navy's Secret Intelligence Service 1966-77." *Intelligence and National Security* 11, nº 1 (janeiro de 1996).

Teague, Matthew. "Black Ops and Blood Money." *Men's Journal* (1º de junho de 2011).

Whittle, Richard. "Predator's Big Safari." Mitchell Institute for Airpower Studies, Paper 7 (agosto de 2011).

Yousafzai, Sami. "The Doctors Grim Reward." *Newsweek* (11 de junho de 2012).

Zelikow, Philip. "Codes of Conduct for a Twilight War." *Houston Law Review* (abril de 2012).

ÍNDICE

Abbas, Abu, 66
Abdulmutallab, Umar Farouk, 242, 312, 313
Abizaid John
   incursão em Damadola e, 145
   invasão etíope da Somália e, 158-59
acordo de paz de Shakai, 166
acordo de paz no Waziristão do Norte, 180-82
Addington, David, 23
Adkins, Jim, 64
administração Bush, George H. W., 88-89
administração Bush, George W., 52, 53, 70, 189-90, 202, 217
   escalada dos ataques de drone no Paquistão em 2008, 275-77
   opiniões legais justificando interrogatórios extremos, 308-09
   planos para mísseis de defesa da, 198-99
   programa secreto de prisões e, 129-31
   Saleh e, 96, 111
   Somália e, 151, 153, 158, 160
administração Clinton, 232-33
   falta de pistas na caçada a Bin Laden, 99
administração Obama, 217, 220, 263
   assassinato de Al-Awlaki aprovado pela, 313
   carregamento de armas para a Somália pela, 252
   incidente Davis e, 373-75, 282, 283

o papel da CIA na Líbia e, 324
   opiniões legais justificando as operações de assassinato dirigido, 308-09
   recusa a entregar documentos sobre o programa de drones, 320-21
   revista *Inspire* e, 317
administração Reagan, 60, 61, 63, 64
Afeganistão, 62, 122
   cooperação CIA-ISI durante a ocupação soviética do, 38
   invasão e ocupação soviética do, 60
   tese de Kayani sobre controlar o Afeganistão durante a ocupação, 122-123
Afrah, Mohamed Qanyare, 147
Afridi, Shakil
   como fonte da CIA, 289-94, 295
   prisão e condenação de, 304-06
Agência Central de Inteligência (CIA), 49
   ajuda humanitária à Caxemira como disfarce ao envio de agentes para o Paquistão, 174-75
   aliança com regimes autoritários, 38, 262-65
   assassinatos e, 55-58
   ataque em Benghazi e, 324-25
   atividades secretas do Centro Contraterrorista. (*Ver* Centro Contraterrorista), 55-73

brechas dentro da CIA sobre a estratégia no Afeganistão, 44-45

campanha de vacinação e operação de espionagem, 289-94

comunicação deficiente com o Pentágono, 30

confiança da administração Obama na, 226-38

cortes orçamentários em 1990 e, 70

crítica de Rumsfeld à, 80-81

guerra secreta da, 23-29

dependência de agências estrangeiras de inteligência, 38-41

divisão de trabalho acordada com o Pentágono, 142-44

esforços de espionagem do Pentágono, esforços da CIA para minar, 85-86

filosofia de treinamento da, 37-38

incidente Davis e, 13-16, 267-75, 282-86, 299

independência da, 56-57

investigações do Comitê Church sobre a, 57-59, 98

Khairkhwa, Khairullah e, 33-34

missão fundadora da, 56

mudança na cultura da CIA rumo à socialização na guerra, 325-26

no Vietnã, 57

no Waziristão do Norte e do Sul, 163-83

operações de Furlong e, 198-200, 205-06, 218-19

operações em Peshawar com Munir e o ISI, 50-53

operações psicológicas da, 185-86

palestra na Casa Branca sobre marcados para morrer, 21-22

Panetta como diretor da, 231-32

papel de suporte militar da, em meados dos anos 1990, 72-73

Primavera Árabe escapa à, 262-65, 323

programa de assassinatos, fase Blackwater do, 131-36

programa de detenção e interrogatório, 25, 127-31, 136-38

programa de drones. (*Ver* drones Predador)

recomendações da Comissão 11/9 a respeito dos poderes da, 92

relacionamento ISI-CIA 38-41, 177-80, 277-80, 286-87

senhores da guerra somalianos apoiados pela, 147-53

terceirização de missões a contratados privados por parte da, 332-33

terrorismo e, 65-69

Título 50 do Congresso dos EUA como autorização ao governo, 88, 143, 296-97

Agência de Inteligência de Defesa, 224

Agência Internacional de Energia Atômica (IAEA), 165

Ahlu Sunna Waljama (ASWJ), 261

Ahmed, Abdullahi Yusuf, 154, 156

Ahmed, Ibrahim Saeed. *Ver* al-Kuwaiti, Abu Ahmed

Ahmed, Mahmud, 40-41, 44, 45

Ahmed, Sharif Sheikh, 259

Ahmed, Shirwa, 161

al Jaza'iri, Adil Hadi, 51-52

al-Asiri, Abdullah, 223-226

al-Asiri, Ibrahim, 225, 242

al-Awlaki, Abdulrahman, 318-20

al-Awlaki, Anwar, 310-18, 320

drone caçando e atacando, 314-18

histórico de, 310-12

justificativas legais para o assassinato de, 312-13

al-Awlaki, Nasser, 310, 311, 320

al-Banna, Ibrahim, 319

ÍNDICE

al-Harethi, Qaed Salim Sinan, 95-97, 111

al-Hazmi, Nawaf, 311

Ali, Hassan Yaqub, 261

Aliança do Norte, 39, 43-45, 102, 114

Aliança para a Restauração da Paz e Contraterrorismo (ARPCT), 147, 151

Al-Jazeera, 180, 190, 231

al-Kuwaiti, Abu Ahmed, 177, 279-80

Allen, Charles E., 98, 100, 101, 102, 108

Allen, John, 303

al-Libi, Abu Faraj, 125-26, 145

al-Masri, Abu Khabab, 170-71, 182

al-Mihdhar, Khalid, 311

al-Nashiri, Abd al-Rahim, 128, 136

Al-Qaeda na Mesopotâmia, 229-30

Al-Qaeda na Península Arábica (AQAP), 149

  ações secretas dos EUA no Iêmen contra a, 239-244

  Al-Awlaki rastreado e morto no Iêmen, 310-18

  tentativa de assassinato de Bin Nayef por, 223-26, 239, 242

Al-Qaeda, 24-25, 26, 93

  autorização legal para o Pentágono entrar em guerra com, 90

  bombardeios no Quênia e na Tanzânia pela, 39

  falta de inteligência acionável do SOCOM sobre, 78-79

  Haqqani e, 47

  no norte e no leste da África, 148-49, 256

  no Paquistão, 49-50, 275-76, 279-82

  na Somália, 150-51

  no Iêmen, 138-39

  Primavera Árabe e, 262

al-Rahman, Atiyah Abd, 308

Al-Shabaab, 149, 152, 157-58, 161, 251, 252, 254, 255-56, 259-62

al-Shabwani, Jaber, 244, 314

"alvo" em cidadãos estrangeiros, 26-27

al-Zarqawi, Abu Musab, 139

al-Zawahiri, Ayman, 115, 126, 145

Andrews, Robert, 77-78, 79, 80, 87, 90, 188-89

Angleton, James, 102, 163

Arábia Saudita

  base de drones na, 314-15, 316, 317

  tentativa de assassinato de Bin Nayef, 223-26

Archangel, 249

Armitage, Richard, 40-41, 45

Ashby, Turner, 155

Ásia Central Online (website), 197

assassinatos, 55-58

  fase Blackwater do programa de assassinatos da CIA, 131-36

  matadores de aluguel libaneses, treinamento de, 66-67

  mediante ataques com drones Predador. (Ver drones Predador)

  opiniões legais justificando as operações de assassinato dirigido de Obama, 308-39

  programa de assassinatos dirigidos, 227-30, 231, 236-38, 308-09, 320-23

  proibição de Ford dos, 58, 98, 308

ataque a Datta Khel, 300

ataque em Benghazi, 324-25

atentados terroristas de 11 de setembro, 23-24, 109, 311, 327

  expansão do Centro Contraterrorista depois dos, 23

  transformação na CIA e missões militares depois dos, 16

atentados terroristas de 11/9. Ver ataques terroristas de 11 de setembro.

378   GUERRA SECRETA

Atividade de Suporte à Inteligência (ISA)
   criação da, 82 (*Ver também* Gray Fox)
   esforços da CIA para solapar, 85-86
   investigação do inspetor-geral sobre a,
   84
   King e, 82-85
Aurakzai, Ali Jan, 48-50, 180-81
Autorização para Uso de Força Militar
   (AUMF), 89
Aweys, Hassan Dahir, 149, 150, 152
Ayro, Aden Hashi Farah, 150, 160

Bagh, Mangal, 290
Balanço Celestial, 256-57
Ballarin, Michele, 154-57, 248-53, 257-62
   a CIA recusa os serviços de, 249-50
   construindo laços com grupos sufis no
   norte e no leste da África, 258, 260-62
   contrato do Pentágono fechado com,
   250-51
   em Mali, 333-34
   pirataria somali e, 248-49, 257-58
   plano de assassinar líderes da Al-Shabaab, 248-49
Baradar, Abdul Ghani, 279
Base Aérea de Creech, 328
Batalha de Mogadíscio (episódio Falcão Negro em Perigo), 151, 152, 255, 261
BBC, 113, 119
Bennett, John, 278
Bergdahl, Bowe, 212, 213
Berger, Sandy, 99, 102, 104
Biden, Joe, 238
bin al-Shibh, Ramzi, 52
bin Laden, Osama, 18, 23, 27, 29-30, 39, 45,
   78, 98, 107, 242, 326-27
   bombardeio do *Cole* por Al-Harethi
   ordenado por, 96
   caçada a, 173-77, 275, 280-82, 293-94

crítica da Comissão 11/9 à incapacidade
   da CIA de eliminar, 92-93
   missão dos SEALs para matar, 143,
   294-99
   Primavera Árabe e, 262
bin Nayef, Muhammad, 223-26, 227, 239,
   242
Black, J. Cofer, 23, 26, 27, 44, 45, 101, 133,
   326
Blackstar, 249, 251
Blackwater EUA, 132-35, 250, 268, 333, 335
Blackwater Worldwide, 253
Blair, Dennis, C.
   como diretor de Inteligência Nacional,
   233-36
   como Suporte Militar à CIA, 72-73
   demitido após críticas públicas às operações secretas da CIA, 244-45
Blee, Richard, 101-02, 278
   como defensor do programa de drones,
   101-02, 326
   refletindo sobre o programa de assassinatos direcionados, 327
Boinas-Verdes, 25, 30
Bolívia, 60
bomba na cueca, 242, 312
bombardeio a Wardak, 303
bombardeio da caserna dos fuzileiros navais
   em Beirute, 66
bombardeio da embaixada em Beirute, 66
bombardeios a embaixadas
   em Beirute, 66
   no Quênia e na Tanzânia, 39
Bósnia, 73
Boykin, William, 91-92
Branch, Austin, 205
Brennan, John, 17, 241
   assassinato de Al-Awlaki e, 310, 312-
   13, 316

ÍNDICE 379

como conselheiro para contraterrorismo de Obama, 226-28, 229

Bush, George H. W., 209

Bush, George W., 24, 25, 31-32, 43, 65, 69, 88-89, 97, 165, 229, 236, 263, 322

aconselhado por Rumsfeld e Goss contra a ideia de destituir a CIA das operações militares, 93-94

acordo de paz no Waziristão do Norte e, 180-82

ataques de drone e, 227-28, 275, 277

CIA envolvida na caçada humana global por, 22-23

encontro de Musharraf com, 46

escalada da guerra secreta da CIA no Paquistão ordenada por, 182

ordem dando à CIA o poder de matar, 21

reuniões diárias de, 25-26

surto de contingentes para o Iraque ordenado por, 195-6

terroristas e apoiadores tratados igualmente, 40

cabana do pai Tomás, A (Stowe), 84

Caixa Tufão, 144

Call of Duty (jogo), 195

Calland, Albert, 143

Camboja, 90

Cambone, Stephen, 91, 93, 126, 140, 143

Camp Chapman, ataque ao 169

campanha de propaganda da Espada Sagrada da Liga dos Patriotas, 188-89

campanha de vacinação e operação de espionagem, 289-94

Campbell, John, 109

Card, Andrew, 137-38

cargo de diretor de Inteligência Nacional, 138-139, 233-34

Carlucci, Frank, 84

Carter, Jimmy, 55, 230

Cartwright, James, 238

Casey, William J., 86, 230

atividades secretas na América Central e, 62

terrorismo islâmico e, 65-68

Castro, Fidel, 29, 58, 59

Caxemira, 42, 43, 174-75, 270

Ceausescu, Elena, 70

Ceausescu, Nicolae, 70

Centro Contraterrorista (CTC), 22, 23-27

criação do, 26-27

expansão do, 23

sucesso inicial no Afeganistão, 24-25

"alvo" em cidadãos estrangeiros, 26-27

Chalabi, Ahmed, 209

Chamberlin, Wendy, 43, 45

Cheney, Dick, 25, 90, 132, 138, 165-66

critica o banimento de Obama de interrogatórios coercitivos, 228-29

proposta da CIA para plano de assassinatos apresentada a, 21-22, 132

uso de banco de dados para vasculhar informações e, 76-77

Church, Frank, 57-59

Churchill, Winston, 18, 48-49

ciclo de inteligência, 240

Clarke, Richard, 98

programa de drones Predador e, 99-103

Clarridge, Duane R., 61-63, 71, 73, 85, 208-21, 331-32, 334

atividades secretas na América Central e, 62-63

operação de minas na Nicarágua e, 64

operações privadas de espionagem no Afeganistão por parte de, 210-11

perdão de H. W. Bush a, 208-09*proposta do Centro Contraterrorista a, 67-69

380 GUERRA SECRETA

Clinton, Bill, 72, 73, 230
  caçada a Bin Laden e, 99
  Clinton, Hillary, 248, 301
  falta de atenção a assuntos de inteligência por parte de, 71-72
CNN, 107, 111
Colby, William, 58
Comando Africano Norte-Americano
Comando Conjunto de Operações de Guerra de Informação, 199
Comando de Assistência Militar Vietnã – Grupo de Estudos e Observação (MACV-SOG), 77
Comando de Operações Especiais Conjuntas (JSOC), 93, 138-45. *Ver também* Força Delta; SEALs/Equipe SEAL 6
  acordo de divisão de trabalho entre CIA e Pentágono, 142-44
  Elementos de Intermediação do Exército, 94
  força-tarefa para atacar a Al-Qaeda de Al-Zarkawi no Iraque, 139-41
  fundação do e relações com o CTC, 68
  Gray Fox. (*Ver* Gray Fox)
  missões iranianas de espionagem, 141-42
  missões na Somália, 159-60, 254-57
  operações de imunização sob autoridade da CIA, 143, 144-45, 296
  Operação Bajaur, 125-27, 142
  Ordem Executiva para a Rede Al-Qaeda, poderes ampliados sob o, 139
  Rumsfeld e, 75-76, 77, 86-88
  treinamento de matadores de aluguel libaneses e, 66-67
Comando de Operações Especiais dos EUA (SOCOM)
  operações psicológicas no mundo islâmico do, 190-200
  palestra de Holland sobre a estratégica de guerra contra a Al-Qaeda, 78-79

Comissão 11/9, 25, 98, 108, 138
  Bush aconselhado a ignorar recomendações sobre os poderes da CIA, 92-94
  recomenda destituir a CIA de funções paramilitares, 92, 321-22
Comitê Church, 57-58, 59, 98, 130, 291
Conselho de Segurança Nacional, 81, 104, 236, 301, 313
Conselho Supremo das Cortes Islâmicas (ICU), 149, 152, 153, 156, 157-61
contra-ataques terroristas no guichê da El Al, 67
Contras, 63, 64-65
Convenção das Nações Unidas contra a Tortura, 128
Coreia do Norte, 232
Corpo de Fronteira, 113-14
Corporação Internacional para Aplicações Científicas (SAIC), 189-90
Costa Rica, 63-64
Crumpton, Hank, 45, 135, 152-53
CTC. *Ver* Centro Contraterrorista (CTC)
Cuba, 29, 58, 62

Daily Telegraph, The, 48
Dante Alighieri, 77
Darkazanli, Mamoun, 22
Davis, Perry, 249, 250-51, 257, 258, 259, 261
Davis, Raymond, 13-16, 267-69, 271-75, 281-86, 289, 299, 300, 335
Dearlove, Richard, 18-19
Deininger, Bill, 257-58
Departamento de Defesa, 56. *Ver também* Pentágono
  Comando de Operações Especiais Conjuntas (JSOC). (*Ver* Comando de Operações Especiais Conjuntas [JSOC])
  dependência da CIA, 79-80
  esforços de Rumsfeld para modernizar o, 31-33

ÍNDICE

operações psicológicas do, 186-200

regulamentação proibindo o emprego de contratados para operações de espionagem humana, 216

secretário de Defesa, poderes legais e autoridade do, 87-89

Departamento de Justiça, 137

assassinato de Al-Awlaki aprovado pelo, 313, 319-20

waterboarding e programa de interrogatórios autorizados pelo, 128, 130

Deutch, John, 27, 71-72, 73, 232, 291-92

Diretório de Inteligência, 276-77

Diretório de Operações, 24, 172

Diretório Geral de Inteligência, 38

Diretório para Interserviços de Inteligência (ISI), 175-76

captura e entrega de Khairkhwa para os EUA pelo, 34, 35

Diretório C, 178

Diretório S, 178-179, 276

Kayani como chefe do, 120-23

má interpretação do comprometimento americano com o Afeganistão, 46-47

operação CIA-ISI para prender Rauf, 175-76

operações em Peshawar com a CIA, 50, 52-53

relacionamento CIA-ISI, 38-41, 177-80, 277-80, 286

Distintivo Verde, 268

diyat, 283

Djibuti, 314-15, 316

Doherty, Glen, 325

Donilon, Tom, 236, 301-02

Donovan, William J., 57, 68, 210, 308

Downing, Wayne, 141, 209

drones Predador, 19, 73, 95-111, 228

a administração Obama recusa-se a entregar documentos referentes aos, 320

Abdulrahman al-Awlaki morto por, 317-21

Al-Harethi morto por, 95-97, 111

Al-Masri morto por, 182

Anwar al-Awlaki morto por, 314-18

ataque a Datta Khel, 300

ataque a Nek Muhammad, 119-120, 131

ataques por assinatura, 299, 326-27

autorização da CIA para os assassinatos e, 97, 107-08

Base Aérea de Creech como sede dos, 329

base em Djibuti para os, 314, 316

base na Arábia Saudita para os, 314, 316, 317

debate sobre o desenvolvimento dos, 998-104

efeito do programa de drones sobre a CIA, 325-27

efeito sobre as relações com o Paquistão, 299-302

escalada de ataques de drone no Paquistão em 2008, 275-79

financiamento para os, 101, 105

Habib morto por, 183

institucionalização do programa de drones, 320-21

Mehsud morto por, 237-38

na Guerra dos Bálcãs, 73, 100-01

nas Filipinas, 143-44

nas regiões tribais paquistanesas, 118-20

problema de latência dos, 315

programa paralelo de drones da CIA e do JSOC, 319-20

teste dos, no aeródromo de Indian Springs, 104-07

drones Reaper, 276, 316, 325-26

Durrani, Asad, 47

382 GUERRA SECRETA

Egito, 38, 262, 264
Ehsan ul-Haq, 40, 45-48, 118, 121
Eikenberry, Karl, 202-203
El Salvador, 27
Eldridge, Bill, 192
Elementos de Intermediação do Exército, 94
Eliot, T. S., 163
Emanuel, Rahm, 233
emboscada em Wanat, 203-04
Emirados Árabes Unidos, 253
episódio Falcão Negro em Perigo (Batalha de Mogadíscio), 151, 152, 255, 261
escândalo Irã-Contras, 25, 27, 64-65, 69, 84, 87-88, 100, 130, 209
Escritório de Serviços Estratégicos (OSS), 18-19, 57, 308
Escritório para Suporte Técnico do Combate ao Terrorismo (CTTSO), 250-51
espião para todas as estações, Um (Clarridge), 209
Estação Alec (unidade de caça a Bin Laden), 101, 173, 326
Estados Unidos
    pacto de mísseis de defesa com a República Tcheca, 198-200
    relacionamento Paquistão-EUA, 38-44
Estimativa de Inteligência Nacional sobre a radicalização no mundo islâmico, 148
Etiópia
    invasão da Somália pela, 158-61
Exército. *Ver* Força Delta; Boinas-Verdes; Rangers

Faheem, Shumaila, 282
Faina (navio), 247-48, 257
Farina, Chris, 156-57
Fazenda, a, 37, 125, 175
"Fazendo uma Bomba na Cozinha da sua Mãe" (Khan), 317

Feith, Douglas J., 89
Fernandez, Joe, 64
Filipinas, 144
Flynn, Michael, 207
FOG. *Ver* Grupo de Operações de Campo (FOG)
Força de Ataque de Kandahar, 215-16
Força Delta, 69, 76, 81, 87, 139, 148, 159-60, 261
Força-Tarefa 98, 159-60
Força-Tarefa Conjunta de Inteligência para o Combate ao Terrorismo, 32
Força-Tarefa Laranja. *Ver* Gray Fox
Ford, Gerald, 57, 308
França, 93
Franks, Tommy, 79
Frazer, Jendayi, 153
Freedom at Midnight [Liberdade à Meia-Noite] (Lapierre e Collins), 298
Fruta Amarela, 72
Furlong, Michael, 186-90, 201-02, 239, 317, 334
    CIA e, 198-200, 205-06, 218-19
    começo da carreira de, 187-88
    operações privadas de espionagem de Clarridge e, 213-219
    projeto AfPax Insider e, 204-09
    trabalho civil para o Departamento de Defesa, 189-90
    U-Turn Media, parceria com, 191-200
fuzileiros navais, 29-30

G. D. Searle, 31
Garland, Merrick, 321
Gates, Robert, 207, 235-36, 277
General Atomics, 276
Gnehm, Edward W., 94
Goldwater, Barry, 58
Gorbachev, Mikhail, 122
Gordon, John, 102

ÍNDICE 383

Göring, Hermann, 57
Goss, Porter, 40, 150, 175, 232
aconselha Bush a não destituir a CIA das operações militares, 93
aposentadoria planejada para líderes veteranos da CIA, 172-73
incursão em Damadola e, 145
Koussa e, 264
operação em Bajaur e, 125-27
programa de detenção e interrogatório e, 137-38
Governo Federal de Transição, 149-50, 154, 252-53
Granada, 85
Gray Fox, 51, 86-87, 217. *Ver também* Atividade de Suporte à Inteligência (ISA)
ataque do Predador a Al-Harethi e, 96, 97
na Somália, 159-60
Grenier, Robert, 44-45, 48, 49, 173
Gritz, James, 83-84
Grupo de Operações de Campo (FOG), 81-82
Grupo de Pesquisa do Iraque, 165-66
Grupo de Segurança do Golfo, 71, 72
Grupo Eclipse, 220
Guatemala, 59, 71
guerra às drogas, 61
guerra de Charlie Wilson, A, 141
Guerra do Golfo, 71, 72
guerra do Iraque, 16, 138, 172, 202, 207, 229, 239, 268, 307, 323
atenção norte-americana desviada do Afeganistão para a, 121-22, 148
credibilidade da CIA depois da, 127
radicalização no mundo islâmico e, 148
Guerra do Vietnã, 230
operações psicológicas durante a, 188-89
Guerra dos Bálcãs, 73, 101

Guerra Fria, 37, 185
Guerra nas aldeias, A (Andrews), 77
guerra no Afeganistão, 17, 75, 147-48, 202-04, 207, 229, 239, 268, 307, 323
competição e desconfiança entre a CIA e o Pentágono na, 30-31
dependência do Departamento de Estado em relação à CIA no começo da, 79-80
esforços do Paquistão para fazer com que Omar entregasse Bin Laden, 43-44
estratégia inicial da CIA no fim de 2001, 24-25, 44-45
perseguição e captura de Khairkhwa, 33-35
Talibã expulso das cidades afegãs, 32
guerra secreta contra Hanói, A (Shultz), 189
guerra secreta, 23-29
custos da, 17-18
Guzmán, Jacobo Árbenz, 59

Habib, Khalid, 179-80, 183
Hadley, Stephen, 137
Hamas, 108
Haqqani, Husain, 237, 271, 283
Haqqani, Jalaluddin, 43, 47, 202
Harward, Robert, 33, 34, 277
Hassan, Nidal, 316
Hawes, Curt, 105-07, 328
Hayden, Michael, 175-176, 252
plano de lançar uma guerra unilateral no Paquistão, 277
sobre a transformação da CIA, 307-08, 310
sobre as alianças da CIA com regimes autoritários, 264
Helgerson, John, 128, 130-31
Helms, Richard, 67
Herói Iraquiano (jogo), 195-96

384 GUERRA SECRETA

Hezbollah, 66, 89
Hitler, Adolf, 57
Holbrooke, Richard, 224
Holland, Charles, 78-79
Holmes, Robert, 205, 214-15
Honduras, 27, 64
Hull, Edmund, 96
Human Rights Watch, 161
Hussain, Safdar, 113, 116-17
Hussain, Zahid, 120
Hussein, Saddam, 72, 90, 100, 127, 165, 209

Iêmen, 214-15
    Al-Awlaki rastreado e morto no, 310-18
    ataques com drone Predador no, 95-97, 110-11
    fuga da prisão de militantes da Al--Qaeda no, 148
    operações secretas norte-americanas contra a Al-Qaeda no, 239-44
impasse com reféns do voo TWA 847, 66
incursão em Damadola, 145
Índia, 42, 43, 45
Indyk, Martin, 108
Inferno (Dante), 77
informação atmosférica, 205
Inspire, 316-17, 318
inteligência britânica,
International Media Ventures, 118, 206, 214-15
Intifada palestina, 108
Irã, 323
    crise dos reféns, 60, 80-82
    missões de espionagem no, 141-42
IraqSlogger, 203
Iraque
    assassinatos cometidos por agentes da Black water num sinal de trânsito em Bagdá, 133

força-tarefa para atacar a Al-Qaeda de Al-Zarqawi em, 139-41
    invasão do, 53, 89
    táticas do comando em luta contra a Al-Qaeda no, 239-40
Irmandade Muçulmana, 264
ISA. *Ver* Atividade de Suporte à Inteligência (ISA)
ISI. *Ver* Diretório para Interserviços de Inteligência (ISI)
Israel, 108

Jameson, W. George, 322
JD Media Transmission Systems LLC, 1995
Johnsen, Gregory, 315
Jones, James, 234-35, 236
Jordan, Eason, 203, 204-06, 208, 212
Jordânia, 38, 94
JSOC. *Ver* Comando de Operações Especiais Conjuntas (JSOC)

Kadafi, Muamar, 38, 262, 263, 264, 324
Kappes, Stephen, 228, 232, 234, 235, 237, 277
Karimov, Islam, 102-03
Karzai, Ahmed Wali, 34, 215-16
Karzai, Hamid, 30, 220-21
Kayani, Ashfaq Parvez, 179, 275, 300, 304
    bombardeio de Wardak e, 302, 303
        pressão norte-americana sobre o ISI para forçar o Talibá a entregar, 39-40, 43-44
    como chefe do ISI, 120-23
    informado do ataque a Bin Laden por Mullen, 297-98
    pirataria e, 247, 257
    prisão de Rauf e, 176
    teses sobre controlar o Afeganistão durante ocupação, 122-23

ÍNDICE

Keller, Art, 163-72, 174, 177-83, 203, 275, 291
Al-Masri como principal alvo de, 170-71
coleta de inteligência no Waziristão do Norte e do Sul, 166-72, 177-83
início da carreira de, 164-66
pista de Bin Laden no vale do Dir e, 171
relações com o ISI, 167-68, 179-80
Kennedy, John F., 56-57, 230
Khairkhwa, mulá Khairullah, 33-35
Khan, Abdul Qadeer, 22, 134
Khan, Bakhptur, 145
Khan, Ismail, 207
Khan, Samir, 317, 318
Kim Jong-il, 323
King, Jerry, 82-85
Klinghoffer, Leon, 66
Koh, Harold, 309, 313
Koussa, Moussa, 263-64
Koziol, John, 199
Krongard, Alvin, 108
Kuwait, 164

Laos, 83-84, 90
Lashkar-e-Islã, 290, 305-06
Lashkar-e-Taiba, 178, 269-71, 286
Lehman, John 92
Lei da Neutralidade, 250
Lei de Autorização à Inteligência de 1991, 88
Lei de Segurança Nacional de 1947, 56
Lei de Tratamento de Prisioneiros, 136, 137
LexisNexis, 76
Líbano, 66
Libby, I. Lewis, 21
Líbia, 38
ataque a Benghazi na, 324-25
Primavera Árabe na, 262, 324
lista de marcados para morrer, 236-37

Livro verde, 155
Lockheed Martin, 214, 216, 219
Luitingh, Lafras, 254
Lumumba, Patrice, 57

Maes, Jeff, 285
Maghaweer (jogo), 196
Magnata do Petróleo (jogo), 196
Mali, 333
Mamraiz, Shaheena, 293
Martelo de Veludo, 83
Massoud, Ahmad Shah, 102, 114
matadores de aluguel libaneses, treinamento de, 66-67
McChrystal, Stanley, 126, 142, 215
força-tarefa para atacar a Al-Qaeda de Al-Zarqawi sob, 139-41
substitui McKiernan no Afeganistão, 207-08
McGrath, Mike, 290-91
McKiernan, David, 201-04, 207, 212, 215
McLaughlin, John, 108
McMahon, John, 66
McNamara, Robert, 31
McNeill, Dan, 202
McPherson, John L., 250
McRaven, William, 239-40, 254, 256
Meadows, Richard, 81
Mehsud, Baitullah, 166-67, 236-38
Memorando Jones, 236
memorandos de interrogatório, 231-33
Meyer, Edward, 82, 86
MI5, 176
MI6, 18-19, 52
Mike (agente secreto), 173, 227
Mikolashek, Paul, 33
missão de resgate de prisioneiros de guerra (POW), no Laos, 83

Mogadíscio, Batalha do. *Ver* Batalha de Mogadíscio (episódio Falcão Negro em Perigo)

Mohammed, Sheikh Khalid, 52, 119, 128, 177

Movimento de Resistência Afegão (ARM), 122-23

MQ-1 Predador, 100

Mubarak, Hosni, 38, 264

mujahidin, 39, 43, 44, 62, 96, 113, 178

Mukhabarat, 38

Mullen, Michael, 202, 299, 302-04
    bombardeio a Wardak e, 303-04
    detalhes sobre o ataque a Bin Laden retransmitidos ao Paquistão por, 297-99
    testemunho ao Senado sobre o papel do Paquistão na insurgência afegã, 297-98

Muller, Scott, 130

Munir, Asad, 86, 117, 275, 295
    sobre o acordo paquistanês de paz com militantes tribais, 117-18
    trabalhando para a CIA, 50-53

Munter, Cameron, 299
    demanda poder de veto e notificação sobre ataques de drone, 300-03
    incidente Davis e, 272, 283, 284, 286
    Panetta e, 301

Muro de Berlim, 70,192

Murray, Patrick, 138

Musharraf, Pervez, 40, 45-46, 113, 121, 143, 237, 270, 276
    acordo de paz no Waziristão do Norte e, 180-82
    Al-Zawahiri ordena *fatwa* sobre, 115
    ataques de militantes tribais no Waziristão e, 113-114, 118
    demandas pós-11/9 e, 41-43
    encontro de Bush com, 46
    expulsão de islâmicos das forças armadas, 48

negociações sobre drones com a CIA, 119

Myers, Richard, 79

Nabhan, Saleh Ali Saleh, 256

Negroponte, John D., 159

Nek Muhammad Wazir, 113-20, 166, 237, 276
    ataques às forças armadas paquistanesas, 113-17
    ataque de drone mata, 119-20, 131

New York Times, The, 61, 149, 211

Newland, Ross, 19, 55-56, 58-61, 71, 98-99, 109, 110, 249
    atividades secretas na Nicarágua e, 63-65
    como chefe de estação para o Leste Europeu e a União Soviética, 69-70
    início da carreira de, 58-61
    sobre o programa de drones, 325

Nicarágua, 27, 62-64

Nixon, Richard, 90-91, 187

Noriega, Manuel, 84

North, Oliver, 63, 64-66, 221

O'Connell, Thomas, 76-77, 90-92

Obama, Barack, 17, 69, 207, 224, 225, 226, 262-63, 309, 321
    assassinato de Al-Awlaki e, 316, 320
    continuação dos ataques de drone de Bush no Paquistão por, 277
    fechamento da prisão da baía de Guantánamo e, 228, 229
    incidente Davis e, 15, 274
    operação Bin Laden e, 296, 297, 298
    operações militares no Iêmen aprovadas por, 241
    operações na Somália aprovadas por, 256
    programa de assassinatos dirigidos sob, 227-30, 230-31, 236-38, 308-09, 320-23

ÍNDICE

revisão dos programas de ação secreta, 235-36

técnicas coercitivas de interrogatório banidas por, 228-29

Obrman, Jan, 191, 195, 198, 206, 214

Ohryzko, Volodymyr, 248

Omar, Haji, 177

Omar, mulá Mohammed, 43, 44, 45, 167, 220, 279

Operação Bajaur, 125-27, 142

Operação Cannonball, 175

operação de exploração de Zhawar Kili, 29

Operação Eco Nativo, 195-97

Operação Garra de Águia, 80, 82

Operação Hazar Qadam, 30

operação na baía dos Porcos, 230

Operação Tempestade no Deserto, 164

operações especiais "imunizadas", 143, 144, 296-97

operações especiais. *Ver* Comando de Operações Especiais Conjuntas (JSOC)

operações psicológicas, 185-200

da CIA, 185-86

do Pentágono, 186-200

durante a Guerra do Vietnã, 188-89

operações secretas. *Ver também* operações específicas

autorização legal para, 88

da CIA, 55-73

de Clarridge e Furlong no Afeganistão, 211-21

do Pentágono, 75-94

projeto AfPax Insider, 203-09

Ordem Executiva de Força-Tarefa Conjunta de Guerra Não Convencional, 216-18

Ordem Executiva para a Rede Al-Qaeda, 139

Organização da Jihad Islâmica, 65-66

organização de Abu Nidal, 69

Pack, Richard, 214

Panetta, Leon, 231-36, 281, 301, 321

assassinatos dirigidos e, 238

Blair e, 234-36

incidente Davis e, 274, 299

memorandos de interrogatório e, 231-33

Munner e, 301

no comando da missão contra Bin Laden, 143, 296-97

Primavera Árabe e, 262

Paquistão, 45

ajuda humanitária para a Caxemira como disfarce para o envio de agentes da CIA para o, 174-75

Al-Qaeda no, 49-50, 275-76, 279

incidente Davis e, 13-16, 267, 274, 282-86, 299

inteligência do Exército, 180

Lashkar-e-Taiba no, 269-71, 286

relacionamento EUA-Paquistão, 38-44

serviço de inteligência (*Ver* Diretório para Interserviços de Inteligência [ISI])

Talibã e, 39-44, 122, 178, 180, 270

Paraguai, 94

Pasha, Ahmad Shuja, 273-74, 278, 283, 284, 299, 300, 302

Patek, Umar, 144

Patterson, Anne, 273

Pavitt, James, 24, 25, 100

Black e, 27

programa de drones Predador e, 101, 102, 107

Pelton, Robert Young, 203, 204, 207, 208, 212

Pentágono. *Ver também* Departamento de Defesa

acordo de divisão de trabalho com a CIA, 142-44

Atividade de Suporte à Inteligência (ISA). (*Ver* Atividade de Suporte à Inteligência [ISA])

Comando de Operações Especiais Conjuntas (JSOC). (*Ver* Comando de Operações Especiais Conjuntas [JSOC])

comunicações deficientes com a CIA, 29-33, 30

Grupo de Operações de Campo (FOG), 81

iniciativa da CIA para minar os esforços de espionagem do, 85-86

Operação Garra de Águia e, 80-81

operações psicológicas do, 186-200

tentativas de Rumsfeld de modernizar o Departamento de Defesa, 31-33

Título 10 do Congresso dos EUA como autoridade governamental, 88

Perot, H. Ross, 83

Petraeus, David, 307-08

como diretor da CIA, 307-08, 316

operações de contraterrorismo no Iêmen e, 239, 242-43

Ordem Executiva de Força-Tarefa Conjunta de Guerra Não Convencional de, 216-18

pirataria

esforços privados de combate à, 253-54

somali, 247-48, 257

poderoso chefão, O (filme), 308

poderoso Wurlitzer, 185, 186

Powell, Colin, 46, 69

Prado, Enrique, 22, 28, 132-35, 250, 335

Predador RQ-1, 73

Prefeito da Cidade (jogo), 196

Primavera Árabe, 262-65, 323

Prince, Erik, 132-35, 250, 253, 268, 333, 335

prisão de Abu Salim, 264

prisão de Kot Lakhpat, 267

prisão na baía de Guantánamo, 28-29, 35

decisão de Obama de fechar, 228, 229

prisões

prisão da baía de Guantánamo, 28, 35, 228, 229

prisão de Abu Salim, 264

prisão de Kot Lakhpat, 267

programa de detenção e interrogatório, 25, 127-31, 136-38

problema de latência, dos drones, 315

profusão de espelhos, 161

programa de assassinatos dirigidos, 227-30, 231, 236-38, 308-09, 320-25

programa de assassinatos, CIA, 131-37

programa de detenção e interrogatório, 25, 127-31, 136-38

programa de drones/drone

Predador. (*Ver* drones Predador)

Reaper, 276, 316, 325-26

programa de interrogatório. *Ver* programa de detenção e interrogatório

Programa Fênix, 89-90

projeto AfPax Insider, 204-08

Projeto da Cruz, 56

Putin, Vladimir, 199

Qeybdiid, Abdi Hasan Awale, 147

Quênia, bombardeio à embaixada no, 39

Raghal, Abu, 161

Rangers, 148, 261

Rauf, Rashid, 176

Reagan, Ronald, 60, 62, 63, 66, 69, 82, 154

Rede de Imprensa Iraquiana, 190

Rede Haqqani, 52, 178-82, 202, 211, 213, 303-05

Regras de Moscou, 16, 272

República Tcheca, 198-200

ÍNDICE

revolução iraniana e, 81
Rice, Condoleezza, 200
Rizzo, John, 229, 231
Rodriguez, Jose, 22, 172-73, 176
    na divisão da CIA para a América Latina, 27-28
    prisão da baía de Guantánamo como ideia de, 28-29
    programa de assassinatos ressuscitado por, 131-36
    programa de detenção e interrogatório e, 128-29, 136-37
    senhores da guerra somalianos apoiados por, 147-48, 153
Rohde, David, 211
Romênia, 70
Romney, Mitt, 322
Rowe, Leslie, 152
Rumsfeld, Donald, 30-33, 38, 96, 141, 159, 217, 277, 296
    aconselha Bush a não destituir a CIA das operações militares, 93-94
    Comando de Operações Especiais Conjuntas (JSOC) e, 75-76, 77, 87-88
    crítico da CIA, 79, 85
    demonstração de operações especiais para, 75-76, 77
    esforços para modernizar o Departamento de Defesa, 31-33
    Gray Fox e, 87
    Operação Bajaur e, 125-27, 142
    Ordem Executiva para a Rede Al-Qaeda de, 139
    palestra de Holland sobre a estratégica de guerra contra a Al-Qaeda para, 78
    poderes legais e autoridade do secretário de Defesa, 87-88
    Tenet e, 32, 80

Saeed, Hafiz Muhammad, 270-71, 286
Saleh, Ali Abdullah, 96-97, 110-111, 224, 240, 241, 242-44, 310
Sanchez, Nestor, 59, 60, 65
sandinistas, 62-63
Saracen International, 254
Save the Children, 290
Schwarzenberg, Karel, 200
SEALs da Marinha. *Ver* SEALs/Equipe SEAL 29
SEALs/Equipe SEAL 18-19, 76, 87, 88, 126, 139, 239
    incursão em Damadola, 144-45
    missão Bin Laden, 143, 293-98
    missão na Somália, 159-60
    operação de exploração de Zhawar Kili, 29
    operação Nabhan, 256
    programa secreto de prisões, CIA, 127-31
    secretário de Defesa, poderes legais e autoridade do, 87-89
Select Armor, 153-54
sequestro do *Achille Lauro* (cruzeiro), 66
Shahzad, Faisal, 316
Shahzad, Syed Saleem, 302
Sharif, Nawaz, 49, 269
Shelton, Hugh, 99
Shultz, George, 69
Shultz, Richard H., Jr., 189
Simpson, Natasha, 67
Síria, 90
Smith, Jeffrey, 333
SOCOM. *Ver* Comando de Operações Especiais dos EUA (SOCOM)
Somália, 147-61, 251-62
    Al-Shabaab na, 149-50, 152, 157-58, 161, 251, 252, 253, 255-56, 259
    Aweys, Hassan Dahir e Al-Shabaab na, 149-153

390 GUERRA SECRETA

carregamento de armas da administração Obama para a, 252
CIA apoiando senhores da guerra na, 143-53
esforços de Ballarin na, 153-57, 248-52, 257-62
invasão etíope da, 158-61
operações norte-americanas de contraterrorismo na, 252-57
tomada de Mogadíscio pelo Conselho Supremo das Cortes Islâmicas, 157-58

Stevens, J. Christopher, 324
Stowe, Harriet Beecher, 84
sufismo, 150, 156, 258
Sultan, Shaukat, 120

tadjiques, 43
Talibã paquistanês, 117-18, 167-68, 237
Talibã, 25, 32, 52-53, 202, 203
apoio do Paquistão ao, 39-44, 122, 177-78, 180, 279-80
no Paquistão, 117-18, 167-68, 237
Tanzânia, bombardeio à embaixada na, 39
Taylor, Mike, 211
Tehrik-i-Taliban Pakistan (TTP). Ver Talibã paquistanês
Tenet, George, 24-26, 28, 79, 96, 100, 132, 227
encontros diários com Bush, 25-26
programa de drones Predador e, 101, 102, 107
programa secreto de prisões e, 130
Rumsfeld e, 32, 80
tentativa de bombardeio na Times Square, 317
terrorismo, 65-69. Ver também atos específicos de terrorismo
Thor, Brad, 221
tiroteio no Forte Hood, 316

Título 10 do Congresso dos EUA, 88
Título 10, 88
Título 50 do Congresso dos EUA, 88
Título 50, 88, 143, 297
Torres, As (Andrews), 78
Tratado de Westfália, 334
Truman, Harry, 56, 210
Tunísia, 263-64
Turco, Fred, 69
Turner, Stansfield, 53, 81, 86, 232

U.S.S. Cole (destroier), bombardeamento do, 95, 96, 99
ul-Haq, Ehsan. Ver Ehsan ul-Haq
União Americana pelas Liberdades Civis, 232-33, 320-21
União Soviética, 37-38, 39, 47, 177-78, 270, 277
batalha territorial Etiópia-Somália e, 158
invasão e ocupação do Afeganistão, 59-60, 122-23
unidade de caça a Bin Laden (Estação Alec), 101, 173, 327
U-Turn Media, 191-99
uzbeques, 43-44
Uzbequistão, 102-03

Vanity Fair, 135
Vickers, Michael G., 141
Vietnã, 57, 77-78, 90, 91
Voz da América, 120, 258-59

wahabismo, 150, 156, 260, 262
Wana, ataque paquistanês a, 114
Washington Post, The, 311
waterboarding, 128, 130
Weinberger, Caspar, 84, 209
Wilson, Charlie, 101
Wisner, Frank, 185

Wolfowitz, Paul, 111
Woods, Tyrone, 325
Woodward, Bob, 230
Woosley, R. James, Jr., 71, 101
Wyandotte Net Tel, 195

Yeager, Chuck, 96

Zardari, Asif Ali, 269, 276
Zegart, Amy, 323
Zia-ul-Haq, Muhammad, 46, 270
Zinni, Anthony, 209
Zorick, Michael, 152
Zubaydah, Abu, 128, 136

Este livro foi composto na tipologia Adobe
Garamond Pro, em corpo 11,5/16, e impresso em
papel off-white no Sistema Cameron da
Divisão Gráfica da Distribuidora Record.